Georg Leube

Kinda in der frühislamischen Geschichte

MISK

MITTEILUNGEN ZUR SOZIAL- UND KULTURGESCHICHTE DER ISLAMISCHEN WELT

Herausgegeben
von
Rahul Peter Das, Angelika Hartmann, Jens Peter Laut,
Ulrich Rebstock, Tilman Seidensticker, Rotraud Wielandt

BAND 41

Kinda in der frühislamischen Geschichte

ERGON VERLAG

Georg Leube

Kinda in der frühislamischen Geschichte

Eine prosopographische Studie auf Basis der frühen und klassischen arabisch-islamischen Geschichtsschreibung

ERGON VERLAG

Die vorliegende Arbeit wurde im Jahr 2014 an der Universität Bayreuth als Dissertation im Fach Islamwissenschaft angenommen.

Bibliografische Information der Deutschen Nationalbibliothek
Die Deutsche Nationalbibliothek verzeichnet diese Publikation in der Deutschen Nationalbibliografie; detaillierte bibliografische Daten sind im Internet über http://dnb.d-nb.de abrufbar.

Umschlaggestaltung: Jan von Hugo
Satz: Thomas Breier

www.ergon-verlag.de

ISSN 1436-8080
ISBN 978-3-95650-294-1

Inhaltsverzeichnis

Danksagung

Als ich begann, in Freiburg Islamwissenschaft zu studieren, kam ich vom Studium der Klassischen Antike bei Professor Brodersen in Mannheim und hatte besonderes Interesse an der frühislamischen Zeit als Fortführung der Antike wie Ursprungsmythos späterer islamischer Geistesgeschichte. So begann ich, die Bücher zur frühislamischen Geschichte in der Bibliothek des Orientalischen Seminars zu lesen, zunächst diejenigen Quellen, die in mir zugängliche Sprachen übersetzt waren, und dann weitere Sekundärliteratur, wobei mich insbesondere die Bücher Patricia Crones beeindruckten. Eines Tages nahm ich meinen Mut zusammen und ging zu Professor Rebstock, der mich, als ich *Hagarism* erwähnte, sehr bestimmt an Donner und Morony verwies: Wenn ich etwas über frühislamische Geschichte lernen wolle, solle ich bitteschön dort anfangen. Seither hat er die Entstehung dieser Arbeit geduldig-kritisch begleitet und die vorläufige Rohfassung in Gänze gelesen. Es ist mir eine Freude, ihm an dieser Stelle den schuldigen Dank abzustatten.

Das einmal etablierte Muster zog sich durch den gesamten Entstehungsprozess dieser Arbeit, einer Koproduktion aus offenen Ohren von Lehrern, Kommiltonen und Studierenden und zuverlässig anschließenden Kommentaren. An erster Stelle derer, denen ich Dank für ihre geduldige Begleitung dieser Arbeit schulde, steht Professor Seesemann, der mich als wissenschaftlichen Mitarbeiter zu sich nach Bayreuth holte, mit kritisch-interessierten Fragen 16 Monate Lektüre arabischer Historiker und die anschließende Ausarbeitung der hier vorgestellten Gedanken begleitete und auf meine Vorschläge für Seminare, die ich gern anbieten wollte, stets mit den gleichen Fragen antwortete: Kommen da Studierende? Hält Sie das nicht von Ihrer Doktorarbeit ab? Nachdem beide Fragen zu seiner Zufriedenheit beantwortet waren, durfte ich verschiedene Seminare zu Heilsgeschichten rings um Israel / Palästina, Islamische Architektur in Kairo und Apokalyptik in der Islamischen Geistesgeschichte anbieten. Die während dieser Seminare geführten Diskussionen trugen zur Entwicklung der hier vorgestellten Gedankengänge maßgeblich bei.

Dank schulde ich weiterhin meinen übrigen Lehrern an den Universitäten Bayreuth und Freiburg. In Bayreuth hatten vor allem die Professoren Behrwald, Berner, Lange, Möhring, Oßwald und Owens, sowie Privatdozent Wagner und meine Kollegen Britta Frede und Hans-Thomas Tillschneider immer ein offenes Ohr für Fragen, diskutierten kritische Aspekte und lasen einzelne Kapitel oder gar die gesamte Arbeit Korrektur. In gleicher Weise habe ich meinen Kommiltonen und Freunden Nabil Barlam, Sophie Falschebner, Maximilian Hendus, Tibor Linke, Tabea Lukas, Tassilo Schwedux und Sarah Stegemann, sowie meinen Eltern für das meist freiwillige Mitwirken am

Durchspielen von Ideen und die Lektüre einzelner Passagen oder der gesamten Arbeit zu danken. Die Mitarbeiter der bayreuther Universitätsbibliothek, allen voran Herr Fehn, füllten durch die Bestellung immer neuer Fernleihen die Lücken unserer Universitätsbibliothek und machten diese Arbeit dadurch in ihrer jetzigen Form erst möglich.

Außerhalb Bayreuths boten vor allem Einladungen zu Vorträgen an anderen Universitäten Gelegenheit, Ideen zur Diskussion zu stellen und Rückmeldungen einzuarbeiten. So sprach ich auf Einladung der Fachschaft Islamwissenschaft an der Universität Freiburg, auf Einladung Frau Professor Klemms zweimal an der Universität Leipzig, auf dem Deutschen Orientalistentag in Münster, auf Einladung Michael Marx' im Rahmen des Corpus Coranicum in Potsdam und auf Einladung Jens Scheiners an der Universität Göttingen. Dass sich aus den so besonders anregenden Diskussionen aus Anlass der letzteren Einladung die Übernahme einer Zweitkorrektur durch Jens Scheiner entwickelte, freut mich ganz besonders: Die vielen kritischen Kommentaren, die er in seiner geduldig-scharfsichtigen Art vorbrachte, trugen wesentlich dazu bei, einige nicht ganz vermeidbare Schwächen des hier gewählten Ansatzes zumindest abzumildern.

Seit ich ihm auf der Autobahn bei Eisenberg begeistert von Donner und Crone, Noth und Beljaev erzählte, hat mein Vater die Entstehung der hier vorgelegten Studie mit großem Interesse und wacher Kritik begleitet: Ihm möchte ich diese Doktorarbeit widmen.

Die Umschrift orientiert sich an der Denkschrift für den 19. Orientalistenkongress in Rom[1], wobei auf Apostrophe verzichtet, im Arabischen mit dem folgenden Wort zusammengeschriebene Proklitika mit Bindestrich angehängt und das *Tā᾽ marbūṭa* am Ende des ersten Wortes einer Genitivverbindungen mit auslautendem *-t* wiedergegeben wird. In den deutschen Sprachgebrauch eingegangene Namen wurden in der dort üblichen Form wiedergegeben. Sämtliche Übersetzungen sind, wo nicht anders gekennzeichnet, die des Autors. Jahreszahlen sind generell A.D., andernfalls werden sie gesondert gekennzeichnet.

1 DMG im Literaturverzeichnis.

1 Einleitung: Fragestellung, Methode, Quellenauswahl

1.1 Thematische Einleitung

Die Geschichte der ersten drei Generationen islamischer Geschichte, entsprechend in etwa dem 7. Jahrhundert A.D., ist als Epoche, in der sich tiefgreifende Umwälzungen im Vorderen Orient ereigneten, von besonderer Relevanz. Entsprechend der Bedeutung dieser Zeit als kontrovers interpretiertem Gründungsmythos innerhalb der islamischen Heilsgeschichte ist die arabischsprachige Historiographie über die Periode vom Beginn des Wirkens Muḥammads bis zur Konsolidierung eines islamischen Staatswesens unter dem Kalifen ʿAbdalmalik[1] von so gewaltigem Umfang, wie sie widersprüchlich ist. Die Zusammenstellung der arabischen Quellen in ihrer heutigen Form wird Sammlern zugeschrieben, die über einhundert Jahre nach den berichteten Ereignissen lebten, wobei sich eine gewisse Zäsur nach der Mitte des vierten islamischen Jahrhunderts feststellen lässt. Diese Geschichtswerke, deren namengebende Sammler nicht später als ca. 360 a.h. starben, bilden die Grundlage dieser Arbeit.

Vielleicht begünstigt durch die Kontroversen um die frühislamischen Ereignisse ist die Form dieser Historiographie bemerkenswert kleinteilig. Einzelne Berichte werden häufig mit einer Kette von Überlieferern, einem so genannten *isnād*, eingeleitet, dem der eigentliche Bericht, *ḫabar* oder auch *matn*, folgt. Widersprüche werden in dieser Kleinteiligkeit isoliert und neben einander gestellt.

Wie für jede Geschichtsschreibung lassen sich auch für diese historiographische Tradition zwei Grundfunktionen annehmen: Einerseits lassen sich die Quellen als Referenz auf tatsächliche Ereignisse der ersten drei Generationen islamischer Zeit verstehen, andererseits sind die Quellen geprägt von

---

1 In die Zeit der Herrschaft ʿAbdalmaliks fallen mit dem Bau des Felsendoms (Yaʿqūbī *Taʾrīḫ* II, S. 182, siehe Grabar *Dome of the Rock* und für den politischen Hintergrund insbesondere Rotter *Zweiter Bürgerkrieg*, S. 227-231), dem Aufstellen standardisierter Meilensteine an den wichtigsten Landstraßen (*Répertoire chronologique I*, S. 13-16, siehe Elad *Milestones*), der Reform des Münzwesens (Balāḏurī *Futūḥ*, S. 502-503, und *Chronica Minora* II,1, S. 232, siehe Miles *Miḥrāb*), der Abkehr von den christlichen Wasserzeichen in der Papyrusproduktion Ägyptens (Balāḏurī *Futūḥ*, S. 283) und der Übersetzung der Steuerregister (beispielsweise Agapius, S. 356, Balāḏurī *Futūḥ*, S. 234 und 344, und Kindī *Wulāt* S. 58-9) gleich eine ganze Schar von emblematischen Etappen einer *Islamischen Konsolidierung* des arabisch-islamischen Reiches nach dem Zweiten Bürgerkrieg. Diese Epochisierung wird beispielsweise auch in der *New Cambridge History of Islam I* von Robinson in seinem Artikel *The rise of Islam, 600-705*, auf S. 173-225 zugrunde gelegt.

narrativen Dynamiken, die im Überlieferungsprozess nach den Ereignissen anzusiedeln sind.

Insbesondere auf die referenzielle Funktion der Geschichtsschreibung abzielende islamwissenschaftliche Untersuchungen bemühen sich meist, die Widersprüche im überlieferten Quellenmaterial zugunsten einer einheitlichen Ereignisfolge aufzulösen. Dabei sind die resultierenden Deutungen zwar in sich weitgehend kohärent, untereinander aber kaum in Einklang zu bringen. Daher spricht Donner vom frühislamischen Staat als einer die Eroberungen zentral koordinierenden Herrschaftsinstanz über die arabischen Heere[2]. Dagegen rekonstruiert Madelung die frühislamische Geschichte als kolossale Verschwörung gegen die Familie des Prophetenvetters ʿAlī[3]. Sharon plädiert für ein Verständnis der Entstehung des islamischen Staates als Ergebnis von Bürgerkriegen zwischen ursprünglich unabhängigen regionalen Machtzentren[4], Nagel zeichnet einen Gegensatz zwischen innerarabischen Wirtschaftszentren nach, der sich in der Sprache von Stammeskonföderationen formuliert[5], und Cook und Crone versuchen sich an einem generellen *step outside* aus der frühislamischen Historiographie und zeichnen eine Verschwörung edessenischer Juden nach, die rückwirkend arabisiert worden sei[6].

Die Problematik dieser Arbeiten liegt dabei gerade in ihrer internen Schlüssigkeit. Innerhalb der auf die jeweilige Interpretation zugeschnittenen Quellenbasis ist jede dieser Interpretationen plausibel, doch macht die unsystematische Auswahl der in den einzelnen Werken zugrunde gelegten Quellen eine Diskussion der verschiedenen Deutungen fast unmöglich, weil letztlich Quellenbeleg gegen Quellenbeleg steht.

Wenn nun die – aufgrund des schieren Umfangs des überlieferten Materials unumgängliche – Auswahl der genauer diskutierten Quellen das Ergebnis der Diskussion in solch hohem Maße bestimmt, ergibt sich die Notwendigkeit eines nachvollziehbaren Auswahlkriteriums, unter dem die gesamte Historiographie gesichtet werden kann. Als ein solches Auswahlkriterium dient in der vorliegenden Arbeit der arabische Stamm[7] Kinda. Aus der Auswertung

---

2 Siehe für diese Interpretation vor allem Donner *Conquests* und speziell Donner *Authority*.

3 Diese Interpretation wurde von Madelung *Succession* herausgearbeitet.

4 Siehe hierzu die Skizze von Sharon *Holy Land*.

5 Nagel *Islam* I.

6 Crone, Cook *Hagarism*, S. 3, siehe zum Begriff auch Crone *Slaves*, S. 15.

7 Der Begriff des Stammes ist in den letzten Jahrzehnten wiederholt als problematisch und teilweise irreführend herausgearbeitet worden. Insbesondere ethnologische Arbeiten zu modernen tribalen Gesellschaften, zusammengefasst in Eickelman *Tribus*, die beispielsweise von Orthmann *Stamm und Macht* und Franz *Beutezug* auf das Studium historischer islamisch-arabischer Gesellschaften des erweiterten Untersuchungszeitraums angewendet wurden, haben die potenziell verwirrende Bandbreite

des gesamten Korpus frühislamischer Historiographie auf das binäre Kriterium *Kinda / nicht-Kinda* hin ergibt sich eine *Prosopographie* Kindas. Dabei ist im Zuge der Untersuchung von referenziellen Funktionen innerhalb der Prosopographie Kindas davon auszugehen, dass die anhand dieses mechanischen Auslesekriteriums gesammelten Berichte ursprünglich nicht in erster Linie von Kinda handelten, sondern eher eine mehr oder minder zufällige Beteiligung von Kinditen an einzelnen Episoden der frühislamischen Geschichte wiederspiegeln. Damit soll die Prosopographie Kindas auf dieser Ebene nicht als in sich zusammenhängender Diskurs, sondern als eine mechanisch ausgewählte Testmenge an Einzelberichten behandelt werden, anhand derer Ansätze zu Antworten auf allgemeinere Fragen erarbeitet werden können. In dieser Weise lässt sich etwa die umfassende Frage der zentralen Lenkung der frühislamischen Eroberungen für die begrenzte Datenbasis Kindas transparent diskutieren, ohne dass das Ergebnis durch die Quellenauswahl vorweggenommen wäre. Die sich aus diesen Kinda-spezifischen Überlegungen ergebenden Ansätze sind jeweils für größere Kontexte zu überprüfen und werden hier lediglich entwickelt und zur Diskussion gestellt.

Der Ansatz einer Fokussierung auf die Stammeszugehörigkeit der an den Ereignissen beteiligten Personen verdankt sich Donners Doktorarbeit zur Eroberung des Irak[8], in der er zeigt, dass die Stammeszugehörigkeit der in den Quellen erwähnten Personen einen aufschlussreichen Ansatzpunkt für eine detaillierte Lektüre frühislamischer Historiographie bietet. Die Zugehörigkeit zu einem Stamm ist im Arabischen in Form der sogenannten *nisba* Bestandteil von Eigennamen. Zum Stamm Kinda lautet die zugehörige *nisba* als Namensbestandteil al-Kindī. Zusätzlich wurden die *nisben* von kinditischen Unterstämmen in die Untersuchung einbezogen, besonders as-Sakūnī, as-Saksakī und at-Tuǧībī sind solche *nisben*, die allgemein zu Kinda gezählt werden[9].

Dass gerade der Stamm Kinda als Auslesekriterium zugrunde gelegt wurde, ist hierbei nicht entscheidend. Wichtiger ist die grundsätzlich nachvollziehba-

---

tribaler Begrifflichkeiten deutlich gemacht. Der prosopographische Ansatz dieser Studie erfordert demgegenüber eine deutsche Wiedergabe des arabischen Begriffes *qabīla*, um das interpersonelle Netzwerk zu beschreiben, das mit dem Namen Kinda beschrieben wird und mit dem Einzelpersonen bis heute durch stabile Namenszusätze, so genannte *nisben* (s. u.), verbunden werden, ohne dass sich daraus zwingende Rückschlüsse auf ihre „Berufe“ und „Lebensformen“ ziehen ließen. Die Beschreibung Kindas als eines Stammes darf damit keinesfalls im Sinne einer Lebensform oder einer fixen Identität substantialisiert werden, auch pejorative Konnotationen von Rückständigkeit sind hiermit nicht verbunden. Die Beschreibung des Stammes Kinda als ein Netzwerk von *Kinditen*, die durch gemeinsame Zugehörigkeit zu Kinda oder kurz *Kindizität* verbunden sind, ist demnach nicht mehr, als ein mechanisches Auslesekonzept, das der in dieser Arbeit untersuchten Prosopographie zugrunde liegt und im Zuge dieser Arbeit verschiedentlich hinterfragt werden wird.

8 Donner *Tribes*.

9 Siehe hierzu inbesondere 5.2.2.

re Quellenauswahl. Der Stamm Kinda bietet wegen seiner geographischen Zersplitterung nach den Eroberungen, durch das vorislamische Königtum Kindas und wegen des Aufstands des Kinditen Ibn al-Ašʿaṯ gegen die islamische Konsolidierung unter ʿAbdalmalik ein besonders interessantes Ausleseкriterium. Speziell zu Kinda wurde bislang vor allem aus Anlass ihres vorislamischen Königtums gearbeitet[10], während des Untersuchungszeitraums behandelt Lecker die frühislamische Geschichte der Kinditen in Ḥaḍramawt in drei detaillierten Studien[11]. Der den Untersuchungszeitraum abschließende Aufstand des Kinditen Ibn al-Ašʿaṯ bildet den Gegenstand einer Monographie von Sayed[12]. Schließlich behandelt al-Kindī in seiner Monographie zu Kinda von der vorislamischen Zeit bis heute auch den Untersuchungszeitraum[13].

Die nachvollziehbar ausgewählte Datenbasis der Prosopographie Kindas erlaubt es darüber hinaus, neben dem Verständnis der Historiographie als reine Referenz auf Ereignisse des 7. Jahrhunderts auch narrative Funktionen der Geschichte mit einzubeziehen. Bei einer solchen Untersuchung erzählerischer Dynamiken wird vor allem der Überlieferungsprozess des Materials ins Auge genommen.

Um diesen Überlieferungsprozess wird derzeit vor allem in der deutschsprachigen Islamwissenschaft eine lebhafte Debatte geführt, die insbesondere die Intepretation der Quellenlage zur Biographie Muḥammads zu Beginn des Untersuchungszeitraums dieser Arbeit betrifft. Die von Nagel in zugespitzter Form vor allem in seiner Replik[14] auf Schoelers Kritik an seiner Arbeit zu Muḥammad vertretene Position lässt sich vereinfacht damit zusammenfassen, dass Berichte über Muḥammad anhand des im Koran enthaltenen historischen Materials zu überprüfen sind[15]. Vorausgesetzt wird hierbei eine eindeutige Chronologie der Koranentstehung, die als Grundlage der weiteren Arbeit dienen kann. Da der Koran zum Suchwort *Kinda* nichts beiträgt, ist dieser Ansatz im Rahmen dieser Arbeit nicht direkt umsetzbar.

Relevanter für die innerhalb der Prosopographie Kindas ausgewerteten Berichte ist der Ansatz von Nagels Gegnern in der angesprochenen Debatte[16], der Vertreter einer Analyse von *isnād cum matn*, des von einer Überlie-

10 Das Feld wurde von Olinder *Kings* begründet und jüngst von Robin *Kinda* insbesondere anhand der Inschriften Kindas neu behandelt, siehe auch Shahîd *Byzantium* und Shahîd *Procopius*. Die Studie von Olinder zu *Āl al-Ǧawn of the Family of Ākil al-Murār*, erwähnt bei Robin *Kinda*, S. 63, war mir leider nicht zugänglich.

11 Lecker *Convert*, Lecker *Judaism* und Lecker *Kinda*.

12 Sayed *Revolte*.

13 Kindī *Kinda*, zum Untersuchungszeitraum insbesondere S. 102-212.

14 Nagel *‚Authentizität'*.

15 Nagel *‚Authentizität'*, insbesondere in einem Beispiel auf S. 547, sowie auf S. 552-557.

16 Siehe insbesondere Schoeler *Grundsätzliches*, Schoeler *Antwort* und Görke, Motzki *Replik*.

ferungskette eingeleiteten Berichts gemeinsam mit seiner Tradentenkette. Das Ziel der Untersuchung ist dabei die Datierung von Überlieferungen, die mit einem solchen *isnād*, Überlieferererkette, versehen sind.

> [D]ie Isnad-cum-matn-Analyse dient in erster Linie dazu, islamische Überlieferungen, die mit Überlieferererketten versehen sind, zu *datieren*, d.h. ihre ungefähre Entstehungszeit festzustellen.[17]

Dabei wird bewusst auf Textüberlieferungsmodelle der klassischen Textkritik zurückgegriffen[18], nach denen ein Kopist eine Abschrift einer Vorlage anfertigte, ohne andere Handschriften desselben Textes heranzuziehen, die Überlieferung also *sauber* oder *nicht-kontaminiert* ist. Gleichzeitig wird in der klassischen Textkritik davon ausgegangen, dass die Überlieferung umgebende Diskussionen des Materials keinen größeren Einfluss auf den schriftlichen Text hatten, der Text also *fest* oder *nicht-unfest* ist. Ausgehend von diesen Annahmen der klassischen Textkritik überprüft die Methodik von *isnād cum matn*, ob das aus verschiedenen *isnāden* zu Berichten von einem Themenkomplex rekonstruierbare Stemma zu den Varianten in den einzelnen Berichten passt.

> Wenn die Varianten in den Texten die Überlieferungswege, die in den Überliefererketten angegeben werden, bestätigen, kann man annehmen, dass es sich um eine authentische Tradition handelt.[19]

Die Überlieferung wird dabei persönlich modelliert, es wird also davon ausgegangen, dass Veränderungen des Materials im Überlieferungsprozess auf einzelne Überlieferer zurückgeführt werden können.

Für die Untersuchung des in der Prosopographie Kindas gesammelten Materials ist dieser Ansatz ebenfalls nicht direkt umsetzbar. Die meisten Einzelberichte, in denen Kinditen genannt werden und die wegen dieser Nennung von Kinditen in die Prosopographie Kindas einbezogen wurden, werden nicht mit einem vollständigen *isnād* eingeleitet und sind damit nicht mit der strengen Methodik von *isnād cum matn* zu untersuchen. Darüber hinaus ist das Material zu Kinda zu verstreut und bietet nirgends eine Überlieferungsdichte, die sich mit der Methodik von *isnād cum matn* untersuchen ließe.

Dagegen kann die Prosopographie Kindas dazu dienen, andere Aspekte des Überlieferungsprozesses in den Blick zu nehmen, die im Rahmen der Grundannahmen von *isnād cum matn* ausgeblendet werden. So können nicht nur Texte ohne *isnād* in die Untersuchung einbezogen werden, sondern auch die aus der klassischen Textkritik übernommene Annahme der Festigkeit und Unkontaminiertheit des Textes im Überlieferungsprozess kann innerhalb

[17] Motzki in: Görke, Motzki *Replik*, S. 509.
[18] Schoeler *Antwort*, S. 491.
[19] Schoeler *Antwort*, S. 478.

dieser beschränkten Datenbasis systematisch diskutiert werden. Ein besonderer Vorzug des Auswahlkriteriums *Kinda* ist hierbei, dass die Prosopographie *a priori* nicht entsprechend einem bestimmten Verständnis des Überlieferungsprozesses ausgewählt wurde. Stattdessen wurden die während des Untersuchungszeitraums genannten Kinditen im *matn* und in den ersten Gliedern des *isnād* zusammengestellt. Anhand dieser in nachvollziehbarer Weise beschränkten Datenbasis kann nun transparent diskutiert werden, in welchem Maße Festigkeit und Unkontaminiertheit der Texte im Überlieferungsprozess sinnvoll angenommen werden können. Hierbei wird nun insbesondere gefragt werden, in wieweit typische Züge im Bild Kindas auf die Schilderung der Beteiligung von Kinditen in einzelnen Berichten eingewirkt haben.

Aus Sicht der beiden eingangs dargestellten Funktionen von Historiographie als Referenz und Narratio bildet diese Arbeit bis hierhin eine vielleicht etwas uninspirierte Überprüfung bestehender Fragestellungen aufgrund einer fundierten, auf diese Debatten hin noch nicht ausgewerteten Datenbasis. Das Ausgehen von der Prosopographie Kindas erlaubt es jedoch, darüber hinaus die Verschränkung beider Funktionen von Geschichtsschreibung sichtbar zu machen. Sowohl ein Verständnis des Textes als Referenz, als auch sein Verständnis als überlieferte Erzählung sind vom Standpunkt des Beobachters bedingte Abstraktionen, die einem Material eingezeichnet werden, das stets beides zugleich ist. Berichte von prächtiger Kleidung der Kinditen lassen sich als Referenz auf hohe Webkunst und materiellen Wohlstand ebenso lesen, wie als narratives Muster mit spezieller Funktion im Kontext der islamischen Heilsgeschichte[20]. Berichte über die Bewirtung eines Gastes im Kufa des 7. Jahrhunderts mit Wein, Milch und Wasser[21] lassen sich gleichzeitig als auch im Kontext der Himmelfahrt Muḥammads auftretendes, narrativ bedingtes und topisches Wandermotiv verstehen, wie sie sich als Referenz auf den Versorgungszustand nutzbar machen lassen, der für das Kufa des 7. Jahrhunderts offensichtlich als plausibel angenommen werden konnte[22]. Narrative und referenzielle Funktion der Geschichte sind beide auffindbar, erst die Perspektive des Beobachters differenziert zwischen ihnen.

Diese Verschränkung beider Funktionen von Historiographie kann aufgrund der Prosopographie Kindas untersucht werden. Die vorliegende Arbeit versteht sich also nicht ausschließlich als Arbeit über die Ereignisgeschichte der ersten drei Generationen islamischer Zeit, oder über die heilsgeschichtlich-narrativen Dynamiken, unter denen das erhaltene Material überliefert wurde. Stattdessen lässt sich die Diskussion in der Skizzierung der drei haupt-

---

20 Siehe 3.2.1.
21 Z. B. Iṣfahānī *Aġānī* XVII, S. 221.
22 Siehe 5.4.1.

sächlichen Ebenen der Argumentation vom Material leiten und untersucht hierbei jeweils zugleich die referenzielle und die narrative Funktion der Geschichte. Die Ebenen von Narrativität, Zentralität und Tribalität, auf denen die Prosopographie Kindas im Folgenden diskutiert wird, erscheinen aufgrund der Quellenbasis sinnvoll diskutierbar und umfassen jeweils beide Funktionen der Historiographie in wechselndem Maße. Jede dieser Ebenen geht dabei von jeweils eigenen Voraussetzungen und Fragestellungen aus und steht damit ganz bewusst in einem gewissen Spannungsverhältnis zu den auf anderen Ebenen verfolgten Ansätzen. Die aufgrund dieser systematischen Diskussion der Prosopographie Kindas entwickelten Ansätze sind, wie bereits erwähnt, jeweils für größere Kontexte zu überprüfen, wobei diese Prüfung zukünftiger Forschung vorbehalten bleiben muss.

Einleitend folgen nach einer kurzen Vorstellung der Methodik in Auswahl und Auswertung der Quellen Überblicke zur allgemeinen Ereignisfolge frühislamischer Zeit, zur regionalen Verteilung kinditischer Gruppen im Untersuchungszeitraum und zu den wichtigsten Familien von Anführern innerhalb Kindas, die zur Einführung des Lesers dienen.

Die darauf folgende Untersuchung der Prosopographie Kindas auf Ebene der *Narrativität* fragt nach dem Einfluss des überliefernden Erzählens auf das überlieferte Material insbesondere bezüglich der Frage nach Festigkeit und Unkontaminiertheit des Textes im Überlieferungsprozess. Hierzu untersucht sie Kontroversen in der Darstellung von Kinditen zwischen verschiedenen Schilderungen derselben Episode und wiederkehrende Muster im Bild Kindas. Die sich hieraus ergebenden Anstöße zur Überlieferung frühislamischer Geschichte werden anschließend in zugespitzter Form zur Diskussion gestellt.

In der Untersuchung der Prosopographie Kindas auf Ebene der *Zentralität* wird gefragt, wie auf verschiedenen Ebenen eine Bezogenheit auf ein übergeordnetes Zentrum fassbar wird. Anschließend an die Diskussion des innerhalb Kindas greifbaren Einflusses einer islamisch-staatlichen Zentrale während der Eroberungen wird diskutiert, in wieweit die Geschichte der ersten drei Generationen islamischer Zeit aus Sicht Kindas tatsächlich als eine global-islamische Geschichte fassbar wird. Abschließend wird aufgrund struktureller Muster innerhalb der Prosopographie Kindas vorgeschlagen, die Geschichte als Konsolidierungsprozess zu begreifen, der gegen Ende des Untersuchungszeitraums unter ʿAbdalmalik zu einem vorläufigen Abschluss kam.

Auf Ebene der *Tribalität* innerhalb der Prosopographie Kindas wird nach Form und Funktion von Kinda als Stamm gefragt. Die Fragestellung weicht damit von derjenigen der beiden anderen Ebenen ab. Während bislang insbesondere narrative Dynamiken untersucht wurden, wird auf dieser Ebene in erster Linie gefragt, welches Bild von Kinda als Stamm sich aus der Prosopographie Kindas ergibt. Da die Prosopographie Kindas idealer Weise sämtliches in den ausgewerteten Quellen überlieferte Material zum Stamm Kinda in frühislamischer Zeit umfasst, bietet sich eine systematische Zusammenstellung zu äußeren und inneren Grenzen, sowie zu den Funktionen gemeinsamer Stammeszugehörigkeit an. Hierauf folgen zwei Exkurse, die ebenfalls mit Kinda als Stamm verknüpft sind. Die Untersuchung der Siedlungsmuster im Viertel Kindas in Kufa stellt die zahlreichen Berichte zu Kinditen in dieser Stadt zusammen und fragt ebenfalls nach ihrem referenziellen Gehalt: Wie sieht die Umwelt aus, die sich aus den einzelnen Berichten zusammensetzen lässt? Die abschließende Studie zu herrschaftlich-endzeitlicher Symbolik in der Familie des kinditischen Anführers al-Ašʿaṯ b. Qays fragt ausgehend von der Ikonographie, mit der vor allem der Aufstand seines Enkels Ibn al-Ašʿaṯ in den Quellen geschildert wird, in wieweit global-islamische Herrschaft in frühislamischer Zeit als ausschließlicher Anspruch von Muḥammads Stamm Qurayš begriffen wurde.

Das Fazit fasst die Ergebnisse der Untersuchung auf den einzelnen Ebenen zusammen und skizziert das Zusammenspiel von referenzieller und narrativer Funktion innerhalb der Prosopographie Kindas.

1.2 Vorstellung der Methodik und der verwendeten Quellen

Der in dieser Arbeit verfolgte Ansatz bei der systematischen Auswertung des Quellenmaterials auf den Suchparameter Kinda hin geht von einem Verständnis der frühen und klassischen islamischen Historiographie als einem mehr oder minder kohärenten Kosmos aus[23]. Innerhalb dieses Gesamtkosmos ist die Untersuchung zunächst durch das Suchwort Kinda begrenzt. Wo keine Kinditen vorkommen, lässt sich auf Basis der Prosopographie Kindas nichts aussagen. Eine weitere Grenzziehung betrifft den Zeitrahmen, der in dieser Arbeit untersucht wird. Dieser Zeitrahmen soll, wie eingangs erwähnt, grob auf die Zeitgenossen Muḥammads und die folgenden beiden Generationen, also in etwa das 7. Jahrhundert, beschränkt werden.

Daneben wurden auch bei der Quellenauswahl einige Grenzziehungen notwendig. Der schiere Umfang des Quellenmaterials zur frühislamischen Geschichte[24] erforderte eine Beschränkung des Lektüreprogramms, das mit

23 Siehe hierzu 3.1 und 3.3.

24 Auch spätere Historiographie nennt teils Details, die in den früheren Sammlungen nicht vorkommen. Lecker *Kinda*, S. 337, geht sogar davon aus, dass mündliche Lokalüberlieferungen aus Ḥaḍramawt bis heute Material zur *ridda* Kindas überliefern, das er in den schriftlich überlieferten Historikern nicht belegen kann. Ein solcher Fall mag innerhalb des hier ausgewerteten Materials bei Kindi *Kinda*, S. 114-115, vorliegen. Hier gibt ein moderner Autor die Detailinformation, dass die Mutter Muʿāwiya b. Ḥudayǧs eine Tante, *ʿamma*, al-Ašʿaṯs gewesen sei, die in den hier ausgewerteten Historikern nicht belegt ist.

dem Notieren aller vorkommenden Kinditen verbunden war, auf ein komplett auswertbares Quellenkorpus. Hierbei wurde zunächst eine vor allem praktisch motivierte Grenze ungefähr beim Todesjahr 350 *hiǧrī* des als Kompilator genannten Autors der Quelle gezogen. Weitere Grenzen ergaben sich daraus, dass sich die vollständige Lektüre im Wesentlichen auf Texte beschränkte, die in modernen Editionen verfügbar waren und für eine Untersuchung der frühislamischen Geschichte besonders relevant erschienen. Dass diese Editionen nur in den seltensten Fällen die Lesarten verschiedener Handschriften bieten und die Einbeziehung zumindest einiger Manuskripte aus Zeitgründen nicht möglich war, ist gerade im Licht der Ergebnisse der Untersuchung von Narrativität anhand der Prosopographie Kindas besonders bedauerlich[25]. Ebenso regelmäßig unterblieb der Vergleich der jeweils verwendeten Edition mit anderen Editionen der hier ausgewerteten Texte aufgrund des beträchtlichen hierfür erforderlichen Arbeitsumfangs.

Diese im Folgenden vorgestellte Auswahl an historiographischen Sammlungen bis zu einem Sterbedatum des Kompilators um 350 *hiǧrī* wurde aus weiteren Texten ergänzt, die vor allem anhand von Inhaltsverzeichnis und Register ausgewertet werden konnten. Zusätzlich wurden auch nicht-arabische, epigraphische und numismatische Quellen sowie die einschlägigen Editionen von Papyrusfunden aus dem Untersuchungszeitraum nach Kinditen durchgesehen und in die Interpretation einbezogen. Insgesamt gestaltete sich der Ertrag hieraus jedoch eher bescheiden und war nur in Einzelfällen zur Kontextualisierung der Angaben der ausgewerteten Historiographie brauchbar.

Bei der Auswertung der aus diesem Textkorpus ausgewählten Datenbasis zu Kinda wird von einer *Rezipientenperspektive* ausgegangen, um die die Prosopographie Kindas prägenden Muster in den Blick nehmen zu können. Notwendig wird dieser Verzicht auf

> das möglichst strenge Zurückgehen auf die älteste, relativ bestbezeugte, ursprünglichste Form der betreffenden [einzelnen] Tradition[26]

durch die weite Verstreutheit der Kinda betreffenden Berichte. Zu kaum einer der in dieser Arbeit besprochenen Episoden ergeben sich aufgrund des in dieser Arbeit zugrunde gelegten Auswahlkriteriums Kinda ausreichend viele Berichte für eine fundierte Diskussion der internen Abhängigkeiten einzelner Varianten. Die Prosopographie Kindas wird also insbesondere auf der Ebene der Narrativität ganz bewusst als synchron betrachtetes Bild in seiner erzählerischen Funktion untersucht, statt zur Rekonstruktion des

---

25 Siehe 3.3.

26 Bernheim *Methode*, S. 350. Der Hinweis auf die griffige Formulierung verdankt sich Schoeler *Antwort*, S. 475. Die Passage fehlt interessanter Weise in der überarbeiteten Auflage von 1908, siehe Bernheim *Methode, 5. und 6. Auflage*.

konkreten Ereignisses, das der jeweilige Bericht referiert, verschiedene zeitliche Entwicklungsstufen zu differenzieren.

Als Referenz auf Ereignisgeschichte ist die Prosopographie Kindas unter diesen Vorzeichen nur insofern verwendbar, als mehrere Einzelberichte gleichbleibende Strukturen erkennen lassen, die den jeweils geschilderten Ereignissen zugrunde liegen. Während die Faktizität eines Ereignisses im Einzelfall allein aufgrund der Prosopographie Kindas nicht abschließend beurteilt werden kann, erlaubt der Befund gleichbleibender Strukturen beispielsweise in der Legitimation frühislamischer Heerführer das Zusammenfassen dieser im Bild Kindas erkennbaren Struktur und das Skizzieren weiterer Implikationen dieser Zusammenfassung.

Dieser Ansatz setzt eine homogene *longue durée* des Überlieferungsprozesses voraus, in dem das Bild Kindas in den ausgewerteten Quellen durch synchron betrachtbare Parameter geprägt wurde. Der spezifische Einfluss einzelner Personen als Autoren oder Überlieferer auf das überlieferte Material wird demgegenüber als Erklärungsmodell relativiert[27]. Im Rahmen der vorliegenden Arbeit plausibel wird dieser Ansatz durch die im Bild Kindas zu beobachtende Kohärenz der Schilderung der Kinditen in wiederkehrenden Mustern, die sich nur schwer mit dem Einfluss einer begrenzten Zahl persönlich fassbarer Überlieferer erklären lässt[28]. In wieweit diese aufgrund einer Untersuchung, die gerade nicht von speziellen Annahmen zum Überlieferungsprozess der erhaltenen Quellen ausgeht, erarbeiteten Anregungen auch in anderen Kontexten eine gewisse Plausibilität haben, wird in weiteren Untersuchungen zu zeigen sein. Anschließend an die Untersuchung der Prosopographie Kindas auf der Ebene der Narrativität werden die hieraus ableitbaren Folgerungen in ganz bewusst falsifizierbar zugespitzter Form zusammengefasst, um ihre Diskussion im Rahmen weiterer Debatten zu erleichtern[29].

Für die folgende Vorstellung der ausgewerteten Quellen ergibt sich aus dieser Rezipientenperspektive ein Verzicht auf die Abschätzung des spezifischen Einflusses von namengebenden Sammlern oder einzelnen Überlieferern. Auch auf interne Abhängigkeiten wird nicht weiter eingegangen. Stattdessen wird die Tendenz der einzelnen Quelle, sowohl der Sammlung, als auch des in ihr enthaltenen Berichts, als Erklärungsansatz relativiert und durch eine Einordnung des Einzelnen in den Kontext eines intertextuell kontrovers diskutierten Gesamtkosmos ersetzt[30]. In der folgenden Untersuchung werden etwaige Parallelstellen alphabetisch aufgelistet, wobei nur in

27 Siehe 3.1.

28 Siehe 3.1.

29 Siehe 3.3.

30 Dieser Ansatz deckt sich teils mit den Überlegungen des New Historicism, siehe RLW II, S. 712.

wenigen Fällen in Fußnoten auf interne Abhängigkeiten innerhalb der Quellen eingegangen werden kann. Auch bei der folgenden Vorstellung der Quellen wird auf die detaillierte Diskussion und Einordnung der einzelnen Sammlungen verzichtet, da die Abhängigkeiten zwischen ihnen im Zuge der in dieser Arbeit verfolgten synchronen Auswertung der Prosopographie Kindas nicht im Vordergrund des Interesses stehen.

Insgesamt wurden die folgenden Werke systematisch ausgewertet, indem die Passagen zum Untersuchungszeitraum gelesen und alle vorkommenden Kinditen notiert wurden. Die Reihenfolge folgt dem Alphabet[31]:

Al-Azdī: *Futūḥ aš-šām*[32], laut der hier verwendeten Edition 231 in Bagdad gestorben[33].
Al-Balāḏurī (gest. 279): *Ansāb al-ašrāf*[34].
Al-Balāḏurī (gest. 279): *Futūḥ al-buldān*[35].
Ḫalīfa b. Ḫayyāṭ (gest. 240): *Taʾrīḫ*[36].
Ibn ʿAbdalḥakam (gest. 257): *Futūḥ miṣr wa-l-maġrib*[37].
Ibn Aʿṯam (gest. 314): *Kitāb al-Futūḥ*[38].
Ibn Hišām (gest. 213): *As-Sīrat an-nabawiyya*[39].
Al-Iṣfahānī (gest. 356): *Maqātil aṭ-ṭālibiyyīn*[40].
Al-Kindī d. Ältere (gest. 350): *Kitāb al-Wulāt wa-l-quḍāt*[41].

---

31 Die Umschrift der Buchtitel folgt den Regeln der ZDMG, wobei das erste Wort groß geschrieben wird. Wenn der Buchtitel mit *kitāb* beginnt, wird auch der folgende Begriff groß, alles Übrige dagegen klein geschrieben.

32 Azdī *Futūḥ* im Literaturverzeichnis, ein Band.

33 Azdī *Futūḥ*, S. 5. Siehe für eine genauere Diskussion der verschiedenen Datierungsvorschläge Scheiner *al-Azdī*.

34 Balāḏurī *Ansāb* im Literaturverzeichnis, acht Bände.

35 Balāḏurī *Futūḥ* im Literaturverzeichnis, ein Band.

36 Ḫalīfa *Taʾrīḫ* im Literaturverzeichnis, ein Band.

37 Ibn ʿAbdalḥakam im Literaturverzeichnis, ein Band.

38 Ibn Aʿṯam im Literaturverzeichnis, acht Bände.
Die hier zugrunde gelegte Edition wurde 2011 in Kairo gekauft und dürfte wohl der Erstausgabe von Ḫān, Hyderabad 1968-1975, entsprechen, wobei das „Beirut, Libanon", *bayrūt – lubnān*, auf sämtlichen Buchdeckeln und den Titelblättern der Bände II und IV-VIII einen Nachdruck nahelegt. Daneben deutet keinerlei Verlagshinweis auf eine Neuauflage hin und auch die Kolophone am Ende datieren sämtlich aus Hyderabad im Dekkan. Der Text zur *ridda* in Band I entspricht demjenigen in al-Wāqidīs *Kitāb ar-Ridda*, zur Diskussion der Abhängigkeitsfrage siehe die Vorstellung von al-Wāqidīs *Kitāb ar-Ridda*.

39 Ibn Hišām im Literaturverzeichnis, ein Band.

40 Iṣfahānī *Maqātil* im Literaturverzeichnis, ein Band.

41 Kindī *Wulāt* im Literaturverzeichnis, ein Band.
Die hier ausgewertete Edition von R. Guest umfasst zwei Bücher al-Kindīs, das *Kitāb al-Wulāt*, Buch der Gouverneure, und das *Kitāb al-Quḍāt*, Buch der Richter. Die Edition Gottheils umfasst nur das *Kitāb al-Quḍāt*, nach den Zitaten bei Johansen *Wahrheit*, S. 976-988, weicht er in den Namensformen teilweise von Guests Edition ab: Bei-

Al-Kindī d. Jüngere (Sohn des 350 gestorbenen Autors): *Faḍāʾil miṣr*[42].
Naṣr b. Muzāḥim (gest. 212): *Waqʿat ṣiffīn*[43].
Aṭ-Ṭabarī (gest. 310): *Taʾrīḫ*[44].
Al-Wāqidī (gest. 207): *Kitāb al-Maġāzī*[45].
Al-Wāqidī (gest. 207): *Kitāb ar-Ridda*[46].
Al-Yaʿqūbī (gest. 292): *Taʾrīḫ*[47].

Diese Bücher wurden mindestens für den Zeitraum zwischen dem Auftreten Muḥammads und seiner Vorgeschichte bis zum Tod Ibn al-Ašʿaṯs komplett

---

spielsweise ʿImrān b. ʿAbdarraḥmān *al-Ḥusaynī*, S. 979, Fußnote 12, statt *al-Ḥasanī* von Šuraḥbīl b. Ḥasana wie bei Guest, S. 326-329.
In der Darstellung der familiären Verhältnisse von al-Kindī dem Älteren und dem Jüngeren folge ich den Argumenten der Editoren der *Faḍāʾil* in ihrer Einleitung zu Kindī *Faḍāʾil*, S. 5-12.

42 Kindī *Faḍāʾil* im Literaturverzeichnis, ein Band.

43 Naṣr b. Muzāḥim im Literaturverzeichnis, ein Band. Die Vorworte zur ersten und zweiten Auflage datieren von 1945 und 1962 und wurden in Alexandria und Heliopolis verfasst: Ob die hier ausgewertete Edition als „dritte Auflage, Naǧaf 1998" tatsächlich offiziell autorisiert wurde, lässt sich dem gedruckten Werk nicht entnehmen. Siehe zu Naṣr b. Muzāḥim allgemein Sezgin *Abū Miḫnaf*.

44 Ṭabarī *Taʾrīḫ* im Literaturverzeichnis, sechs Bände. Siehe zum Gesamtaufbau Radtke *Weltgeschichte*, S. 16-26.

45 Wāqidī *Maġāzī* im Literaturverzeichnis, zwei Bände.

46 Wāqidī *Ridda* im Literaturverzeichnis, ein Band.
Die Echtheit dieses Buches wird bisweilen angezweifelt, da es dem ersten Band des *Kitāb al-Futūḥ* Ibn Aʿṯams streng parallel läuft. Der erzählende Text des Kapitels zur *ridda* der Kinditen ist in beiden Texten im Wesentlichen wortgleich (Wāqidī *Ridda*, S. 253-321, entsprechend Ibn Aʿṯam I, S. 55-87). Der einzige größere Unterschied steht in den Biographien der Nachkommen al-Ašʿaṯs mit Umm Farwa bt. Abī Quḥāfa (Wāqidī *Ridda*, S. 319-320, bzw. Ibn Aʿṯam I, S. 87). Allerdings gibt das *Kitāb ar-Ridda* eine Fülle von Gedichten, die bei Ibn Aʿṯam fehlen. Beispielsweise wird nach dem Dialog zwischen al-Ašʿaṯ und Imruʾalqays bei Wāqidī *Ridda*, S. 255-256, ein Gedicht zitiert, während es bei Ibn Aʿṯam I, S. 56, lapidar heißt: Er ging nach Hause und murmelte ein Gedicht. Eine weitere Differenz zwischen den Texten liegt in Wāqidī *Ridda*, S. 256-257, entsprechend Ibn Aʿṯam I, S. 57, vor: Der Herausgeber des *Kitāb ar-Ridda* erklärt in einer Fußnote, hier eine Marginalie einzuarbeiten. Grundsätzlich haben beide Editionen verschiedene Eulogien.
In der Überlieferungskette zu Beginn des *Kitāb ar-Ridda* wird Ibn Aʿṯam genannt (Wāqidī *Ridda*, S. 54), ebenso zu Beginn des auf die *ridda* Kindas folgenden Kapitels (Wāqidī *Ridda*, S. 322). Dies deutet darauf hin, dass Ibn Aʿṯam, der in seinem *Kitāb al-Futūḥ* gewöhnlich keine Quellen angibt, das *Kitāb ar-Ridda* al-Wāqidīs, zu dessen Überlieferung er befugt war, großzügig exzerpierte.
Allerdings wirkt die über weite Strecken wörtliche Übereinstimmung des *Kitāb ar-Ridda* mit den entsprechenden Passagen von Ibn Aʿṯams *Futūḥ* doch erstaunlich: Selbst wenn zwei Editionen unabhängig voneinander aus derselben Handschrift ediert wurden, wäre eine so weitgehende Textgleichheit bemerkenswert – es wirkt fast, als sei eine existierende Edition eines der beiden Texte ein wenig mit Registern und Gedichten aufgehübscht und unter dem anderen Namen abgedruckt worden.

47 Yaʿqūbī *Taʾrīḫ* im Literaturverzeichnis, zwei zusammen gebundene Bände. Siehe Radtke *Weltgeschichte*, S. 11-15.

gelesen, wobei alle Stellen, an denen Kinditen vorkommen, notiert wurden. Durch diese Methodik lässt sich davon ausgehen, dass keine Beteiligung von Kinditen an den Ereignissen übersehen wurde, die während dieser Jahre in den Sammlungen geschildert wird. Die so gewonnene Prosopographie wurde durch die selektive Auswertung weiterer Sammlungen vorwiegend desselben Zeitraums erweitert, in denen anhand der Inhaltsverzeichnisse die Episoden im Text nachgeschlagen wurden, bei denen die voll ausgewerteten Quellen kinditische Beteiligung angezeigt hatten. Wo vorhanden, wurden zusätzlich auch Register nach bekannten Kinditen ausgewertet. Die Werke, die in dieser Weise ausgewertet wurden, sind die Folgenden:

Abū Miḫnaf (gest. 157): *Aḫbār al-muḫtār*[48].
Abū Miḫnaf (gest. 157): *Maqtal al-imām al-ḥusayn*[49].
Abū Yūsuf (gest. 182): *Kitāb al-Ḫarāǧ*[50].
Agapius von Manbiǧ / Maḥbūb al-Manbiǧī (gest. 330): *Kitāb al-ʿUnwān*[51].

48 Abū Miḫnaf *Muḫtār* im Literaturverzeichnis, ein Band.

49 Abū Miḫnaf *Ḥusayn* im Literaturverzeichnis, ein Band.
Beide Werke Abū Miḫnafs zeigen exemplarisch die Problematik bei der Edition und Kollationierung solch früher Monographien: Wo Wüstenfeld, dem beide Texte zusammen vorlagen, noch „übertrieben Fabelhaftes fast ohne allen historischen Werth“ (Wüstenfeld *Tod und Rache*, S. v-vi.) feststellte, hat der Herausgeber der beiden konsultierten arabischen Editionen, al-Ǧabūrī, seinen Text extensiv mit aṭ-Ṭabarīs *Taʾrīḫ* und den übrigen „kanonischen“ Historikern kollationiert und stellt damit eine Monographie her, die sich nahtlos in den üblichen Kosmos frühislamischer Geschichte einfügt. Diese *in toto* mit Wüstenfelds Übersetzung zu vergleichen wäre eine eigene Aufgabe gewesen, der sich in dieser Arbeit nicht unterzogen wurde. Für die auftretenden Kinditen lässt sich eine Glättung gegenüber der von Wüstenfeld übersetzten Fassung konstatieren. Beispielsweise wird der Verräter des Verstecks von Muslim b. ʿAqīl samt seiner Familie in der wüstenfeld'schen Fassung nicht namentlich verzeichnet, während er in der von al-Ǧabūrī besorgten Edition des *Maqtal al-imām al-ḥusayn* namentlich benannt wird.
Der Editor der beiden arabischen Texte rezipiert die einschlägigen Quellen in solchem Maß, dass sein Text von dem ihrigen kaum mehr abweicht. Die in dieser Arbeit vorgeschlagene *Abschleifung auf einander zu* (siehe 3.3) vereinheitlicht die Quellen selbst im Editionsprozess noch. In letzter Konsequenz ist der edierte Text ein anderes Buch als der „Roman“, den Wüstenfeld übersetzte.

50 Abū Yūsuf *K. al-Ḫarāǧ* im Literaturverzeichnis, ein Band.

51 Agapius im Literaturverzeichnis, für den Untersuchungszeitraum war vor allem Band II relevant.
Obwohl Agapius und der im Folgenden genannte Eutychius von Alexandria christliche Kirchenämter bekleideten, geben sie keine fundamental von der islamisch-arabischen Heilsgeschichte abweichende Darstellung des Untersuchungszeitraums. Wohl werden gelegentlich Namen genannt, doch speziell zu den hier untersuchten Kinditen fand sich nicht mehr als ein gelegentliches Auftreten beispielsweise von Šuraḥbīl b. Ḥasana als Eroberer Buṣrās bei Agapius von Manbiǧ (Agapius, S. 341) oder von Kināna b. Bišr auf dem Weg zur Ermordung des Kalifen ʿUṯmān bei Eutychius von Alexandria (Eutychius II, S. 33). Beide Erwähnungen gehen allem Anschein nach auf islamische Quellen zurück.

Al-Azraqī (gest. 250): *Aḫbār makka*[52].
Ad-Dīnawarī (gest. 282): *Aḫbār aṭ-ṭiwāl*[53].
Eutychius von Alexandria / Saʿīd b. al-Biṭrīq (gest. 328): *Naẓm al-ǧawhar*[54].
Al-Ǧahšiyārī (gest. 331): *Kitāb al-Wuzarāʾ wa-l-kuttāb*[55].
Ḫalīfa b. Ḫayyāṭ (gest. 240): *Kitāb aṭ-Ṭabaqāt*[56].
Al-Hamdānī (gest. nach 334): *Kitāb al-Iklīl*[57].
Al-Hamdānī (gest. nach 334): *Ṣifat ǧazīrat al-ʿarab*[58].
Ḥamza al-Iṣfahānī (gest. vor 360): *Kitāb Taʾrīḫ sinī mulūk al-arḍ wa-l-anbiyāʾ*[59].
Ibn Ḥabīb (gest. 245): *Kitāb al-Muḥabbar*[60].
Ibn Hišām (gest. 213): *Kitāb at-Tīǧān*[61].
Ibn Saʿd (gest. 230): *Kitāb aṭ-Ṭabaqāt*[62].
Al-Iṣfahānī (gest. 356): *Kitāb al-Aġānī*[63].
Al-Maqdisī (gest. nach 355): *Kitāb al-Badʾ wa-t-taʾrīḫ*[64].
Al-Masʿūdī (gest. 346): *Aḫbār az-zamān*[65].
Al-Masʿūdī (gest. 346): *Murūǧ aḏ-ḏahab*[66].

---

52 Azraqī *Aḫbār* im Literaturverzeichnis, zwei Bände.

53 Dīnawarī *Aḫbār* im Literaturverzeichnis, ein Band, ausgewertet anhand des separaten Registers, Dīnawarī *Fahāris* im Literaturverzeichnis. Siehe auch Radtke *Weltgeschichte*, S. 9-11.

54 Eutychius im Literaturverzeichnis, ein Band.

55 Ǧahšiyārī im Literaturverzeichnis, ein Band.

56 Ḫalīfa *Ṭabaqāt* im Literaturverzeichnis, ein Band.

57 Hamdānī *Iklīl* im Literaturverzeichnis, vier mir zugängliche Bände.
Die Editionsgeschichte von al-Hamdānīs *Kitāb al-Iklīl* ist kompliziert, ich wertete die mir zugänglichen Bände I, II, VIII und X aus.
Die aus al-Hamdānīs Werken ableitbaren Schlüsse zur vor- und frühislamischen Geschichte der Nord- und Südaraber behandelt Nagel *Alexander* ausführlich.

58 Hamdānī *Ṣifat* im Literaturverzeichnis, ein Band.
Al-Hamdānīs *Ṣifat ǧazīrat al-ʿarab* liegt Rebstocks Karte des frühislamischen Arabien innerhalb des TAVO maßgeblich zugrunde (mündliche Kommunikation Ulrich Rebstocks und Michael Marx', siehe insbesondere TAVO B VII.1 und B VII.2.). Das in diesem Werk skizzierte Bild Arabiens ist im Wesentlichen statisch. Um nicht Gefahr zu laufen, die Situation des vierten islamischen Jahrhunderts in den Untersuchungszeitraum zu projizieren, werden in dieser Arbeit nur explizit in die frühislamische Zeit datierte Angaben dieses Werkes berücksichtigt.

59 Ḥamza al-Iṣfahānī im Literaturverzeichnis, ein Band. Siehe auch Radtke *Weltgeschichte*, S. 94-95.

60 Ibn Ḥabīb *Muḥabbar* im Literaturverzeichnis, ein Band.

61 Ibn Hišām *K. at-Tīǧān* im Literaturverzeichnis, ein Band.

62 Ibn Saʿd im Literaturverzeichnis, acht Bände.

63 Iṣfahānī *Aġānī* im Literaturverzeichnis, 27 teils zusammengebundene Bände. Allein der Index der in diesem Werk erwähnten *riǧāl*, Männer, umfasst 526 Seiten: Iṣfahānī *Aġānī* XXVI, S. 41-566.

64 Maqdisī *Kitāb al-Badʾ* im Literaturverzeichnis, sechs Bände. Siehe zu diesem Werk auch Radtke *Weltgeschichte*, S. 68-94.

65 Masʿūdī *Aḫbār* im Literaturverzeichnis, ein Band.

Al-Masʿūdī (gest. 346): *At-Tanbīh wa-l-išrāf*[67].

An-Naršaḫī (gest. 348): *Taʾrīḫ buḫārā*[68].

Sayf b. ʿUmar (gest. 180): *Kitāb ar-Ridda wa-l-futūḥ wa-kitāb al-ǧamal wa-masīr ʿāʾiša wa-ʿalī*[69].

Al-Wāqidī (gest. 207): *Futūḥ bahnasā*[70].

Al-Wāqidī (gest. 207): *Futūḥ aš-šām*[71].

So weit die systematisch ausgewerteten Sammlungen zur frühislamischen Geschichte, deren Verfasser nicht später als in der zweiten Hälfte des vierten Islamischen Jahrhunderts lebten.

---

66 Masʿūdī *Murūǧ* im Literaturverzeichnis, vier Bände. Siehe zum Gesamtaufbau des Werks Radtke *Weltgeschichte*, S. 26-56.

67 Masʿūdī *Tanbīh* im Literaturverzeichnis, ein Band.

68 An-Naršaḫīs Geschichtswerk wurde in der Übersetzung Fryes ausgewertet: Frye *Bukhara* im Literaturverzeichnis, ein Band.
Da Khorasan maßgeblich von Baṣra aus erobert wurde, wo keine Kinditen erwähnt werden, fanden sich in diesem Buch erwartungsgemäß keine Kinditen.

69 Sayf b. ʿUmar im Literaturverzeichnis, ein Band, in dem der Herausgeber die Fragmente ediert. Die Fragmente selbst sind in Sayf b. ʿUmar *Facsimile* reproduziert, die Edition gibt zusätzlich auch die von anderen Historikern überlieferten Zitate aus Sayf b. ʿUmars Werken.

70 Wāqidī *Bahnasā* im Literaturverzeichnis, ein Band.

71 Wāqidī *Futūḥ* im Literaturverzeichnis, zwei Bände.
Der Text der Eroberungen rings um Bahnasā in Wāqidī *Futūḥ* II, S. 261-363, passt in Anfang, Schluss und in den zitierten Versen nicht zu demjenigen der separaten Edition von Wāqidī *Bahnasā*. In wieweit die Ereignisfolge zusammenstimmt, wurde nicht systematisch überprüft, die beteiligten Personen immerhin scheinen überwiegend die gleichen zu sein.
Sowohl die *Futūḥ aš-šām*, als auch die *Futūḥ bahnāsā* fallen strukturell aus dem Rahmen der hier untersuchten Historiographie. Zwischen Burgherren, Traumgesichten und heldenhaften Amazonen haben sich Noths Topoi ausgebreitet, die arabischen Generäle sind austauschbare Passepartouthelden, die vom Kalifen in zusammenhängender Erzählung umhergeschickt werden. Gegen Ende des Buchs wird der räumliche Rahmen um Eroberungen im Irak und anderswo aufgeweitet, bevor die *Futūḥ Bahnāsā* integriert werden (Wāqidī *Futūḥ* II, S. 261-363). Bei Wāqidī *Futūḥ* II, S. 261, werden verschiedene Autoritäten genannt, nach denen die geschilderten Ereignisse wiedergegeben würden. Abū Ǧaʿfar aṭ-Ṭabarānī lässt sich wohl als Verschreibung aus Abū Ǧaʿfar aṭ-Ṭabarī erklären, der zwar nach al-Wāqidī lebte, doch immerhin dem Kosmos frühislamischer Historiographie zuzurechnen ist. Allerdings macht es der im Folgenden zitierte *Taʾrīḫ al-bidāya wa-n-nihāya* Ibn Ḫallikāns (*sic*) unumgänglich, zumindest diese Passagen auf nach 681, das Sterbedatum Ibn Ḫallikāns, bzw. sogar nach 774, das Sterbedatum Ibn Kaṯīrs, des Verfassers des bekannten historischen Werks *al-Bidāya wa-n-nihāya*, zu datieren.
Siehe zur Datierungsfrage auch van Ess *Fehltritt*, S. 350-354, und Scheiner *al-Azdī*. Generell soll hier auf die Arbeit verwiesen werden, die Yoones Dehghani Farsani derzeit in Göttingen anfertigt.
Ich habe beide Bücher nicht voll in die vorliegende Untersuchung integriert.

2 Überblick zu Kinda im Untersuchungszeitraum

Bevor in den folgenden Kapiteln den drei eingangs skizzierten Teilfragen nach Narrativität, Zentralität und Tribalität anhand der Prosopographie Kindas nachgegangen wird, folgt zunächst eine kurze Einführung in das Umfeld der folgenden Untersuchungen. Zu Beginn steht ein Abriss der Chronologie des Untersuchungszeitraums, bevor zusammengefasst wird, wo kinditische Gruppen wann erwähnt werden. Abschließend steht eine kurze Vorstellung der kinditischen Anführerfamilien, wie sie in den hier ausgewerteten Quellen fassbar werden.

Die vollständige Auswertung der Quellenbasis ermöglicht hierbei prinzipiell eine vollständige Anführung aller Belegstellen. Wo dies allzu sehr ausufern würde, wird nur eine beispielhafte Belegstelle angeführt. So unterbleibt beispielsweise eine detaillierte Auflistung aller Passagen, in denen der Aufstand des Ibn al-Ašʿaṯ ohne die Schilderung von Details erwähnt wird: Innerhalb der Prosopographie Kindas wurden allein 70 Stellen notiert, an denen sein Name kommentarlos als Datierungshinweis für andere Personen oder Ereignisse aufgeführt wird.

2.1 Ereignisfolge zur frühislamischen Geschichte mit Bezug auf Kinda

In dieser Arbeit wird die allgemeine frühislamische Ereignisfolge in stark vereinfachter Form verwendet, um die einzelnen Episoden, an denen Kinditen beteiligt sind, einzuordnen. Da exakte Jahreszahlen und Daten fast durchweg strittig sind, soll im Folgenden auf die Nennung von Jahreszahlen zur Einordnung einzelner Ereignisse verzichtet werden. Stattdessen wird in den folgenden Kapiteln eine grobe zeitliche Einordnung der Ereignisse durch einen Verweis auf den hier gegebenen historischen Abriss gegeben. Die Problematisierbarkeit jeder einzelnen Episode der folgenden Abfolge steht hierbei zugunsten einer groben zeitlichen Einordnung zurück[1].

Der Islam als Religion seines Propheten Muḥammad breitete sich vom Ḥiǧāz über die arabische Halbinsel aus. Bereits vor Muḥammads Tod kam es zu Unruhen unter den arabischen Stämmen, die unter der Leitung des ersten Kalifen Abū Bakr von der islamischen Zentralgewalt niedergeschlagen wurden, bevor die Araber unter dem zweiten Kalifen ʿUmar die umliegenden Länder eroberten. Dort ließen sie sich teils in neu gegründeten Garnisonsstädten, teils in bestehenden Siedlungen als Besatzungstruppen nieder. Wäh-

1 Siehe für eine detailliertere Schilderung der folgenden Ereignisgeschichte Madelung *Succession.*

rend der Regierung des dritten Kalifen ʿUṯmān kam es zu Unruhen unter den Eroberern der umliegenden Länder, die schließlich zu seiner Belagerung und Ermordung in Medina führten. Der folgende vierte Kalif ʿAlī war nie unumstritten. Nach einem Sieg gegen andere Kalifatsprätendenten in der Kamelschlacht führte er von Kufa aus einen langwierigen Kleinkrieg gegen den syrischen Gegenkalifen Muʿāwiya aus der Familie der Umayyaden, der letztlich auch in der Hauptschlacht bei Ṣiffīn keine eindeutige Entscheidung herbeiführte. Nach der Ermordung ʿAlīs verzichtete sein älterer Sohn al-Ḥasan auf seine Kalifatsansprüche zugunsten Muʿāwiyas. Eine spätere Revolte des jüngeren Sohns al-Ḥusayn endete katastrophal. Auf Muʿāwiya folgte sein Sohn Yazīd als Kalif, nach dessen Tod jedoch ein neuer Bürgerkrieg ausbrach. In diesem Zweiten Bürgerkrieg waren die bedeutendsten Parteien der ʿalīdische[2] Agitator al-Muḫtār in Kufa, ʿAbdallāh b. az-Zubayr in Mekka und Marwān und sein Sohn ʿAbdalmalik in Syrien. Letztere gehörten einem weiteren Zweig der Familie der Umayyaden an und setzten sich schließlich als Herrscher über die islamische Ökumene durch. Unter der Herrschaft von ʿAbdalmalik kam es zu der islamisch-staatlichen Konsolidierung in seinem Machtbereich, gegen die sich die Revolte des Ibn al-Ašʿaṯ richtete. Letztere bildet den Schlusspunkt dieser Arbeit.

2.2 Regionale Verteilung kinditischer Gruppen vor den Eroberungen

Bei der Diskussion der regionalen Verteilung kinditischer Gruppen ist vorwegzunehmen, dass der Fokus der Quellen nicht auf Kinda liegt. In den Sammlungen zur frühislamischen Heilsgeschichte liegt der Fokus der Ereignisse in diesem Zeitraum fast ausschließlich auf Muḥammad und der islamischen Zentrale. Kinditen werden dabei nur aus Anlass ihrer Interaktion mit dieser Zentrale erwähnt. Statt einer systematischen Beschreibung, wo wann Kinditen lebten, findet man damit schlaglichtartig Informationen zu einigen Episoden der islamischen Heilsgeschichte, in denen Kinditen vorkommen, und ansonsten keine ausdrücklichen Hinweise auf Kinditen oder von Kinditen bewohnte Orte. Anstatt die Lücken mit früherem und späterem Material zu füllen, werden im Folgenden nur diejenigen Orte aufgeführt, an denen explizit Kinditen während der jeweiligen Ereignisse genannt sind.

2 ʿAlīdisch verweist im Kontext dieser Arbeit auf eine Verbindung zum vierten Kalifen ʿAlī, die in den Quellen durch Verwandtschaft, Befehlsgewalt oder bloße Sympathie ausgestaltet wird. In gleicher Weise wird auch umayyadisch verwendet.

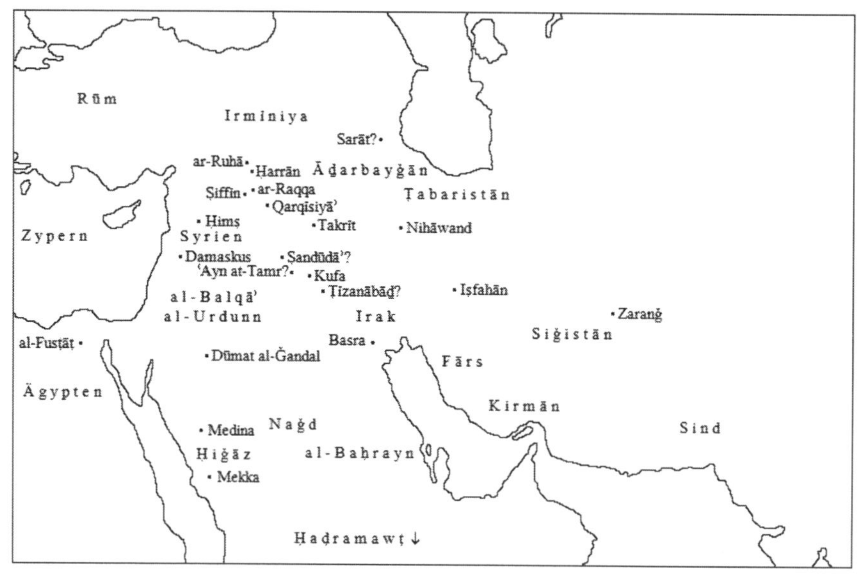

Abbildung 1: Karte zu Kinda im Untersuchungszeitraum, eigene Darstellung.

2.2.1 Kinditische Gruppen auf der arabischen Halbinsel

Der Untersuchungszeitraum beginnt vor der Eroberung der umliegenden Länder durch die Araber. Dabei erscheinen die Siedlungsgebiete Kindas im Wesentlichen statisch. Während einzelne Individuen nach Mekka und Medina reisen[3], wird von mobilen größeren Gruppen innerhalb Kindas nicht berichtet. Ihre Siedlungsorte werden dementsprechend in den Quellen vor allem im Kontext der Ausweitung der islamischen Einflusssphäre auf der arabischen Halbinsel beschrieben[4].

Neben nordarabischen Oasenstädten wie Dūmat al-Ǧandal[5], Ṣandūdā'[6] und eventuell auch ʿAyn at-Tamr[7], in denen Kinditen gemeinsam mit Ange-

[3] So ziehen Bišr b. ʿAbdalmalik, der Bruder Ukaydirs von Dūmat al-Ǧandal, und ʿUfayyif b. Maʿdikarib, der Onkel von al-Ašʿaṯ b. Qays, über die arabischen Märkte und treten im vorislamischen Mekka auf. Siehe 3.2.4 und 3.2.6.

[4] Die Frage nach der genauen Lokalisierung der Siedlungsorte Kindas in Ḥaḍramawt und der Siedlungskontinuität in Südarabien generell soll hier ausgespart werden, da Kinditen in ihrer vorislamischen Heimat im weiteren Untersuchungszeitraum dieser Arbeit nach den Eroberungen nicht mehr erwähnt werden. Siehe zur Kontinuität von Ortsnamen in Südarabien Robin, Brunner *Map*.

[5] Siehe zur Schilderung der Eroberung Dūmat al-Ǧandals durch die Muslime 3.1.3 und zum Ort Yāqūt *Muʿǧam* III / IV, S. 325-326.

[6] Balāḏurī *Futūḥ*, S. 147, und Abū Yūsuf *K. al-Ḫarāǧ*, S. 293. In Ṣandūdā' und Dūmat al-Ǧandal lebten Kinditen demnach jeweils gemeinsam mit Angehörigen des Stammes Iyād. Al-Balāḏurī erwähnt zusätzlich noch Perser, *ʿaǧam*. Siehe auch Yāqūt *Muʿǧam* V / VI, S. 204.

hörigen anderer Stämme lebten, und der Landschaft aš-Šarabba im Naǧd[8] wohnten Kinditen vor den islamischen Eroberungszügen vor allem in Ḥaḍramawt. Über die dortigen Verhältnisse werden nur aus Anlass der militärischen Unternehmungen in dieser Region durch die islamische Zentrale im Zuge der *ridda* nach dem Tod Muḥammads genauere Informationen gegeben[9]. Dabei wird von vier Königen Kindas samt ihrer Schwester berichtet, die jeweils ein Tal, *wādī*[10], oder einen Schutzbezirk, *ḥimā*[11], beherrschen. In diesem Herrschaftsbereich haben sie ein befestigtes Lager, *maḥǧar*[12], in dem sie nachts von den Muslimen überfallen und umgebracht werden[13]. Daneben liest man von einem befestigten Lager, *maḥǧar*, Kindas bei az-Zurqān[14], der Stadt, *madīna*, Tarīm[15] und der Festung, *ḥiṣn*, an-Nuǧayr[16], um die jeweils Schlachten zwischen Kinda und den Muslimen geschlagen werden[17]. Während der Belagerung der Kinditen an-Nuǧayrs werden Strafexpeditionen nach Baqrā der Banū Hind[18] und Barahūt[19], sowie an die Küste nach Maḥā[20] und

---

7 Hier soll Aṯīr b. ʿAmr b. Hāniʾ as-Sakūnī von Ḫālid b. al-Walīd versklavt worden sein: Iṣfahānī *Maqātil*, S. 38.

8 Aus aš-Šarabba stammt laut Balāḏurī *Ansāb* I, S. 385, und Ibn Saʿd VIII, S. 113, an-Nuʿmān b. al-Ǧawn al-Kindī, der Vater einer Braut Muḥammad, mit der die Ehe nicht vollzogen wurde (s. 3.2.6). Siehe auch Yāqūt *Muʿǧam* V / VI, S. 132-133, und Hamdānī *Ṣifat*, S. 143-144 und 155. Vielleicht kann man seine dortige Präsenz mit derjenigen von vorislamischen Kinditen im selben Raum in Verbindung bringen, siehe Shahîd BA 6th I.1, S. 21-22, der hierzu insbesondere auf die Lemmata *ġamr ḏī kinda*, Yāqūt *Muʿǧam* V / VI, S. 396, und *ʿāqil*, Yāqūt *Muʿǧam* V / VI, S. 286-287, verweist.

9 Siehe zur *ridda* Kindas die detaillierten Artikel Lecker *Kinda* und Lecker *Judaism*, wo auch die Verwandtschaftsverhältnisse der beteiligten Personen und Gruppen auf Basis der genealogischen Literatur erschöpfend diskutiert werden.

10 Balāḏurī *Futūḥ*, S. 137, und Ibn Saʿd V, S. 9.

11 Yaʿqūbī *Taʾrīḫ* II, S. 90.

12 So Ṭabarī *Taʾrīḫ* II, S. 355.

13 Demgegenüber werden die Könige Kindas bei Ibn Saʿd V, S. 9, erst bei der Kapitulation der Festung an-Nuǧayr hingerichtet.

14 Ibn Aʿṯam I, S. 70, entsprechend Wāqidī *Ridda*, S. 290, und Ṭabarī *Taʾrīḫ* II, S. 356. Das *maḥǧar* ist nur bei aṭ-Ṭabarī erwähnt, bei Ibn Aʿṯam und al-Wāqidī ist az-Zurqān demgegenüber ein Tal, *wādī*. Auch Yāqūt *Muʿǧam* III / IV, S. 472, beschreibt az-Zurqān als ein *maḥǧar* in Ḥaḍramawt.

15 Ibn Aʿṯam I, S. 66-67, 70-72 und 78, entsprechend Wāqidī *Ridda*, S. 283-284, 290, 292-293, 296 und 302. Siehe Yāqūt *Muʿǧam* I / II, S. 442, Hamdānī *Iklīl* VIII, S. 157-158, und Hamdānī *Ṣifat*, S. 87.

16 Balāḏurī *Futūḥ*, S. 138; Ibn Aʿṯam I, S. 75-76 und 80-85, entsprechend Wāqidī *Ridda*, S. 299-300 und 304-315; Ḫalīfa *Taʾrīḫ*, S. 61; Ibn Saʿd I, S. 9, und Ṭabarī *Taʾrīḫ* II, S. 356-359. Siehe Yāqūt *Muʿǧam* VII / VIII, S. 378-379, Hamdānī *Iklīl* VIII, S. 157, und Hamdānī *Ṣifat*, S. 87.

17 Daneben liest man von Kinditen bei ar-Riyāḍ in Ḥaḍramawt bei Ṭabarī *Taʾrīḫ* II, S. 353-354. Wörtlich heißt der Ort *die Gärten*, er scheint also nicht unfruchtbar gewesen zu sein. Siehe auch Yāqūt *Muʿǧam* III / IV, S. 452.

18 Bei Yāqūt *Muʿǧam* nicht verzeichnet.

19 Laut Yāqūt *Muʿǧam* I / II, S. 321-322, eine Landschaft, ein Brunnen und / oder ein Tal in Ḥaḍramawt, laut Hamdānī *Ṣifat*, S. 128 und 201, ein Brunnen.

gegen andere Stämme gesandt[21]. Vielleicht lebten hier ebenfalls Kinditen, doch wird das nicht explizit bemerkt.

Schließlich wird von südarabischen Siedlungsgebieten der Kinditen vor den Eroberungen im Kontext der exemplarischen Bestrafung von Frauen berichtet, die die Nachricht vom Tod Muḥammads feierten. Diese *Harlots of Kinda* sind von Lecker detailliert untersucht worden[22]. Die in Verbindung mit ihnen genannten Orte werden summarisch als Dörfer Ḥaḍramawts, *qurā ḥaḍramawt*, bezeichnet, namentlich werden Tarīm[23], Mašṭa[24], an-Nuǧayr[25], Tinʿa[26], Šabwa[27] und Ḏimār[28] genannt. Dabei wird jedoch wie oben nicht bei jedem der Orte explizit gesagt, dass hier Kinditen lebten, einige der *Harlots* selbst gehörten ausdrücklich zu Ḥaḍramawt[29].

Interessanterweise liest man an keinem dieser Orte während des späteren Untersuchungszeitraums von Kinditen. Der Weg der Kinditen von diesen Siedlungsgebieten in die umliegenden Länder wird ebenfalls nicht näher beschrieben[30]. Kinditen werden erst bei der Eroberung von Ägypten, Syrien oder dem Irak wieder in den Quellen erwähnt. Dass Kinditen auch in Südarabien verblieben, wird jenseits des Untersuchungszeitraums dieser Arbeit durch die späteren Aktivitäten des ʿibāḍitischen Kinditenführers ʿAbdallāh b. Yaḥyā b. ʿAmr b. Šuraḥbīl b. ʿAmr b. al-Aswad, genannt *ṭālib al-ḥaqq*, der Rechtssucher, nahe gelegt[31]. Die wenigen Episoden innerhalb der hier un-

---

20 Laut Yāqūt *Muʿǧam* VII / VIII, S. 210, eine Landschaft Kindas im Jemen. Allerdings ist dieser Verweis vielleicht aus der Bemerkung aṭ-Ṭabarīs abgeleitet.

21 Ṭabarī *Taʾrīḫ* II, S. 356.

22 Lecker *Judaism*, S. 646-649.

23 Ibn Ḥabīb *Muḥabbar*, S. 185, und Yāqūt *Muʿǧam* I / II, S. 442. Siehe oben zu Tarīm als Stadt während der *ridda*.

24 Ibn Ḥabīb *Muḥabbar*, S. 185, bei Yāqūt *Muʿǧam* nicht verzeichnet, laut Hamdānī *Ṣifat*, S. 87, ein Dorf. Die Vokalisierung folgt Lecker *Judaism*, S. 649.

25 Balāḏurī *Ansāb* VI, S. 352; Ibn Ḥabīb *Muḥabbar*, S. 185, und Yāqūt *Muʿǧam* VII / VIII, S. 378-379. Siehe oben zu an-Nuǧayr als Festung während der *ridda*.

26 Ibn Ḥabīb *Muḥabbar*, S. 185, und Yāqūt *Muʿǧam* I / II, S. 458, wo Tinʿa als Dorf, *qarya*, im Tal Baraḥūt beschrieben wird. Zu diesem Tal während der *ridda* siehe oben. Außerdem liest man bei Ibn Saʿd I, S. 263, im Kontext der Delegation, *wafd*, Kindas an Muḥammad von einer Frau aus Tinʿa, die ihm ein Kleid sendet, allerdings wird sie nicht explizit als Kinditin bezeichnet. Siehe zu diesem Kleid 3.2.1.

27 Ibn Ḥabīb *Muḥabbar*, S. 185, Yāqūt *Muʿǧam* V / VI, S. 125, und Hamdānī *Ṣifat*, S. 87.

28 So Hamdānī *Ṣifat*, S. 55 und 104; Ibn Ḥabīb *Muḥabbar*, S. 185, und Yāqūt *Muʿǧam* III / IV, S. 374-375. Lecker *Judaism*, S. 649, vokalisiert Ḏamār, setzt jedoch ein Fragezeichen dazu.

29 Zur Frage des Verhältnisses von Ḥaḍramawt und Kinda siehe 5.2.2.

30 Eine Ausnahme bilden nur al-Ašʿaṯ, der nach seiner Kapitulation in an-Nuǧayr zum Kalifen Abū Bakr nach Medina gebracht wurde, und einige bei an-Nuǧayr versklavte Kinditen, die in Medina Karriere machten. Siehe 3.1.1, 3.2.4 und 4.6.

31 Beispielsweise Balāḏurī *Ansāb* VI, S. 172 ff., und Iṣfahānī *Aġānī* XXIII, S. 233-270. Siehe zu ihm auch Lecker *Kinda*, S. 354.

tersuchten Historiographie, die nach der Ridda bis zum Ende des Untersuchungszeitraums in Südarabien spielen, erwähnen dort dagegen keine Kinditen.

2.3 Regionale Verteilung kinditischer Gruppen nach den Eroberungen

Während der Eroberungen werden zwar teils explizit kinditische Verbände genannt, meist liest man dagegen nur von Anführern, die wohl mit einigem Recht als Mobilisatoren von stammesverwandten Einheiten interpretiert werden können. Die bedeutendsten dieser Anführerfamilien werden im folgenden Abschnitt vorgestellt. Die Geschichte der frühislamischen Eroberungen ist durch die Frage nach der Zentralisierung der frühislamischen Eroberungsgesellschaft überformt, die in der Diskussion von Zentralität in der Beschreibung des frühislamischen Staates detailliert behandelt wird[32]. Daher soll die Zeit der Eroberungen aus diesem Überblick über die regionale Verteilung von Kinditen ausgeklammert werden. Stattdessen wird im Folgenden beschrieben, wo Kinditen nach den Eroberungen siedelten.

Auch diese Lagebeschreibung ist im Wesentlichen statisch. Abgesehen von einigen Kinditen, die aus dem vom Kalifen ᶜAlī beherrschten Kufa in den Herrschaftsbereich des syrischen Kalifatsprätedenten Muᶜāwiya in der Ǧazīra abwandern[33], wird von keiner Veränderung der regionalen Verteilung kinditischer Gruppen während des Untersuchungszeitraums berichtet. Im Folgenden soll für die einzelnen Regionen dargestellt werden, welche kinditischen Gruppen in ihnen jeweils belegt sind.

2.3.1 Kinditische Gruppen in Ägypten

In Ägypten ließ sich der kinditische Unterstamm Tuǧīb, der innerhalb Kindas meist zu Sakūn gerechnet wird[34], in einem eigenen Viertel in al-Fusṭāṭ nieder[35]. Seine Frühlingsweiden, *murtabaᶜ*, lagen bei Tumayy[36], Basṭa[37] und Wasīm[38] in Unterägypten[39]. Insbesondere bei den Ereignissen um die Er-

---

32 Siehe 4.1.

33 Im Folgenden wird diese Gruppe von Umsiedlern als Kinditen in der Ǧazīra beschrieben.

34 Siehe 5.2.2.

35 Ibn ᶜAbdalḥakam, S. 149-153. Die einzelnen Familien und ihre Siedlungsbereiche sind zusammengestellt bei al-Barrī *Qabāʾil*, S. 178-190, siehe auch Kubiak *Fustat*.

36 Siehe Yāqūt *Muᶜǧam* I / II, S. 455.

37 Siehe Yāqūt *Muᶜǧam* I / II, S. 334.

38 Siehe Yāqūt *Muᶜǧam* VII / VIII, S. 457.

mordung des dritten Kalifen ʿUṯmān war Tuǧīb auf beiden Seiten stark vertreten[40].

Vor allem unter den Umayyaden stellte Tuǧīb eine Reihe ägyptischer Honoratioren[41], unter ihnen die Familie Muʿāwiya b. Ḥudayǧs, die im Folgenden gesondert behandelt werden wird[42]. Außerhalb Ägyptens oder der von Ägypten aus eroberten angrenzenden Gebiete Nordafrikas erscheinen Tuǧībīs nach den Eroberungen im Untersuchungszeitraum nur in den Heeresabteilungen Muʿāwiyas bei der Schlacht von Ṣiffīn[43].

Das Verhältnis zwischen Kinda und aṣ-Ṣadif wird im Rahmen der Trennlinien innerhalb Kindas näher besprochen[44], vorläufig wird aṣ-Ṣadif als kinditischer Unterstamm in diese Untersuchung einbezogen. Er siedelte sich ebenfalls vollständig in al-Fusṭāṭ an[45], war an der Schlacht von Ṣiffīn auf Seiten Muʿāwiyas beteiligt[46] und hatte seine Frühlingsweiden im Fayyūm[47], an dessen Eroberung aṣ-Ṣadif in besonderem Maße beteiligt war[48]. Einzigartig sind die epigraphischen Hinweise auf aṣ-Ṣadif auf Grabsteinen[49] und Papyri der ersten drei Jahrhunderte islamischer Herrschaft in Ägypten[50], die al-Barrī erwähnt. Speziell aus dem ersten Jahrhundert fanden sich in den von ihm zitierten Sammlungen jedoch keine eindeutigen Hinweise auf aṣ-Ṣadif oder andere kinditische Unterstämme in Ägypten.

---

39 Ibn ʿAbdalḥakam, S. 168. Zu den Frühlingsweiden generell siehe al-Barrī *Qabāʾil*, S. 285-286, und die Karten der Kantonierungsgebiete in Unterägypten, Nummer 2 und 4 am nicht mehr paginierten Ende des Buches.

40 Siehe 4.7.

41 Siehe zur Verwurzelung von Richtern vom Stamm Tuǧīb in Ägypten Tsafrir *School*, S. 96.

42 Siehe 2.4.2.2.

43 Nach Naṣr b. Muzāḥim, S. 507, bezeugte Masʿada b. ʿAmr at-Tuǧībī den Waffenstillstand nach der Schlacht von Ṣiffīn als Truppenführer Muʿāwiyas.

44 Siehe 5.2.2.

45 Ibn ʿAbdalḥakam, S. 146, 148-150 und 152. Siehe auch al-Barrī *Qabāʾil*, S. 248-251. Der einzige Ṣadafī außerhalb Ägyptens in der Prosopographie Kindas im Untersuchungszeitraum ist Qabīṣa b. ad-Damūn aṣ-Ṣadafī, der dem Gouverneur Kufas, al-Muġīra b. Šuʿba, als Polizeichef, *ṣāḥib aš-šurṭa*, diente. Siehe Ṭabarī *Taʾrīḫ* III, S. 198 und 202.

46 Dīnawarī *Aḫbār*, S. 186 und 189; Ibn Aʿṯam III, S. 180, und Naṣr b. Muzāḥim, S. 406 und 466.

47 Ibn ʿAbdalḥakam, S. 168, siehe auch die Karten der Kantonierungsgebiete im Fayyūm, Nummer 3 und 5 am nicht mehr paginierten Ende des Buches bei al-Barrī *Qabāʾil*.

48 Ibn ʿAbdalḥakam, S. 196-197.

49 Die Identifizierung der Grabsteine mit aṣ-Ṣadif wird dadurch erschwert, dass sie auch in anderen Stämmen häufig vorkommende Namen tragen, weswegen al-Barrī *Qabāʾil*, S. 249, hier zur Vorsicht mahnt.

50 Siehe al-Barrī *Qabāʾil*, S. 249, zu den übrigen Kinditen Ägyptens erwähnt er solche epigraphische Zeugnisse nicht.

Schließlich wird von Angehörigen des kinditischen Unterstammes Sakāsik[51] berichtet, die in al-Fusṭāṭ beim Stamm Maʿāfir siedelten[52], doch ist diese Notiz der einzige Hinweis auf Sakāsik in Ägypten[53].

2.3.2 Kinditische Gruppen in Syrien

In Syrien sind Angehörige Sakāsiks gut belegt, sie werden nach den Eroberungen vor allem in den Provinzhauptstädten Damaskus und Ḥimṣ greifbar. So gehört der Anführer der damaszener Kinditen in der Schlacht von Ṣiffīn zu den Sakāsik[54] und Mālik b. Yuḫāmir as-Saksakī bekommt in Ḫalīfas Ṭabāqatwerk die *nisba*, Herkunftsbezeichnung, al-Ḥimṣī[55]. Überhaupt liest man von Sakāsik fast ausschließlich als umayyadischen Heerführern und Gefolgsleuten, die gelegentlich auch von umayyadischen Heeren oder vom Hof berichten. Im Brief eines Unterstützers des Kalifen ʿAlī an einen Anhänger Muʿāwiyas tritt as-Sakāsik sinnbildlich für das gesamte syrische Heer Muʿāwiyas bei Ṣiffīn auf:

> Bei meinem Leben, Syrien kommt dem Irak sowenig gleich, wie as-Sakāsik [den ʿalīdischen Unterstützern vom Stamm] Rabīʿa[56] oder Muʿāwiya ʿAlī![57]

Hier ist außerdem besonders auf die bemerkenswert zahlreichen Angehörigen der Sakāsik hinzuweisen, die den umayyadischen Kalifen als Polizeichef, *ṣāḥib*

---

51 Die Diskussion über die korrekte Stammesbezeichnung als *Saksak* oder *Sakāsik* ist im Kontext dieser Arbeit nicht allzu bedeutend. Im Folgenden wird durchweg *Sakāsik* als Kurzform von *Sakāsik / Saksak* geschrieben.
Sakāsik ist allgemein etwas rätselhaft. So wird der Stamm durch den Herausgeber von Ibn Aʿṯams *Kitāb al-Futūḥ* insgesamt den Azd zugeschlagen, Ibn Aʿṯam I, S. 249, während der Sakāsik zugehörige Singular Saksak selbst dem belesenen Yāqūt den Kommentar abringt, er habe keine Ahnung, was das sei, *wa-lā adrī mā huwa*, Yāqūt *Muʿǧam* V / VI, S. 53.

52 Ibn ʿAbdalḥakam, S. 153.

53 Siehe auch al-Barrī *Qabāʾil*, S. 173. Zu erwähnen wäre noch die Stadt Zagazig / az-Zaqāziq in Unterägypten, die moderne Gewährsleute in Kairo mit dem Namen des Stammes Sakāsik in Verbindung bringen. In den hier ausgewerteten Quellen lässt sich zwischen beiden jedoch keinerlei Verbindung herstellen.

54 Nach Dīnawarī *Aḫbār*, S. 184, ein gewisser ʿAbdallāh b. Ǧawn [sic!] as-Saksakī, nach Ḫalīfa *Taʾrīḫ*, S. 118, Ibn Ḥawī: Von diesen Varianten wird nur Ibn Ǧawn as-Saksakī bei Masʿūdī *Murūǧ* II, S. 423 ein weiteres Mal als Mörder ʿAmmār b. Yāsirs bei Ṣiffīn genannt.
Unklar ist das Verhältnis von ihm zu Ibn *al*-Ǧawn as-Sakūnī, der bei Ibn Aʿṯam III, S. 267 und 269, unter den Genossen Muʿāwiyas bei Ṣiffīn erwähnt und in Versen verspottet wird, und Ibn Ǧawn as-Sakūnī, Naṣr b. Muzāḥim, S. 300 und 341-342, der das Banner von ʿUbaydallāh b. ʿUmar nach dessen Tod übernimmt und später ʿAmmār b. Yāsir tötet. Siehe auch Naṣr b. Muzāḥim, S. 341, Fußnote 3, wo der Herausgeber einige weitere Varianten verzeichnet.

55 Ḫalīfa *Ṭabaqāt*, S. 563.

56 Siehe zu Rabīʿa als Unterstützern ʿAlīs 3.2.5.

57 Ibn Aʿṯam IV, S. 83.

aš-šurṭa, dienten. Zamil b. ʿAmr bekleidete das Amt unter Muʿāwiya[58], Yazīd b. Abī Kabša unter Marwān[59] und ʿAbdalmalik[60], Yazīd b. Bišr ebenfalls unter ʿAbdalmalik[61] und schließlich wurde nach dem Untersuchungszeitraum dieser Arbeit Rūḥ b. Yazīd b. Abī Kabša, der Sohn des oben genannten Yazīd b. Abī Kabša, Polizeichef für ʿUmar II[62].

Auch Sakūn kommt meist in Syrien vor, explizit werden die syrischen Sakūn und Sakāsik von Muʿāwiya den Kinditen ʿAlīs bei Ṣiffīn gegenübergestellt[63]. Allerdings liest man von einem Versammlungsort, *masǧid*, Sakūns in Kufa, der darauf hinweist, dass auch hier Sakūnīs siedelten[64]. In Syrien findet man sie insbesondere in Verbindung mit Ḥimṣ[65], wo sie offenbar ein eigenes Viertel bewohnten[66]. So heißt es im Kontext einer endzeitlichen Schlacht in Ḥimṣ zur Zeit des *qaḥṭānī*[67]:

> The most miserable of the tribes of Yemen will be al-Sakūn (of Kinda) because they are their [erg. Ḥimyar oder Quḍāʿa] neighbours.[68]

Am syrischen Hof der Umayyaden im Zeitraum zwischen Muʿāwiya und Marwān b. al-Ḥakam war weiterhin Mālik b. Hubayra as-Sakūnī einer der bedeutendsten Heerführer, der wiederholt Expeditionen zu See und zu Lande in byzantinisches Gebiet führte[69].

---

58 Ṭabarī *Taʾrīḫ* III, S. 285, wo er entweder ʿUḏra oder Sakāsik zugeordnet wird. Siehe auch Crone *Slaves*, S. 103-104.

59 Yaʿqūbī *Taʾrīḫ* II, S. 196. Siehe zu ihm Caskel *Ǧamharat an-Nasab* I, Tafel 243. Er ist nicht identisch mit dem Yazīd b. Abī Kabša as-Saksakī, der nach Balāḏurī *Futūḥ*, S. 475, unter Sulaymān b. ʿAbdalmalik die Provinz as-Sind verwaltete, vielleicht entstammt Letzterer seiner Familie. Siehe Crone *Slaves*, S. 95-96.

60 Balāḏurī *Ansāb* V, S. 21; Eutychius II, S. 41, und Ibn Ḥabīb *Muḥabbar*, S. 373.

61 Ibn Ḥabīb *Muḥabbar*, S. 373.

62 Eutychius II, S. 44.

63 Naṣr b. Muzāḥim, S. 227.

64 Abū Miḫnaf *al-Muḫtār*, S. 46 und 63; Balāḏurī *Ansāb* IV, S. 307, und Ṭabarī *Taʾrīḫ* III, S. 443 und 482. Siehe 5.4.1.

65 So wurde ʿUmar b. al-Walīd b. ʿAbdalmalik von ʿUmar b. ʿAbdalʿazīz verspottet, weil seine Mutter *zu Sakūn gehört habe und in die Buden von Ḥimṣ gegangen sei, um dort Gott weiß was [Unzucht?] zu treiben*. Ǧahšiyārī, S. 50.
Daneben sind einige Überlieferer Sakūns wohl zu dem pietistisch-südarabischen Milieu von Ḥimṣ zu zählen, das Madelung *Prophecies*, S. 141-144, und van Ess *Fehltritt*, S. 156-161, behandeln. Sie stehen vor allem bei Ibn Saʿd VII, S. 295, 298 und 308.

66 Crone *Slaves*, S. 225, erwähnt für Damaskus und Ḥimṣ jeweils ein eigenes *quarter* Kindas. Dieses gemeinsame Wohnen der Kinditen wird in den hier ausgewerteten Quellen nicht ausdrücklich festgestellt. Siehe Orthmann *Stamm und Macht*, S. 377-381, zu Konflikten nach dem Untersuchungszeitraum zwischen Sakūn und Kinda in Ḥimṣ. Allerdings geht sie in ihrer Diskussion nicht darauf ein, dass Sakūn als Unterstamm Kindas eingeordnet wurde.

67 Zum *qaḥṭānī* siehe 5.4.2.

68 Nuʿaym b. Ḥammād *Kitāb al-Fitan*, zitiert nach Madelung *Prophecies*, S. 170.

69 Beispielsweise Ḫalīfa *Taʾrīḫ*, S. 127-128, und Ṭabarī *Taʾrīḫ* III, S. 223-225.

Als Beleg für die Bedeutung der Kinditen in Syrien seien hier noch zwei Episoden angeführt. Bei der Einsetzung von Yazīd b. Muᶜāwiya als Nachfolger zu Lebzeiten seines Vaters spielten Yazīd b. al-Muqannaᶜ al-Kindī und Ḥuṣayn b. Numayr as-Sakūnī entscheidende Rollen[70]. Später ließen sich die Kinditen Ḥuṣayn b. Numayr und Mālik b. Hubayra ihre Unterstützung der Kalifatsansprüche Marwān b. al-Ḥakams damit bezahlen, dass die ostjordanische Region al-Balqāʾ[71] den syrischen Kinditen zur exklusiven Nutzung zugewiesen wird[72].

2.3.3 *Kinditische Gruppen in der Ǧazīra*

Wie eingangs bemerkt erscheint in den hier ausgewerteten Quellen eine Ausnahme von den ansonsten statischen Siedlungsgebieten Kindas nach den Eroberungen. Einige Kinditen siedelten während des Konflikts zwischen ᶜAlī und Muᶜāwiya aus Kufa in die Ǧazīra um[73], zogen also in den Machtbereich Muᶜāwiyas. Vielleicht kann man neben der Familie ᶜAdī b. ᶜAmīras, die als Familie besprochen werden wird[74], den bei der Schlacht von Ṣiffīn genannten ᶜAbdallāh b. ᶜUqba, der zu Sakāsik gehört habe, zu ihnen rechnen. Er wird als *min nāqilat ahli l-ᶜirāq* beschrieben, gehörte also zu diesen umgesiedelten Irakern[75].

2.3.4 *Kinditische Gruppen im Irak*

Im Irak ließen sich Kinditen vor allem in Kufa nieder, wo sie ein eigenes Viertel bewohnten, das bei der Besprechung von Tribalität innerhalb der Prosopographie Kindas detailliert besprochen werden wird[76]. Von Kinditen in Basra hört man wenig[77], einmalig liest man von Kinditen in Sarāt in

70 Ibn Aᶜṯam IV, S. 231.

71 Yāqūt *Muᶜǧam* I / II, S. 385.

72 Ṭabarī *Taʾrīḫ* III, S. 421-422. Später liest man jedoch nichts von Kinditen in dieser Region, auch in den Papyri von Ḫirbat al-Mird sind sie nicht belegt, siehe Grohmann *Ḫirbet*. Ebensowenig liest man bei Haases Besprechung der arabischen Stämme in Nordsyrien von dort siedelnden Kinditen: Haase *Nordsyrien*, S. 147-169.

73 Siehe Lecker *Kinda*, S. 345.

74 Siehe 2.4.2.5.

75 Naṣr b. Muzāḥim, S. 470.

76 Siehe insbesondere zur Topographie dieses Viertels 5.4.1.

77 Bei Iṣfahānī *Aġānī* XV, S. 205, begegnet ein gewisser Abū Hārūn as-Saksakī al-Baṣrī als Überlieferer, der über ein weiteres Zwischenglied vom Kalifen ᶜUmar berichtet. Weiterhin wird in der Diskussion um neu zu schließende Stammesbündnisse in Basra auf einen vorislamischen *ḥilf*, Bündnisvertrag, zwischen Kinda und Rabīᶜa Bezug genommen, um ein Bündnis zwischen Rabīᶜa und al-Azd zu schmieden, Ṭabarī *Taʾrīḫ* III, S. 404. Caskel *Ǧamharat an-Nasab* I, S. 33, schreibt, die nach Basra gelangten Kinditen seien zu den Bakr/Ṯaᶜlaba, den späteren Bakr/Rabīᶜa gerechnet wor-

Āḏarbayǧān, die von Gefolgsleuten al-Ašʿaṯ b. Qays' abstammen sollen[78]. Allerdings werden sie sonst nirgendwo erwähnt.

2.4 Überblick über kinditische Anführerfamilien

Die folgenden Abschnitte sollen einen Überblick über die wichtigsten Familien Kindas aufgrund der hier ausgewerteten Quellen geben. Ihre Reihenfolge entspricht in etwa dem geographischen Ablauf, der oben für kinditische Gruppen eingehalten wurde.

Interessanterweise vertreten die Quellen nicht nur bei den älteren Vorfahren der kinditischen Anführer[79], sondern auch bei historisch handelnden Personen verschiedene Ansichten bezüglich ihrer exakten familiären Einordnung. Diese Varianz in der familiären Einordnung historisch handelnder Personen begegnet besonders für die Familie von al-Ašʿaṯ b. Qays und die Banū l-Ḥaḍramī. Wie lässt sich damit umgehen, dass ʿUfayyif, der ältere Zeitgenosse al-Ašʿaṯ b. Qays', einmal als Onkel und einmal als Bruder eingeordnet wird? Bis zu einem gewissen Maße mögen eng verwandte Namensvettern das Problem erklären, doch letztlich regt das Phänomen zum Nachdenken über die Abstammung als Namensbestandteil allgemein an.

Es scheint, dass die Bedeutung der Abstammung als Teil des Eigennamens weniger in der exakten Positionierung des Einzelnen innerhalb des Familienverbandes, als in der Zugehörigkeit zu ihm an sich lag. So herrscht Übereinstimmung darüber, dass ʿUfayyif ein etwas älterer Verwandter al-Ašʿaṯs ist. Ob er im konkreten Fall als Bruder oder Onkel des bekanntesten Familienmitglieds eingeordnet wird[80], ist letztlich äquivalent. Es wirkt, als würden die konkreten Positionierungen des Individuums im Familienverbund während des Erzählens *ad sensum* ergänzt, wobei Onkel und älterer Bruder des familiären *Ankers* allem Anschein nach aus narrativer Sicht funktional äquivalente Positionen innerhalb der Erzählung darstellen.

Aufgrund der Form der hier besprochenen Quellen[81] erscheint es nur schwer möglich, eine dieser Ansichten für die Richtige zu erklären und die

den, in den hier ausgewerteten Quellen kommen sie allerdings nicht vor. Bei Massignon *Basra*, S. 70, werden keine Kinditen in Basra erwähnt. Zu den Verbindungen der Familie der Banū l-Ḥaḍramī zu Baṣra siehe 2.4.1.1.

78 Balāḏurī *Futūḥ*, S. 376. Die Stadt ist so bei Yāqūt nicht verzeichnet, sie ist jedoch wohl mit Sarāw, dem heutigen Sarāb, identisch, die als eine Stadt in Āḏarbayǧān zwischen Ardabīl und Tabrīz beschrieben wird, Yāqūt *Muʿǧam* V / VI, S. 33-34.

79 Siehe 5.2.2.

80 Bei Ṭabarī *Taʾrīḫ* I, S. 549, wird er gar doppelt als Bruder mütterlicherseits und Vetter väterlicherseits eingeordnet.

81 Zur möglichen intertextuellen gegenseitigen Abhängigkeit oder *Kontamination* der hier besprochenen Quellen siehe 3.3.

anderen auszuscheiden. Daher sind im Folgenden verschieden eingeordnete Personen an allen ihnen zugewiesenen Stellen im Stammbaum aufgeführt. In einigen Fällen wird bei solchen Dubletten auf die jeweils alternative Einordnung verwiesen. Gegenüber früheren Generationen werden Nachkommen pro Generation um eine Spalte eingerückt, innerhalb der Generationen sind die Namen alphabetisch sortiert. Bei verschiedenen Varianten der Vornamen werden die einzelnen Möglichkeiten alphabetisch sortiert und mit Schrägstrich geschieden. Wo im Einzelfall die Grenze zwischen Variante des Schriftbilds und inhaltlich begründeter Meinungsverschiedenheit der Überlieferer liegt, lässt sich im Kontext dieser Arbeit nicht entscheiden.

2.4.1 Kinditische Ḥalīfen in Mekka und Medina

Die Kinditen, die in der islamischen Zentrale in Mekka und Medina Karriere machten, entsprechen innerhalb der Typologie der Legitimation kinditischer Anführer während der Eroberungen dem Typus des vorwiegend durch seine Verbindungen zur Zentrale legitimierten kinditischen Anführers[82]. Da ihre Abstammung zumindest in einigen Quellen auf Kinda zurückgeführt wird, werden sie in die vorliegende Untersuchung mit einbezogen. Teilweise werden auch andere Abstammungsvorschläge vorgetragen, auf die bei der Diskussion der äußeren Grenzen Kindas eingegangen werden wird[83].

2.4.1.1 Banū l-Ḥaḍramī

1) ᶜĀmir / ᶜAmmād / ᶜAmmār / Ḍammād / ᶜUbbād al-Ḥaḍramī[84]
  - 1.1) ᶜAbdallāh / Mālik / Šuᶜba b. al-Ḥaḍramī
    - 1.1.1) ᶜAbdalḥāriṯ / al-Ḥāriṯ
      - 1.1.1.1) ᶜUqba

---

82 Siehe zu dieser Typologie 4.4.

83 Siehe 5.2.1.

84 Die folgenden Quellenangaben sind vollständig außer für al-ᶜAlāʾ, ᶜĀmir, ᶜAmr und Maymūn b. al-Ḥaḍramī, sowie ᶜAbdallāh b. ᶜĀmir b. al-Ḥaḍramī, die aufgrund ihrer Mitwirkung an zentralen Episoden islamischer Heilsgeschichte zu oft genannt werden, als dass hier sämtliche Nennungen aufgeführt werden könnten. Die Banū l-Ḥaḍramī bei Hamdānī *Iklīl* II, S. 54-61, weichen vom hier anhand der übrigen Quellen skizzierten Stammbaum so sehr ab, dass auf das Eintragen verzichtet wurde.
Azraqī *Aḫbār* II, S. 241 und 285; Balāḏurī *Ansāb* I, S. 24, 55, 83 und 251-252; II, S. 122 und 237; IV, S. 17; VI, S. 217 und 363; VII, S. 229; Balāḏurī *Futūḥ*, S. 78, 114, 339 und 507-508; Ḫalīfa *Ṭabaqāt*, S. 42 und 133; Ḫalīfa *Taʾrīḫ*, S. 122; Ibn Ḥabīb *Muḥabbar*, S. 402; Ibn Hišām, S. 176, 413, 425-426, 445-446, 477, 482 und 730; Ibn Saᶜd II, S. 11-12; IV, S. 266-268; V, S. 47; Iṣfahānī *Aġānī* II, S. 23; Naṣr b. Muzāḥim, S. 324-325; Ṭabarī *Taʾrīḫ* II, S. 181; III, S. 685; Wāqidī *Maġāzī* I, S. 133 und 140; Yaᶜqūbī *Taʾrīḫ* II, S. 123; Yāqūt *Muᶜǧam* I / II, S. 242.

1.1.2) Al-ʿAlāʾ

1.1.3) ʿĀmir

1.1.3.1) ʿAbdallāh / ʿAmr (=1.1.4.1)

1.1.3.1.1) ʿĀmir

1.1.3.1.2) ʿAbdarraḥmān

1.1.3.1.2.1) ʿAbdarraḥmān

1.1.3.2) Ḫālid

1.1.3.2.1) Maymūn

1.1.4) ʿAmr Abū Hadam

1.1.4.1) ʿAbdallāh (=1.1.3.1)

1.1.5) Dāwud

1.1.6) Maymūn Abū ʿAmmār

1.1.7) Aṣ-Ṣaʿba

1.1.8) Ṣafiyya bt. al-Ḥaḍramī

Die Banū l-Ḥaḍramī, Söhne des Manns aus Ḥaḍramawt, kamen als Ḥalīfen der Banū Umayya b. ʿAbdšams von Qurayš[85] in Mekka zu Einfluss und Reichtum[86] und heirateten in die führenden mekkanischen Familien ein.

> Alle Kinder al-Ḥaḍramīs heirateten wie ihre Kinder in die edelsten Familien Qurayšs (*ašrāf qurayš*) ein. Ebenso heirateten die besten Familien Qurayšs bei ihnen ein[87].

Der Tod von ʿAmr b. al-Ḥaḍramī bei einem Überfall muslimischer Bundesgenossen auf eine mekkanische Karawane war Auslöser der Kämpfe zwischen Muḥammad und den Mekkanern[88]. Im islamischen Staat machte be-

---

85 Nach Ibn Hišām, S. 730, und Ṭabarī *Taʾrīḫ* II, S. 181, war ʿAbdallāh b. ʿAmmād zuvor Ḥalīf von al-Aswad b. Razn von den Banū Bakr, nach Balāḏurī *Ansāb* VII, S. 229, waren die Banū l-Ḥaḍramī zunächst Ḥalīfen der Banū Nafāṯa.

86 Die Familie Dāwud b. al-Ḥaḍramīs besaß nach Azraqī *Aḫbār* II, S. 241, einen Wohnkomplex, *rabʿ*, in Mekka. Daneben besaß ein Sohn ʿĀmir al-Ḥaḍramīs nach Balāḏurī *Futūḥ*, S. 80, einen Garten, *bustān*, in Mekka, und Maymūn b. al-Ḥaḍramī ließ nach Balāḏurī *Futūḥ*, S. 78, den letzten Brunnen, *biʾr*, graben, der im vorislamischen Mekka gegraben wurde. Zu diesem Brunnen siehe auch Yāqūt *Muʿǧam* I / II, S. 242.

87 Hamdānī *Iklīl* II, S. 55.
Weitere Ehen werden von ʿAbdallāh b. ʿAmmād als Schwiegersohn Quṣayy b. Kilābs bei Balāḏurī *Ansāb* I, S. 55, und von seiner Tochter aṣ-Ṣaʿba als Mutter Ṭalḥa b. ʿUbaydallāhs beispielsweise bei Balāḏurī *Ansāb* II, S. 143, berichtet. Siehe die Diskussion des Verhältnisses von Kinda und Qurayš 3.1.2.6.

88 Dagegen liest man bei Ḫalīfa *Taʾrīḫ*, S. 117, und Balāḏurī *Ansāb* II, S. 174, ʿAmr sei bei der Schlacht von Ṣiffīn auf Seiten Muʿāwiyas gefallen, und bei Balāḏurī *Ansāb* II, S. 237, fällt er an Stelle seines Neffen ʿAbdallāh b. ʿAmr in Basra.
Sehr interessant ist die Parallele, die bei Ṭabarī *Taʾrīḫ* II, S. 181, von seinem Vater Mālik b. al-Ḥaḍramī berichtet wird. Dieser sei wie sein Sohn als reisender Kaufmann

sonders al-ʿAlāʾ b. al-Ḥaḍramī Karriere, der als Gesandter und Gouverneur in Baḥrayn unter Muḥammad, Abū Bakr und ʿUmar diente, bevor er als frisch ernannter Gouverneur Baṣras auf dem Weg an seinen Amtssitz starb. Der Neffe al-ʿAlāʾs, ʿAbdallāh b. al-Ḥaḍramī, war zur Zeit der Ermordung ʿUṯmāns Gouverneur in Mekka[89], wo er als Sprecher der Umayyaden zuerst den Ruf nach Rache für den getöteten ʿUṯmān erhob[90]. Später schickte ihn der syrische Kalifatsprätendent Muʿāwiya in das von ʿAlī beherrschte Basra, um dort Unruhe zu stiften[91].

2.4.1.2 Šuraḥbīl b. Ḥasana und seine Nachkommen

1) Šuraḥbīl b. Ḥasana[92]
    1.1) ʿAbbās
    1.2) ʿAbdallāh?
    1.3) ʿAbdarraḥmān
        1.3.1) ʿImrān
    1.4) Muḥammad
    1.5) Rabīʿa
        1.5.1) Ǧaʿfar
    1.6) Tochter
    1.7) Yazīd

Šuraḥbīl war der Sohn eines Kinditen namens ʿAbdallāh[93] mit Ḥasana, einer *mawlāt*, Klientin[94], der Banū Ǧumaḥ[95], und wurde nach seiner in Mekka wohl bekannteren Mutter benannt. Er selbst war *ḥalīf*, Klient, der Banū

---

ermordet worden, was ebenfalls den Auslöser zu einem langwierigen Krieg zwischen den Banū Bakr b. ʿAbdmanāf, deren Klient er gewesen war, und den Mördern vom Stamm Ḫuzāʿa gegeben habe.

89 Sayf b. ʿUmar, S. 259 und 267; Ṭabarī *Taʾrīḫ* II, S. 792, und III, S. 7-10, und Yaʿqūbī *Taʾrīḫ* II, S. 123.

90 Sayf b. ʿUmar, S. 262 und 268.

91 Beispielsweise Dīnawarī *Aḫbār*, S. 291-292.

92 Die folgende Quellenauflistung ist vollständig für die Nachkommen Šuraḥbīls, er selbst tritt während der Eroberung Syriens so häufig auf, dass seine Nennungen nicht vollständig einbezogen wurden.
Balāḏurī *Ansāb* VI, S. 291; Ibn ʿAbdalḥakam, S. 117, 135-16, 138, 151, 174, 266, 282, 316 und 364; Kindī *Wulāt*, S. 58, 60 und 326-330; Wāqidī *Maġāzī* II, S. 27.

93 Seine genaue Abstammung wird verschieden angegeben, siehe 5.2.1.

94 Der Begriff des Klienten wird in dieser Arbeit verwendet, um die rangniedere Person einer Patronagebeziehung im Deutschen wiederzugeben. Insbesondere die arabischen Begriffe *ḥalīf* und *mawlā* lassen sich in dieser Weise funktional fassen. Zur rechtlichen Differenzierung beider Begriffe siehe Crone *Law*.

95 Balāḏurī *Ansāb* I, S. 182.

Ǧumaḥ oder der Banū Zuhra von Qurayš[96], war schriftkundig[97] und bekehrte sich früh zum Islam. Später wurde er von Abū Bakr als Heerführer nach Syrien geschickt[98].

Seine Nachkommen sind nur in Ägypten belegt. Informationen über sie stehen insbesondere in den Werken von Ibn ʿAbdalḥakam und al-Kindī Vater und Sohn, die speziell über Ägypten schreiben[99]. Seine Söhne ʿAbbās, ʿAbdarraḥmān und Rabīʿa nahmen an der Eroberung Ägyptens teil[100] und sind in al-Fusṭāṭ als Hausbesitzer belegt[101], Yazīd wird in einem Gedicht unter den Helden Ägyptens genannt[102]. Rabīʿa b. Šuraḥbīl soll die *maks*, Marktsteuer[103], verwaltet haben[104], sein Sohn Ǧaʿfar ist als Traditionarier belegt[105], während ʿImrān b. ʿAbdarraḥmān b. Šuraḥbīl b. Ḥasana später als *qāḍī*, Richter, und *ṣāḥib aš-šurṭa*, Polizeichef, Schlüsselpositionen in der Verwaltung Ägyptens einnahm[106].

---

96 Harmonisiert werden beide widersprüchliche Ansichten bei Balāḏurī *Ansāb* VI, S. 291, wonach er ursprünglich *ḥalīf* der Banū Ǧumaḥ war und sich nach seiner Bekehrung zum Islam den Banū Zuhra zuwandte.

97 Siehe die Diskussion der gebildeten Kinditen 3.2.4.

98 Nach Agapius, S. 341, kehrte er nach der Eroberung Buṣrās und vieler anderer Städte Syriens nach Yaṯrib / Medina zurück. In den übrigen Quellen blieb er dagegen in Syrien und starb an der großen Pest von ʿAmwās, siehe van Ess *Fehltritt*, S. 30.

99 Hierin sind die Nachkommen Šuraḥbīl b. Ḥasanas vergleichbar mit Sulaym b. ʿItr at-Tuǧībī, der ebenfalls nur in Ägypten und in ägyptischen Quellen genannt wird, Ibn ʿAbdalḥakam, S. 259-260, 262 und 348, und Kindī *Wulāt*, S. 303-304 und 306-311.
Die einzige Ausnahme von dieser rein ägyptischen Überlieferung von Nachrichten über die Nachkommen Šuraḥbīl b. Ḥasanas steht bei Wāqidī *Maġāzī* II, S. 27, wo Muḥammad b. Šuraḥbīl b. Ḥasana von der Exhumierung des bei der *ġazwat banī qurayẓa* bei Medina gefallenen Saʿd b. Muʿāḏ berichtet.

100 Ibn ʿAbdalḥakam, S. 117. Bei Kindī *Faḍāʾil*, S. 38, ist nur Rabīʿa b. Šuraḥbīl b. Ḥasana genannt.

101 Ibn ʿAbdalḥakam, S. 135.

102 Ibn ʿAbdalḥakam, S. 151.

103 Zur *maks* als Marktsteuer siehe Morony *Iraq*, S. 117-118.

104 Ibn ʿAbdalḥakam, S. 135.

105 Beispielsweise Ibn ʿAbdalḥakam, S. 174, wo er über Vater und Großvater aus der Zeit des Kalifen ʿUmar berichtet.

106 Ibn ʿAbdalḥakam, S. 266, und Kindī *Wulāt*, S. 58, 60 und 326-330.

2.4.1.3 Banū ṣ-Ṣalt

1) ᶜAbdarraḥmān[107]
2) Kaṯīr
    2.1) ᶜAbdallāh / ᶜUbaydallāh
        2.1.1) Muḥammad
    2.2) ᶜAmr
3) Lūṭ (=4.1)
    3.1) Naᶜīm (=4)
4) Naᶜīm (=3.1)
    4.1) Lūṭ (=3)
5) Zuyayd
    5.1) Aṣ-Ṣalt

Die Söhne aṣ-Ṣalts aus der Sippe der kinditischen Könige wanderten nach Medina aus, *hāǧarū*[108], und machten mit ihren Nachkommen in Medina als *ḥalīfen* zunächst der Banū Ǧumaḥ, dann der ᶜAbbāsiden Karriere[109]. Dabei werden sie öfters als Tradenten genannt, insbesondere berichtete Kaṯīr von der *ridda* Kindas[110] und der Ermordung ᶜUṯmāns. Bei letzterer soll er den ersten Speer auf die Belagerer geworfen und ein Auge verloren haben[111]. Außerdem habe er ᶜUṯmān als Stellvertreter bei Gerichtsprozessen gedient[112] und ein großes Haus in Medina besessen[113]. Eventuell ist er auf einer Bauinschrift des unter Muᶜāwiya erbauten Dammes von al-Ḫanaq bei

---

107 Die folgende Auflistung umfasst sämtliche Fälle, bei denen Angehörige der Banū ṣ-Ṣalt handelnd auftreten, als Tradenten sind sie nicht berücksichtigt.
Balāḏurī *Ansāb* IV, S. 155 und 192; Ḫalīfa *Taʾrīḫ*, S. 113, 151 und 235; Ibn Saᶜd V, S. 8-10 und 398; Iṣfahānī *Aġānī* II, S. 195; IX, S. 188-189 und 237; XIV, S. 169 und 172; Ṭabarī *Taʾrīḫ* II, S. 752 und 767. Siehe auch Lecker *Kinda*, S. 354-355.

108 Lecker *Kinda*, S. 354, vermutet, dass sie als Gefangene nach Medina kamen.

109 Iṣfahānī *Aġānī* IX, S. 188. Naᶜīm fiel bei der Kamelschlacht, Ḫalīfa *Taʾrīḫ*, S. 113, ᶜAmr b. Kaṯīr und Lūṭ b. Naᶜīm / Naᶜīm b. Lūṭ bei der Schlacht an der Ḥarra während des Zweiten Bürgerkriegs, Ḫalīfa *Taʾrīḫ*, S. 151, wobei sie alle als *ḥalīfen* der Banū Ǧumaḥ eingeordnet werden. Der Kalif al-Mahdī habe sie dann als *ḥalīfen* der ᶜAbbāsiden übernommen, Ibn Saᶜd V, S. 9.

110 Beispielsweise Ṭabarī *Taʾrīḫ* II, S. 253.

111 So Ṭabarī *Taʾrīḫ* II, S. 752 und 767. Als Tradent beispielsweise bei Balāḏurī *Ansāb* IV, S. 192.

112 Iṣfahānī *Aġānī* IX, S. 188-189.

113 Ibn Saᶜd V, S. 9; bei Iṣfahānī *Aġānī* IX, S. 237, wird dieses Haus ebenfalls erwähnt. In einer Fußnote bei Iṣfahānī *Aġānī* IX, S. 188, berichtet der Herausgeber, Kaṯīr b. aṣ-Ṣalt sei im *dīwān*, hier wohl der Kanzlei, ᶜAbdalmaliks als *kātib ar-rasāʾil*, Briefschreiber, beschäftigt gewesen. In den hier ausgewerteten Quellen erscheint diese Angabe sonst nicht.

Medina als Aufseher erwähnt[114]. Der Sohn seiner *mawlāt*, Klientin, ʿĀʾiša war als Dichter bekannt[115], sein Enkel Muḥammad diente später den ʿAbbāsiden als Polizeichef, Richter und Gouverneur Medinas[116]. Auch aṣ-Ṣalt b. Zuyayd b. aṣ-Ṣalt soll in Medina als Richter gewirkt haben[117].

2.4.2 Kinditische Anführerfamilien außerhalb Mekkas und Medinas

Die nun folgenden Familien verdanken ihre Legitimation nicht vornehmlich ihrer Verbindung zu Qurayš, Mekka und Medina und gehören damit zum Typus der eher tribal-lokal legitimierten Anführer[118].

2.4.2.1 Ukaydir von Dūmat al-Ǧandal und seine Familie

1) Bašīr / Bišr[119]
2) Ḥassān
3) Ḥurayṯ
    3.1) Tochter
4) Muḍād / Muṣād
5) Ukaydir

Die Familie Ukaydirs soll in vorislamischer Zeit eine bedeutende Rolle beim arabischen Marktzusammenhang und der Verbreitung der arabischen Schrift gespielt haben[120]. Die Eroberung ihrer Festung im nordarabischen Dūmat al-Ǧandal wird mit dem eigenartigen Motiv der ihre Hörner am Tor wetzenden Rindern geschildert, die Ukaydir und seinen Bruder Ḥassān zu den wartenden Muslimen lockten[121]. Die folgenden Verhandlungen bieten einen *locus classicus* zum idealen Umgang islamischer Herrschaft mit besiegten Christen und der Art der von ihnen zu zahlenden Tribute[122]. Aus spä-

---

114 Siehe Ghabban, Hoyland *Inscription*, S. 222.
115 Iṣfahānī *Aġānī* II, S. 195.
116 Ibn Saʿd V, S. 9, und Iṣfahānī *Aġānī* XIV, S. 172.
117 Ḫalīfa *Taʾrīḫ*, S. 235, und Ibn Saʿd V, S. 398.
118 Siehe 4.4.
119 Die Familie Ukaydirs von Dūmat al-Ǧandal wird in den folgenden Kapiteln im Kontext der Eroberung Dūmat al-Ǧandals S. 3.1.3, der Verbreitung der arabischen Schrift durch Kinditen 3.2.4 und der Ehen zwischen Kinda und Qurayš 3.2.6 erschöpfend behandelt. Daher wird an dieser Stelle auf eine detaillierte Quellenauflistung verzichtet.
120 Siehe 3.2.4.
121 Siehe 3.1.3.
122 Beispielsweise der angebliche Vertragstext bei Balāḏurī *Futūḥ*, S. 95.

terer Zeit wird eine Ehe Yazīd b. Muʿāwiyas mit einer Nichte Ukaydirs berichtet[123].

2.4.2.2 Muʿāwiya b. Ḥudayǧ und seine Nachkommen

1) Muʿāwiya[124]
    1.1) ʿAbdarraḥmān
        1.1.1) ʿAbdallāh
            1.1.1.1) Muḥammad / Zunayn
        1.1.2) ʿAbdalwāḥid

Muʿāwiya b. Ḥudayǧ nahm als junger Mann an den Eroberungen, insbesondere an derjenigen Alexandrias[125], teil und wurde von dort durch den Heerführer ʿAmr b. al-ʿĀṣ mit der Siegesbotschaft an den Kalifen ʿUmar geschickt[126]. Als angesehener Hausbesitzer in al-Fusṭāṭ[127] führte er die umayyadische Partei Ägyptens im ersten Bürgerkrieg[128] und verwaltete das Land später als *wālī*, Gouverneur[129]. Vermutlich in dieser Zeit führte er Expeditionen nach Sizilien[130] und Nubien[131], daneben wird er auch bei der Schlacht von Ṣiffīn erwähnt[132].

---

123 Siehe 3.2.6.

124 Die folgende Liste ist innerhalb des Untersuchungszeitraums für die Nachkommen Muʿāwiya b. Ḥudayǧs vollständig, für ihn selbst jedoch nicht.
Balāḏurī *Futūḥ*, S. 278 und 281; Ḫalīfa *Ṭabaqāt*, S. 131 und 532; Ibn ʿAbdalḥakam, S. 105, 108, 127-128, 157, 170-171, 246, 264, 266 und 271-272; Ibn Aʿṯam III, S. 272-277; Ibn Saʿd VII, S. 348; Kindī *Wulāt*, S. 12, 52, 58, 60, 64, 117-118, 324-326 und 328-330.

125 Zu den Berichten von seiner Teilnahme an der Schlacht am Yarmūk und bei al-Qādisiyya siehe 4.3.

126 Beispielsweise Ibn ʿAbdalḥakam, S. 105, wo Muʿāwiya b. Ḥudayǧ selbst von seiner Entsendung berichtet.

127 Ibn ʿAbdalḥakam, S. 157.

128 Siehe hierzu die Besprechungen der Verbrennung Muḥammad b. Abī Bakrs im Eselskadaver 3.1.2 und der religiösen Mobilisierung global-islamischer Parteien 4..8.

129 Beispielsweise Balāḏurī *Futūḥ*, S. 270. Seine gesicherte Stellung zeigt sich darin, dass er den Kalifen Muʿāwiya geschlagen haben soll, als dieser die Notwendigkeit der Soldzahlungen bezweifelte, Ibn ʿAbdalḥakam, S. 127. Ein andermal verhinderte er den unfähigen ʿAbdarraḥmān b. Umm al-Ḥakam als Gouverneur Ägyptens, Hamdānī *Iklīl* II, S. 217-219, und Ṭabarī *Taʾrīḫ* III, S. 274-275.

130 Balāḏurī *Futūḥ*, S. 278.

131 Beispielsweise Balāḏurī *Futūḥ*, S. 281. Hier soll er eins seiner Augen verloren haben.

132 Beispielsweise Ibn Aʿṯam III, S. 272-277. Zusätzlich tritt er Balāḏurī *Ansāb* II, S. 271, in unbestimmter Funktion in Kufa auf.
Erwähnenswert ist schließlich die isolierte Bemerkung des modernen Historikers al-Kindī, die Mutter Muʿāwiya b. Ḥudayǧs sei eine Tante al-Ašʿaṯ b. Qays' namens Kabša bt. Maʿdīkarib gewesen, Kindī *Kinda*, S. 114-115. Dies habe ad-Dāraquṭnī von ihrem Sohn Muʿāwiya b. Ḥudayǧ überliefert, der gegebene Stellenbeleg führt zu den

Sein Sohn ʿAbdarraḥmān war als Richter und Polizeichef al-Fusṭāṭs eine der einflussreichsten Persönlichkeiten Ägyptens[133], sein Sohn ʿAbdalwāḥid folgte ihm als Richter nach[134]. Sein Bruder ʿAbdallāh b. ʿAbdarraḥmān war Gouverneur Ägyptens[135] und trat am Hof des ʿabbāsidischen Kalifen Abū Ǧaʿfar im Irak auf[136], Muḥammad / Zunayn b. ʿAbdallāh besaß ein Haus in al-Fusṭāṭ[137] und ein *mawlā*, Klient, von Muʿāwiya b. Ḥudayǧ namens Mūsā b. Abī Ḫālid war später Statthalter Tilimsāns[138].

2.4.2.3 As-Simṭ b. al-Aswad und seine Nachkommen

1) As-Simṭ / aš-Šimṭ[139]
 1.1) Šuraḥbil
  1.1.1) As-Simṭ
  1.1.2) Yazīd / Zayd
   1.1.2.1) Ṯābit
    1.1.2.1.1) As-Simṭ
     1.1.2.1.1.1) ʿAbdallāh
 1.2) Tochter
  1.2.1) Sohn

As-Simṭ und seine Nachkommen sind nach den Eroberungen vor allem in Ḥimṣ belegt. Er selbst leitete die Eroberung der Stadt und teilte die Quartiere für die erobernden Araber ein, die sich in der Stadt niederließen[140]. Das an-

---

ǧawāhir taʾrīḫ al-aḥqāf, eine von Muḥammad bā Ḥannān herausgegebene Lokalgeschichte Ḥaḍramawts, die für diese Arbeit leider nicht eingesehen werden konnte. Im Rahmen seines Vorschlags, moderne lokale Traditionen für eine Rekonstruktion der Ereignisse des siebten Jahrhunderts zu verwenden, bemerkt Lecker *Kinda*, S. 337: „a modern history of Ḥaḍramawt (probably on the basis of a local Ḥaḍramite tradition)".

133 Ibn ʿAbdalḥakam, S. 264 und 266; Kindī *Wulāt*, S. 53, 58, 64 und 324-326.

134 Kindī *Wulāt*, S. 60 und 328-330.

135 Kindī *Wulāt*, S. 117-118.

136 Ibn ʿAbdalḥakam, S. 271-272. Im Text steht nur Ibn Ḥudayǧ, die Identifizierung folgt dem Herausgeber.

137 Ibn ʿAbdalḥakam, S. 128. Im Text steht nur Zunayn, die Identifizierung folgt dem Herausgeber.

138 Ibn ʿAbdalḥakam, S. 246.

139 Die folgende Quellenauflistung ist für as-Simṭ und seinen Sohn Šuraḥbil nicht vollständig, während die späteren Familienmitglieder aus dem Untersuchungszeitraum herausfallen und dementsprechend ebenfalls nicht umfassend einbezogen wurden. Siehe daher auch Crone *Slaves*, S. 101-102.
Ibn Aʿṯam II, S. 401-402 und 411-412; Ibn Ḥabīb *Muḥabbar*, S. 485 und 487-488; Ṭabarī *Taʾrīḫ* II, S. 355; Wāqidī *Ridda*, S. 291.

140 Siehe 4.3.

gebliche Intermezzo seines Sohnes im Irak ist schwer greifbar[141], dieser ist vor allem in Ḥimṣ belegt, wo er als *ra᾽s ahl aš-šām*, Haupt der Syrer, beschrieben wird[142]. Seine Nachkommen treten später als Anführer lokaler Unruhen auf, wegen derer as-Simṭ b. Ṯābit und sein Sohn ʿAbdallāh gekreuzigt werden[143].

2.4.2.4 *Ḥuṣayn b. Numayr und seine Nachkommen*

1) Ḥuṣayn[144]
   1.1) Muḥammad
   1.2) Yazīd

Ob die Karriere Ḥuṣayn b. Numayrs tatsächlich schon unter Muḥammad begann, ist strittig[145], vermutlich lässt sich dies mit Crone verneinen[146]. Er wird meist zum kinditischen Unterstamm Sakūn in Syrien gezählt[147]. Später tritt Ḥuṣayn als Heerführer der Umayyaden beispielsweise auf dem Zug gegen Ibn az-Zubayr in Mekka auf[148], er fällt in der Schlacht gegen Truppen al-Muḫtārs am Ḫāzir[149]. Interessant ist seine Rolle bei der kalifalen Nachfolgeregelung nach dem Tod Yazīd b. Muʿāwiyas. Er soll zunächst dem von ihm belagerten ʿAbdallāh b. az-Zubayr das Kalifat angeboten haben, wenn er ihn nach Syrien begleite[150]. Nachdem Ibn az-Zubayr ablehnte, ließ er sich seine Unterstützung Marwān b. al-Ḥakams mit der Verleihung der jordanischen Landschaft al-Balqā᾽ als Exklusivpfründe Kindas belohnen[151]. Sein Sohn Yazīd diente unter ihm im Kampf gegen die Tawwābūn und soll bei der Schlacht von ʿAyn Warda den gegnerischen Truppenführer Sulaymān b. Ṣard getötet haben[152], sein Bruder Muḥammad wird bei der Belagerung az-Zufar b. al-Ḥāriṯs als umayyadischer Heerführer genannt[153].

---

141 Siehe 4.5.

142 Beispielsweise Dīnawarī *Aḫbār*, S. 169-170.

143 Ibn Ḥabīb *Muḥabbar*, S. 485 und 487-488. Siehe auch Cobb *Banners*, insbesondere S. 94-95, und Crone *Slaves*, S. 101-102.

144 Die folgende Quellenauflistung ist für Muḥammad und Yazīd im Untersuchungszeitraum vollständig.
Balāḏurī *Ansāb* IV, S. 301 und 385; Masʿūdī *Murūǧ* III, S. 113; Ṭabarī *Ta᾽rīḫ* III, S. 456.

145 Siehe zu den Berichten von Ḥuṣayn b. Numayr zur Zeit Muḥammads 3.2.4 und 4.4.

146 Crone *Slaves*, S. 97.

147 Allerdings wird er Ibn Ḥabīb *Muḥabbar*, S. 490, als as-Saksakī bezeichnet.

148 Beispielsweise Ṭabarī *Ta᾽rīḫ* III, S. 395.

149 Beispielsweise Dīnawarī *Aḫbār*, S. 303.

150 Beispielsweise Balāḏurī *Ansāb* III, S. 476.

151 Ṭabarī *Ta᾽rīḫ* III, S. 421: Siehe die Vorstellung von kinditischen Gruppen in Syrien 2.3.2.

152 Beispielsweise Masʿūdī *Murūǧ* III, S. 113.

153 Balāḏurī *Ansāb* IV, S. 385. Siehe auch Crone *Slaves*, S. 97.

2.4.2.5 ʿAdī b. ʿAmīra al-Kindī und seine Nachkommen

1) ʿAdī[154]

  1.1) ʿAdī

Die führende Familie unter den aus dem ʿalīdisch beherrschten Kufa in den Machtbereich Muʿāwiyas umgesiedelten Kinditen war diejenige von ʿAdī b. ʿAmīra[155]. Den hier ausgewerteten Quellen zufolge ließen sie sich dort in ar-Raqqa[156] oder ar-Ruhā[157] nieder. ʿAdī b. ʿAmīra nahm an der Schlacht von Ṣiffīn teil[158], sein gleichnamiger Sohn diente später dem Kalifen Sulaymān b. ʿAbdalmalik als Gouverneur Armeniens[159].

2.4.2.6 Ḥuǧr b. ʿAdī und seine Familie

1) ʿAdī[160]

  1.1) Hāniʾ

    1.1.1) ʿAbdallāh

    1.1.2) Muʿāḏ

  1.2) Ḥuǧr

    1.2.1) ʿAbdarraḥmān

    1.2.2) ʿAbdrabb

Ḥuǧr und seine Familie treten vor allem als Gegenspieler der Familie al-Ašʿaṯ b. Qays' unter den Kinditen Kufas auf. Ḥuǧr und nach einigen Quellen auch sein Bruder Hāniʾ sollen mit einer eigenen *wafd*, Delegation, zu Muḥammad gezogen sein[161] und hatten sich nach der Eroberung des Irak in Kufa niedergelassen[162]. Hier werden sie als glühende Unterstützer des Kalifen ʿAlī ge-

---

154 Balāḏurī *Futūḥ*, S. 245; Ḫalīfa *Ṭabaqāt*, S. 131 und 226; Ḫalīfa *Taʾrīḫ*, S. 172; Ibn Ḥabīb *Muḥabbar*, S. 295; Ibn Saʿd VII, S. 333; Ṭabarī *Taʾrīḫ* III, S. 606 und 620.

155 Siehe Lecker *Kinda*, S. 345.

156 Balāḏurī *Futūḥ*, S. 245.

157 Ibn Ḥabīb *Muḥabbar*, S. 295, so auch Lecker *Kinda*, S. 345, und Crone *Slaves*, S. 104. Nach Caskel *Ǧamharat an-Nasab* II, S. 137, siedelte sie sich dagegen zwischen ar-Raqqa und ar-Ruhā / Şanlıurfa in Ḥarrān an.

158 Ibn Ḥabīb *Muḥabbar*, S. 295.

159 Balāḏurī *Futūḥ*, S. 245. Siehe auch Crone *Slaves*, S. 104.

160 Die folgende Quellenauflistung ist für Ḥuǧr b. ʿAdī unvollständig.
Abū Miḫnaf *al-Muḫtār*, S. 105; Balāḏurī *Ansāb* II, S. 399-400, 403 und 405; III, S. 440; IV, S. 353; Ibn Saʿd VI, S. 241-244; Maqdisī *K. al-Badʾ* V, S. 108; Ṭabarī *Taʾrīḫ* III, S. 506.

161 Balāḏurī *Ansāb* III, S. 440; Ibn Saʿd VI, S. 241-244; Maqdisī *K. al-Badʾ* V, S. 108.

162 Zu den Berichten von der Mitwirkung Ḥuǧrs an der Eroberung Syriens siehe 4.3.

schildert[163], bis Ḥuǧr als Anführer eines gescheiterten Aufruhrs gegen den umayyadischen Kalifen Muʿāwiya nach Syrien deportiert und dort hingerichtet wurde. Die Rivalität zur Familie al-Ašʿaṯs zeigt sich dabei auch anlässlich der Auslieferung Ḥuǧrs, die von Muḥammad b. al-Ašʿaṯ ausgehandelt wurde[164]. Unter dem pro-ʿalīdischen Agitator al-Muḫtār spielte die Familie Ḥuǧrs eine bedeutende Rolle. Symbolisch bedeutsam ist der Bericht, dass das nach seinem gescheiterten Aufstand abgerissene Haus, *dār*, Ḥuǧrs aus den Steinen des Hauses von al-Ašʿaṯ neu aufgebaut wurde[165]. Nach dem Ende der Herrschaft al-Muḫtārs wurden die Söhne Ḥuǧrs, ʿAbdarraḥmān und ʿAbdrabb, vom neuen Gouverneur Muṣʿab b. az-Zubayr hingerichtet[166].

2.4.2.7 Al-Ašʿaṯ b. Qays und seine Familie

1) Qays[167]
    1.1) ʿAfīf / Šarāḥīl / ʿUfayyif (=2?)
    1.2) Al-Ašʿaṯ / Maʿdīkarib
        1.2.1) ʿAbdallāh
            1.2.1.1) Umm Yaḥyā
        1.2.2) ʿAbdarraḥmān (=1.2.7.2?)
        1.2.3) ʿĀʾiša / Ǧaʿda / Sakīna / Šuʿṯāʾ
        1.2.4) Ḥabbāna / Ḥubbāba
        1.2.5) Isḥaq / Isḥāq
            1.2.5.1) ʿAbdallāh

---

163 Siehe 4.7.

164 Siehe 3.2.7.

165 Beispielsweise Ṭabarī *Taʾrīḫ* III, S. 510. Siehe auch Dīnawarī *Aḫbār*, S. 238, wo Mālik b. Hubayra erwähnt, dass der Kalif ʿAlī al-Ašʿaṯ als Anführer der kufischen Kinditen zugunsten Ḥuǧrs absetzen wollte, was dieser abgelehnt habe, solange al-Ašʿaṯ am Leben sei.

166 Balāḏurī *Ansāb* IV, S. 353.

167 Die folgende Auflistung ist im Untersuchungszeitraum für al-Ašʿaṯ, Ǧaʿda bt. al-Ašʿaṯ, Muḥammad b. al-Ašʿaṯ, Qays b. al-Ašʿaṯ, ʿAbdallāh b. Isḥāq b. al-Ašʿaṯ, ʿAbdarraḥmān b. Muḥammad b. al-Ašʿaṯ, Isḥāq b. Muḥammad b. al-Ašʿaṯ und al-Qāsim b. Muḥammad b. al-Ašʿaṯ unvollständig.
Balāḏurī *Ansāb* II, S. 93 und 262; III, S. 460; V, S. 78 und 80-82; VIII, S. 460; Balāḏurī *Futūḥ*, S. 138; Ḫalīfa *Ṭabaqāt*, S. 133 und 226; Ibn Aʿṯam I, S. 63-64 und 87; II, S. 94; VII, S. 115; Ibn Ḥabīb *Muḥabbar*, S. 237, 239 und 244; Ibn Saʿd V, S. 128; VI, S. 100 und 194; VIII, S. 14 und 196; Iṣfahānī *Aġānī* I, S. 93-100; XI, S. 266; XVII, S. 39; XX, S. 146-147 und 161-162; XXIII, S. 12-13; Iṣfahānī *Maqātil*, S. 50; Maqdisī *K. al-Badʾ* V, S. 109; Ṯaʿālibī *Laṭāʾif*, S. 69; Ṭabarī *Taʾrīḫ* I, S. 548-549; III, S. 491, 663 und 674-675; Wāqidī *Ridda*, S. 273-275 und 319-320.

1.2.6) Ismāʿil

1.2.6.1) Ḫālid

1.2.7) Muḥammad

1.2.7.1) ʿAbdallāh

1.2.7.2) ʿAbdarraḥmān (=1.2.2?)

1.2.7.3) Abū Bakr

1.2.7.4) Fāṭima

1.2.7.5) Ǧaʿfar

1.2.7.6) Isḥaq / Isḥāq

1.2.7.7) Al-Mundir

1.2.7.8) Al-Qāsim

1.2.7.9) Qays

1.2.7.10) Aṣ-Ṣabbāḥ

1.2.7.11) Tochter

1.2.8) Qarība / Qurayba

1.2.9) Qays

1.2.10) Ar-Rabāb

1.2.11) Aṣ-Ṣabbāḥ

1.2.11.1) Ismāʿil

1.3) Fāṭima

2) ʿUfayyif (=1.1?)

2.1) Iyās

2.1.1) Ismāʿil

Nach der Niederlage bei der *ridda* gegen die Muslime[168] führte al-Ašʿaṯ Truppen im Irak und in Āḏarbayǧān[169], wo er auch einige Jahre als *ʿāmil*, Gouverneur, fungierte[170]. Bei Kufa besaß er das Landgut Ṭīzanābāḏ[171] und in Kufa ein Haus im Viertel Kindas[172], beide verblieben in der Familie. Er und seine Nachkommen heirateten in die vornehmsten Familien Qurayšs ein[173]. Als Führer Kindas in Kufa folgte ihm sein Sohn Muḥammad nach, der Ibn az-

[168] Siehe insbesondere die Diskussion seiner Rolle bei der Kapitulation von an-Nuǧayr 3.1.1.

[169] Zur Frage der Teilnahme al-Ašʿaṯs an der Eroberung Syriens siehe 4.3.

[170] Beispielsweise Naṣr b. Muzāḥim, S. 20-24.

[171] Siehe 3.2.2.

[172] Siehe 5.4.1.

[173] Siehe 3.2.6.

Zubayr als *ʿāmil*, Statthalter, in Mawṣil diente[174] und wie sein Bruder Qays und einige weitere Familienmitglieder im Kampf gegen den ʿalīdischen Agitator al-Muḫtār fiel[175]. ʿAbdarraḥmān b. Muḥammad b. al-Ašʿaṯ, der meist kurz als Ibn al-Ašʿaṯ bezeichnet wird[176], empörte sich gegen den Willen einiger Familienmitglieder[177] gegen den umayyadischen Statthalter al-Ḥaǧǧāǧ, unterlag jedoch nach anfänglichen Erfolgen den syrischen Truppen der Umayyaden[178]. Dieser gescheiterte Aufstand markiert das Ende des in dieser Arbeit untersuchten Zeitraums.

---

174 Beispielsweise Ṭabarī *Taʾrīḫ* III, S. 490.

175 Beispielsweise Ṭabarī *Taʾrīḫ* III, S. 530-535.

176 Explizit wird er bei Maqdisī *K. al-Badʾ* V, S. 109, und VI, S. 35, als Sohn al-Ašʿaṯs vorgestellt. Bei der detaillierten Untersuchung der Ikonographie seiner Revolte wird dieser direkte Rückgriff auf den familiären *Anker* genauer diskutiert werden, siehe 5.4.2.

177 Beispielsweise Ibn Aʿṯam VII, S. 115.

178 Siehe zur Ereignisgeschichte des Aufstands von Ibn al-Ašʿaṯ Sayed *Revolte* und allgemein zur Familie Crone *Slaves*, S. 110-111.

3 Narrativität

In den letzten Jahren entwickelte sich die Untersuchung von Narrativität, die hier als Einfluss des Erzählens auf das überlieferte Material definiert werden soll, zu einem Schwerpunkt der Forschung zur islamisch-arabischen Historiographie. Häufig wurde dabei besonders die Figur des Autoren und Tradenten in den Mittelpunkt gestellt, die allerdings für das Material der Prosopographie Kinda nicht recht greifbar wird. Daher beschränken sich die folgenden Ausführungen meist auf eine unpersönliche-prozesshafte Erklärung der im Material feststellbaren Einflüsse des überliefernden Erzählens. Die genaue Verortung dieser Prozesse in der frühen und klassischen islamischen Gesellschaft muss aus Sicht der Prosopographie Kindas zukünftiger Forschung vorbehalten bleiben.

Ausgelöst wurde die neuere Forschung zu großen Teilen von Noth, der zeigen konnte, wie die Geschichtsschreibung der frühislamischen Zeit von *Topoi* oder wiederkehrenden Motiven und Strukturen durchzogen ist[1]. So sei beispielsweise die Schilderung großer Schlachten während der Eroberungen in solchem Ausmaß aus während des Überlieferungsprozesses entstandenen *Topoi* aufgebaut, dass das historische Ereignis, auf das die Schilderung verweist, nicht mehr greifbar sei[2].

Ausgehend von Ansätzen Noths[3] diskutierte Donner mögliche zeitliche Staffelungen der Beschäftigung mit einzelnen Thematiken während des Überlieferungsprozesses[4]. Beispielsweise sei ein Interesse für exakte Datierungen für die Zeitgenossen Muḥammads nicht anzunehmen, die Chronologie der islamischen Historiographie verdanke sich also den Versuchen späterer Überlieferer, das Material im Nachhinein zu ordnen[5].

In jüngster Zeit wurde insbesondere der Einfluss des Redaktors auf von ihm zusammengestellte Sammlungen genauer untersucht. Während Shoshan in seiner Untersuchung des Geschichtswerks aṭ-Ṭabarīs den Einfluss des Endredaktors auf das in seiner Sammlung überlieferte Material betonte[6], arbeitete El-Hibri besonders den metaphorischen Gehalt der Historiographie heraus[7]. Beide Ansätze verfolgte Vogt in seiner vergleichenden Studie über die Darstellung zweier Kalifen, wobei er wiederum besonders den Einfluss

1 Insbesondere Noth *Iṣfahān* und Noth *Studien*.
2 Noth *Iṣfahān*, S. 276-277.
3 Noth *Studien*.
4 Donner *Narratives*.
5 Donner *Narratives*, S. 230-248.
6 Shoshan *Poetics*.
7 El-Hibri *Historiography* und El-Hibri *Parable*.

des Autors betonte[8]. Für eine spätere Periode wurden die Freiheitsgrade, über die der Autor bei der Aufbereitung seines Materials verfügte, insbesondere von Hirschler eindrücklich herausgearbeitet[9].

Für die Untersuchung von Narrativität innerhalb der Prosopographie Kindas sind diese Ansätze meist nur in abgewandelter Form nutzbar. Weil die einzelnen Erwähnungen von Kinditen häufig nur einen halben Satz umfassen und gleichzeitig für diese Arbeit das gesamte Korpus der eingangs vorgestellten Historiographie[10] ausgewertet wurde, ließen sich die Ansätze zum Studium einzelner Autoren in ihrem Einfluss auf die von ihnen verfassten Gesamtwerke für dieses „verstreute" Material nicht umsetzen. Auch eine Untersuchung einer zeitlichen Staffelung verschiedener narrativer Themen und Motive allein anhand Kindas erschien wenig erfolgversprechend und muss damit zukünftiger Forschung auf breiterer Quellenbasis vorbehalten bleiben.

Dagegen lässt sich das in der Prosopographie Kindas zusammengestellte Material als eine systematische Auswahl aus der eingangs vorgestellten frühen und klassischen arabischen Geschichtsschreibung[11] nutzen, anhand derer sich die Fragen nach erzählerischen Einflüssen auf das überlieferte Material und nach der Festigkeit des Materials im Überlieferungsprozess fundiert diskutieren lassen. Dabei boten neben den Überlegungen Vogts zu Metaphern insbesondere die von Noth beschriebenen Topoi einen theoretischen Ansatzpunkt für die Untersuchung von narrativen Einflüssen auf das in der Prosopographie Kindas zusammengestellte Material. Im Folgenden sollen im ersten Abschnitt dieses Kapitels einige Ansätze Vogts für das hier untersuchte Material weitergeführt werden, bevor im zweiten Abschnitt topisch erklärliche Muster in der gesamten Prosopographie Kindas systematisch zusammengestellt werden. Grenzen dieses Ansatzes und mögliche Folgerungen, die jeweils für breitere Datenmengen zu überprüfen sind, werden im Fazit dieses Kapitels diskutiert.

3.1 Auserzählung fester Motivkerne und Unfestigkeit des Textes

In seiner Untersuchung des Zusammenspiels von Referenz und narrativ-metaphorischer Deutung der Darstellung zweier Kalifen stellt Vogt einige Überlegungen über das Funktionieren von Metaphern an. Diese Metaphern stellten gewissermaßen eine Engführung von referenzieller und narrativer

---

8 Vogt *Califes*.

9 Hirschler *Historiography*.

10 Siehe 1.2.

11 Siehe 1.2.

Funktion der Geschichte dar, in der den geschilderten Ereignissen eine implizite Wertung beigegeben werde.

> En ce qui concerne l'emploi de la métaphore dans les textes de l'historiographie arabe, il faut faire une reserve. Nous verrons que tous les récits métaphoriques ne rendent pas impossible une interpretation littérale. Il s'agit là évidemment d'une convention littéraire ou historiographique propre aux textes que nous étudions. Il semble pourtant évident que ces récits contiennent un niveau d'énoncé métaphorique; ici se fait sentir une tension entre la référence suspendue (sens métaphorique) et la référence déployée (sens littéral). La métaphore est, dans ce cas, un moyen d'interpréter les événements du passé et de leur donner un sens, sans sortir du cadre d'une représentation du passé qui est en surface représentation des faits.[12]

Ausgehend von diesen Überlegungen kann Vogt beispielsweise die metaphorischen Bezüge in der Geschichte eines Fisches sichtbar machen, der laut al-Masʿūdī kurz vor dem gewaltsamen Tod des Kalifen al-Amīn aus einem Wasserbecken im Palast floh[13]. Während Vogt jedoch für eine Variante einer metaphorisch deutbaren Episode mögliche Bezüge sichtbar macht, liegen innerhalb der Prosopographie Kindas metaphorisch deutbare Motive in einigen Fällen in einer Vielzahl verschiedener Fassungen vor. Gebündelt werden die verschiedenen Fassungen dieser im Folgenden untersuchten Geschichten durch einen innerhalb der Varianten festen *Motivkern*, der verschiedentlich auserzählt wird.

Zunächst lässt sich bei der Untersuchung dieser verschieden auserzählten Motivkerne nach intertextuellen Bezügen fragen, die auf die einzelnen Varianten einwirkten. Das Funktionieren solcher intertextueller Bezüge zwischen verschiedenen Episoden und Texten beschreibt Vogt wie folgt:

> On pourrait donc parler de l'interréférencialité des textes. De cette façon, des textes différents faisant référence l'un à l'autre, naît un discours. Par la mise en valeur d'un meme motif, les textes de l'historiographie médiévale s'intègrent dans ce discours plus vaste que l'écriture de l'histoire, comprenant aussi les sciences religieuses et la literature d'*adab*.[14]

Das Vorhandensein verschiedener Auserzählungen derselben Episode erlaubt es für die im Folgenden untersuchten Motivkerne, das Umfeld zu skizzieren, in das sich die einzelne Variante einpasst. Die Unterschiede zwischen den Varianten verdanken sich dabei dem Überlieferungsprozess und nicht der Ereignisgeschichte. Es ist ausgeschlossen, dass beispielsweise Muḥammad b. Abī Bakr mehrere Male auf verschiedene Weise im Eselskadaver verbrannte[15] oder al-Ašʿaṯ mehrfach unter Einschluss verschiedener Zahlen von anderen Kindi-

---

12 Vogt *Califes*, S. 256-257.

13 Vogt *Califes*, S. 257-260.

14 Vogt *Califes*, S. 286.

15 Siehe S. 3.1.2.

ten kapitulierte[16]. Die Untersuchung der verschiedenen Fassungen dieser Kerne erlaubt damit neben der Beschreibung von metaphorischen Bezügen eine Abschätzung der generellen *Unfestigkeit* der Texte im Überlieferungsprozess.

Der Begriff der Unfestigkeit, der im Zentrum der *New Philology* steht, bildet einen zentralen Ansatzpunkt der folgenden Untersuchung von Narrativität in der Prosopographie Kindas und soll daher genauer vorgestellt werden. Während die klassische Textkritik meist von einem verbindlichen Text ausgeht, der von einem Autor in verbindlicher Form zusammengestellt wurde und im späteren Überlieferungsprozess nur „verfälscht" werden kann, rückte in der Folge insbesondere von Cerquiglinis *Éloge de la variante*[17] die *Unfestigkeit* von Texten in den Mittelpunkt des Interesses. Dabei wird davon ausgegangen, dass solche *unfest* gedachte Texte im Abschreibe- und Erzählvorgang jeweils neu ausgestaltet wurden.

> Das Phänomen epischer Variation, das sich im Vorhandensein von Parallelfassungen manifestiert, ist mit den Methoden der traditionellen Textkritik, die sich als „Lehre von den Fehlern" definieren läßt, nicht angemessen zu erfassen. Epische Variation ist Anzeichen einer prinzipiellen Unfestigkeit mittelalterlicher Texte [...]. Tatsächlich müssen wir für die mittelalterliche Literatur, insbesondere für die volkssprachliche, von einem anderen Textbegriff ausgehen als für die Neuzeit. Wir müssen mit unfesten, beweglichen Texten rechnen, die sich verändern können, ohne daß die Veränderungen als Störungen zu begreifen wären. Mittelalterliche Texte sind nicht zuerst fixiert und dann nachträglich verändert worden, sondern der ‚Text' ist von Anfang an eine veränderliche Größe.[18]

Für die Untersuchung von solchen Veränderungen, die der Text während des Überlieferungsprozesses erfährt, sind die innerhalb der Prosopographie Kindas enthaltenen emblematischen Motivkerne in hohem Maße geeignet. Nicht nur verdanken sich die Unterschiede zwischen den einzelnen Varianten, wie oben gezeigt, dem Überlieferungsprozess, darüber hinaus erlaubt der Bezug der verschiedenen Varianten auf dasselbe Ereignis eine vergleichende Diskussion insbesondere der Wertungen, die in den einzelnen Versionen geäußert werden.

Auch die Relativierung des Einflusses eines einzigen Autors eines Textes gegenüber der Gesamtheit der erzählenden und überliefernden Tradenten kommt einer Untersuchung der über das gesamte Korpus der frühen und klassischen arabischen Historiographie verstreuten Prosopographie Kindas entgegen. Die theoretischen Fragen zu Autor und Text, die sich aus den Prämissen der *New Philology* ableiten lassen, wurden für die ältere deutsche Philologie wie folgt umrissen:

---

16 Siehe S. 3.1.1.

17 Cerquiglini *Variante*.

18 Bumke *Text*, S. 125. Siehe auch auführlicher hierzu Bumke *Nibelungenklage*, S. 3-88.

> Hat überhaupt ein Original existiert, von dem die erhaltenen Fassungen abstammen, oder haben nicht von Anfang an unterschiedliche Textformen nebeneinander bestanden? Dürfen wir überhaupt von einem ‚Autor' sprechen, der Inhalt und Form eines Werkes festlegt und sich gegenüber jeglicher Änderung verwahrt hat, oder sind nicht eher die Schreiber für den uns vorliegenden Text bzw. die uns vorliegende Fassung verantwortlich? Wie läßt sich überhaupt von einem Autorsubjekt sprechen, wo doch die für einen Diskurs oder eine Textgattung geltenden Normen nivellierend wirken? Wie lassen sich die vom ‚Autor' herrührenden und die im Überlieferungsprozeß sich einschleichenden Varianten gegeneinander abgrenzen?[19]

Diese Fragen sind im Rahmen dieser Arbeit sicherlich nicht zu klären. Hier sollen nun zunächst einige über die Prosopographie Kindas im Speziellen hinausgehende Ansätze innerhalb der frühen und klassischen arabisch-islamischen Schrifttradition zusammengestellt werden. Weitere Überlegungen hierzu, die sich aus der Prosopographie Kindas ableiten lassen, werden im Fazit zusammengestellt und diskutiert.

Verweise auf ein Bewusstsein der *Unfestigkeit* des Textes selbst in verschriftlichter Form lassen sich eventuell auch für frühe und klassische arabische Texte finden. So wird dem berühmten Lexikographen al-Ḫalīl der folgende Ausspruch in den Mund gelegt:

> Wenn ein Buch dreimal abgeschrieben wird und man es nicht [durch Vergleich mit einer weiteren Kopie] kollationiert, wird es zu Persisch![20]

Vielleicht lassen sich auch die Kolophone zu Beginn vieler arabischer Manuskripte mit einer solchen Sensibilität um die Veränderlichkeit des Textes erklären, die nicht nur Autor und Titel des ursprünglichen, unveränderlichen Werks, sondern auch die am Transmissionsprozess beteiligten Schreiber in den unmittelbar an der Erstellung des vorliegenden Textes beteiligten Personenkreis einschließen. Es ist in diesem Kontext aufschlussreich, dass das Wort *nasaḫa*, abschreiben, auch *abrogieren*, also *nach Abwägung der Alternativen die eine Variante durch eine andere verdrängen* heißt.

Ein solches *Kollationieren* verschiedener Manuskripte bildet bis heute einen wesentlichen Schritt des Editionsprozesses. Während noch der im 13. Jahrhundert schreibende Geograph Yāqūt bemerkte[21], al-Wāqidī habe den Ort *Dūmat al-Ǧandal* in einer von der üblichen Schreibweise abweichenden Form als *Dūmāʾ al-Ǧandal* bezeichnet, steht in der in dieser Arbeit verwen-

---

19 Schnell *Text*, S. 319. Das Vorhandensein eines verbindlichen *Originals* ist innerhalb der islamischen Historiographie beispielsweise für die frühe Mamlukenzeit von Haarmann aufgrund einer detaillierten Untersuchung des Gothaer Brouillons al-Ǧazarīs, einem von drei verschiedenen Händen ausgearbeiteten Arbeitsexemplar, in Frage gestellt worden, siehe Haarmann *Quellenstudien*, S. 27-60. Zu den beiden Fassungen von al-Balāḏurīs *Kitāb Futūḥ al-Buldān* siehe Heer *Quellen*, S. 45-47.

20 Zitiert nach Salmān al-Ǧabūrī in seiner Einleitung zu Abū Miḫnaf *Ḥusayn*, S. 35.

21 Yāqūt *Muʿǧam* III / IV, S. 325.

deten Edition von al-Wāqidīs Werk über die Feldzüge Muḥammads konsequent die „normale“ Schreibweise *Dūmat al-Ǧandal*[22]. Allerdings könnte diese Angleichung an die verbreitetere Schreibweise auch bereits in den bei der Edition zugrunde gelegten Manuskripten stattgefunden haben. Gewissheit kann hier einmal mehr nur genauere Forschung unter Einbezug der Manuskripte bringen, die im Rahmen dieser Arbeit nicht zu leisten ist.

Letztlich ist nur anhand der Handschriften zu klären, wie fest oder unfest die Texte der frühen und klassischen arabisch-islamischen Historiographie waren und wo genau eventuelle Unfestigkeit im Überlieferungsprozess verortet werden kann. Aus Sicht der im Folgenden untersuchten Muster in der Prosopographie Kindas lässt sich ein gewisses Maß an Unfestigkeit des Überlieferungsguts annehmen. Ob und – gegebenen Falls – in welchem Maß eine solche Unfestigkeit sich tatsächlich in den Abschreibeprozess der Kopisten erstreckte, muss auf Basis der in dieser Arbeit verwendeten Drucke offen bleiben.

Anhand der in der Prosopographie Kindas enthaltenen verschiedenen Auserzählungen der festen Motivkerne lässt sich weiter fragen, ob die Texte im Überlieferungsprozess *gemeinsam* oder *jeder für sich* auserzählt wurden. Um abzuschätzen, ob und in welchem Maße differierende Varianten aus einer Diskussion hervorgingen, in der die Positionen auf eine Gegenansicht antworteten, soll hier gefragt werden, ob die einzelnen Varianten schlüssige *Wertungen* im Sinne der Vogt'schen Metapher erkennen lassen. Dies wäre ein Indiz für die Bekanntheit von stringenten Gegenpositionen, auf die mit ebenso konsequent einseitigen Varianten geantwortet worden wäre, während demgegenüber in einer separaten Überlieferung ein eher arbiträr-*verschwommenes* Fortspinnen der Geschichte zu erwarten wäre, bei dem die einzelnen Details nicht unbedingt auf eine schlüssige Wertung des Ereignisses abzielen müssten.

Im Folgenden sollen nun verschiedene Varianten der ausgewählten drei festen Motivkerne innerhalb der Prosopographie Kindas vorgestellt werden, bevor für jede von ihnen die Festigkeit des geschilderten Stoffes und die interne Schlüssigkeit der differierenden Wertungen zusammengefasst werden. Die Auswahl dieser Episoden ergibt sich dabei aus der Fülle von differierenden Varianten, in denen jeder dieser Motivkerne innerhalb der Prosopographie Kindas geschildert wird und die eine genauere Untersuchung gerade dieser Episoden besonders nahelegt.

---

22 Wāqidī *Maġāzī* II, S. 57, 300 und 405-9.
Eine generelle Unfestigkeit der Texte beschreibt auch Crone *Trade*, S. 203-230, allerdings schlägt sie keine methodische Herangehensweise an das Problem vor.

3.1.1 *Al-Ašʿaṯ b. Qays lässt seinen eigenen Namen bei der Kapitulation an-Nuǧayrs aus*

[Die nach dem Tod Muḥammads „aufständischen" Kinditen haben eine Schlacht gegen die Muslime verloren.] Daraufhin flohen sie in ihre Festung an-Nuǧayr und wurden von den Muslimen belagert, bis sie Not litten. Da bat al-Ašʿaṯ für einige von ihnen um Pardon. Sich selbst ließ er aus, weil al-Ǧufšiš al-Kindī, der eigentlich Maʿdān b. al-Aswad b. Maʿdīkarib heißt, ihn bat, ihn doch in den Pardon einzuschließen. So schloß er ihn ein und ließ sich selbst aus. Als er nun zu [den muslimischen Kommandanten] Ziyād b. Labīd und al-Muhāǧir herabkam, schickten sie ihn zu Abū Bakr aṣ-Ṣiddīq, der ihn begnadigte und ihm seine Schwester zur Frau gab.[23]

Das Motiv, der Kindit al-Ašʿaṯ b. Qays habe sich bei seiner Kapitulation selbst ausgelassen, wird innerhalb der Prosopographie Kindas in einem guten Dutzend differierender Varianten geschildert, die im Folgenden untersucht werden sollen. Dabei wird zunächst das auch in anderem Kontext gelegentlich auftretende Motiv an sich besprochen, bevor die Dimensionen der Ausmalung in den auf al-Ašʿaṯ b. Qays bezogenen Varianten dargestellt werden.

Die eigenartige Wendung einer Kapitulation unter Ausschluss des Verhandlungsführers wird während der frühislamischen Eroberungen auch von der Belagerung der Stadt Susa / Sūs in Ḫūzistān berichtet.

Die Eroberung von Sūs: Als die Belagerung [des islamischen Kommandeurs] Abū Mūsā al-Ašʿarī sie bedrückte, bat der Dihqān [persischer Provinznotabler] von Sūs um Pardon für 100 Personen. Abū Mūsā betete: Gott, lass ihn sich selbst vergessen! So befahl Abū Mūsā ihm bei der Kapitulation, die vertraglich Geschützten von den übrigen zu trennen, er selbst war aber nicht unter ihnen. Da ließ ihn Abū Mūsā köpfen.[24]

Die mit Namen und Details des persischen Verwaltungswesens ausgeschmückte Parallelstelle bei Ibn Aʿṯam[25] geht mit der Darstellung der Kapi-

---

23 Balāḏurī *Futūḥ*, S. 138.

24 Maqdisī *K. al-Badʾ* V, S. 187.
Siehe auch *Chronica Minora* I, 1, S. 36, und Robinson *Khūzistān*, S. 18, zur von Guidi herausgegebenen ostsyrischen Chronik, nach der alle Adligen in Šūš / Sūs hingerichtet wurden: וקטלו לכלסון פרישא דבס. Der hier als Adlige übersetzte Begriff פרישא bedeutet nach Payne Smith, S. 466, wörtlich Reiter. Diese Verbindung zwischen Adel und Rittertum wird für die Prosopographie Kindas in 3.2.2 untersucht.
Für eine historisch-kritische Diskussion der Ereignisse in Šūš / Sūs siehe Robinson *Khūzistān*, S. 26-27. Allerdings kontrastiert er in seiner Diskussion die arabischen Quellen zu Sūs /Šūš mit den Details der von Guidi herausgegebenen Chronik zu Šūštrā / Tustar. Insbesondere ein *detailed killing of Christians in the city*, Robinson *Khūzistān*, S. 27, schildert seine eigene Übersetzung auf S. 18 ebenso wie das syrische Original nur für Šūštrā / Tustar!

25 Ibn Aʿṯam II, S. 6-7.

tulation al-Ašʿaṯs in an-Nuǧayr in derselben Sammlung sogar bis in Details parallel. Der persische Verhandlungsführer von Sūs handelt ebenso wie al-Ašʿaṯ in an-Nuǧayr einen Pardon für sich selbst und für zehn weitere Personen aus[26] und bestätigt dem muslimischen General, im Gegenzug für das freie Geleit von zehn seiner Gefährten zu kapitulieren[27], worauf ihm mitgeteilt wird, er selbst sei damit ja wohl nicht geschützt.

Dasselbe Motiv steht weiterhin anlässlich der Eroberung von Sūs bei al-Balāḏurī[28], wobei ein Pardon für 70 Personen ausgehandelt wird, und anlässlich der Eroberung von Saraḫs ebenfalls bei al-Balāḏurī[29] mit einer Sicherheitsgarantie für 100 Personen. In beiden Fällen werden die Statthalter, die jeweils als *marzubān* betitelt werden, hingerichtet.

Offenbar bildet diese Wendung ein topisches Wandermotiv, das als Baustein in den Kontext der Kapitulation al-Ašʿaṯs in an-Nuǧayr eingefügt wurde.[30] Im Folgenden sollen die verschiedenen Wertungen, die aus den einzelnen Varianten rekonstruiert werden können, herausgearbeitet und kontrastiert werden.

Die narrative Grundfunktion des Motivs liegt wohl darin, die Verblendung von Gegnern der islamischen Heere greifbar zu machen. An ihrer Verblendung im Detail der Kapitulationsurkunde wird die größere Verblendung einer Widersetzlichkeit gegen die göttlich sanktionierte Gewalt versinnbildlicht.

Die eingangs übersetzte Erzählung ist die für den Kinditenführer al-Ašʿaṯ wohl schmeichelhafteste Version vom Ende des gescheiterten „Aufstands" der Kinditen. Innerhalb der verschiedenen Varianten ist sowohl ein eher randständiges Detail wie die Anzahl der begnadigten Rebellen[31], als auch die im Mittelpunkt der Geschichte stehende Motivation des fehlenden al-Ašʿaṯ umstritten. Opferte er sich in der eingangs übersetzten Version für einen Stammesgenossen auf, so wurde er anderweitig bedroht[32], vergaß sich einfach[33]

26 Ibn Aʿṯam II, S. 7, bzw. Ibn Aʿṯam I, S. 82, und Wāqidī *Ridda*, S. 308.

27 Ibn Aʿṯam II, S. 7, bzw. Ibn Aʿṯam I, S. 84, und Wāqidī *Ridda*, S. 313-314. Zur in diesem Kontext gebrauchten Wendung *nazala ʿalā l-ḥukm*, bedingungslos kapitulieren, siehe Lecker *Judaism*, S. 643, und allgemein Noth *Ṣulḥ*, S. 152.

28 Balāḏurī *Futūḥ*, S. 421.

29 Balāḏurī *Futūḥ*, S. 444.

30 So schon Wellhausen *Skizzen* 6, S. 31.

31 Zehn Begnadigte: Ibn Aʿṯam I, S. 84, entsprechend Wāqidī *Ridda*, S. 313-314; Ṭabarī *Taʾrīḫ* II, S. 357, in drei verschiedenen Versionen. Elf Begnadigte: Ibn Aʿṯam I, S. 82, entsprechend Wāqidī *Ridda*, S. 308. Siebzig Begnadigte: Balāḏurī *Futūḥ*, S. 140. Begnadigung von al-Ašʿaṯs Familie: Ḫalīfa *Taʾrīḫ*, S. 61; Ṭabarī *Taʾrīḫ* II, S. 357; Yaʿqūbī *Taʾrīḫ* II, S. 90. Begnadigung einer nicht weiter spezifizierten Anzahl bei Balāḏurī *Futūḥ*, S. 138.

32 Ṭabarī *Taʾrīḫ* II, S. 357. Der Stammesgenosse heißt hier Ǧaḥdam. Es dürfte wohl derselbe Name sein, dessen Schriftbild verschieden gelesen wurde.

33 Ṭabarī *Taʾrīḫ* II, S. 357-358, und Yaʿqūbī *Taʾrīḫ* II, S. 90.

oder argumentierte nach vollzogener Kapitulation erstaunt, der Aushändler eines Pardons sei doch selbstverständlich in die Liste der Begnadigten eingeschlossen[34].

Diese verschiedenen Varianten der Motivation al-Ašʿaṯs bei seiner Kapitulation lassen eine Kontroverse um die Wertung des Kinditenführers al-Ašʿaṯ im Kontext der frühislamischen Heilsgeschichte erkennen. Unabhängig von der spezifischen Wertung der Person al-Ašʿaṯs herrscht Einigkeit darüber, dass er Kontakt zu Muḥammad hatte[35]. Diese Verbindung zwischen al-Ašʿaṯ und Muḥammad wird in verschiedener Weise argumentativ funktionalisiert. Während die eine Ansicht das Prestige al-Ašʿaṯs durch die Betonung seiner engen Verbindung zum Propheten des Islam zu vergrößern versucht, betont die Gegenseite mit derselben Begründung seinen gerade deshalb besonders verwerflichen Abfall vom Glauben.

Auch darüber hinaus lassen sich einige der Unterschiede zwischen den verschiedenen Varianten aus differierenden Wertungen von al-Ašʿaṯ im Kontext der frühislamischen Heilsgeschichte erklären. So weisen seine Unterstützer die Schuld am Konflikt Abū Bakrs Statthalter Ziyād b. Labīd zu[36], betonen al-Ašʿaṯs Freigebigkeit[37] und zeichnen ihn allgemein als edelmütigen Anführer seines Stammes. Demgegenüber stellen die entgegengesetzten Auserzählungen al-Ašʿaṯ als stolz aufbegehrenden, selbst innerhalb der Kinditen nicht konsensfähigen Verräter seines Stammes dar. Weiterhin wird al-Ašʿaṯ zum Verräter seines Stammes gemacht, der die eigene Haut rettet, indem er seine Stammesgenossen ans Messer liefert.

Im weiteren Kontext der Kapitulation von an-Nuǧayr dient das Wandermotiv von der fehlgeschlagenen Kapitulation dazu, al-Ašʿaṯ zum besiegten Aufrührer zu machen, der als rechtloser Gefangener in Ketten nach Medina gesandt und durch den islamischen Staat in Person des Kalifen Abū Bakr begnadigt wird. Die einzelnen Versionen schmücken auch diese Begnadigung in verschiedene Richtungen aus. Wo Abū Bakr in der eingangs zitierten Ver-

34 Ibn Aʿṯam I, S. 84, und Wāqidī *Ridda*, S. 313-314.

35 Balāḏurī *Ansāb* I, S. 385-386; Ḫalīfa *Ṭabaqāt*, S. 131; Ibn Hišām, S. 857-858; Ibn Ḥabīb *Muḥabbar*, S. 94-95; Ibn Saʿd I, S. 248; V, S. 9; VIII, S. 115-117; Maqdisī *K. al-Badʾ* V, S. 109 und 155-156; Ṭabarī *Taʾrīḫ* II, S. 237-238 und 256, und Yaʿqūbī *Taʾrīḫ* II, S. 57.

36 Zusammengefasst bei Lecker *Kinda*, S. 338.

37 So wird die Freigebigkeit al-Ašʿaṯs betont im Einschluss von al-Ǧufšīš statt seiner selbst in den Pardon in der eingangs zitierten Darstellung, Balāḏurī *Futūḥ*, S. 138, in seiner Verschuldung zur Auslösung aller gefangenen Kinditen Balāḏurī *Futūḥ*, S. 140, bzw. der Auslösung aller Gefangenen im Jemen bei Ibn Aʿṯam I, S. 86, und Wāqidī *Ridda*, S. 319, und auch in der Geschichte bei Ṭabarī *Taʾrīḫ* II, S. 358, nach der er noch unter der Herrschaft ʿUmars gefangene Kinditinnen freikauft. Dieser kinditische Reichtum, der hier die Person al-Ašʿaṯs umgibt, wird noch detailliert besprochen werden, siehe 3.2.2.

sion den Edelmut al-Ašʿaṯs mit seiner Begnadigung anerkennt[38], droht al-Ašʿaṯ anderswo, seine Hinrichtung werde den gesamten Jemen (oder sämtliche Südaraber) in den Aufstand treiben[39]. Bis Abū Bakr sich nach dieser Erpressung zur Begnadigung durchringt, vergeht eine ganze Stunde[40]. In den Dialog zwischen Abū Bakr und al-Ašʿaṯ mischt sich in einer der Varianten sogar der hitzköpfige spätere Kalif ʿUmar mit lautem „Kopf ab!" ein[41].

Auch das Zusammentreffen von al-Ašʿaṯ mit den ersten beiden Kalifen nach dem Tode Muḥammads ist damit unter verschiedener Tendenz wertend funktionalisiert. Während Varianten, die al-Ašʿaṯ positiv zeichnen, durch den ehrenvollen Empfang des Kinditenführers betonen, dass al-Ašʿaṯ mit den auf Muḥammad folgenden Gründungsfiguren islamischer Staatlichkeit auf Augenhöhe und in gegenseitigem Respekt umgeht, stellt ihn die Gegenseite als erpresserischen Bösewicht dar, der insbesondere ʿUmar hochgradig unsympathisch ist und dessen Begnadigung Abū Bakr noch auf dem Totenbett bereut[42].

Weiterhin gelangten Motive in die Schilderung der Kapitulation an-Nuǧayrs, die sonst der bekannteren *Grabenschlacht* um Medina zugeordnet werden[43]. Diese lagern sich besonders um den angeblichen Massenmord an der Führungsschicht der Kinditen an. Explizit erklärt ein gewisser Nahīk b. Aws al-Anṣārī aus Medina, die Massenexekution nach der Kapitulation der Kinditen bei an-Nuǧayr habe ihn an diejenige des jüdischen Stammes der Banū Qurayẓa nach der erfolgreichen Abwehr der Mekkaner in der Grabenschlacht erinnert[44]. In den angeblichen Anfeuerungsversen des muslimischen Heerführers Ziyād b. Labīd vor der Belagerung von an-Nuǧayr wird zur *waqʿat al-aḥzāb*, der Schlacht gegen die Hilfstruppen der Mekkaner bei der Belagerung der Muslime in Medina, aufgerufen[45]. Schließlich werden die Gefangenen bei an-Nuǧayr und beim *ḫandaq*, also wohl der Grabenschlacht, zusammengerechnet[46]. Dass al-Ašʿaṯ nach seinem Verrat begnadigt wird und

---

38 Zu dieser Tendenz gehört auch die Betonung, dass al-Ašʿaṯ nicht versklavt worden und daher durch seine Freilassung nicht zum *mawlā*, Klienten, Abū Bakrs geworden sei bei Abū Yūsuf *K. al-Ḫarāǧ*, S. 145.

39 Ibn Aʿṯam I, S. 84, und Wāqidī *Ridda*, S. 314.

40 Ibn Aʿṯam I, S. 87, und Wāqidī *Ridda*, S. 319.

41 Ibn Aʿṯam I, S. 86, und Wāqidī *Ridda*, S. 318-319.

42 Ṭabarī *Taʾrīḫ* II, S. 414, und Yaʿqūbī *Taʾrīḫ* II, S. 90.

43 Siehe hierzu Lecker *Judaism*, S. 643-646.

44 Ibn Aʿṯam I, S. 85-86, und Wāqidī *Ridda*, S. 316.

45 Wāqidī *Ridda*, S. 300: Dieses Gedicht fehlt bei Ibn Aʿṯam und wird von Lecker *Judaism*, S. 643, detailliert besprochen.

46 Ṭabarī *Taʾrīḫ* II, S. 357. Die Passage ist nicht ganz klar: Nachdem die Festung erobert wurde, wurden die wehrfähigen Männer der *muqātila* kalten Blutes ermordet, worauf folgt: *wa-aḥṣā alfa mraʾatin mimman fī n-nuǧayr wa-l-ḫandaq* – insgesamt wurden bei an-Nuǧayr und am Graben / bei der Grabenschlacht tausend Frauen gefangen genommen.

eine wichtige Rolle in der folgenden islamischen Heilsgeschichte spielt, widerspricht allerdings dem Vorbild Muḥammads, unter dessen Befehlsgewalt die männlichen Angehörigen der Banū Qurayẓa sämtlich exekutiert worden waren. Die Begnadigung al-Ašʿaṯs erscheint damit als einer der ersten „Sündenfälle" islamischer Staatlichkeit, was auch durch die Reue über die Begnadigung al-Ašʿaṯs deutlich wird, die der Kalif Abū Bakr in seiner Todesstunde zeigt[47].

Dadurch, dass al-Ašʿaṯ vor seiner Teilnahme an den frühislamischen Eroberungen in die Zentrale des frühislamischen Staates nach Medina kommt, wird weiterhin seine spätere Karriere in den Rahmen der islamischen Heilsgeschichte eingebettet. In keiner der Varianten zieht er direkt aus Ḥaḍramawt nach Syrien oder in den Irak[48], er fungiert im Gegenteil nach seiner Abreise aus Medina als Agent der islamischen Staatsgewalt. Während seine Unterstützer seine Rolle jedoch als die eines nach berechtigtem Unwillen ehrenvoll aufgenommenen Eroberungshelden schildern, betont die Gegenseite sein Ränkeschmieden und baut seine Rolle zu der eines Trojanischen Pferdes innerhalb der frühislamischen Heilsgeschichte aus, von dem ein Gutteil zukünftigen Unheils ausgeht[49].

Der innerhalb dieser Varianten *feste* Motivkern besteht aus der Kombination bestimmter Figuren und Orte mit dem narrativen Motiv einer Kapitulation, die den Aushändler schutzlos zurücklässt. Die Kombination der Figuren und Orte wird nicht grundsätzlich in Frage gestellt, so dass al-Ašʿaṯ stets durch eine Kapitulation in an-Nuǧayr in die Hände der Muslime gerät und im Anschluss in Medina vom Kalifen Abū Bakr begnadigt und mit dessen Schwester verheiratet wird. Auch die Kombination des Kapitulationsmotivs mit einer eventuellen Begnadigung des Verhandlungsführers wird innerhalb der im Rahmen dieser Arbeit ausgewerteten Historiographie zur frühislamischen Geschichte nicht in vergleichbaren Situationen von anderen arabischen Stämmen erzählt. Damit lässt sich festhalten, dass diese Grundstruktur des Motivs offenbar allgemein als *fest* anerkannt wurde.

Die *Unfestigkeit* innerhalb der Varianten umfasst dagegen die Fülle von Details, die verschiedene Wertungen al-Ašʿaṯs und der Akteure frühislamischer Staatlichkeit erkennen lassen. Die Wertungen ließen sich insgesamt recht eindeutig al-Ašʿaṯ positiv und die Vertreter der islamischen Staatsgewalt dementsprechend eher zwiespältig darstellenden Ansichten auf der einen

---

47 Ṭabarī *Taʾrīḫ* II, S. 414, und Yaʿqūbī *Taʾrīḫ* II, S. 90.
Die von Lecker *Kinda*, S. 338-339, herausgearbeitete Mitschuld des von Muḥammad persönlich eingesetzten Gouverneurs (siehe dagegen Balāḏurī *Ansāb* I, S. 440-441, wo erst Abū Bakr Ziyād b. Labīd über Kinda und aṣ-Ṣadif einsetzt) macht eventuell sogar Muḥammad selbst für das spätere Fehlverhalten seines Statthalters verantwortlich.

48 Siehe 4.3.

49 Siehe insbesondere 3.2.7 und 3.2.8.

und einer al-Ašʿaṯ gegenüber kritischen Haltung auf der anderen Seite zuweisen, wobei die letztere Position mit dem Motiv der Reue Abū Bakrs die spätere Karriere al-Ašʿaṯs im Rahmen der islamischen Geschichte insgesamt negativ darstellt.

Besonders interessant für das Funktionieren dieser gegensätzlichen Wertungen ist der Fall von al-Ašʿaṯs Beinamen *ʿurf an-nār*, feuriger Hahnenkamm[50], der als jemenitischer Ausdruck für *ġādir*, Verräter, glossiert wird[51]. Im Kontext einer positiven Wertung al-Ašʿaṯs taucht der Beiname dementsprechend in der Form *ʿarafa l-bāz*, Spezialist für die Falkenjagd auf[52]. Damit wird al-Ašʿaṯ mit Motivik aus dem auf altpersische Vorbilder zurückgehenden Prinzenzirkel geschildert, der zwar gelegentlich aus einer islamisch-normativen Sicht kritisiert wurde, insbesondere in der materiellen Kultur jedoch bis in die Moderne zur Repräsentation weltlicher Autorität im Vorderen Orient maßgeblich blieb[53]. Die Ähnlichkeit des arabischen Schriftbilds von *nār* und *bāz*, die sich nur in der Zuordnung des jeweils einzigen Punktes zum Buchstaben *n* oder *z* unterscheiden, spricht dafür, dass diese Varianz in schriftlicher Transmission aus einer der beiden Versionen entstand. Ob die Differenzierung erst im Editionsprozess zustande kam, oder bereits in den Handschriften auftaucht, ist wohl nur anhand von detaillierter Handschrifteneinsicht zu entscheiden und muss daher weiterer Forschung vorbehalten bleiben.

Interessanter Weise bietet der Sammler al-Balāḏurī für beide Versionen je einen Beleg[54]. Sollte sich die Differenzierung tatsächlich auf die ältesten Handschriften seiner beiden Werke zurückführen lassen, wäre zu überlegen, ob al-Balāḏurī selbst beide Varianten kannte und aus welchen Gründen er sie beide überlieferte.

Wie demgegenüber die Übereinstimmung der Details der Kapitulationen von an-Nuǧayr und Sūs im Geschichtswerk Ibn Aʿṯams zu erklären ist, ist schwer zu erklären. In beiden Versionen handelt, wie oben referiert, der jeweilige Verhandlungsführer einen Pardon für sich selbst und für zehn weitere Personen aus[55] und bestätigt dem muslimischen General daraufhin, im Gegenzug für das freie Geleit von zehn seiner Gefährten zu kapitulieren, worauf ihm mitgeteilt wird, er selbst sei damit ja offensichtlich nicht geschützt[56]. Ob

---

50 Siehe zur Vokalisierung Sayed *Revolte*, S. 103, außerdem Lecker *Judaism*, S. 642, dessen *ʿarf an-nār* ein Fehler zu sein scheint: Vielleicht auch *ʿarafa n-nār*, er kennt das Feuer? Vielleicht lässt sich der Schimpfname mit „Höllenbraten" paraphrasieren.

51 Balāḏurī *Ansāb* II, S. 208, und Ṭabarī *Taʾrīḫ* II, S. 358.

52 Balāḏurī *Futūḥ*, S. 138.

53 Siehe 3.2.2.

54 Balāḏurī *Ansāb* II, S. 208, versus Balāḏurī *Futūḥ*, S. 138.

55 Ibn Aʿṯam II, S. 7, bzw. Ibn Aʿṯam I, S. 82, und Wāqidī *Ridda*, S. 308.

56 Ibn Aʿṯam II, S. 7, bzw. Ibn Aʿṯam I, S. 84, und Wāqidī *Ridda*, S. 313-314.

diese auffällige Übereinstimmung der Details innerhalb desselben Werks gewissermaßen als *horizontale* Kontamination erklärt werden kann, lässt sich allein anhand dieses einen Falles allerdings nicht entscheiden.

Über den womöglich durch genaues Handschriftenstudium belegbaren Fall von *ʿurf an-nār / ʿarafa l-bāz* einer Bekanntheit beider Wertungen im Überlieferungskontext hinaus ist *Kontamination* vor den namentlich genannten Sammlern des 3. und 4. Jahrhunderts islamischer Zeit an diesem Beispiel aufgrund der Fragmentierung des überlieferten Materials sehr schwer genauer zu verorten. *Kontamination* oder *gemeinsame Bekanntheit* der einander widersprechenden kurzen Anekdoten ist spätestens zur Zeit der verschiedene Varianten zusammenstellenden großen Sammlungen vor allem aṭ-Ṭabarīs und al-Balāḏurīs anzunehmen. So folgt beispielsweise bei aṭ-Ṭabarī auf eine al-Ašʿaṯ sehr negativ zeichnende Version der Unterhaltung des gefangenen al-Ašʿaṯ mit Abū Bakr eine Variante, in der al-Ašʿaṯ selbstbewusst fordert, ihm die Eisen abzunehmen und ihn mit der Schwester des Kalifen zu verheiraten[57]. Man könnte darüber hinaus überlegen, ob die kontrastierenden Ansichten schon vor den großen Sammlern *gemeinsam durchdacht* wurden. Dies wird durch die passgenaue Isolierung und Kontrastierung der jeweils widerstreitend beschriebenen Details in den großen Sammlungen nahegelegt. Es würde demgegenüber verblüffen, wenn aṭ-Ṭabarī und al-Balāḏurī die Widersprüche in dieser Deutlichkeit aus einer *verschwommeneren* Tradition herausgearbeitet hätten, auszuschließen ist es allerdings allein auf Basis des hier ausgewerteten Materials nicht.

3.1.2 Muḥammad b. Abī Bakr wird in der Haut eines toten Esels verbrannt

> Muḥammad b. Abī Bakr [der Sohn des ersten Kalifen Abū Bakr und Gouverneur ʿAlīs in Ägyptens] verlor die Schlacht [gegen die in Ägypten einmarschierenden Truppen des Umayyaden Muʿāwiya b. Abī Sufyān]. Da floh er in eine Ruine (*ḫariba*), in der ein toter Esel lag und versteckte sich in seinem Bauch. Daraufhin verbrannte er im Eselsbauch. Andere sagen, Muʿāwiya b. Ḥudayǧ habe ihn auf dem Schlachtfeld getötet. Weiterhin sagen manche, er sei zu ʿAmr b. al-ʿĀṣ [dem neuen Statthalter Ägyptens] gebracht und von diesem exekutiert worden.[58]

> [Nach der Niederlage in der Schlacht] floh [Muḥammad b. Abī Bakr] und versteckte sich im verfallenen Haus gewisser Leute (*daḫala manzila qawmin ḫarābatan*). [Muʿāwiya] b. Ḥudayǧ al-Kindī verfolgte ihn jedoch, ergriff ihn und brachte ihn um. Dann steckte er ihn in einen Eselskadaver und verbrannte ihn in einer Gasse (*zuqāq*), die als *zuqāq al-ḥawf* bekannt ist.[59]

---

57 Ṭabarī *Taʾrīḫ* II, S. 357-358.
58 Ḫalīfa *Taʾrīḫ*, S. 116.
59 Yaʿqūbī *Taʾrīḫ* II, S. 134.

Die Geschichte vom schrecklichen Tod Muḥammad b. Abī Bakrs ist wegen der Beteiligung des Kinditen Muʿāwiya b. Ḥudayǧ al-Kindī Bestandteil der Prosopographie Kindas und wird wie die Geschichte der Kapitulation an-Nuǧayrs in verschiedenen Varianten überliefert, von denen einige das eigenartige Motiv der Verbrennung Muḥammad b. Abī Bakrs im Eselkadaver enthalten.

Die Geschichte der Ermordung und anschließenden Verbrennung im Eselskadaver ist wohl als Kommentar zum ersten islamischen Bürgerkrieg zu lesen, wobei sich den verschiedenen Varianten eine gewisse Unsicherheit darüber entnehmen lässt, wie die Ereignisse im Einzelnen motiviert waren. Im Folgenden sollen die hinter den verschiedenen Varianten erkennbaren Wertungen des Geschehens zusammengestellt werden, bevor das Ausmaß der darin aufscheinenden *Unfestigkeit* der Texte zusammengefasst wird.

Zunächst wird das Motiv vom grausigen Ende von Muḥammad b. Abī Bakr aus seiner Beteiligung an der Ermordung des dritten Kalifen ʿUṯmān hergeleitet[60]. Dabei erscheint Muʿāwiya b. Ḥudayǧ als Rächer des erschlagenen Kalifen, der als Vertreter strafender Gerechtigkeit Rache am Mörder ʿUṯmāns nimmt. Die Frage, die in den verschiedenen Varianten diskutiert wird, ist die nach der Verantwortlichkeit der Täter vor menschlichem Gericht.

> Als [die aus Medina nach Ägypten zurückgekehrten Mörder des Kalifen ʿUṯmān] in die Moschee [al-Fusṭāṭs] kamen, riefen sie: Nicht wir sind die Mörder ʿUṯmāns, sondern Gott hat ihn getötet! Als das die Partei ʿUṯmāns (*šīʿat ʿuṯmān*) sah, erhob sie sich und gelobte Muʿāwiya b. Ḥudayǧ als ihrem Anführer Gefolgschaft. Damit war er der erste, der als Oberhaupt bei der Rache für das Blut ʿUṯmāns anerkannt wurde.[61]

Insbesondere der in verschiedenen Fassungen der Exekution erwähnte Durst, mit dem Muʿāwiya b. Ḥudayǧ den gefangenen Muḥammad b. Abī Bakr vor dessen Ermordung quält, erhält in diesem Rahmen eine besondere Bedeutung, indem er die Hinrichtung Muḥammad b. Abī Bakrs direkt mit dem Tod des dritten Kalifen verknüpft:

> Muḥammad [b. Abī Bakr] verlangte nach Wasser, doch entgegnete ihm [Muʿāwiya] b. Ḥudayǧ: Ihr habt ʿUṯmān daran gehindert, zu trinken, so dass Ihr ihn getötet habt, während er fastete. Gott empfange ihn mit versiegeltem Nektar! Wir werden Dich aber – bei Gott! – töten, während Dich dürstet, bis Gott Dich mit schwülem Eitertrank empfängt! Da antwortete [Muḥammad b. Abī Bakr]: Das steht Dir nicht zu, Du Mutterloser, hätte ich mein Schwert in der Hand, würdet Ihr – bei Gott! – nichts Derartiges mit mir machen! Er hatte nämlich sein Schwert fortgeworfen, um sich unter die Leute zu mischen, ohne erkannt zu werden. Muʿāwiya b. Ḥudayǧ erklärte: Ich töte Dich für ʿUṯmān, den ermordeten Kalifen (*al-ḫalīfati l-maẓlūm*)!

60 Beispielsweise ist Muḥammad b. Abī Bakr bei Ṭabarī *Taʾrīḫ* II, S. 774-775, an der Ermordung des dritten Kalifen beteiligt.

61 Kindī *Wulāt*, S. 18.

> Muḥammad antwortete: ʿUṯmān handelte ungerecht und wich ab vom Urteil des Koran, da brachten wir das vor ihn! Daraufhin trat Muʿāwiya b. Ḥudayǧ auf ihn zu, tötete ihn, steckte ihn in einen Eselsbauch und verbrannte ihn mit Feuer.[62]

Dieser Durst des Kalifen ʿUṯmān zieht sich als narratives Motiv auch durch andere Episoden des Ersten Bürgerkriegs. Nachdem dem Kalifen ʿUṯmān und seinem Gefolge während ihrer Belagerung im Haus ʿUṯmāns in Medina das Wasser abgeschnitten worden war[63], wurde dieser Durst des Kalifen auch in der Beratung der syrischen Rächer ʿUṯmāns um den Umayyaden Muʿāwiya b. Abī Sufyān vor der Schlacht von Ṣiffīn als Anlass genommen, ʿAlī und sein Heer vom Wasser des Euphrat abzuschneiden.

> [Muʿāwiya diskutiert mit dem syrischen Heer, ob man ʿAlī und die Iraker vom Wasser des Euphrat abschneiden solle.] Da sprach al-Walīd b. ʿUqba: Schneid ihnen das Wasser ab, wie sie es [dem ʿUṯmān] b. ʿAffān abgeschnitten haben! Sie haben ihn vierzig Tage belagert und ihm währenddessen das frische Wasser und die feine Speise verweigert. Töte sie mit Durst, möge Gott sie töten![64]

Dass die Truppen ʿAlīs in der darauf folgenden *waqʿat al-māʾ*, Schlacht um das Wasser, unter der Führung des Kinditen al-Ašʿaṯ b. Qays siegen, deutet in diesem Kontext darauf hin, dass sie für den Tod ʿUṯmāns nicht verantwortlich sind. Demgegenüber zeigt der unrühmliche Tod des dürstenden Muḥammad b. Abī Bakr, dass dieser für die Ermordung des Kalifen sehr wohl verantwortlich gemacht werden kann.

Auch der Esel, in dem Muḥammad b. Abī Bakr verbrannt wird, lässt sich motivisch in den Zusammenhang einer Kontroverse um die Wertung der Ermordung ʿUṯmāns stellen. Direkt im Kontext der Ermordung des Kalifen ʿUṯmān heißt es bei Ḫalīfa b. Ḫayyāṭ, ein Mann namens *ḥimār*, Esel, sei der Mörder des Kalifen ʿUṯmāns gewesen.[65] So ließe sich die drastische Strafe als wortspielerische Rache von Muʿāwiya b. Ḥudayǧ, oder aber als Wirken einer allmächtigen Vorsehung erklären, die Muḥammad b. Abī Bakr einer Strafe zuführt, die genau den Umständen seines Vergehens entspricht.

In dieselbe Richtung deutet Wellhausens Interpretation des Eselkadavers, in dem Muḥammad b. Abī Bakr verbrannt worden sei, als Verweis auf die Ermordung von Muḥammad b. Abī Ḥuḏayfa, der auf der Flucht durch wilde Esel verraten worden sei. In einer anderen Version sei dieser „wie ein Esel getötet" worden[66]. Demnach wären zwei der Hauptschuldigen an der

---

62 Balāḏurī Ansāb II, S. 220-221. Eine etwas ausführlichere Parallelstelle der Diskussion steht bei Ṭabarī *Taʾrīḫ* III, S. 151-152.

63 Beispielsweise Ṭabarī *Taʾrīḫ* II, S. 769-770.

64 Naṣr b. Muzāḥim, S. 161.

65 Ḫalīfa *Taʾrīḫ*, S. 103.

66 Wellhausen *Reich*, S. 61-62. Die zitierte Passage stammt laut Wellhausen aus Maqrīzī und wird nach Vloten zitiert. Dagegen ist es beispielsweise bei Balāḏurī *Ansāb* II, S. 223, ein Reittier, *dābba*, das Muḥammad b. Abī Ḥuḏayfa verrät.

Ermordung des dritten Kalifen ʿUṯmān jeweils unter Beteiligung von Eseln von ihrer Strafe ereilt worden, wobei das prägnante Motiv der Esel den göttlich sanktionierten Charakter der Strafe herausstreicht.

Dabei wird besonders die von Rücksichten auf die Stammeszugehörigkeit der Mörder unbeeinflusste Unparteilichkeit Muʿāwiya b. Ḥudayǧs hervorgehoben. So antwortet Muʿāwiya b. Ḥudayǧ wie folgt auf das Flehen Muḥammad b. Abī Bakrs um Gnade:

> Ich habe siebzig Männer meines Volkes (*min qawmī*) wegen ʿUṯmān getötet und soll Dich gehen lassen, der Du sein Mörder bist?[67]

In anderen Versionen antwortet Muʿāwiya b. Ḥudayǧ wie folgt auf die Aufforderung des umayyadischen Gouverneurs ʿAmr b. al-ʿĀṣ, ihm den gefangenen Muḥammad b. Abī Bakr auszuliefern:

> Ihr habt [den Kinditen] Kināna b. Bišr getötet, der mein Vetter war, und jetzt soll ich Muḥammad [b. Abī Bakr] gehen lassen? Niemals![68]

Neben dieser Betonung der streng-unparteilichen Rache durch den Kinditen Muʿāwiya b. Ḥudayǧ wird aber auch eine Sicht der Ereignisse fassbar, die besonders die Verwurzelung Muḥammad b. Abī Bakrs in der Familie des ersten Kalifen betont:

> [Muḥammad b. Abī Bakr wurde auf der Flucht von den Häschern um Muʿāwiya b. Ḥudayǧ aufgespürt.] Da sprach er: Verschont mich um Abū Bakrs willen![69]

Ein Einfluss der Familienzugehörigkeit Muḥammad b. Abī Bakrs wird auch in der Fürsprache greifbar, die sein Bruder beim umayyadischen Gouverneur Ägyptens ʿAmr b. al-ʿĀṣ für ihn einlegt[70]. Insbesondere in der auf die Ermordung folgenden Episode bei al-Kindī tritt Muʿāwiya b. Ḥudayǧ geradezu als Rächer der Familie ʿUṯmāns an der Familie Abū Bakrs auf:

> Muʿāwiya b. Ḥudayǧ sandte seinen Klienten (*mawlā*) Sulaym mit dem Hemd (*qamīṣ*[71]) [Muḥammad] b. Abī Bakrs als Boten nach Medina, um die Ermordung Muḥammad b. Abī Bakrs zu melden. Er kam in das Haus (*dār*) ʿUṯmāns, wo sich die männlichen und weiblichen Verwandten ʿUṯmāns versammelten, um ihre Freu-

67 Ibn ʿAbdalḥakam, S. 149. Bei Kindī *Wulāt*, S. 29, sind es achtzig Stammesgenossen, die um ʿUṯmāns willen getötet wurden.

68 Balāḏurī *Ansāb* II, S. 220. In der Parallelstelle bei Ṭabarī *Taʾrīḫ* III, S. 151, folgt ein Koranvers.

69 Kindī *Wulāt*, S. 29; bei Ibn ʿAbdalḥakam, S. 149, ruft Muḥammad b. Abī Bakr: Schont Abū Bakr in mir!

70 Balāḏurī *Ansāb* II, S. 190, und Ṭabarī *Taʾrīḫ* III, S. 151.

71 Dieses nach Medina übersandte Hemd des Kalifenmörders Muḥammad b. Abī Bakr bildet eine Parallele zum Hemd des von ihm ermordeten Kalifen ʿUṯmān, das aus Medina nach Damaskus gesandt wurde und dort über den Minbar gebreitet eine zentrale Rolle im Ruf nach Rache für den ermordeten Kalifen einnahm, siehe beispielsweise Ṭabarī *Taʾrīḫ* III, S. 4.

de über die Ermordung [Muḥammad b. Abī Bakrs] zu äußern. [Die Schwester des umayyadischen Kalifatsprätendenten Muʿāwiya und Verwandte ʿUṯmāns] Umm Ḥabība bt. Abī Sufyān befahl, einen Hammel zu rösten und an [die Witwe des Propheten Muḥammad und Schwester Muḥammad b. Abī Bakrs] ʿĀʾiša zu senden. Daraufhin erklärte sie ihr: So wurde Dein Bruder geröstet! Danach aß ʿĀʾiša nie wieder Bratfleisch.[72]

In diesem Kontext erscheint die Hinrichtung Muḥammad b. Abī Bakrs als Absage an Machtansprüche der Familie Abū Bakrs insgesamt. Vielleicht ist in diesem Kontext auch die Redewendung *ǧaʿala madīnatan miṯla ǧawfi l-ḥimār*, eine Stadt – wohl durch ausgedehnte Plünderung – zu einem Eselsbauch machen, zur Beschreibung der völligen Verheerung einer Stadt relevant[73]. So ließen sich zumindest die Varianten der Ermordung Muḥammad b. Abī Bakrs, in denen *ǧawfa*, Bauch[74], verwendet wird, als drastische Durchführungen einer Redewendung erklären, die als Absage an etwaige dynastische Ansprüche der Familie Abū Bakrs gelesen werden könnte.

In den Kontext einer göttlichen Sanktionierung der drastischen Strafe ist schließlich eventuell auch die Ruine, *ḫarāba*[75] oder *ḫariba*[76], zu stellen, in der der geflohene Muḥammad b. Abī Bakr von Muʿāwiya b. Ḥudayǧ und den

---

72 Kindī *Wulāt*, S. 30.

73 So al-Ḥaǧǧāǧ bei der Eroberung Mekkas bei Balāḏurī *Ansāb* IV, S. 441. Siehe auch Ibn Aʿṯam II, S. 79, wo ʿAlī seinen Truppen das zu erobernde Ḫurāsān beschreibt und ankündigt, was mit welcher Stadt geschehen wird. Zur Stadt Wāšaǧirda (cf. Lemma *wāšǧird* bei Yāqūt *Muʿǧam* VII / VIII, S. 439) prophezeit der Kalif, dass die Einwohner bis zum letzten Mann kämpfen und ihre Feinde die Stadt zerstören werden, *ḥattā yaǧʿalūhā ǧawfa ḥimārin mayyitin*, bis sie sie dem Bauch eines toten Esels gleich machen.

74 So Balāḏurī *Ansāb* II, S. 221; Balāḏurī *Futūḥ*, S. 269, und Ḫalīfa *Taʾrīḫ*, S. 116. Dagegen steht *fī ǧīfati ḥimārin*, in einem Eselskadaver, bei Kindī *Wulāt*, S. 29, und im eingangs zitierten Yaʿqūbī *Taʾrīḫ* II, S. 134; *fī ǧildi ḥimārin*, in einer Eselshaut, Masʿūdī *Murūǧ* II, S. 454; sogar die etwas übertriebene Dopplung *fī ǧīfati ḥimārin mayyitin*, im Leichnam eines toten Esels, findet sich bei Kindī *Wulāt*, S. 29. Ṭabarī *Taʾrīḫ* III, S. 152, bietet eine Doppelversion: Muʿāwiya b. Ḥudayǧ fragt Muḥammad: *A-tadrī mā ṣnaʿu bi-ka? Adḫuluka fī ǧawfi ḥimārin, ṯumma ḥriquhū ʿalayka bi-n-nār!* – Weißt Du, was ich mit Dir mache? Ich stecke Dich in einen Eselsbauch und verbrenne ihn über Dir mit Feuer! Als seine Drohung dann umgesetzt wird, schreibt er jedoch, Muʿāwiya b. Ḥudayǧ habe ihn *fī ǧīfati ḥimārin*, in einen Eselskadaver, gesteckt.
Vermutlich steht hinter der Dopplung *ǧawf* – *ǧīfa* eine sprachliche oder orthographische Variante, siehe hierzu auch van Ess' Bemerkung zu einer Verbindung zwischen arabisch *ǧawf* und aramäisch *gūf* bei van Ess TG I, S. 401. Eine systematische Untersuchung dieser und ähnlicher Dopplungen unter Einbeziehung der Handschriften verspricht äußerst spannende Einblicke in die Dynamiken des Überlieferungsprozesses zwischen schriftlicher und mündlicher Tradierung, übersteigt jedoch die Grenzen der Prosopographie Kindas und muss damit kommender Forschung vorbehalten bleiben. Vielleicht lässt sich auch das Wort *ǧild*, Haut, des Esels bei Masʿūdī *Murūǧ* II, S. 454, als orthographische Variante erklären.

75 So Yaʿqūbī *Taʾrīḫ* II, S. 134.

76 So Balāḏurī *Ansāb* II, S. 220; Ḫalīfa *Taʾrīḫ*, S. 116, und Ṭabarī *Taʾrīḫ* III, S. 151.

übrigen Häschern ereilt wird. Dieses Wort erinnert im Kontext der Unruhen in Ägypten nach der Ermordung ʿUṯmāns an den Ort Ḫaribtā[77], an den sich die von Muʿāwiya b. Ḥudayǧ geführten Gegner der ʿalīdischen Herrschaft in Ägypten zurückzogen. Die Ähnlichkeit der Bezeichnung der Ruine, in der Muḥammad b. Abī Bakr ergriffen wird, mit dem Namen des Ortes, zu dem zuvor seine Gegner vor ihm flüchteten, lässt sich wiederum eventuell als Einwirken höherer Gerechtigkeit deuten.

Diese Varianten um die Ruine, *ḫarāba* oder *ḫariba*, bzw. den Ort Ḫaribtā, sowie diejenigen um den Eselsbauch bzw. Eselskadaver, *ǧawf* und *ǧīfa*, werden zusammengeführt durch die Bemerkung des einige Jahrhunderte später wirkenden Geographen Yāqūt, der zu seiner Zeit unbekannte Ort Ḫaribtā sei im Bezirk des westlichen Rands des Nildeltas, *al-ḥawf al-ġarbī*, gelegen. Das arabische Wort *al-ḥawf* unterscheidet sich von *ǧawf* nur durch einen Punkt und ist damit sinnvoll als Variante zu *ǧawf* zu stellen. Auch in der eingangs übersetzten Version der Geschichte bei al-Yaʿqūbī wurde *al-ḥawf* als Ortsname und Benennung der Gasse gedeutet, in der Muḥammad b. Abī Bakr verbrannt wurde[78].

Wenn tatsächlich eine Verbindung zwischen diese Varianten um *ḫarāba* / *ḫariba* / *ḫaribtā* und *ǧawf* / *ḥawf* / *ǧīfa* angenommen werden könnte, ließen sich hieraus Schlüsse über das Medium der Diskussion des überlieferten Materials ableiten. Insbesondere die Differenz *ǧawf* / *ḥawf* ließe sich wohl nur im schriftlichen Medium erklären, wo sie durch den simplen Wegfall eines Punktes entstehen könnte. Dagegen erscheint es als sehr unwahrscheinlich, dass in mündlicher Tradierung Unklarheit zwischen den Buchstaben *ǧīm* und *ḥāʾ* auftreten könnte. Eine solchen Unklarheit der Lesung im schriftlichen Medium ließe sich auch für den Namen Muʿāwiya b. Ḥudayǧs annehmen, den beispielsweise al-Masʿūdī konsequent mit Muʿāwiya b. Ḫudayǧ wiedergibt[79].

Die Konsequenz hieraus wäre jedoch, dass eine nicht durch eine die Lesarten fixierende mündliche Tradition abgesicherte schriftliche Vorlage aller Versionen der Geschichte, die Varianten von *ḫarāba* / *ḫariba* / *ḫaribtā* und *ǧawf* / *ḥawf* / *ǧīfa* geben, die in verschiedene Richtungen ausinterpretierte Grundlage der gesamten Episode bilden würde. Tatsächlich fehlen beide Themenbereiche vollständig bei Ibn ʿAbdalḥakam[80], der stattdessen die Geschichte einer geistig schwachen Angehörigen des Stammes *Ġāfiq* anführt, die die Häscher zum im Haus ihres Bruders versteckten Muḥammad b. Abī Bakr geführt ha-

---

77 Die Vokalisierung folgt Yāqūt *Muʿǧam* III / IV, S. 222.

78 Yaʿqūbī *Taʾrīḫ* II, S. 134.

79 Beispielsweise Masʿūdī *Murūǧ* II, S. 454.

80 Seine Version der Ermordung Muḥammad b. Abī Bakrs steht bei Ibn ʿAbdalḥakam, S. 149.

be[81]. Es erscheint allerdings sehr unsicher, ob diese Annahme einer fixen schriftlichen Vorlage, deren Sinn frei auserzählt werden konnte, allein auf Basis der Prosopographie Kindas vertreten werden kann: Hierzu ist wohl weitere Forschung abzuwarten.

Fest ist in allen Versionen außer der keinen Esel erwähnenden Fassungen Ibn ʿAbdalḥakams und den eingangs übersetzten Alternativfassungen Ḫalīfa b. Ḫayyāṭs ein Grundbestand der Geschichte von Niederlage in der Schlacht, Flucht in eine Ruine[82] und Verbrennung im Esel. Umstritten ist neben den genauen Todesumständen[83] vor allem die Kausalität dieser besonders schrecklichen Hinrichtung. Die Handlungen Muʿāwiya b. Ḥudayǧs werden, wie gezeigt, wechselweise mit Rache an Mördern des Kalifen im Interesse unparteilicher Gerechtigkeit, die selbst die eigenen Stammesgenossen nicht schonte und nun nicht vor dem Sohn des ersten Kalifen haltmachen kann, und mit Rache an der Familie Muḥammad b. Abī Bakrs in Vertretung der Familie ʿUṯmāns motiviert. Dabei ist auffällig, dass beispielsweise in den ausführlichen Schilderungen bei aṭ-Ṭabarī[84] und al-Balāḏurī[85] die verschiedenen und in gewissem Maße widersprüchlichen Motivationen Muʿāwiya b. Ḥudayǧs nacheinander aufscheinen, ohne dass eine Variante gegenüber der anderen als tatsächliche Motivation herausgehoben würde. Diese Unklarheit der Motivation Muʿāwiya b. Ḥudayǧs ließe sich eventuell damit erklären, dass seine narrative Funktion im konkreten Kontext dieser Geschichte die eines prinzipienlosen Bösewichts ist, der ein letztlich nicht rechtfertigbares Verbrechen aus purer Lust am Bösen durchführt. Vielleicht ist aber auch seine genaue Motivation als diejenige einer innerhalb der frühislamischen Heilsgeschichte eher peripheren Figur nicht so wichtig, wie die Ausgestaltung der Aporie um die grausame Strafe am Kalifenmörder Muḥammad b. Abī Bakr.

---

81 Ibn ʿAbdalḥakam, S. 149. Die Schwester steht auch bei Kindī *Wulāt*, S. 29, wo dementsprechend die Ruine fehlt.

82 Die Flucht in die Ruine fehlt auch bei al-Kindī, der stattdessen wie Ibn ʿAbdalḥakam von einer Zuflucht Muḥammad b. Abī Bakrs in al-Fusṭāṭ berichtet: Ibn ʿAbdalḥakam, S. 149, und Kindī *Wulāt*, S. 29.
Al-Kindī erwähnt im Umfeld der Exekution zusätzlich einen gewissen Biǧād at-Tuǧībī. Dieser Kindit wird sonst nie genannt und der Herausgeber schreibt, der Schriftzug sei im Original unpunktiert. Eine allzu naheliegende Emendation bietet sich wohl nicht. Im Gegensatz zu al-Barrī *Qabāʾil*, S. 179, ist jedoch nicht zwingend davon auszugehen, dass hinter der *crux* eine weitere Person steht.

83 Masʿūdī *Murūǧ* II, S. 454, erwähnt sogar die Ansicht, Muḥammad b. Abī Bakr sei noch am Leben gewesen, als er verbrannte.

84 Ṭabarī *Taʾrīḫ* III, S. 151-152.

85 Balāḏurī *Ansāb* II, S. 220-221.

> Der Prophet Gottes [...] sandte Ḫālid b. al-Walīd mit 420 Reitern aus Tabūk zu Ukaydir aus Dūma, Ukaydir b. ʿAbdalmalik, einem christlichen Kinditen, der sie als König beherrschte. Der Prophet Gottes [...] sprach zu Ḫālid: Du wirst ihn beim Jagen von Rindern (*baqar*)[86] überraschen. Da zog Ḫālid los, bis er in einer mondbeschienenen Sommernacht in Sichtweite der Burg ankam, die [Ukaydir] mit seiner Frau auf dem Dach verbrachte. Die ganze Nacht aber wetzten Rinder ihre Hörner am Tor der Burg. [Ukaydirs] Frau fragte ihn, ob er so etwas je gesehen habe, was er verneinte. Und wer lasse so etwas zu? Niemand! So stieg er herab, ließ sein Pferd satteln und ritt mit einigen Verwandten los, unter ihnen sein Bruder Ḥassān. Sie ritten mit ihren Wurfspeeren[87] aus der Burg, wo sie durch die Reiter des Propheten Gottes überrascht [...] und gefangen genommen wurden, wobei der Bruder [Ukaydirs] fiel.[88]

Das eigenartige Motiv von den ihre Hörner am Burgtor wetzenden Rindern kommt in der Hälfte der acht die Gefangennahme Ukaydirs erzählenden Passagen innerhalb der Prosopographie Kindas vor[89] und erfüllt wohl verschiedene Funktionen. Zunächst zeigt das Vertrauen Ḫālids in die Prophezeiung Muḥammads, das ihn trotz seiner Angst nach Dūmat al-Ǧandal ziehen lässt, das Vertrauen der frühen Muslime in ihren Propheten und rehabilitiert nebenbei den etwas verrufenen Ḫālid[90]. Dabei dient insbesondere die Struktur von Ḫālids Zögern, beruhigender Prophezeiung und daraufhin eintretendem Heilswunder einer klaren Wertung der Geschichte der islamischen Gemeinde zur Zeit Muḥammads. Explizit wird dieser Gedanke bei al-Wāqidī ausgeführt:

---

86 Die Verbindung *baqar al-waḥš*, die Eisenstein als „Wildrind" übersetzt, bezeichnet im Arabischen eine Antilope, meist die Oryx: Eisenstein *Zoographie*, S. 64. Da jedoch in den hier untersuchten Schilderungen der Eroberung von Dūmat al-Ǧandal durchgängig nur von einfachen *baqar* die Rede ist, wird das Wort hier als *Rinder* übersetzt. Ob und in welchem Ausmaß Rinder im 7. Jahrhundert um Dūmat al-Ǧandal vorstellbar sind, ist nicht ganz klar. Die arabischen Gedichte über die Rinderjagd deuten auf das Vorkommen von wilden Rindern hin, allerdings ist auch ein Besingen der Jagd in sassanidischen Gärten nicht auszuschließen. Siehe Schwarzlose *Waffen*, S. 212, und zu wilden Rindern generell ʿUmarī *Masālik al-Ḥayawān*, S. 26-28.

87 Zum *miṭrad* als Wurfspeer bei der Jagd siehe Schwarzlose *Waffen*, S. 212.

88 Ibn Hišām, S. 821.

89 Die ihre Hörner wetzenden Rinder stehen bei Ibn Hišām, S. 821; Maqdisī *K. al-Badʾ* IV, S. 240; Ṭabarī *Taʾrīḫ* II, S. 219-220, und Wāqidī *Maġāzī* II, S. 405-406. Die Rinder fehlen demgegenüber bei Balāḏurī *Ansāb* I, S. 324; Balāḏurī *Futūḥ*, S. 94-96, und Ḫalīfa *Taʾrīḫ*, S. 44-45. Ibn Saʿd II, S. 125-126, bietet eine Kurzfassung, bei der Ukaydir auf Rinderjagd gefangen wird: Der genaue Anlass der Rinderjagd bleibt dabei offen.

90 Siehe beispielsweise zu Lebzeiten Muḥammads die Episode bei Ṭabarī *Taʾrīḫ* II, S. 195-197, wo Ḫālid explizit *als Prediger (dāʿī), nicht als Kämpfer* (Ṭabarī Taʾrīḫ II, S. 195) nach der Eroberung Mekkas von Muḥammad zu den Banū Ǧaḏīma b. Mālik gesandt wird und dennoch ein Massaker anrichtet.

> [Muḥammad schickt Ḫālid gegen Dūmat al-Ǧandal.] Da sprach Ḫālid: Oh Prophet Gottes, wie kann ich mich mitten im Lande [des Stammes] Kalb gegen ihn behaupten? Ich habe doch nur wenige bei mir! Da antwortete [Muḥammad]: Du wirst ihn beim Jagen von Rindern überraschen und gefangen nehmen.[91]

Diese Struktur aus der Prophezeiung Muḥammads und dem göttlichen Heilswunder der tatsächlich auftauchenden Rinder, die Ukaydir zu seiner törichten Nachtjagd veranlassen, bleibt in den das Motiv der Rinder enthaltenden Versionen bis in Details wie die *helle Mondnacht* konstant[92].

Unfest ist dagegen der genaue Wortlaut der Prophezeiung Muḥammads. Die auch in der eingangs übersetzten Fassung Ibn Hišāms stehenden Worte:

> Du wirst ihn beim Jagen von Rindern überraschen.[93]

stehen so auch bei aṭ-Ṭabarī[94], al-Maqdisī bietet eine inhaltlich unveränderte Variante[95], die sich vielleicht als orthographische Veränderung im Abschreibeprozess erklären lässt und die metaphorischen Bezüge nicht berührt. Bei al-Wāqidī wird jedoch von Muḥammad auch der Erfolg der Unternehmung vorhergesagt:

> Du wirst ihn beim Jagen von Rindern überraschen und gefangen nehmen.[96]

Wenn jedoch die Prophezeiung Muḥammads auf der folgenden Seite nochmals erwähnt wird, steht auch bei al-Wāqidī die Ibn Hišām, al-Maqdisī und aṭ-Ṭabarī entsprechende kürzere Variante der Worte Muḥammads[97].

In ähnlicher Weise wie die Worte Muḥammads werden in drei der Varianten der Geschichte auch einige einigermaßen rätselhafte Dichterverse auf die eigenartigen Umstände der Gefangennahme Ukaydirs bezogen:

> [Nach der Gefangennahme Ukaydirs bei Dūmat al-Ǧandal] kam Ḫālid mit Ukaydir zum Propheten Gottes [...], der sein Leben verschonte und mit ihm einen Schutzvertrag über Zahlung eines Tributs schloss (*ṣālaḥahū [Muḥammadun] ʿalā l-ǧizya*). Darauf ließ er ihn wieder gehen, so dass [Ukaydir] in seine Heimat (*qaryatuhū*, ich übersetze *ad sensum*) zurückkehrte. Hierzu sprach ein Mann vom Stamm Ṭayyiʾ namens Buǧayr b. Buǧara[98] einige Verse, indem er auf die Worte des Propheten Gottes [...] zu Ḫālid anspielte. [Muḥammad hatte nämlich gesagt:] Du wirst ihn beim Jagen von Rindern überraschen! Weiterhin spielte er darauf an, was

---

91 Wāqidī *Maġāzī* II, S. 405.

92 Zusätzlich zum eingangs übersetzten Ibn Hišām, S. 821, auch bei Maqdisī *K. al-Badʾ* IV, S. 240; Ṭabarī *Taʾrīḫ* II, S. 219-220, und Wāqidī *Maġāzī* II, S. 405. Die Rinder fehlen demgegenüber bei Balāḏurī *Ansāb* I, S. 324; Balāḏurī *Futūḥ*, S. 94-96, und Ḫalīfa *Taʾrīḫ*, S. 44-45.

93 Ibn Hišām, S. 821.

94 Ṭabarī *Taʾrīḫ* II, S. 219.

95 Maqdisī *K. al-Badʾ* IV, S. 240.

96 Wāqidī *Maġāzī* II, S. 405.

97 Wāqidī *Maġāzī* II, S. 406.

98 So vokalisiert bei Ibn Hišām, S. 821, und Wāqidī *Maġāzī* II, S. 406.

die Rinder in dieser Nacht getan hatten, bis sie [Ukaydir] herausgelockt hatten zur Bestätigung der Worte des Propheten Gottes [...]:

Gepriesen sei der Rinderführer! Wahrlich / Ich sah Gott alles recht leiten.

Wer sollte Dir Trotzkopf beim [Raubzug] von Tabūk helfen? / Denn uns ward der *ǧihād* befohlen.[99]

In den Versionen von Ibn Hišām, al-Maqdisī und al-Wāqidī, die alle die Prophezeiung Muḥammads, die ihre Hörner wetzenden Rinder und die Dichterverse enthalten, besteht ein klarer Zusammenhang zwischen Prophezeiung, Ereignis und Versen durch die jeweils explizit erwähnten Rinder. Dieser strukturelle Zusammenhang zwischen Prophezeiung, Versen und Gefangennahme Ukaydirs zur Betonung einer bestimmten Wertung der Ereignisse ist im Kontext von Festigkeit und Unfestigkeit der Texte besonders interessant.

Zur Genese dieses Themenkomplexes ist die Version aṭ-Ṭabarīs eventuell aufschlussreich, der zwar die Prophezeiung und das Motiv von den ihre Hörner wetzenden Rindern berichtet, die Verse jedoch nicht erwähnt. Da aṭ-Ṭabarī seine Geschichte auf Ibn Isḥāq zurückführt[100], ließe sich überlegen, ob die Verse Buǧayr b. Buǧaras eine Hinzufügung Ibn Hišāms darstellen, der die Muḥammadbiographie Ibn Isḥāqs überarbeitete. Allerdings stehen die die Verse einleitenden Sätze in der in dieser Arbeit zugrunde gelegten Edition von Ibn Hišām in einem Absatz, der mit *qāla bnu isḥāq*, Ibn Isḥāq berichtet, eingeleitet wird[101].

Generell ist die Frage, ob eine kuriose Anekdote zur Erklärung von rätselhaften Versen entstand, oder aber Verse zu einer besonders emblematischen Episode gedichtet wurden, schwierig zu beantworten[102]. Im vorliegenden Beispiel ließe sich auf Basis des vorgestellten Befunds, dass die Verse nur in drei der vier die Geschichte von den ihre Hörner wetzenden Rindern enthaltenden Varianten auftauchen, überlegen, ob die Dichterverse erst während des Überlieferungsprozesses auf das prägnante Ereignis bezogen wurden. Ob sie explizit über diese Geschichte gedichtet wurden, oder aber im Umlauf befindliche Verse erst sekundär auf das konkrete Ereignis der Gefangennahme Ukaydirs bezogen wurden, lässt sich dabei schwer sagen.

99 Wāqidī *Maġāzī* II, S. 406, die Verse finden sich ebenfalls bei Ibn Hišām, S. 821, und Maqdisī *K. al-Badʾ* IV, S. 240, wo allerdings jeweils *ḥāʾidan* statt *ʿānidan* steht. So ergibt sich für den dritten Vers: Wer soll Dir helfen, vor [dem Raubzug] von Tabūk zu fliehen?

Diese Verse fehlen innerhalb der die Rinder enthaltenden Versionen nur bei Ṭabarī *Taʾrīḫ* II, S. 219-220.

100 Ṭabarī *Taʾrīḫ* II, S. 219.

101 Ibn Hišām, S. 821.

102 Siehe hierzu insbesondere Wansbrough *Quranic Studies* und vertieft Tillschneider *Überlieferung*.

In gleicher Weise wäre zu fragen, ob rätselhafte Worte Muḥammads durch die narrative Umsetzung im Kontext der Gefangennahme Ukaydirs mit konkreter Bedeutung versehen wurden, ob die Worte Muḥammads sekundär zur eigenartigen Gefangennahme in Umlauf gesetzt wurden, um diese als Heilswunder zu erklären, oder aber – wie geschildert – tatsächlich die Vorhersage dem Ereignis vorherging. Die Frage, ob das eigenartige Motiv als Referenz auf tatsächliche Ereignisse, oder aber als motivische Ausschmückung im Überlieferungsvorgang zu verstehen ist, ist dabei letztlich auf Basis der verschiedenen Varianten der Geschichte nicht zu klären, wenn auch die Existenz von Fassungen der Gefangennahme Ukaydirs, die keine Rinder erwähnen, ein schwaches Indiz für eine sekundäre Anlagerung des Rindermotivs an die Erzählung der Gefangennahme Ukaydirs während des Überlieferungsprozesses sein könnte.

Eine zweite Funktion der Gefangennahme Ukaydirs, die in einigen Versionen besonders ausgeschmückt wird, liegt darin, dass Ukaydir als Christ[103] nach seiner militärischen Unterwerfung die *ǧizya* zahlte, womit ein Vorbild für diese Art der Besteuerung von Christen unter islamischer Herrschaft in der prophetischen Heilsgeschichte geschaffen wurde. So wird beispielsweise später in einer Diskussion über den steuerrechtlichen Status des fruchtbaren *sawād* im Irak auf die Eroberung von Dūmat al-Ǧandal Bezug genommen[104].

Schließlich verdeutlicht das Motiv des göttlichen Heilswunders, durch das der arrogante Burgherr in den Hinterhalt gelockt wird, die Demütigung der vorislamischen arabischen Könige durch die islamische Gemeinde.

Im Gegensatz zu den beiden zuvor untersuchten festen Motivkernen von der Kapitulation al-Ašʿaṯs und der Verbrennung Muḥammad b. Abī Bakrs bleiben diese drei narrativen Funktionen des Motivs von den wundersamer Weise ihre Hörner am Burgtor wetzenden Rindern innerhalb der verschiedenen Varianten des Motivs fest. Auch bezüglich der Wertung der beteiligten Personen und Gruppen sind keine größeren Unterschiede zwischen den verschiedenen Versionen der Episode festzustellen.

Abgesehen von diesen strukturell-wertenden Aspekten lässt sich Unfestigkeit anhand der Unterschiede zwischen verschiedenen Fassungen der Episode vor allem in Details der Rahmenschilderung feststellen. So wird der abendliche Aufenthalt Ukaydirs auf seiner Dachterrasse bei al-Wāqidī wie folgt ausgemalt:

> Es war eine mondbeschienene Sommernacht, die [Ukaydir] der Hitze wegen mit seiner Frau auf der Terrasse [...] verbrachte. Seine Sängerin sang, er ließ sich Wein servieren und trank. Da kamen Rinder und wetzten ihre Hörner an den Toren der Burg. [...] Da stieg [Ukaydir] herab, ließ sein Pferd satteln und ritt mit einigen

103 Beispielsweise die eingangs übersetzte Version bei Ibn Hišām, S. 821.
104 Ṭabarī *Taʾrīḫ* II, S. 511-512. Siehe hierzu auch Noth *Ṣulḥ*, S. 156-158.

Verwandten – unter ihnen sein Bruder Ḥassān – und zwei Sklaven (*mamlūkāni*[105]) mit ihren Wurfspeeren aus der Burg.[106]

Gegenüber der eingangs zitierten Version bei Ibn Hišām singt hier eine Sängerin auf der Terrasse, es gibt Wein und als Ukaydir aus der Burg reitet, kommen zwei Sklaven mit ihm mit. Diese Ausschmückung der Szene folgt narrativen Mustern, die zur Schilderung eines vorislamischen, kinditischen Königs passen. Die Frage, inwiefern sich solche Muster als topische Auserzählung im Überlieferungsprozess gemäß der Charakteristik des Stammes Kinda erklären lassen, wird im zweiten Abschnitt dieses Kapitels genauer untersucht werden.

3.1.4 Fazit

Nach dieser ausführlichen Diskussion dreier in der Prosopographie Kindas enthaltener fester Motivkerne in ihren verschiedenen Varianten lassen sich das intertextuelle Umfeld, das die jeweilige narrative Funktion des Motivs bedingt, und das Ausmaß von *Unfestigkeit*, das in den Unterschieden zwischen den Versionen zum Ausdruck kommt, vielleicht wie folgt zusammenfassen: Im Kontext der Kapitulation al-Ašʿaṯs wie bei der Hinrichtung Muḥammad b. Abī Bakrs dient das jeweilige emblematische Motiv wohl zur metaphorischen Kommentierung der gesamten Episode. Aus den Unterschieden zwischen den einzelnen Varianten in der Schilderung des Motivs lassen sich differierende Wertungen des geschilderten Ereignisses rekonstruieren. Während sich die verschiedenen Fassungen der Kapitulation al-Ašʿaṯs mit einer Kontroverse um die Wertung des Verhältnisses des Kinditenführers zur jungen islamischen Staatlichkeit erklären lassen, lässt sich hinter den verschiedenen Motivationen der drastischen Bestrafung Muḥammad b. Abī Bakrs durch den Kinditen Muʿāwiya b. Ḥudayǧ eventuell eine Auseinandersetzung um die Wertung des ersten islamischen Bürgerkriegs allgemein erahnen. Besonders die Frage, ob die verschiedenen Akteure eigenverantwortlich handeln, oder nur göttlichen Befehl ausführen, wird immer wieder greifbar.

Demgegenüber sind die Unterschiede zwischen den Varianten der Beschreibung der ihre Hörner am Burgtor wetzenden Rinder von Dūmat al-Ǧandal für die *Wertung* der Episode nahezu unerheblich. In allen Versionen dient das Motiv gleichermaßen zur Illustrierung der göttlich sanktionierten Leitung der frühislamischen Heilsgeschichte durch den Propheten Muḥam-

---

105 Die Verwendung von *Mamlūken* zur Jagd in frühislamischer Zeit ist im Licht der späteren Sklavenarmeen in der islamischen Geschichte etwas kurios: Siehe zu Beschäftigungsfeldern von frühislamischen Sklaven allgemein Gilli-Elewy *Sklaverei*.

106 Wāqidī *Maġāzī* II, S. 405-406. Parallele Stellen stehen bei Balāḏurī *Ansāb* I, S. 324; Ḫalīfa *Taʾrīḫ*, S. 44-45; Ibn Saʿd II, S. 125-126, und Maqdisī *K. al-Badʾ* IV, S. 240.

mad, zur Konstruktion der paradigmatischen Unterwerfung eines christlichen Anführers gegen die Zahlung von Tribut und zur Darstellung der Verblendung der stolzen vorislamischen Herrscher in Arabien, die für ihre Arroganz gedemütigt werden.

Dass der jeweilige Kern der Geschichten aus beteiligten Personen, Ereignis und emblematischem Motiv im Wesentlichen fest bleibt, ist in Anbetracht der Auswahl der Episoden anhand gerade solcher fester Motivkerne nicht überraschend. Interessant ist demgegenüber, dass sich die Unfestigkeit, die sich anhand von Unterschieden zwischen den einzelnen Varianten nachweisen lässt, sowohl auf die für den metaphorischen Gehalt zentrale Wertung der Episode, als auch auf eher randständige Details erstreckt. Während sich aus den in den verschiedenen Varianten aufscheinenden differierenden Wertungen der jeweiligen Episode eventuell eine kontroverse Debatte um die Interpretation des Ereignisses im Kontext der frühislamischen Heilsgeschichte rekonstruieren lässt, lassen sich die Unterschiede zwischen den Varianten von den ihre Hörner wetzenden Rindern am ehesten mit einem beiläufigen Auserzählen erklären, das beispielsweise in die Situation eines vorislamischen Kinditenkönigs auf seiner Dachterrasse Wein, Diener und Tänzerinnen einfügte. Eine solche *Unfestigkeit* der Rahmenschilderung lässt sich innerhalb der Prosopographie Kindas insbesondere für die Schilderung von Kinditen systematisch untersuchen. Im folgenden Abschnitt wird ein Versuch unternommen, Tendenzen bei der Auserzählung von Kinditen einschließenden Episoden zu charakteristischen Zügen oder – in der Terminologie Noths – *Topoi* zusammenzufassen.

3.2 Charakteristische Züge in der Schilderung Kindas

Innerhalb der bislang untersuchten emblematischen Episoden ließ sich eine *Unfestigkeit* der Texte besonders in den Unterschieden und Widersprüchen zwischen verschiedenen Schilderungen derselben Episode festmachen. Die Unterschiede zwischen den Fassungen können dabei nicht auf die referierten Ereignisse zurückgeführt werden – wie sollte auch beispielsweise Muḥammad b. Abī Bakr einmal lebendig und einmal tot im Eselskadaver verbrannt werden? – und müssen damit auf narrative Einflüsse während des Überlieferungsvorgangs zurückgehen. Teilweise lassen sich aus den Differenzen in der Schilderung einer Episode verschiedene Wertungen der beteiligten Personen rekonstruieren, so dass beispielsweise die Unterschiede zwischen den Berichten von seiner Kapitulation durch eine Kontroverse um die Bewertung von al-Ašʿaṯ b. Qays im Kontext der frühislamischen Heilsgeschichte erklärlich sind.

Hierin liegt ein grundlegender Unterschied zu Noths *Topoi*. Für diese wiederkehrenden Züge in der Beschreibung wiederkehrender Situationen und

Personen ist im Gegenteil gerade charakteristisch, dass sie immer wieder vorkommen, ohne dass sich durch ihre Hinzufügung Widersprüche oder narrative Abhängigkeiten ergeben. Ob topische Motive in die Schilderung einer bestimmten Episode eingefügt, oder im Gegenteil aus der Beschreibung gestrichen werden, ist für den Handlungsablauf der jeweiligen Episode weitgehend unerheblich. Topoi bilden gewissermaßen einen in der Schilderung verschiedener Ereignisse wiederkehrenden Fundus markanter Motive, der zusätzliches Kolorit verleiht, ohne für die Ereignisse an sich weiter bedeutsam zu sein. So fasst Noth seine Untersuchung von Berichten von Kämpfen um Iṣfahān wie folgt zusammen:

> Schon bei flüchtigem Durchlesen des Berichtes fällt zweierlei auf: einmal, daß er aus mehreren Bildern oder Erzählmotiven zusammengesetzt ist [...]. Zum Anderen, daß unser Text eigentlich nichts enthält, was für den Kampf um Iṣfahān typisch wäre. Wäre in der Beratung zwischen ʿUmar und Hurmuzān nicht von Iṣfahān die Rede, so könnte der Bericht auch auf irgendwelche anderen Kämpfe der Muslime in Persien, ja sogar in anderen Gegenden zutreffen.[107]

Der für diese Motive von Noth verwendete[108] Begriff des *Topos* kann im Kontext dieser Arbeit vielleicht wie folgt definiert werden: *Ein Topos ist ein griffiges Motiv, das in bestimmten Situationen wiederkehrt, ohne notwendiger Weise für die geschilderte Episode handlungsrelevant zu sein.* Die Faktizität der aus diesen „mosaikartig"[109] zusammengefügten Topoi entstehenden Berichte ist in ähnlicher Weise wie für Vogts Metaphern[110] aufgehoben:

> Ein muslimisches Heer mag wirklich einmal bei seinen Gegnern aneinandergekettete Krieger gesehen haben, ein dreifaches Angriffszeichen, sei es als dreifaches Lanzenschütteln, sei es in dessen religiös verbrämter Form als *takbīr*, könnte wirklich mitunter verwandt worden sein, und ein Heerführer hat vielleicht wirklich einmal für den Fall seines Todes einen oder mehrere Nachfolger bestimmt; es sind eben alles Dinge, die man nicht ohne weiteres fingiert. Doch wo und wann sich derartiges jeweils abgespielt hat, muß unsicher bleiben. Man wird sogar nicht einmal mit Sicherheit sagen können, daß diese Vorfälle in die Zeit der ersten Eroberung gehören, für die sie in Anspruch genommen werden, sie könnten ebenso gut sehr viel späteren Datums sein und – aus welchen Gründen auch immer – in die Frühzeit zurückdatiert worden sein. Auf keinen Fall aber wird man allein aus der mehrfachen Erwähnung der Ketten, des dreifachen Angriffszeichens und der Nachfolgeregelung schließen dürfen, daß dies gängige Praktiken oder Vorkommnisse gewesen sind. [...] Das mehrfache Vorkommen eines Topos [...] ist kein Beweis dafür, daß auch das, was er berichtet, mehrfach geschehen ist.[111]

---

[107] Noth *Iṣfahān*, S. 276-277.
[108] Beispielsweise Noth *Iṣfahān*, S. 294.
[109] Noth *Iṣfahān*, S. 283.
[110] Siehe 3.1.
[111] Noth *Iṣfahān*, S. 292-293.

Die topischen Züge beschränken sich dabei nicht auf einen bestimmten Überlieferer, sondern prägen den gesamten Kosmos frühislamischer Historiographie:

> [Erstens] enthalten die Kompilationen, die ja nicht einfache Fiktionen sind, verschiedenartigste Überlieferungen, sowohl gute wie schlechte. Zweitens aber gibt es größere Komplexe von Traditionen, die insofern eine sachliche Einheit bilden, als sie sei es in der Thematik, sei es in der ihnen zugrundeliegenden Geschichtsauffassung, sei es in der Art der Darstellung weitgehend übereinstimmen. Da solche zusammengehörigen Überlieferungen nun nicht nur in einer Kompilation begegnen, sondern an den verschiedensten Stellen anzutreffen sind, wird man sie nur aufspüren, wenn man die Einzelüberlieferungen zur Grundlage der Betrachtung macht. Die eben gekennzeichneten Komplexe von Überlieferungen aber vertragen, ja verlangen eine Gesamtbeurteilung.[112]

In Noths Argumentation ist also gerade die *widerspruchslose* Verbreitung eines Motivs in verschiedenen vergleichbaren Kontexten Indiz für seinen topischen Charakter. Noths Fragestellung zielt dabei auf die Befreiung der referierten realhistorischen Ereignisse von im Überlieferungsvorgang angelagerten verfälschenden Zusätzen ab:

> Daß unser Bericht als Quelle für den Kampf um die Stadt Iṣfahān ohne jeden Wert ist, versteht sich von selbst. [...] [Aus der Zusammensetzung von Topoi] folgt für die Geschichtsauffassung einiger muslimischer Überlieferer, die sich mit der Frühzeit beschäftigten, daß es ihnen weniger um eine korrekte Berichterstattung ging als um die Zeichnung ansprechender und einprägsamer Bilder.[113]

> Erst aus der Kenntnis der gesamten Eroberungsliteratur wird sich entscheiden lassen, ob in einem Einzelfall die Übereinstimmung [der verschiedenen Quellen] ein Indiz für die Authentizität des Berichteten ist oder ob sie auf der Verwendung eines Gemeinplatzes beruht.[114]

Für Noths Fragestellung der Suche nach Authentizität sind die Konsequenzen klar:

> Aus einer Liste von Topoi wird man erstens ersehen können, in welchen Bereichen der Überlieferung Gemeinplätze vor allem begegnen, zweitens wird sie dazu dienen können, eine nicht geringe Zahl nichtauthentischer Traditionen zu erkennen und auszuscheiden. Eine Zusammenstellung von Tendenzen wird vielleicht darüber hinaus noch zum besseren Erkennen authentischer Nachrichten führen können; denn die Tatsache, daß Überlieferungen gängigen tendenziösen Anschauungen widersprechen, kann ein Indiz für ihre Glaubwürdigkeit sein.[115]

In jüngerer Zeit wurde dieser Ansatz einer Erfassung von vorkommenden Topoi in einem eine gesamte Literaturgattung umfassenden Katalog von

[112] Noth *Iṣfahān*, S. 295.
[113] Noth *Iṣfahān*, S. 294.
[114] Noth *Iṣfahān*, S. 296.
[115] Noth *Iṣfahān*, S. 296.

Pratsch für die byzantinische Hagiographie verfolgt, der sich unter besonderer Berücksichtigung der Autorenperspektive Gedanken über die Verwendung von Topoi macht:

> Die Untersuchung der byzantinischen Heiligenviten im Rahmen der Materialsammlung hat gezeigt, daß der von Curtius geprägte literaturwissenschaftliche Toposbegriff auch in bezug auf die byzantinische hagiographische Literatur angewendet werden kann. Folglich gilt auch für die byzantinische hagiographische Literatur: Ein Topos ist ein relativ feststehendes literarisches Motiv, eine literarische Konstante, die innerhalb der byzantinischen hagiographischen Literatur breite Anwendung gefunden hat, stets neu aufgegriffen und auf diesem Wege tradiert wurde.
>
> Der Begriff des literarischen Motivs, also des stofflich-thematischen Elements, das trotz großen Variantenreichtums auf einer Grundform basiert, die schematisiert beschrieben werden kann, verweist dabei auf den Aspekt der Darstellung, also der literarischen Ausformung eines bestimmten Inhalts. Der hagiographische Topos besteht vor allem in der Darstellung eines bestimmten Ereignisses oder Vorgangs. Das Kriterium der Historizität, also die Frage, ob das geschilderte Ereignis im Kern historisch ist oder nicht, spielt für die Bewertung einer bestimmten Darstellung als Topos keine Rolle.
>
> Die literarische Funktion des Topos hat zwei Seiten, einmal die produktive und zum anderen die rezeptive: Für den Produzenten (Autor) ist der Topos ein literarischer Baustein. Er kann aus einem begrenzten Fundus dieser Bausteine auswählen und diese an einer passenden Stelle des Textes einbauen. [...]
>
> Für den Rezipienten ist der Topos oder vielmehr die Abfolge verschiedener hagiographischer Topoi eine Markierung des literarischen Genres der Heiligenliteratur. Der Topos bewirkt einen Wiedererkennungseffekt und antwortet damit auf eine bestimmte Erwartungshaltung an diese Literatur.[116]

Das Spannungsfeld zwischen Narrativität und der referenziellen Funktion der jeweiligen Episode umreißt Pratsch zusammenfassend wie folgt:

> Der Beweis, daß die von einem Topos tradierte Information historisch ist, läßt sich nur mit Hilfe anderer Zeugnisse führen, die bestimmte Rahmenbedingungen und Sachverhalte bestätigen und damit die Information als historisch erweisen. Dieser Beweis kann nur von Fall zu Fall und unter Berücksichtigung sämtlicher zusätzlicher Informationen geführt werden. In vielen Fällen wird er sich nicht erbringen lassen, weil die Information des Topos völlig isoliert vorliegt. In diesen Fällen läßt sich [...] keine Gewißheit gewinnen. Auf der anderen Seite aber berechtigt die Erkenntnis, daß es sich bei einer bestimmten Darstellung um einen Topos handelt, noch nicht dazu, die von diesem Topos tradierte Information grundsätzlich als unhistorisch abzulehnen, denn sie könnte sich im Lichte anderer Quellen doch als historisch erweisen.[117]

Dass die Faktizität solcher als Topoi beschreibbarer Motive in dieser Weise *aufgehoben* ist, ist ein Problem. Wie kann man narrative Einflüsse in einem Material beschreiben, bei dem sich nicht ausschließen lässt, dass es sich im

---

[116] Pratsch *Topos*, S. 355-356.
[117] Pratsch *Topos*, S. 370-371.

Einzelfall referenziell auf tatsächlich geschehene Ereignisse bezieht? Zur bloßen *Beschreibung* von topisch erklärlichen Charakterzügen in der Schilderung Kindas ist eine Beantwortung dieser Grundsatzfrage verzichtbar. Dementsprechend zieht sich die folgende Untersuchung charakteristischer Züge im Bild von Kinditen zunächst auf eine Beobachter- oder, in Pratsch'scher Terminologie, *Rezipienten*perspektive zurück, untersucht, ob Kinditen in konstanten Mustern geschildert werden, und versucht sich gegebenenfalls an einer Nachzeichnung der Dynamik dieser Muster.

Über dieses synchrone Beschreiben von Mustern aus einer Rezipientenperspektive lässt sich wohl am Ehesten hinauskommen, wenn man davon ausgeht, dass der Produzent von Texten zu frühislamischer Geschichte zunächst als Rezipient Material sammelt. Hierbei umfasst der Begriff des Produzenten das gesamte Bedeutungsfeld vom innovativ neu schreibenden Autor bis zum Details beeinflussenden Abschreiber. Ginge man beispielsweise davon aus, dass der chronologisch späteste Bericht, der ein bestimmtes, als Topos beschreibbares Merkmal aufweist, nach der Rezeption älterer Berichte abgefasst wurde, die das betreffende Merkmal bereits enthielten, ließe sich vertreten, dass das Merkmal *aufgrund* der vorherigen Existenz des allgemeinen Musters in den neuesten Bericht fortgesetzt wurde. Voraussetzung hierfür sind eine generelle Unfestigkeit des einzelnen Berichts im Überlieferungsvorgang und die Rezeption weiterer Berichte und der in ihnen vorherrschenden Muster durch den Produzenten des zusätzlichen Berichts.

Die Intuition hinter dieser von Pratsch als *Wiedererkennungseffekt, der auf eine bestimmte Erwartungshaltung an diese Literatur antwortet*[118], bezeichneten Dynamik der Fortsetzung eines bestehenden Musters auf zusätzliches Material im Zuge eines narrativen Auserzählens von Geschichten im Überlieferungsprozess lässt sich vielleicht am Leichtesten in Analogien fassen. Ähnlich wie bei Homer rekurrierende Formelverse nicht nur angebrochene Hexameter dem Versmaß entsprechend vervollständigen, sondern auch dem resultierenden Epos eine gleichmäßige Prägung geben, ergibt sich auch durch die von Noth aufgelisteten Topoi von Elefanten, Tausendmänner und Kettenkrieger ein schlüssiges Bild der ungläubigen Gegner der erobernden arabischen Helden. Damit lassen sich solche Topoi als Ergebnis des Auserzählens von *unfestem* Material im Kontext der frühislamischen Heilsgeschichte erklären. Dabei wurde der in verschiedene Richtungen auserzählte Kosmos durch diese charakteristischen, wiederkehrenden Züge in sich kohärent und damit plausibel.

Die einzelnen Topoi verstärken sich in dieser Logik dabei selbst. Nicht nur der Einzeltopos wird immer wahrscheinlicher verwendet, je häufiger er bereits auftaucht, auch die Standardtopographie neigt dazu, eventuell noch fehlende Details einzufügen. Wo die von Noth besprochenen Elefanten,

[118] Pratsch *Topos*, S. 356.

Kettenkrieger und Boten bereits warten, sind Stellvertreter und dreifacher *takbīr* bald nachgetragen. Es entsteht gewissermaßen eine *Passepartoutkulisse* für wiederkehrende Szenen, die sich in ähnlicher Weise auch bei dem bereits von Noth beschriebenen Beratungsthema findet[119].

Darüber hinaus lässt sich diese Logik jedoch auch auf die konstante Ausmalung häufiger auftretender Personen mit gleichbleibenden Charakterzügen ausweiten. Wiederum in der Sprache einer intuitiven Analogie führt die konstante Beschreibung des Märchenwolfs als schwarzem, bedrohlichem Widersacher dazu, dass *Wolf* ohne *böse* in der Welt klassischer Märchen nicht mehr denkbar ist. In gleicher Weise ließe sich die konstante Beschreibung wohlbekannter Charaktere der frühislamischen Heilsgeschichte in ihrem Ausmaß als narratives Auserzählen von einmal etablierten topischen Mustern in immer neuen Kontexten erklären. So wird ʿUmar bei Beratungen meist als hitzköpfig dargestellt[120], beim Rat der Heerführer in Syrien werden beflissen sämtliche dorthin gesandte Befehlshaber reihum angehört[121] und bei Ibn Aʿṯam spricht ʿAlī grundsätzlich zuletzt und gibt den besten Rat[122]. Ob ʿUmars sekundärer Beiname *al-uʿaysir*, der Strenge[123], aus den oben erwähnten Anekdoten, in denen seine Schroffheit geschildert wird, abgeleitet wurde, oder ob die konkreten Anekdoten im Gegenteil gerade seine Schroffheit illustrieren sollen, lässt sich letztlich nicht mehr entscheiden. Die einzelnen Topoi, aus denen solche Muster aufgebaut sind, sind nicht mehr universell einsetzbar, sondern bilden das charakteristische Muster nur in Verbindung mit bestimmten Personen oder Gruppen.

Das grundlegende Problem an dieser Intuition ist, dass die angeführte Datenbasis für mehr als intuitive Ansätze keinesfalls ausreicht. Selbst wenn sich eine Handvoll Quellen finden ließe, in der beispielsweise ʿUmar als Hitzkopf dargestellt wird, lässt sich ohne eine systematische Durchsicht der gesamten Historiographie nicht ausschließen, dass sich nicht ebenso gewichtige Gegen-

119 Noth *Studien*, S. 124-127.

120 Beispielsweise Ibn Aʿṯam I, S. 92, wo ʿUmar dem Kalifen Abū Bakr davon abrät, ʿAlī b. Abī Ṭālib als Feldherrn gegen die aufständischen Kinditen zu senden, weil dieser den Konflikt friedlich beilegen könnte, oder Ṭabarī *Taʾrīḫ* II, S. 290, wo ʿUmar den Anführer der Medinenser nach der Huldigung an Abū Bakr umbringt und erklärt, Gott habe ihn getötet.

121 Beispielsweise Ibn Aʿṯam I, S. 223-225.

122 Beispielsweise Ibn Aʿṯam I, S. 96-97, wo ʿAlī von Abū Bakr wegen der strategischen Organisation der Eroberungen befragt wird.

123 Ṭabarī *Taʾrīḫ* II, S. 335. Zu den möglichen Konnotationen seines primären Beinamens *al-fārūq*, der Eröffner / Unterscheider, siehe Crone, Cook *Hagarism*, S. 5. Seltsamer Weise taucht *al-uʿaysir*, der Strenge, als Beiname ʿUmars bei Isidorus Pacensis latinisiert als *rigidus* auf: Pac. 57, zitiert nach Schwenkow *Betrachtung*, S. 52. Bemerkenswert ist in diesem Kontext außerdem, dass Abū Bakrs Beiname *aṣ-ṣiddīq*, der Vertrauenswürdige, bei Ibn an-Nadīm Fihrist, S. 396, einen manichäischen Rangtitel bezeichnet, wie bereits Rice *Paintings*, S. 20, anmerkt.

beispiele finden lassen. Hier lässt sich auf Grundlage der Prosopographie Kindas ansetzen. Durch eine umfassende Untersuchung einer solchen systematisch ausgewählten Datenbasis auf charakteristische, wiederkehrende Muster hin lässt sich exemplarisch untersuchen, ob beispielsweise das Bild eines Stammes in gleich bleibender Weise ausgemalt wurde.

Mit der Einnahme einer Beobachterperspektive bei der Beschreibung dieser Muster ist eine Verschiebung des Fokus gegenüber der Noth'schen Perspektive verbunden. Bestimmend ist bei dieser Beschreibung von Mustern als narrativer Überformung nicht so sehr die von Noth herausgestrichene jeweilige Tendenz des Produzenten eines bestimmten Berichts[124], sondern der selbstverstärkende Charakter solcher Passepartouts. So beeinflusst nach diesem Modell das allgemeine Bild eines Stammes seine Schilderung im konkreten Fall und ist dabei in gewissem Maße unabhängig von der persönlichen Tendenz des jeweiligen Produzenten. Ob diese allgemein-unpersönliche Beschreibung der Einfügung von topischen Motiven hinsichtlich der am Überlieferungsvorgang beteiligten Personen weiter konkretisiert werden kann, lässt sich im Rahmen dieser Arbeit nicht sagen. Auch diese Frage muss also zukünftiger Forschung vorbehalten bleiben.

Wie bereits festgestellt, fußt eine solche Beschreibung von wiederkehrenden Mustern als narrativer Auserzählung auf einer gewissen Unfestigkeit der Texte, die das Einschreiben solcher Muster erlaubt. Für die bereits untersuchten Motivkerne ließ sich eine solche Unfestigkeit zwischen verschiedenen Fassungen desselben Motivs in gewissem Umfang zeigen[125]. Während jedoch die verschiedenen Fassungen der *Motivkerne* illustrieren, wie ein zentrales Motiv in verschiedene Richtungen auserzählt wurde, haben die topischen Muster als gleichbleibende narrative Tendenzen die unfesten Berichte von wiederkehrenden Situationen, Personen oder – wie hier – Stämmen geformt. An ihnen lassen sich also weniger die kontroversen Diskussionen fassen, die das Material im Überlieferungsvorgang eventuell prägten, als vielmehr die Ökonomie des Erzählens zeigen, die durch die Betonung wiederkehrende Züge die beeindruckende Kohärenz bedingt, die den Kosmos frühislamischer Heilsgeschichte aus der Rezipientensicht der hier eingenommenen synchronen Beobachterperspektive prägt.

Für die *historical novel* über die frühislamischen Eroberungen ist ein solches Auserzählen entlang feststehender Muster bereits von Rosenthal beschrieben worden:

> The extraordinary length attained by many novels was due to a process of continous accretion which took longer for the *futûḥ* works, than for those novels which dealt with more recent heroes. [...] The form elements which make up the con-

124 Noth *Studien*, S. 126-127.
125 Siehe 3.1.4.

tents of the historical novel are the same as in *ḫabar* historiography. [...] Descriptions of locale are held in very general terms. A fabulous building has just everything. It is furnished with *all* kinds of carpets. Garments are composed of *all* colors. Trees have *all* kinds of fruit. The narrator relied on his fancy, which often failed him. The fictitious chain of transmitters indicating the supposed historicity of a particular *ḫabar* was widely preserved, but there also appeared a summary indication of sources in which, in typically novelistic fashion, all kinds of historians from different periods were lumped together.[126]

Im Folgenden soll nun zunächst untersucht werden, ob und wie sich die Schilderung von Kinditen entlang charakteristischer Muster beschreiben lässt. Im Zuge einer vorsichtigen Verknüpfung der einzelnen Züge soll dabei auch kurz auf aus dem jeweiligen Zug ableitbare narrativ-wertende Tendenzen eingegangen werden. Im Anschluss an das zusammenfassende Fazit wird auf dieser Basis kurz diskutiert, welche Ansätze für die frühislamische Historiographie allgemein sich hieraus eventuell ableiten lassen.

3.2.1 Kinditen als Weber und prächtige Kleidung der Kinditen

Du Sohn einer jüdischen Weberin! [Muḥammad b. Abī Bakr zu Muʿāwiya b. Ḥudayǧ, bevor er von diesem umgebracht und im Esel verbrannt wird.][127]

[Ḥassān ist bei der Gefangennahme seines Bruders Ukaydir von Dūmat al-Ǧandal getötet worden.] Ḥassān trug aber einen goldbestickten Brokatmantel (*qabāʾ*[128]), den Ḫālid ihm abnahm und zum Propheten Gottes [...] sandte. [...] Anas b. Mālik und Ǧābir b. ʿAbdallāh berichten: Wir haben den Mantel Ḥassans, des Bruders von Ukaydir gesehen, als man ihn zum Propheten Gottes [...] brachte. Da begannen die Muslime, ihn anzufassen und zu bewundern, der Prophet Gottes [...] aber sagte: Darüber wundert Ihr Euch? Bei dem, in dessen Hand meine Seele ist, selbst die Taschentücher (*manādīl*[129]) [des Märtyrers] Saʿd b. Muʿāḏ im Paradies sind schöner![130]

Als erster wiederkehrender Zug in der Schilderung von Kinditen sollen diejenigen Passagen zusammengestellt werden, die prächtige Kleidung beschreiben. Auch der gefangene Kinditenkönig Ukaydir wird bei seiner Ankunft in Medina in prunkvoller Kleidung beschrieben:

---

126 Rosenthal *Historiography*, S. 189.

127 Ṭabarī *Taʾrīḫ* III, S. 151.

128 Siehe Dozy *Dictionnaire*, S. 352-362.

129 Siehe Rosenthals Essay zum *mandīl* in Rosenthal *Essays*, S. 63-99, zu diesem Ausspruch Muḥammads insbesondere S. 65.

130 Wāqidī *Maġāzī* II, S. 406.
Parallelstellen stehen bei Balāḏurī *Futūḥ*, S. 94; Ibn Hišām, S. 821, und Ibn Saʿd II, S. 126. Siehe auch Balāḏurī *Ansāb* I, S. 324, wo der Mantel allerdings Ukaydirs Bruder Muṣād gehört haben soll. Bei Ṭabarī *Taʾrīḫ* II, S. 220, wird der Mantel als derjenige von Ukaydir selbst beschrieben, der von Ḫālid nach Medina vorausgeschickt worden sei.

> Der Vater von ʿAbdarraḥmān b. Ǧābir berichtet: Ich sah Ukaydir, wie er von Ḫālid [nach Medina] gebracht wurde[131], er trug ein goldenes Kreuz und glänzenden Brokat.[132]

Während des darauf folgenden Aufenthalts bei Muḥammad habe Ukaydir diesen mit einem Seidengewand beschenkt[133]. Die Geschichte wird in diesem Kontext erzählt, weil Muḥammad damit das Geschenk eines Polytheisten, *mušrik* [sic], angenommen habe.

Auch die Gesandtschaft der Könige Kindas soll Muḥammad ein Gewand mitgebracht haben. Eine Frau aus Tinʿa in Ḥaḍramawt namens Tahnā bt. Kulayb habe es hergestellt und ihrem Sohn Kulayb b. Asad b. Kulayb[134] mitgegeben. Dieser bekehrte sich jedoch bei seiner Ankunft bei Muḥammad, so dass die Problematik der Annahme des Geschenks eines Polytheisten durch den Propheten wegfiel[135].

Prächtige Kleidung begegnet auch in der Gesandtschaft, die al-Ašʿaṯ b. Qays aus Ḥaḍramawt zu Muḥammad nach Medina geführt haben soll:

> [Al-Ašʿaṯ] kam mit 80 kinditischen Reitern zum Propheten Gottes [...] in seine [...] Moschee. Sie hatten sich die Nackenhaare frisiert (*raǧǧalū ǧumamahum*), die Augen mit Kuḥl bestrichen und trugen Mäntel (*ǧubab*[136]) aus al-Ḥīra, die sie mit Seide gesäumt hatten. Da fragte der Prophet Gottes [...]: Habt Ihr Euch denn nicht zum Islam bekehrt? Sie antworteten: Ja. Da fragte er: Was soll dann diese Seide an Euren Hälse? Da rissen sie sie ab.[137]

---

131 Dagegen fällt Ukaydir in der Variante bei Ibn Ḥabīb *Muḥabbar*, S. 125, während des Raubzugs von Ḫālid b. al-Walīd.

132 Wāqidī *Maġāzī* II, S. 408.
Interessant ist hier auch die Geschichte Balāḏurī *Ansāb* III, S. 125, nach der der erste ʿAbbāsidenkalif Abū l-ʿAbbās den Einwohnern von Dūmat al-Ǧandal den Mantel, *burda*, Muḥammads (siehe Dozy *Dictionnaire*, S. 59-64) abgekauft habe. Dieser sei von Muḥammad den dortigen Christen als Zeichen des Friedensschlusses übergeben worden und ist vielleicht mit dem Mantel Muḥammads gleichzusetzen, der sich heute in der „Reliquiensammlung" des Topkapı Sarayı in İstanbul befindet. Im Folgenden werden allerdings auch Maqnā (bei Ayla, Yāqūt *Muʿǧam* VII / VIII, S. 304), Tabūk (Yāqūt *Muʿǧam* I / II, S. 431-432; heute in Saudi-Arabien) und Ayla selbst (Yāqūt *Muʿǧam* I / II, S. 232-233; wohl das heutige Aqaba in Jordanien) als ursprüngliche Empfänger des Mantels genannt. Vielleicht lässt sich die Geschichte dennoch mit der Bemerkung bei Ibn Saʿd II, S. 126, in Verbindung bringen, nach der Muḥammad Ukaydir beschenkt habe, bevor er ihn unter Bedingung der Zahlung der *ǧizya* samt seinem Bruder begnadigte und freiließ.

133 Abū Yūsuf *K. al-Ḫarāǧ*, S. 370.

134 Die Familie wird sonst nirgends explizit als kinditisch beschrieben, vielleicht lebten sie auch nur im Machtbereich der Könige Kindas.

135 Ibn Saʿd I, S. 263.

136 Siehe Dozy *Dictionnaire*, S. 107-117.

137 Ibn Hišām, S. 857-858. Die Passage Ṭabarī *Taʾrīḫ* II, S. 237-238 läuft streng parallel und wird auf Ibn Isḥāq und az-Zuhrī zurückgeführt: Allerdings treten hier nur 60 Reiter als Gefolge al-Ašʿaṯs auf.

Unter Berufung auf denselben Überlieferer, az-Zuhrī, wird die Geschichte bei Ibn Saᶜd noch um das Detail ausgeschmückt, dass die Kinditen zusätzlich den schon von Ukaydir bekannten glänzenden, goldbestickten Brokat getragen hätten[138]. Auch die Verse az-Zufar b. al-Ḥāriṯs während des zweiten islamischen Bürgerkriegs über

> Kinditen mit Schals (*maṭārif*[139]) und Kopftüchern (*ᶜuṣab*[140])[141]

charakterisieren Kinditen durch die Zuweisung von Kleidungsstücken.

Vor dem Hintergrund so vieler prächtig gekleideter Kinditen überrascht es wenig, dass eine der gängigsten Beschimpfung von Kinditen[142] diejenige als *Weber* ist[143]. In bisherigen Untersuchungen wurde die Polemik um webende Kinditen verschieden erklärt, so wird sie von Sayed darauf zurückgeführt,

> ... dass im Yemen in vorislamischer Zeit die Weberei heimisch war [...]. Für die Nordaraber, die das Handwerk verachteten, besonders die Beduinen unter ihnen, war dies der Anlass zu Spott und Schimpf gegenüber den Yemeniten. [144]

Dagegen erklärt Lecker die Polemik um die Weberei mit böswilliger Propaganda speziell während des Aufstands von Ibn al-Ašᶜaṯ:

> The mention of weaving, a trade certainly *not* practised by this family was, according to the cultural code of the Umayyad period, an insulting (and no doubt false) allusion to non-Arab descent.[145]

Im Kontext der Untersuchung wiederkehrender Züge, in denen das Bild Kindas gezeichnet wird, lässt sich die Beschimpfung von Kinditen als Webern dagegen mit den prächtigen Kleidungsstücken in Verbindung bringen, die im Umfeld Kindas so bemerkenswert oft vorkommen. Die Benennung von Kinditen als Webern würde sich damit demselben narrativen Zug verdanken, der auch die Kleidung von Kinditen so prächtig ausmalte.

Vielleicht gehören auch die Berichte über die Plünderung von Kleidungsstücken des gefallenen al-Ḥusayn b. ᶜAlī in den Kontext einer Nähe zwischen Kinditen und Webarbeiten. Bei der Untersuchung der „Bosheit" der Kinditen

---

138 Ibn Saᶜd I, S. 248.

139 Bei Dozy *Dictionnaire* und Stillman *Dress* nicht verzeichnet.

140 Siehe Dozy *Dictionnaire*, S. 300-303, wo als Plural allerdings nur *ᶜaṣāʾib* genannt wird, und Stillman *Dress*, S. 39 und 103.

141 Balāḏurī *Ansāb* IV, S. 382.

142 Gelegentlich werden auch Angehörige anderer Stämme so geschmäht. So nennt ᶜAlī vor der Kamelschlacht den zögernden Statthalter Kūfas Abū Mūsā al-Ašᶜarī und seinen Vater Weber (Balāḏurī *Ansāb* II, S. 127-128).

143 Siehe zur Schmähung von Kinditen als Weber Sayed Revolte, S. 103-104. Meist wird dabei das Wort *ḥāʾik* im Sinne von Weber gebraucht, nur in der eingangs übersetzten Passage Ṭabarī *Taʾrīḫ* III, S. 151, bezeichnet *nassāǧa* die Weberin.

144 Sayed *Revolte*, S. 103-104.

145 Lecker *Judaism*, S. 641.

wird auf die Geschichte der Ermordung al-Ḥusayns und die an ihr beteiligten Kinditen noch näher eingegangen werden[146]. Hier ist zu bemerken, dass Qays b. al-Ašʿaṯ angeblich den Mantel, *qaṭīfa*[147], al-Ḥusayns stahl und daher später Mantel-Qays, *qays al-qaṭīfa*, genannt wurde[148]. Ein gewisser Mālik b. an-Nusayr vom kinditischen Unterstamm der Banū Baddāʾ soll ebenfalls bei der Ermordung al-Ḥusayns mitgewirkt und den seidenen Burnus[149] des Gefallenen gestohlen haben[150]. Der *dirʿ* al-Ḥusayns, den ein gewisser Mālik b. Bišr al-Kindī als Beute an sich genommen habe, bestraft diesen auf wundersame Weise mit Wahnsinn[151].

Schließlich liest man im Umfeld der Ermordung des Kalifen ʿUṯmān, dass ein anonymer Ägypter vom kinditischen Unterstamm Tuǧīb während der Predigt (*ǧumʿa*[152]) ʿUṯmāns aufsteht und den Kalifen beschimpft. Dabei wird erwähnt, dass dieser Kindit einen gelbseidenen Mantel (*kisāʾ ḫazz aṣfar*) getragen habe[153].

Die Verbindung Kindas mit edlen Webarbeiten durchzieht die Prosopographie Kindas im gesamten Untersuchungszeitraum. Aus narrativer Perspektive fällt auf, dass diese prächtige Bekleidung im Diesseits wie in der eingangs übersetzten Passage öfters mit der um vieles schöneren Bekleidung der Frommen im Paradies kontrastiert wird. Auch sonst sind häufig *böse* Kinditen mit prächtiger Kleidung ausstaffiert. Vielleicht soll durch die Betonung ihrer weltlichen Pracht ein Spannungsverhältnis zur demütigen Askese der aufrichtigen Gläubigen angedeutet werden. Die Beschimpfung von Kinditen als Weber ließe sich demgegenüber vielleicht als narrative Umkehrung dieses Zuges der prächtigen Kleidung dieses Stammes erklären, die gerade die ursprünglich

---

146 Siehe 3.2.8.

147 Zur *qaṭīfa* fehlt ein gesonderter Artikel in Dozys Detailwörterbuch zu den Kleidungsnamen: Er bespricht das Wort Dozy *Dictionnaire*, S. 232-233, unter dem Lemma *šamla*, das er Dozy *Dictionnaire*, S. 232, einerseits mit *burda*, Mantel, erklärt (s. o.), andererseits mit dem Überbegriff *qaṭīfa* glossiert. Diese *qaṭīfa* bezeichne auch Stoffballen und Samtstoffe allgemein. Aus dem Kontext der Ermordung al-Ḥusayns dürfte klar sein, dass es sich hier um *qaṭīfa* im Sinne eines Mantels handeln muss. Stillman *Dress* bespricht die *qaṭīfa* nicht.

148 Abū Miḫnaf *Ḥusayn*, S. 147; Balāḏurī *Ansāb* II, S. 360, und Ṭabarī *Taʾrīḫ* III, S. 365.

149 Siehe Dozy *Dictionnaire*, S. 173-180: Dem Übersetzungsproblem Dozys bei einer genaueren Definition des Wortes lässt sich durch die Übernahme des Burnus als eines in den deutschen Sprachgebrauch eingegangenen Begriffs entgehen.

150 Abū Miḫnaf *Ḥusayn*, S. 141-142, und wortgleich Ṭabarī *Taʾrīḫ* III, S. 361; außerdem Balāḏurī *Ansāb* II, S. 360, und Dīnawarī *Aḫbār*, S. 269.

151 Ibn Aʿṯam V, S. 219. Mit ziemlicher Wahrscheinlichkeit dürfte es sich hierbei um einen Panzer gehandelt haben, doch verzeichnet Dozy *Dictionnaire*, S. 176-177, *sub lemmata* auch ein feines Frauenhemd.

152 Siehe Sauvaget *Mosquée*, S. 134: „à l'époque omeyyade, le rassemblement de la communauté à la grande-mosquée n'offre aucun caractère liturgique, et le *ṣalat al-jumʿa* n'a rien de commun avec la prière rituelle."

153 Balāḏurī *Ansāb* IV, S. 198.

positive Funktion prächtiger Kleidung als Distinktionsmerkmal durch die Assoziation mit handwerklicher Arbeit ins Negative wendet.

3.2.2 Kinditen, Reichtum und höfisches Leben

> Es war eine mondbeschienene Sommernacht, die [Ukaydir] der Hitze wegen mit seiner Frau auf der Terrasse [...] verbrachte. Seine Sängerin sang, er ließ sich Wein servieren und trank. Da kamen Rinder und wetzten ihre Hörner an den Toren der Burg. [...] Da stieg [Ukaydir] herab, ließ sein Pferd satteln und ritt mit einigen Verwandten – unter ihnen sein Bruder Ḥassān – und zwei Mamlūken mit ihren Wurfspeeren aus der Burg.[154]

> [Der Dichter Ibrahim al-Mawṣili erzählt:] Als ich in der Gegend von al-Ḥira umherritt, sah ich einen Garten (*bustān*) und ritt zu ihm. An seinem Tor stand ein schöngesichtiger Jüngling, den ich fragte, ob ich eintreten dürfte, was er mir erlaubte. Ich trat ein und fand einen der fruchtbarsten und am besten bewässerten Gärten (*ǧanna*). Als ich wieder herausging, fragte ich, wem der Garten gehöre: Er antwortete, er gehöre einigen Nachkommen al-Ašʿaṯs. [...] Da dichtete ich:

> Garten Šumārā, Du Anblick ohnegleichen, / Dem Augenkranken, den der Arzt aufgab,

> Dein Erdreich ist Kampfer und Deine Blumen voll Blüten / Ihr Duft erfreut nach der Ruhe.[155]

Neben der prunkvollen Kleidung, die im vorigen Abschnitt behandelt wurde, fallen im Umfeld der Kinditen auch weitere Motive ins Auge, die dem höfischen Bilderkanon angehören, der in der bildenden Kunst als *Prinzenzirkel* bezeichnet wird. Die Elemente des Prinzenzirkels sind dabei keine exklusiven Attribute Kindas. Interessant ist vielmehr, dass gerade dieser Stamm in den hier untersuchten Quellen zur frühislamischen Zeit mit Motivik höfischen Lebens in Verbindung gebracht wird. Im Folgenden soll zunächst der Prinzenzirkel als Bildprogramm vorgestellt werden, bevor Züge im Bild Kindas beschrieben werden, die sich mit dem Prinzenzirkel verbinden lassen. Im Fazit werden wiederum kurz mögliche narrative Funktionen einer Auserzählung des Kinditenbildes in diese Richtung skizziert.

Die Ikonographie von herrscherlichem Zeitvertreib mit Trinken, Jagen, Tanzen und Musik[156] ist wohl auf altvorderorientalische und persische Garten- bzw. Paradieskonzeptionen zurückzuführen[157]. Sie verbreitete sich in der

---

[154] Wāqidī *Maġāzī* II, S. 405-406.

[155] Iṣfahānī *Aġānī* V, S. 189.

[156] Grabar *Ceremonial*, S. 1 und 2, sowie Grabar *Formation*, S. 154, wo außerdem noch nackte oder halbbekleidete Frauen, Spiele, Akrobaten und Geschenkboten als Elemente des Prinzenzirkels in der Dekoration der umayyadischen Wüstenschlösser aufgezählt werden. Siehe allgemein auch Allen *Essays*, S. 29-30.

[157] Grabar *Ceremonial*, S. 2. Siehe Xenophon *Anabasis* I, 2, 7-9: „Dort besaß Kyros ein Schloss und einen großen Garten (παράδεισος) voller wilder Tiere, die er zu Pferde

gesamten Mittelmeerökumene, wo sie auch in späterer Zeit als gemeinsamer Hintergrund für Gesandtschaften und Geschenke aus den Hofwerkstätten Byzantiner, ʿAbbāsiden und Fāṭimiden verband[158].

> Because [the princely cycle] was not modified or controlled by the faith and because it took its themes and practices from the enormous body of habits and motifs inherited from the classical and the Near Eastern traditions, it created a system and vocabulary that could be understood by all comparable princely realms.[159]

Die umayyadischen Wüstenschlösser, die in dort spielenden Anekdoten[160] und in den Überresten ihres Dekorationsprogrammes[161] gleichermaßen mit Motivik aus dem Prinzenzirkel geschmückt sind, waren zugleich Zentren der landwirtschaftlichen Nutzung der umliegenden Ländereien[162]. Diese Doppelfunktion ähnelt derjenigen des eingangs geschilderten Garten von Šumārā oder anderer Güter der Familie al-Ašʿaṯs, die vermutlich ebenfalls zugleich Residenz[163] und Landgut waren. Zur Frage der Beschränkung dieses Bildprogramms allein auf die Umayyaden und andere Monarchen argumentiert Allen:

> Grabar, following Herzfeld, has argued that the princely cycle depicts the pastime of monarchs, especially the royal feast, as a way of indicating their imperial status. Drinking, listening to singers and poets, watching female dancers, and hunting are all recreations belonging to this imperial cycle, which existed already in Sāsānian art, as seen in the cave reliefs at Ṭāq-i Bustān; it was developed further in the Umayyad period. But pastimes such as music and the hunt did not belong solely to monarchs: [...] It was not the mere consumption of wine that made drinking a royal action for the Sāsānians and the Umayyads but rather its consumption in the context of the royal feast. More generally, the emblems of the princely cycle are the indications of success, wealth, and cultural or political security. The world referred to here is the world of secular self-celebration, and it must have had wider

jagte, wenn er sich und seine Pferde üben wollte. Mitten durch den Garten fließt der Mäander, der im Schloss entspringt. [...] In diesem Garten musterte Kyros seine griechischen Söldner und zählte sie." Xenophon *Anabasis* I, 4, 10: „Dort befanden sich das Schloss des Syrerherrschers Belesys und ein großer, schöner Garten, in dem alle Arten von Pflanzen wuchsen. Kyros aber ließ ihn abholzen und das Schloss niederbrennen." Außerdem Xenophon *Anabasis* II, 4, 13: „Die Griechen lagerten dort bei einem großen, schönen Garten, in dem Bäume aller Arten standen."
Siehe *Shahîd* Byzantium II.2, S. 127-258, zum vorislamischen Hofstaat der Ġassāniden.

158 Siehe hierzu Bloom *Origins* und Grabar *Essor.*

159 Grabar *Formation*, S. 163-4.

160 Siehe Hillenbrand *Dolce Vita* für eine detailreich-lebendige Schilderung des Lebens in den syrischen Wüstenschlössern insbesondere nach Geschichten aus dem *Kitāb al-Aġānī.*

161 Grabar *Formation*, S. 154.

162 Siehe insbesondere Grabar *Palace* zu dieser Funktion der Wüstenschlösser als Herrengebäude auf Landgütern.

163 Beispielsweise Ṭabarī *Taʾrīḫ* III, S. 510, wo al-Muḫtār den Muḥammad b. al-Ašʿaṯ in seinem Landgut Ṭīzanābāḏ sucht: Siehe 4.7.

appeal as imagery than a strictly imperial explanation can give it. Grabar's explanation of the princely cycle as related to the Umayyad court is satisfying because it helps to account for the extensive iconographic assemblages of the Umayyad palaces, which range far beyond mere cycles, though they seldom seem to be narrative. But other wealthy individuals pursued the same recreations, and may have adopted the princely cycle as well.[164]

Elemente der von Allen als Ausübung klassischer Tätigkeiten höfischer Muße beschriebenen Ikonographie des Prinzenzirkels kommen häufig bei der Schilderung von Kinditen als Hof haltende Aristokraten vor. So wird die Tötung der vier Könige Kindas durch einen nächtlichen Überfall im Rahmen der Kämpfe nach Muḥammads Tod bei Ibn Aʿṯam wie folgt erzählt:

Die vier Brüder Miḫwas, Mišraḥ, Ǧamd und Abduʿa[165], die zu den Königen Kindas gehörten, waren am Trinken, hielten Saiteninstrumente in den Händen und merkten nichts, bis die Reiter der Muslime direkt bei ihnen waren.[166]

Die Episode lässt sich wahlweise als Beschreibung des gehobenen Lebensstils der kinditischen Anführer, oder als zur Absage an das Lebensmodell des Prinzenzirkels mahnende Lehrgeschichte lesen. Beide Deutungen werden durch die Schilderung der Kinditen mit Motiven des höfischen Palastlebens suggeriert.

Pferde als Zeichen von Reichtum finden sich ebenfalls häufig im Besitz von Kinditen. So soll *Sabḥa*[167], das einzige Pferd der Muslime in der Schlacht bei Badr gegen die Mekkaner, dem kinditischen[168] Ḥalifen al-Miqdād b. ʿAmr / al-Aswad gehört haben[169]. Das blonde Pferd von Abū Nāʿima Mālik b. Nāʿima aṣ-Ṣadafī[170] wird bei der Eroberung Ägyptens als unerreicht schnell beschrieben[171], sein Besitzer läuft kurzerhand unter dem Namen „Herr des blonden Pferdes"[172]. Der Ort in al-Fusṭāṭ, wo es schließlich begraben wurde, war offenbar noch zurzeit Ibn ʿAbdalḥakams bekannt[173]. Daneben gehörten auch die berühmten Pferde *al-Ḫaṭṭār* des Labīd b. ʿUqba as-Sawmī und *aḏ-Ḏuʿlūq* des Ḥimyar b. Wāʾil as-Sawmī kinditischen Besitzern in Ägypten: Die

164 Allen *Essays*, S. 29-30.
165 Die Vokalisierung folgt Lecker *Kinda*, S. 337.
166 Ibn Aʿṯam I, S. 64-5, entsprechend Wāqidī *Ridda*, S. 276-277. Balāḏurī *Futūḥ*, S. 137; Ḫalīfa *Taʾrīḫ*, S. 61; Ṭabarī *Taʾrīḫ* II, S. 355, und Yaʿqūbī *Taʾrīḫ* II, S. 90, melden nur, dass die Brüder samt ihrer Schwester umgebracht wurden. Bei Hamdānī *Iklīl* VIII, S. 211, ist Abḍuʿa die Schwester von Ǧamd, Mišraḥ und Miḫwas (sic).
167 Der Name steht bei Ibn Saʿd III, S. 120.
168 Zu seiner Abstammung siehe 5.2.1.
169 Ibn Saʿd III, S. 120, und Maqdisī *K. al-Badʾ* V, S. 100; indirekt auch Ṭabarī *Taʾrīḫ* II, S. 30.
170 Zur Zugehörigkeit von aṣ-Ṣadif zu Kinda siehe 5.2.2.
171 Ibn ʿAbdalḥakam, S. 96.
172 Ibn ʿAbdalḥakam, S. 96 und 196.
173 Ibn ʿAbdalḥakam, S. 97 und 170.

Banū Sawm, dem beide angehören, zählen als Unterstamm Tuǧībs zu Kinda[174]. Schließlich wird auch der Name des Pferdes von al-Aǧlaḥ b. Manṣūr al-Kindī genannt, der in der Schlacht von Ṣiffīn auf Seiten Muʿāwiyas im Zweikampf gegen al-Aštar fiel: Es hieß *Lāḥiq*[175].

In al-Aǧlaḥ b. Manṣūr al-Kindī begegnet außerdem die Bezeichnung eines Kinditen als *fāris*, das den edlen Reiter oder Ritter bezeichnet. Er wird als *fāris ahl aš-Šām*, Ritter der Syrer[176], und *min aʿlām al-ʿarab wa-fursānihim*, einer der bekannten Ritter unter den Arabern, vorgestellt[177]. Seine Schwester beklagt ihn in elegischen Versen und stirbt aus Kummer um ihren Bruder[178]. Al-Miqdād wurde bereits als Pferdebesitzer genannt, er wird außerdem als *fāris*, Ritter, vorgestellt[179]. Šuraḥbīl b. as-Simṭ wird mit zwei weiteren Notabeln bei al-Qādisiyya sogar als *šuʿarāʾ wa-ḫuṭabāʾ wa-fursān al-ʿarab*, Dichter, Redner und Ritter der Araber, bezeichnet[180]. Diese Benennung von Kinditen als Rittern ist nichts, was speziell ihrem Stamm eigen wäre[181], doch ist sie hier wiederum als Facette der Beschreibung von Kinditen mit Motiven des Prinzenzirkels zu werten[182].

Die positiv gewendete Form des Beinamens von al-Ašʿaṯ b. Qays, *ʿarafa l-bāz*, die ihn zu einem Spezialisten für die Falkenjagd macht, stellt ihn in den Kontext der höfischen Jagd mit Falken und damit in die Motivik des Prinzenzirkels[183]. Auch in der bereits behandelten Geschichte von den Rindern bei Dūmat al-Ǧandal zog der Kindit Ukaydir b. ʿAbdalmalik mit seinem Gefolge auf höfische Jagd, bevor ihn Ḫālid b. al-Walīd gefangennahm.

---

174 Ibn ʿAbdalḥakam, S. 170. Siehe hierzu auch al-Barrī *Qabāʾil*, S. 182.

175 Naṣr b. Muzāḥim, S. 177. Der Name des Pferdes scheint aus dem folgenden Gedicht erschlossen, in dem al-Aǧlaḥ verkündet: *Auf Laḥiq rücke ich vor.*

176 Naṣr b. Muzāḥim, S. 174.

177 Naṣr b. Muzāḥim, S. 176.

178 Naṣr b. Muzāḥim, S. 177.

179 Ibn Saʿd III, S. 120, und Ṭabarī *Taʾrīḫ* II, S. 30.

180 Dīnawarī *Aḫbār*, S. 128.

181 Interessant im Kontext der speziell kinditischen Ritter ist die Geschichte, in der Muḥammad von fern zwei Reiter sieht und erklärt, sie seien Kinditen oder vom Stamm der Maḏḥiǧ: Entweder empfängt er seine Informationen von übersinnlicher Seite, Kinda und Maḏḥiǧ ähneln sich in ihrer Tracht oder sie sind eben die ritterlichsten der Araber und damit erkennbar. Als sie näherkommen, stellen sie sich jedoch als Maḏḥiǧis heraus: Ibn ʿAbdalḥakam, S. 327.

182 Weitere Fälle, wo Kinditen kollektiv als *fursān* bezeichnet werden: Im Kontext der *ridda* die Banū Ḥuǧr als *ǧamarāt kinda wa-fursānuhum*, Feuerbrand (?) und Ritter Kindas, bei Ibn Aʿṯam I, S. 65, und Wāqidī *Ridda*, S. 280, und die Banū Ḥimyar bzw. Ǧamr als *fursān wa-abṭāl*, Ritter und Helden, Ibn Aʿṯam I, S. 66, und Wāqidī *Ridda*, S. 281.

183 Siehe 3.1.1. Siehe zur Verknüpfung von Kinditen mit Falkenjagd weiterhin auch die – allerdings vor dem Untersuchungszeitraum angesiedelte – Anekdote bei Masʿūdī *Murūǧ* I, S. 195, nach der al-Ḥāriṯ b. Muʿāwiya b. Ṯawr al-Kindī zuerst mit Falken gejagd habe.

Ein Ehrengefolge in der Umgebung eines kinditischen Anführers wird in der Bemerkung aṯ-Ṯaʿālibīs beschrieben, nach der al-Ašʿaṯ b. Qays als erster Araber nach persischer Sitte Bedienstete zu Fuß vor sich habe hergehen lassen, wenn er ausritt[184]. Als er seine Delegation zu Muḥammad führte, wird sie von 70 Kinditen begleitet[185].

Reiche Informationen zur Protektion von Dichtern durch Kinditen stehen im *Kitāb al-Aġānī*, dem Buch der Lieder. So ist die Mutter des Ibn ʿĀʾiša genannten Dichters eine *mawlāt*, Klientin, des kinditischen Gelehrten Kaṯīr b. aṣ-Ṣalt[186], so war ʿAbdarraḥīm ad-Daffāf *mawlā*, Klient, der Familie al-Ašʿaṯs[187] und so erhält der Dichter al-Uqayšir von Qays b. Muḥammad b. al-Ašʿaṯ über dessen *qahramān*, Kammerdiener, regelmäßige Dotationen ausgehändigt[188]. Fāṭima bt. Muḥammad b. al-Ašʿaṯ beginnt gar eine Liebelei mit dem Dichter ʿUmar b. Abī Rabīʿa[189]. Als Muḥammad b. al-Ašʿaṯ sein dem Muslim b. ʿAqīl gegebenes Versprechen einlöst und Ḥusayn b. ʿAlī vor dem Zug nach Kūfa warnt, schickt er einen gewissen Iyās b. al-ʿIṯl aṭ-Ṭāʾī als Boten, der als Dichter und regelmäßiger Besucher (*zawwār*) Muḥammad b. al-Ašʿaṯs vorgestellt wird[190]. Auch nach dem Untersuchungszeitraum fahren Nachkommen al-Ašʿaṯs fort, Dichter zu protegieren[191].

Im Hofstaat von Kinditen treten neben unspezifizierten Gefolgsleuten und Dichtern die folgenden Spezialisten auf: Mamlūken, hier wohl Kriegssklaven, die Ukaydir von Dūmat al-Ǧandal auf der Jagd begleiten[192], eine Sängerin[193] und ein *qahramān*, Kammerdiener[194]. Von ʿAbdallāh b. Isḥāq b. al-Ašʿaṯ wird berichtet, dass der Kalif ʿAbdalmalik ihm einen bei Hofe wegen seiner Unkenntnis der Genealogie in Ungnade gefallenen Mann an-

---

184 Ṯaʿālibī *Laṭāʾif*, S. 17, und die Parallelstelle Ibn Rusta, S. 191. Siehe Morony *Iraq*, S. 258.

185 Ibn Ḥabīb *Muḥabbar*, S. 291. Dagegen ist es bei Ibn Hišām, S. 857-858, eine Eskorte von 80 Reitern, während bei Ṭabarī *Taʾrīḫ* II, S. 237-238, nur 60 Reiter als Gefolge al-Ašʿaṯs auftreten. Die Zahl ist offenbar variabel und der Prunk der ein prächtiges Gefolge aufbietenden Kinditen an sich Gegenstand der Geschichte.

186 Iṣfahānī *Aġānī* II, S. 195.

187 Iṣfahānī *Aġānī* III, S. 264.

188 Iṣfahānī *Aġānī* XI, S. 266.

189 Iṣfahānī *Aġānī* I, S. 93-100.

190 Abū Miḫnaf *Ḥusayn*, S. 74.

191 Ismāʿīl al-Qarāṭīsī ist *mawlā*, Klient, der Ašāʿiṯa, Iṣfahānī *Aġānī* XXIII, S. 202-204, und Nuṣīb al-aṣġar ist mit Isḥāq b. aṣ-Ṣabbāḥ al-Ašʿaṯī befreundet, Iṣfahānī *Aġānī* XXIII, S. 21-2: Letzteren kann man eventuell als Sohn von aṣ-Ṣabbāḥ b. Muḥammad b. al-Ašʿaṯ erklären.

192 Wāqidī *Maġāzī* II, S. 406.

193 Wāqidī *Maġāzī* II, S. 405.

194 Iṣfahānī *Aġānī* XI, S. 266. In wieweit der persische Titel eines *qahramān* (siehe Nişanyan *Sözlük*, S. 289) auf Einflüsse persischer Hofkultur in der Frühzeit hinweist, oder ob sich diese Motivik gänzlich späterer Projektion während des Überlieferungsprozesses verdankt, kann im Rahmen dieser Arbeit nicht geklärt werden.

empfiehlt[195]: Weniger gebildete Hofleute werden offenbar an periphere Machtzirkel abgeschoben.

Parfumierte Kinditen treten beispielsweise in der Geschichte des Statthalters von Kufa und Vetter Ibn al-Ašʿaṯs auf, der auf der Flucht durch die Wüste von Beduinen erkannt und an ʿAbdalmalik ausgeliefert wird, weil er so gut riecht[196]. Daneben sollen die Kinditen in der Delegation von al-Ašʿaṯ b. Qays an Muḥammad geschminkt gewesen sein[197].

Seit der Entstehung des Prinzenzirkels aus altorientalischen Herrschaftstraditionen ist die propagandistische Bedeutung von grünenden Gärten ein wichtiges Motiv. Reiche herrschaftliche Gärten wie der eingangs geschilderte Garten von Šumārā werden einerseits dem ʿĀmir b. al-Ḥaḍramī aus der bereits erwähnten kinditischen Familie al-Ḥaḍramīs im vorislamischen Mekka zugeschrieben[198], andererseits liest man vor allem vom Landgut Ṭīzanābāḏ bei al-Qādisiyya, das der Familie al-Ašʿaṯs gehörte. Die landwirtschaftliche Funktion dieses Familienguts ist schwer greifbar, hier ist relevant, dass es zusätzlich zu einem städtischen Haus der Familie in Kufa als Zweitwohnsitz fungierte[199]. Der Ort war in späterer Zeit als Kneipe im Grünen bekannt, zu der die Einwohner Kufas kamen, um dort Wein zu trinken[200]. Vielleicht ist auch der Ort ar-Riyāḍ in Ḥaḍramawt in diesen Kontext zu stellen, an dem sich Kinditen aufhalten, als der muslimische Gouverneur zu ihnen kommt[201]: Er bedeutet übersetzt *die Gärten*.

Insbesondere al-Ašʿaṯ b. Qays wird weiterhin als fast verschwenderisch großzügiger Aristokrat geschildert, der sich bereits in vorislamischer Zeit mit der phänomenalen Summe von 3000 Kamelstuten aus Gefangenschaft freikaufte[202]. So soll er nach seiner Begnadigung durch den Kalifen Abū Bakr bei den Händlern Medinas ein enormes Darlehen aufgenommen haben, um alle gefangenen Angehörigen seines Stammes freizukaufen[203], anderen

---

195 Balāḏurī *Ansāb* IV, S. 423-424. Im Folgenden befiehlt ʿAbdalmalik seinem Bruder Bišr, als Statthalter Kufas den ʿAbdallāh b. Isḥāq b. al-Ašʿaṯ in sein Gefolge aufzunehmen. Siehe zu Letzterem die Parallelstelle Ṭabarī *Taʾrīḫ* III, S. 572.

196 Balāḏurī *Ansāb* V, S. 110.

197 Ibn Hišām, S. 857-858, und Ṭabarī *Taʾrīḫ* II, S. 237-238.

198 Balāḏurī *Futūḥ*, S. 80.

199 So suchen al-Muḫtārs Häscher, die Muḥammad b. al-Ašʿaṯ festsetzen sollen, ihn in seinem Landgut Ṭīzanābāḏ: Ibn Aʿṯam VI, S. 137, und Ṭabarī *Taʾrīḫ* III, S. 510, außerdem (durch den Herausgeber aus aṭ-Ṭabarī kollationiert?) wortgleich bei Abū Miḫnaf *Muḫtār*, S. 111-112.

200 Iṣfahānī *Aġānī* XXV, S. 18: Auch Reben wuchsen im dortigen Garten, wie sich dem Vers Iṣfahānī *Aġānī* XXV, S. 147, entnehmen lässt: *An den Reben Ṭīzanābāḏs ging ich niemals vorbei / Ohne mich zu wundern, wer denn Wasser trinken wolle.*

201 Ṭabarī *Taʾrīḫ* II, S. 353-354.

202 Taʿālibī *Laṭāʾif*, S. 17. Die Quellen zum enorm hohen Lösegeld, mit dem er sich aus Gefangenschaft freigekauft habe, werden 3.2.5 diskutiert werden.

203 Balāḏurī *Futūḥ*, S. 140.

Versionen zufolge kaufte er sogar alle Gefangenen im Jemen los[204] oder war noch Jahre später während der Zeit des Kalifen ʿUmar damit beschäftigt, gefangene kinditische Frauen zu suchen und freizukaufen[205]. Seine Hochzeit feierte er wie folgt:

> Als [al-Ašʿaṯ die Schwester Abū Bakrs] heiratete, ging er auf den Markt und schlug allen Schlachttieren, die er fand, die Kniesehnen durch, zahlte ihren Preis und speiste das Volk.[206]

Die persönliche Freigebigkeit, die al-Ašʿaṯ damit an den Tag legt, findet sich in diesem Ausmaß bei anderen Kinditen allerdings nicht. Vor dem Hintergrund der hier zusammengestellten Beschreibung von Kinditen mit Attributen herrscherlichen Reichtums lässt sich die Schilderung der Freigebigkeit al-Ašʿaṯs jedoch vielleicht ebenfalls in diesen Kontext stellen.

Das daraus resultierende Ansehen wird in der Geschichte greifbar, warum al-Ašʿaṯ in Medina in seinem Haus begraben worden sei:

> [Al-Ašʿaṯ ließ sich als erster von Läufern begleiten, wenn er ausritt, und zahlte als erster das gewaltige Lösegeld von 3000 Kamelstuten.] Er ist auch der erste, der in seinem Haus begraben und nicht auf einen Friedhof gebracht wurde. Als er nämlich in Medina starb, konnte man ihn nicht herausbringen und begraben, weil solche Massen ihn betrauerten. Al-Ḥasan b. ʿAlī konnte nur durch die Häuser einiger seiner Nachbarn zu ihm hereinkommen. Als er aber sah, wie jemand von seinem Pferd stieg und ihm die Sehnen durchtrennte, und ein anderer mit seinem Reitkamel kam und es schlachtete, fürchtete al-Ḥasan, dass man auch an [al-Ašʿaṯs] Grab in dieser Weise opfern würde: So befahl er, ihn in seinem Haus zu begraben.[207]

Dass al-Ašʿaṯ b. Qays in Medina gestorben und begraben worden sei, widerspricht der gängigen Version von seinem Tod in Kufa[208]. In beiden Geschichten betet al-Ḥasan b. ʿAlī für ihn, vielleicht ergab sich die Verortung der Variante aṯ-Ṯaʿālibīs in Medina aus dem Problem, in al-Ḥasans kurze Regentschaft in Kufa Tod und Begräbnis al-Ašʿaṯs einzufügen. Wie Bosworth kommentiert, wird in dieser Geschichte auf

> pagan Arabian funeral practices [...] at the graves of great men[209]

---

204 Ibn Aʿṯam I, S. 86, und Wāqidī *Ridda*, S. 319.

205 Ṭabarī *Taʾrīḫ* II, S. 358.

206 Balāḏurī *Futūḥ*, S. 138.

207 Ṯaʿālibī *Laṭāʾif*, S. 17.

208 Beispielsweise Ibn Saʿd VI, S. 100, und Balāḏurī *Futūḥ*, S. 138.

209 Ṯaʿālibī *Laṭāʾif* übersetzt, S. 47.
Es lässt sich allerdings kaum abschätzen, ob nicht vielmehr aṯ-Ṯaʿālibī und seine Quellen die Episode mit grusligen Details ausgemalt haben. Selbst wenn diese Form der Totentrauer auch anderswo nachweisbar wäre, wirkt die Verknüpfung mit al-Ašʿaṯ doch ziemlich beliebig. Man vergleiche die Geschichte nur mit dem berühmten Begräbnis eines adligen Rūs bei Ibn Faḍlān, S. 159: Es scheint, als sei das Schlachten von Reittieren beim Begräbnis eines Herren ein „barbarischer" Topos der klassisch

angespielt. Offenbar war es plausibel, das Ansehen al-Ašʿaṯs auch nach seinem Tode noch wirken zu lassen.

Die Schilderung Kindas mit der Motivik des Prinzenzirkels stellt Kinditen in die höchsten Gesellschaftsschichten und ist implizit wohl mit einem gewissen Führungsanspruch verknüpft. Die Weltzugewandtheit dieses Luxuslebens wurde bereits bei der Diskussion der edlen Textilien besprochen, mit denen Kinda umgeben wird. In übersteigerter Form kann ein solches *savoir vivre* in die Arroganz übergehen, die im nächsten Abschnitt besprochen werden soll.

Wie bei der Beschimpfung von prächtig gekleideten Kinditen als *Weber* wird dieses positive Bild narrativ umgekehrt, um Kinditen als Geizhälse[210] und Rüpel zu zeigen. So werden Al-Ašʿaṯ und sein Onkel, *ʿamm*, ʿUfayyif von ʿAlī geschlagen, weil sie die Kinditen nicht daran hindern, sich bei ʿAlīs Festmal zu prügeln.[211] Der christliche Gefängniswärter Kūfas sucht den edelsten Einwohner Kufas, *afḍal ahl al-kūfa*, und ist enttäuscht, dass der ihm genannte al-Ašʿaṯ nachts schläft und morgens nach Essen ruft, statt wie ein frommerer Gefangener zu beten und zu fasten.[212] Der Sohn Ḥuǧr b. ʿAdīs wäscht sich nicht, nachdem er von der Toilette kommt.[213] Wenn man die Schilderung von Kinditen mit der Motivik des Prinzenzirkels als Ergebnis narrativer Dynamiken erklären will, ist die Umkehrung dieser Motivik Teil derselben Kontroverse, die die positive Darstellung hervorbrachte. Es würde gewissermaßen eine *Achse der Edelkeit Kindas* entstehen, entlang derer während der narrativen Dynamik des Überlieferungsprozesses eine Polarisierung stattfand. Aufgrund dieser narrativen Polarisierung würden Kinditen demnach entweder als edel, großmütig und reich, oder aber als geizig und pöbelhaft dargestellt.

3.2.3 Stolz und Arroganz der Kinditen

> [Muḥammads Heirat mit Asmāʾ bt. an-Nuʿmān al-Kindī ist beschlossen und soll vollzogen werden.] Da kamen einige Frauen Muḥammads zu ihr, die besorgt waren, weil man ihnen erzählt hatte, sie sei die schönste aller Frauen, und sagten: Du stammst aus königlichem Hause (*innaki mina l-mulūk*), doch wenn Du vom Propheten Gottes [...] geachtet werden willst, musst Du zu Gott um Hilfe flehen,

---

arabischen Literatur gewesen, der bei zeitgenössischen Barbaren und der vorislamischen Barbarei verhafteten Arabern eingefügt werden konnte.

210 An-Nuʿmān bei der Aushandlung des Brautgelds für seine Tocher bei Ibn Saʿd VIII, S. 114, und al-Ašʿaṯ bei der Zahlung seines Lösegelds bei Ibn Ḥabīb *Muḥabbar*, S. 244; Ṯaʿālibī *Laṭāʾif*, S. 70; siehe zu Letzterem Lecker *Judaism*, S. 639-640.

211 Balāḏurī *Ansāb* II, S. 93.

212 Iṣfahānī *Aǧānī* V, S. 157.

213 Ibn Saʿd VI, S. 244.

> wenn er zu Dir kommt: Dann wird er Dich achten und begehren. [Diesen Rat setzt sie um, woraufhin Muḥammad erklärt, das sei wirksame Fürsprache, und die Ehe nicht vollzieht.][214]
>
> [Eine andere Variante lautet wie folgt:] Der Prophet Gottes ließ sie [in der Hochzeitsnacht] rufen. Sie antwortete: Komm Du doch her! Da sprach er die Scheidung aus.[215]

Der wiederkehrende Charakterzug von Stolz und Arroganz der Kinditen kann eventuell mit ihrem prachtvollen Lebensstil in Verbindung gebracht werden. Im Folgenden werden wiederum die verschiedenen Themenkomplexe zusammengestellt, in denen sich der kinditische Stolz äußert, bevor seine narrative Bedeutung kurz skizziert wird.

Kinditischer Stolz schlägt sich zunächst in den Geschichten über gescheiterte Eheschließungen Muḥammads mit kinditischen Frauen nieder. Die beiden Anekdoten von Zufluchtnahme und der Weigerung, zum Bräutigam zu kommen, sind untereinander schwer vereinbar: Vermutlich wird al-Asmāʾ deshalb in einigen Quellen eine Nichte an die Seite gestellt, damit beide Formen der Arroganz gegenüber Muḥammad durch Kinditinnen in der duplizierten Anekdote an den Tag gelegt werden können[216].

Während der Stolz der Kinditinnen offensichtlich bemerkenswert war[217] und dementsprechend in verschiedenen Geschichten beschrieben wird, fällt es schwer, männliche Kinditen in ihren Gesprächen vom ohnehin mit

---

214 Ibn Saʿd VIII, S. 114. Die Geschichte wird Ibn Saʿd VIII, S. 114-116, in verschiedenen Varianten wiederholt, siehe auch Balāḏurī *Ansāb* I, S. 385-6, und Ibn Ḥabīb *Muḥabbar*, S. 94. Wiederholt wird das Motiv mit der ebenfalls kinditischen al-Ǧawniyya bei Ibn Ḥabīb *Muḥabbar*, S. 95: Offenbar ließ sich die einmal erfolgreiche Intrige der Altfrauen problemlos erneut durchführen. Siehe außerdem Yaʿqūbī *Taʾrīḫ* II, S. 56-7. Al-Yaʿqūbī wiederholt das Motiv mit einer Kinditin aus der Familie al-Ǧawns, die aber nicht mit Asmāʾ identisch sei auf S. 57; bei Ibn Hišām, S. 893, und Ṭabarī *Taʾrīḫ* II, S. 255, wird die Anekdote mit einer Kilābitin erzählt, am Ende heißt es, manche erzählten diese Geschichte mit einer kinditischen Frau; Balāḏurī *Ansāb* I, S. 387 erzählt sie von einer Kinānitin.
Eine genauere Abstammung der fraglichen Braut wird nur für die Varianten gegeben, in denen Muḥammad eine Kinditin auf diese Weise *nicht* heiratet. In den Varianten, in denen Muḥammad eine nicht-kinditische Frau heiraten soll, werden Vaternamen usw. der Frau nicht angegeben, auch ihr eigener Name wird nicht genannt.
Die Heiratsverbindungen zwischen Qurayš und Kinda werden bei der Diskussion ihrer Beziehungen besprochen, siehe 3.2.6.

215 Balāḏurī *Ansāb* I, S. 385. Bei Ibn Hišām, S. 893, erklärt die kinditische Braut rundweg: Leute wie uns lässt man nicht kommen, man kommt zu uns! (*innā qawmun nuʾtā wa-lā naʾtī*), worauf Muḥammad sie zu ihrer Familie zurückschickt.

216 So beispielsweise Yaʿqūbī *Taʾrīḫ* II, S. 56-7: Siehe die oben angegebenen Quellen und die Diskussion der Eheschließungen in 3.2.6.

217 Siehe auch die nicht ganz klare Anekdote um Fāṭima bt. Muḥammad b. al-Ašʿaṯ und den Dichter ʿUmar b. Abī Rabīʿa Iṣfahānī *Aġānī* I, S. 93-100: Es fällt schwer, die Interpretation des Gedichts *per* aus dem Gedicht weitergesponnener Geschichte von unabhängig überliefertem Kontext zu trennen.

mufāḫara, Prahlerei, gesättigten Umgangston der *wahren Männer* in den Quellen abzuheben. Greifbar wird ihr besonderer Stolz in den hier zugrunde gelegten Sammlungen vor allem indirekt in Verweisen auf ihre königliche Abstammung, ihren gehobenen Lebensstil und – aus Sicht einiger heilsgeschichtlich-islamischer Erzählmuster – ihrer *Bosheit*, die im Folgenden noch zu untersuchen sein wird[218]. Kinditischer Stolz spielte in dem von Muḥammad abgelehnten Prunk eine Rolle, in dem die Gesandtschaft von al-Ašʿaṯ b. Qays zu ihm kam[219], in der Seelenruhe, mit der Ukaydir und die Könige Kindas sich im Angesicht muslimischer Truppen sorglos betranken[220], im Auftrumpfen Muʿāwiya b. Ḥudayğs gegenüber dem Sohn des ersten Kalifen Muḥammad b. Abī Bakr[221] und in al-Ašʿaṯs Drohung bei seiner Kapitulation, wenn man ihn schlecht behandle, werde der gesamte Jemen revoltieren[222]. Exemplarisch wird kinditisches Auftrumpfen gegenüber Autoritäten im Kontext der frühislamischen Heilsgeschichte auch in den folgenden Passagen deutlich:

> [Šuraḥbīl b. as-Simṭ, der Kopf der Syrer, *ra's ahl aš-Šām*[223], soll von Muʿāwiya für die Rache an den Mördern des dritten Kalifen ʿUṯmān gewonnen werden.] Da sprach Muʿāwiya zu ihm: Oh Šuraḥbīl, Ğarīr b. ʿAbdallāh ruft uns zur Huldigung für ʿAlī auf. ʿAlī ist zwar der Beste unter uns, doch hat er ʿUṯmān getötet. So vertraue ich mich gänzlich Deiner Meinung an, denn ich bin nur ein einfacher Syrer und schließe mich im Guten wie im Schlechten ihrer Ansicht an. Da sprach Šuraḥbīl: Ich gehe raus und schaue mal (*aḫruğu fa-nẓur*). [Draußen erwarten ihn schon von Muʿāwiya instruierte „Zeugen", die ihm versichern, dass ʿAlī in der Tat den Kalifen ʿUṯmān ermordet habe.][224]

> [Der Kalif] Muʿāwiya gab [dem Prophetengenossen und General] al-Aḥnaf eine Audienz, doch als sie anfingen, sich zu unterhalten, kam Muḥammad b. al-Ašʿaṯ herein und setzte sich zwischen sie.[225]

> [Muʿāwiya antwortet auf die unangemessene Platzwahl al-Ašʿaṯs bei seiner Audienz.] Wie wir Euren Besitz beherrschen, so beherrschen wir Eure Erziehung: Wollt lieber das von uns, was wir mit Euch wollen, das bekommt Euch besser! [Muḥammad b. al-Ašʿaṯ antwortet.] Wir kommen nicht zu Dir, um uns fern von Dir zu setzen und wir vermissen auch keine Manieren, dass wir von Dir erzogen werden müssten: Wenn Du unsere Freundschaft willst, verzeihen wir Dir, doch sind wir auch ohne Dich unermesslich reich! [Mit diesen Worten geht Muḥammad b. al-Ašʿaṯ hinaus.][226]

---

218 Siehe 3.2.8.
219 Siehe 3.2.2.
220 Siehe 3.1.3 und 3.2.2.
221 Siehe 3.1.2.
222 Siehe 3.1.1.
223 Naṣr b. Muzāḥim, S. 44.
224 Naṣr b. Muzāḥim, S. 46-47.
225 Ṭabarī *Ta'rīḫ* III, S. 287.
226 Ṭabarī *Ta'rīḫ* III, S. 287.

Das Ausmaß der Dreistigkeit, das sich in der Anekdote von der unangemessenen Platzwahl Muḥammad b. al-Ašʿaṯs spiegelt, ergibt sich aus der genauen Reglementierung des umayyadischen Hofzeremoniells, wie es von Sauvaget rekonstruiert wurde:

> Les visiteurs introduits par le chambellan sont traités de manières diverses, selon leur qualité et le caractère de la réception. [...] en toutes circonstances, l'assistant ne doit point se départir d'un maîntien digne, s'accordant avec la pompe de la cérémonie et le respect dû au maître de céans [sic].[227]

Dass sich der Kinditenfürst also eine ehrenvolle Position anmaßt, reicht vor diesem Hintergrund hin, die darauf folgende scharfe Reaktion des Kalifen zu erklären. In dieser Anekdote äußert sich die selbstherrliche Arroganz des Kinditen demnach darin, dass er im Wortsinn seinen Platz nicht kennt.

Der Stolz von Kinditen auf ihre Abstammung bildet weiterhin die Pointe der folgenden Geschichte:

> [Ḥuḏayfa b. al-Yamān soll dem Kalifen ʿUmar über den Gouverneur des Irak Saʿd b. Abī Waqqāṣ Bericht erstatten:] Da kam [Ḥuḏayfa] zu Saʿd und setzte sich in seine Nähe. Saʿd aber forderte seine Beisitzer auf: Gebt Eure Abstammung an! Als sie nun ihre Abstammung angegeben hatten, befahl er auch [dem Prophetengenossen] Salmān al-Fārisī, sich mit seiner Abstammung auszuweisen. Dieser aber erklärte: Ich bin Salmān, Sohn des Islam. Daraufhin reiste Ḥuḏayfa zu ʿUmar und berichtete ihm außer dieser Geschichte nur Gutes über Saʿd. Da befahl ʿUmar dem al-Ašʿaṯ brieflich, zu ihm zu kommen, denn al-Ašʿaṯ war einer von denen gewesen, die bei Saʿd von ihrer Abstammung erzählt und sich ihrer Väter gerühmt hatten. Als ʿUmar ihm nun befahl, seine Abstammung anzugeben, antwortete al-Ašʿaṯ: Ich bitte Gott um Vergebung und bereue vor ihm, oh Befehlshaber der Gläubigen! Da erklärte ʿUmar: Du gehörst zu denen, von denen Du abzustammen behauptest; ich und Salmān aber sind Söhne des Islam.[228]

Durch die Zuspitzung der Geschichte auf den heimatflüchtigen Wahrheitssucher Salmān Pāk und den stolzen Kinditen al-Ašʿaṯ wird deutlich, dass der Stolz der Kinditen vergangenen Zeiten angehört. Wo Salmān seine Position einzig dem Islam verdankt, sind al-Ašʿaṯs königliche Vorfahren in der neuen islamischen Gesellschaft im Idealfall bedeutungslos.

Allgemein lassen sich der aus Sicht der Quellen offensichtlich unangemessene Stolz und die Arroganz der Kinditen vielleicht damit zusammenfassen, dass sie ihren Platz in der frühislamischen Heilsgeschichte nicht kennen. Die vorgestellten Anekdoten formulieren dieses Befremden über

---

227 Sauvaget *Mosquée*, S. 132.

228 Balāḏurī *Ansāb* VI, S. 297. Eine alternative Polemik gegen die Abstammung der Familie al-Ašʿaṯs erscheint bei Ibn Rusta, S. 205-206, wo die Familie al-Ašʿaṯs auf einen gewissen Sībuḫt b. Ḏakkar zurückgeführt wird, der ein Schuster und Landlümmel, *ʿilǧ*, aus Fārs gewesen sei. Zum Beleg werden Verse al-Farazdaqs zitiert, der die Familie durch eine solche niedere Abstammung offensichtlich schmähen will. Siehe hierzu auch Lecker *Judaism*, S. 640.

Kinda dadurch, dass die in der Geschichte auftretenden Kinditen jeweils innerhalb der Geschichte selbst für ihre Arroganz gerügt werden. In dieser narrativen Engführung wird damit auch weitergehenden Führungsansprüchen von Kinditen eine Absage erteilt. Wie das Auftreten der Kinditen in der jeweiligen Situation unangemessen ist, so ist auch der Stolz der Kinditen in der idealen frühislamischen Gesellschaft unangebracht und wird entsprechend dekonstruiert.

3.2.4 Gebildete Kinditen

> [Die arabische Schrift ist aus der syrischen Schrift entwickelt worden und wird in al-Anbār und al-Ḥira verwendet.] Bišr b. ʿAbdalmalik, der Bruder des Herrn von Dūmat al-Ǧandal, Ukaydir b. ʿAbdalmalik b. ʿAbdalǧinn al-Kindī as-Sakūnī, pflegte nach al-Ḥira zu kommen und dort eine Zeitlang zu bleiben. Er war Christ und lernte die arabische Schrift von den Einwohnern al-Ḥīras. Als er später in einigen Angelegenheiten nach Mekka kam, sahen ihn Sufyān b. Umayya b. ʿAbdšams und Abū Qays b. ʿAbdmanāf b. Zuhra b. Kilāb schreiben und baten ihn, ihnen die Schrift beizubringen. So lehrte er sie das Alphabet und zeigte ihnen, wie man schreibt. Später kamen Bišr, Sufyān und Abū Qays als Kaufleute nach aṭ-Ṭāʾif, wo sich Ġaylān b. Salama aṯ-Ṯaqafī mit ihnen anfreundete und schreiben lernte. Hier verabschiedete sich Bišr von ihnen und zog in die Diyār Muḍar, wo ʿAmr b. Zurāra b. ʿAds, der später ʿAmr der Schreiber genannt wurde, von ihm schreiben lernte. Später zog Bišr auch nach Syrien und lehrte auch dort einige Leute schreiben.[229]

Gebildete Kinditen wie Bišr b. ʿAbdalmalik in der eingangs übersetzten Passage treten so gehäuft auf, dass eine thematische Zusammenstellung als charakteristischer Zug im Bild Kindas gerechtfertigt erscheint. Im Einzelfall mag eine Abwägung der historischen Wahrscheinlichkeit besonderer Bildung des einen oder anderen Kinditen möglich sein, doch sollen hier gebildete Kinditen als wiederkehrendes Muster beschrieben werden, das innerhalb der Prosopographie Kindas öfters wiederkehrt und sich in seinem Ausmaß zumindest teilweise als narratives Fortschreiben eines einmal etablierten Musters erklären lässt.

Die eingangs übersetzte Geschichte weist Kinditen eine zentrale Rolle bei der Verbreitung der arabischen Schrift zu. Der christliche Kinditenfürst Bišr b. ʿAbdalmalik lernt in der Hochburg syrisch-arabischen Christentums al-

---

229 Balāḏurī *Futūḥ*, S. 506. In der Parallelstelle Balāḏurī *Ansāb* VI, S. 214, heißt der Lehrer Sufyāns und Bruder Ukaydirs Bašīr, allerdings wird er aus Anlass seiner Verheiratung mit der Nichte Sufyāns, aḍ-Ḍahyāʾ bt. Ḥarb b. Umayya, bei Balāḏurī *Ansāb* III, S. 257, wiederum Bišr genannt. Die gemeinte Person ist wohl in allen Fällen dieselbe. Zusätzlich wird Bišr bei Ibn Ḥabīb *Muḥabbar*, S. 475, an erster Stelle unter den vornehmsten Lehrern und Gelehrten (*ašrāf al-muʿallimīn wa-fuqahāʾihim*) aufgeführt. Siehe auch die Diskussion des Themas bei Hamdānī *Iklīl* I, S. 79-80, Fußnote 2, und das Gedicht eines Kinditen aus Dūmat al-Ǧandal bei Suyūṭī *Muzhir* II, S. 346-347, in dem ebenfalls der Beitrag Kindas zur Verbreitung der arabischen Schrift betont wird.

Ḥira die aus der syrischen Estrangela entwickelte arabische Schreibschrift, die er dann auf der Arabischen Halbinsel verbreitet[230]. Dass er zuerst zwei Mekkaner das Schreiben lehrt und erst danach mit ihnen zusammen in aṭ-Ṭāʾif die Schrift einführt, ist vielleicht als Reaktion auf die anderswo vertretene Meinung zu lesen, dass zuerst in aṭ-Ṭāʾif arabisch geschrieben worden sei[231]. Demgegenüber betont die eingangs übersetzte Variante den Vorrang Mekkas vor aṭ-Ṭāʾif bei der Verwendung der arabischen Schrift.

Nach einer anderen Variante soll ein Bruder Sufyāns, Ḥarb b. Umayya b. ʿAbdšams, als erster unter den Arabern geschrieben haben[232]. Er ist der Vater von aḍ-Ḍahyāʾ bt. Ḥarb b. Umayya, die Bišr b. ʿAbdalmalik al-Kindī geheiratet haben soll[233]. Vielleicht lässt sich damit auch diese Variante der Verbreitung der arabischen Schrift in den Kontext einer Transmission von Dūmat al-Ǧandal zu den mekkanischen Banū ʿAbdšams[234] stellen.

Auch andere Kinditen im vor- und frühislamischen Mekka werden als gebildet beschrieben. So wird al-ʿAlā b. al-Ḥaḍramī als besonders gelehrt geschildert, der der Familie der in den Quellen meist einfach nur *banū l-ḥaḍramī*, Nachkommen des Mannes aus Ḥaḍramawt, genannten südarabischen *ḥalīfen*, Klienten, der Banū ʿAbdšams angehört. Er wird als einziger *ḥalīf* unter den siebzehn Männern genannt, die zur Zeit des Beginns der islamischen Offenbarung unter den Qurayšiten schreiben konnten[235]. Später wird er dann unter den Sekretären Muḥammads aufgeführt[236] und soll als *ʿāmil*,

230 Vielleicht lässt sich das Reisen Bišrs mit dem gesamtarabischen Marktzusammenhang in Verbindung bringen, den Müller *Labīd*, S. 141-153, untersucht. Allerdings führt die von Müller nach Abū Ḥaiyān at-Tawḥīdī beschriebene Route von Dūmat al-Ǧandal über Haǧar in al-Baḥrayn, ʿUmān, Ṣuḥār, Iram, ʿAdan, Ḥaḍramawt oder Ṣanʿāʾ nach ʿUkāẓ, Ḏū l-Maǧāz und ʿArafa im Ḥiǧāz, während die eingangs übersetzte Geschichte den Weg Bišrs von al-Ḥira nach Mekka nicht näher beschreibt. Eine alternative Liste vorislamischer arabischer Märkte steht bei Ibn Ḥabīb *Muḥabbar*, S. 263-268, wo explizit hervorgehoben wird, dass die Märkte von Dūmat al-Ǧandal und ar-Rābiyya durch Kinditen protegiert wurden, siehe zu kinditischer Protektion von ar-Rābiyya außerdem Yaʿqūbī Taʾriḫ I, S. 230.

231 Masʿūdī *Murūǧ* II, S. 155.
Der Bericht aus dem aramäisch-arabischen Grenzgebiet bei Ṭabarī *Taʾriḫ* II, S. 379, nach dem die Einwohner al-Anbārs den erobernden Muslimen berichten, sie hätten die arabische Schrift vom Stamm Īyād übernommen, ist wohl so zu lesen, dass der zu dieser Zeit bereits im Grenzgebiet des Irak lebende Stamm (siehe Morony *Iraq*, S. 216-218) die Schrift aus al-Ḥira im Irak nach al-Anbār gebracht habe.

232 Ǧahšiyārī, S. 2.

233 Balāḏurī *Ansāb* III, S. 257.

234 Diesem Unterzweig der Qurayš gehören die Brüder Sufyān und Ḥarb b. Umayya b. ʿAbdšams an. Siehe zu den Eheschließungen zwischen Kinditen Dūmat al-Ǧandals und Mekkanern 3.2.6.

235 Balāḏurī *Futūḥ*, S. 507, und Ṯaʿālibī *Laṭāʾif*, S. 56.

236 Balāḏurī *Ansāb* I, S. 443; Balāḏurī *Futūḥ*, S. 508; Masʿūdī *Tanbīh*, S. 246; Ṭabarī *Taʾriḫ* II, S. 259, und Wāqidī *Maġāzī* II, S. 228, wo al-ʿAlāʾ b. al-Ḥaḍramī die Kapitu-

Gouverneur, Muḥammads in al-Baḥrayn den bis in das Kalifat Muʿāwiyas üblichen Briefkopf eingeführt haben[237]. Durch die Billigung seiner Innovation durch Muḥammad und die weitere Verwendung unter den Rechtgeleiteten Kalifen wird die Gelehrtheit al-ʿAlāʾs besonders betont. Geradezu als Kulturheros erscheint er in der folgenden Passage:

> [Al-ʿAlāʾ b. al-Ḥaḍramī] war der erste, der eine Moschee (*masǧid*) im Land des Unglaubens (*arḍ al-kufr*) baute, der erste, der von den Ungläubigen die Steuer der *ǧizya* eintrieb, der erste, der eine nächtliche Ausgangssperre für Ungläubige verhängte und der erste, der in das Siegel des Kalifats (*ḫātam al-ḫilāfa*) die Devise *Muḥammad ist der Prophet Gottes* einritzte.[238]

Auch Šuraḥbīl b. Ḥasana lebte als kinditischstämmiger *ḥalīf* im vorislamischen Mekka. Er soll Muḥammad ebenfalls als Sekretär gedient haben[239]. Weiterhin soll Ḥuṣayn b. Numayr, der als Angehöriger des kinditischen Unterstammes Sakūn ebenfalls zu Kinda gehörte, zusammen mit al-Muġīra b. Šuʿba geschrieben haben, *mā bayna n-nās*, was unter den Leuten anfiel[240]. Nach einer anderen Quelle soll Ḥuṣayn b. Numayr sogar für Muḥammad selbst geschrieben haben[241]. Zur bemerkenswerten Karriere der nach dem Aufstand Kindas kriegsgefangen nach Medina umgesiedelten Nachkommen aṣ-Ṣalts in Jurisprudenz und Traditionswesen bemerkt Lecker:

> Because of their abilities and their family's prestige the captives rose to prominence, their *ḥalīf* (client) status notwithstanding.[242]

Vielleicht kann auch die Beschreibung ihrer Karrieren mit dem kinditischen Ruf der Gelehrtheit in Verbindung gebracht werden.

---

lationsurkunde Mekkas aufsetzt. Allerdings wird er bei der Aufzählung der Schreiber Muḥammads bei Ǧahšiyārī, S. 13, nicht genannt.

237 Ǧahšiyārī, S. 21-22.

238 Hamdānī *Iklīl* II, S. 56.

239 Balāḏurī *Futūḥ*, S. 508; Masʿūdī *Tanbīh*, S. 246; Wāqidī *Maġāzī* II, S. 410, und Yaʿqūbī *Taʾrīḫ* II, S. 53, wo Šuraḥbīl b. Ḥasana als einer der beiden Schreiber der Kapitulation Ukaydirs von Dūmat al-Ǧandal genannt wird. Ǧahšiyārī, S. 13, nennt ihn allerdings nicht in seiner Aufzählung der Schreiber Muḥammads.
Bei Wāqidī *Futūḥ*, S. 15, wird Šuraḥbīl sogar zum Schreiber der Offenbarung des Propheten Gottes, *kātib waḥyi rasūli llāh*, allerdings fallen die *Futūḥ aš-Šām* al-Wāqidīs aus der hier untersuchten frühen und klassischen islamischen Historiographie heraus, siehe 1.2.

240 Ṯaʿālibī *Laṭāʾif*, S. 57, Fußnote 2, wobei al-Ǧahšiyārī zitiert wird. Die fragliche Stelle steht in der hier verwendeten Facsimileausgabe Ǧahšiyārī, S. 12. Hier wird neben al-Muġīra b. Šuʿba ein gewisser al-Ḥasan b. Namr genannt, der in der Ausgabe al-Ḥalabī 1357 h. (wohl al-Bābī al-Ḥalabī in Kairo, derselbe Verlag, der auch die hier verwendete Edition von Ṯaʿālibī *Laṭāʾif* herausgab), die die Herausgeber der *Laṭāʾif al-Maʿārif* für ihre Edition verwendeten (*Ṯaʿālibī Laṭāʾif*, S. 326, im *fihrist al-marāǧiʿ*, Literaturverzeichnis) offenbar zu Ḥuṣayn b. Numayr emendiert wurde.

241 Masʿūdī *Tanbīh*, S. 245. Siehe die Diskussion der Aktivitäten Ḥuṣayn b. Numayrs in Medina 2.4.2.4.

242 Lecker *Kinda*, S. 355. Siehe zu den Banū ṣ-Ṣalt 2.4.2.3.

Neben dieser Schriftgelehrtheit aus christlich-syrischer Quelle, die Kinditen im vorislamischen Mekka nachgesagt wurde[243], werden sie dort auch mit dem vorislamisch-arabischen Monotheismus des Ḥanīfentum in Verbindung gebracht. So war die Frau des zum ḥanīfischen Auszug aus Mekka tendierenden Zayd b. ʿAmr b. Nufayl eine Tochter des oben genannten kinditischstämmigen *ḥalīfen* al-Ḥaḍramī[244]. Daneben wird von dem Onkel al-Ašʿaṯs, ʿUfayyif b. Maʿdīkarib, berichtet, er habe später bedauert, sich nicht als vierter Muslim zum Islam bekehrt zu haben[245]. Außerdem soll er sich des Weins, der Trunkenheit und des Losewerfens (*al-azlām*) enthalten haben[246], wobei besonders Letzteres mit dem vorislamischen Heidentum und der dort üblichen Orakelbefragung in Verbindung gebracht wird. Auch sein Name, ʿUfayyif, ist wohl als Diminutiv zu Arabisch *ʿafīf*, keusch, zu erklären. Zu diesem Themenkomplex lässt sich vielleicht auch die Geschichte vom Bekehrungsaufruf Muḥammads stellen, den dieser während des gesamtarabischen Pilgermarktes der *mawāsim* an Kinda gerichtet habe[247]. Das Ansuchen wurde abgelehnt und so zog Muḥammad etwas später nach Medina.

Aus vorislamischer Zeit ist zum wiederkehrenden Zug kinditischer Schrift- und Sprachgewandtheit neben dem sagenumwobenen arabischen Dichter schlechthin, Imruʾalqays al-Kindī, vor allem die Geschichte zu nennen, nach der der Kindit Qaysaba as-Sakūnī aus der Gefangenschaft einen Hilferuf an seinen Bruder in altsüdarabischer *Musnad*-Schrift in den Sattel eines vorbeikommenden Reiters ritzte[248]. Dies ist jedoch der einzige Hinweis auf die in

243 Daneben werden besonders die Kinditen Ḥaḍramawts im Allgemeinen als Juden beschrieben, siehe Lecker *Judaism* und Sayed *Revolte*, S. 74-75.

244 Ibn Hišām, S. 176. Sie verriet die Auszugspläne ihres Mannes an seinen Onkel al-Ḫaṭṭāb, den Vater des späteren Kalifen ʿUmar, der ihn dann zurückhielt. Im Zusammenhang dieser Geschichte ist auffällig, wie viele der ersten Muslime bei Ibn Hišām, S. 192, die Kinder hier genannter Personen sind. Es wirkt fast, als sei die alte Debatte um die wahre Religion und die Religion des Stammes als Dublette zur eine Generation später durch Muḥammad und die ersten Muslime erneut geführten islamischen Gründungsgeschichte erzählt worden.
Interessant ist in diesem Kontext auch die Passage Ṭabarī *Taʾrīḫ* II, S. 358, in der ʿUmar das Lösegeld für die gefangenen *ḥanīfat kinda* gesondert festsetzt, da sie ihre Männer verloren hätten. Es ist allerdings wohl nicht unbedingt davon auszugehen, dass hier tatsächlich *ḥanīfen* im Sinn von vorislamischen Monotheisten gemeint sind.

245 Ibn Saʿd VIII, S. 14; Ṭabarī *Taʾrīḫ* I, S. 549.

246 Ibn Ḥabīb *Muḥabbar*, S. 237 und 239.

247 Balāḏurī *Ansāb* I, S. 203; Ibn Hišām, S. 303; Ibn Saʿd I, S. 168, und Ṭabarī *Taʾrīḫ* I, S. 570. Der Anführer Kindas soll hierbei nach Ibn Hišām, S. 303, und Ṭabarī *Taʾrīḫ* I, S. 570, Mulayḥ geheißen haben.
Auch später wird von Kinditen bei den *mawāsim* berichtet: So habe sich der Dichter Muḥammad b. Ẓafar b. ʿUmayr, der meist nur *al-muqannaʿ*, der Verschleierte, genannt wurde, auf der Reise zu den *mawāsim al-ʿarab* verschleiert, um sich vor dem Bösen Blick und den Frauen zu schützen, die seine Schönheit sonst gar zu sehr angezogen habe: Iṣfahānī *Aġānī* VI, S. 224, und XVII, S. 113-115.

248 Iṣfahānī *Aġānī* XIII, S. 7-8.

der Epigraphik reich bezeugte kinditische Schriftlichkeit in einer altsüdarabischen Schrift in den hier ausgewerteten frühislamischen Sammlungen[249].

Schließlich heißt es aus Anlass der Ermordung des Kalifen ʿAlī, der fähigste Arzt seiner Zeit in Kufa sei ein gewisser Aṯīr b. ʿAmr b. Hāniʾ vom kinditischen Unterstamm Sakūn gewesen. Er sei vom berühmten General Ḫālid b. al-Walīd bei ʿAyn at-Tamr versklavt worden und habe in Kufa einen *kursī*, wohl Behandlungsstuhl, gehabt und als Wundarzt gearbeitet[250].

Das Motiv der kinditischen Gelehrsamkeit tritt vor allem zu Beginn des Untersuchungszeitraums auf. Aus narrativer Perspektive betont es wohl den vorislamischen Glanz Kindas, der allerdings durch das Erscheinen der wahren Religion so weit verblasste, dass die der vorislamischen Elite angehörenden gebildeten Kinditen den neuen, islamisch legitimierten Machthabern als Schreiber und Ärzte dienten. Als Umkehrung des Musters von hoher kinditischer Bildung lässt sich vielleicht die Verbrennung des *dīwān* im Irak während des Aufstands des Ibn al-Ašʿaṯ beschreiben[251].

3.2.5 Das Verhältnis zwischen Kinda und anderen Stämmen außer Qurayš

> Als den Irakern der Marsch [des Kalifen] Muʿāwiya nach Ṣiffīn gemeldet wurde, waren sie voll Kampfeslust, nur al-Ašʿaṯ b. Qays grollte, weil ʿAlī ihm die Anführerschaft (*riʾāsa*) entzogen hatte. Die Anführerschaft Kindas und [der Stammeskonföderation] Rabīʿa lag nämlich bei al-Ašʿaṯ, bis ʿAlī sie dem Ḥassān b. Maḥdūǧ übergab. Da grollten einige der *Yamaniyya* [meist als Südaraber übersetzt: Funktional eine Rabīʿa äquivalente genealogische Großeinheit, der Kinda angehörte], unter ihnen al-Aštar, ʿAdī aṭ-Ṭāʾī, Zaḥr b. Qays und Hāniʾ b. ʿUrwa, kamen zu ʿAlī und erklärten: Oh Befehlshaber der Gläubigen, die Anführerschaft al-Ašʿaṯs kommt nur jemandem zu, der ihm gleicht. Ḥassān b. Maḥdūǧ aber gleicht al-Ašʿaṯ nicht. Da grollte Rabīʿa und Ḥirrīṯ b. Ǧābir sprach: He Ihr, ein Mann für einen Mann, unsere Stammesgenossen können durchaus [al-Ašʿaṯs] Ansehen und Format, seinen Mut und seine Tapferkeit haben. Das Verdienst und das Ansehen Eures Stammesgenossen [al-Ašʿaṯ] allerdings bestreiten wir nicht. [...] Später sprach Ḥirrīṯ b. Ǧābir erneut und sagte: He Ihr, hört auf, zu trauern: Selbst wenn al-Ašʿaṯ vor dem Islam (*fī l-ǧāhiliyya*) ein König und im Islam ein Herr (*sayyid*) war, so ist unser Stammesgenosse doch zu dieser Anführerschaft völlig befähigt [...]. Ḥassān sprach zu al-Ašʿaṯ: Du trägst die Fahne (*rāya*) Kindas, ich diejenige Rabīʿas. Der aber antwortete: Das verhüte Gott, das wird nie passieren: Ich erhalte, was Dir zukommt, und Du, was mir gehört. [Schließlich stellt ʿAlī al-Ašʿaṯ mit dem Kommando über den rechten Flügel des irakischen Heeres zufrieden.][252]

---

249 Siehe Robin *Kinda* zu altsüdarabischen Quellen zur kinditischen Geschichte in vorislamischer Zeit.

250 Iṣfahānī *Maqātil*, S. 38.

251 Balāḏurī *Futūḥ*, S. 317.

252 Naṣr b. Muzāḥim, S. 137-140.

[Der Kilābit az-Zufar b. al-Ḥāriṯ wird nach der verlorenen Schlacht von Marǧ Rāhiṭ in Qarqīsiyā' / Circesium in der Ǧazīra belagert.] Bišr b. Marwān [der General der Belagerer] ließ den qaysitischen [südarabischen] Truppen [auf Seiten az-Zufars in der belagerten Stadt] verkünden: Was bringt Ihr Euch für jemanden um, der nicht zu Euch gehört? Euer Anführer ist ein Kindit! Als az-Zufar b. al-Ḥāriṯ davon berichtet wurde, dichtete er:

[...] Du bestellst meinem Stamm, ich gehörte nicht zu ihnen, / Und erklärst uns zu Wahbiten[253]:

Willst Du Unwissenheit über uns breiten, / Als seien wir Kinditen, mit Wurfspeeren und Turban?[254]

Es mag seltsam erscheinen, die Beziehungen zwischen verschiedenen Stämmen in einer tribal organisierten Gesellschaft als Topoi fassen zu wollen. Steht man nicht hierbei auf dem festen Grund der Ereignis- und Strukturgeschichte? Wie sollen in solch fest gegründetes Material Topoi eindringen? Die Frage lässt sich allerdings auch umgekehrt formulieren. Die charakteristischen Züge im Bild Kindas definieren sich dadurch, dass sie als Stereotype das gesamte historiographische Material zu den Kinditen durchdringen und prägen. Hierbei interessiert nicht, ob im Einzelfall beispielsweise az-Zufar zum Stamm der Kilāb, oder zu den Kinditen gehört, sondern die Frage, warum im Kontext der frühislamischen Historiographie gerade eine kinditische Abstammung für den Herrscher über einen anderen Stamm nahelag. In dieser Logik würde das jeweils vorherrschende Verhältnis zwischen Kinditen und anderen Stämmen in Berichte von weiteren Interaktionen über Stammesgrenzen hinweg fortgeschrieben. Das entstehende Muster aus dominanten Interaktionszügen ließe sich eventuell ebenso wie beispielsweise das Muster von prächtig gekleideten Kinditen in seinem Ausmaß zumindest teilweise als Ergebnis narrativer Dynamiken erklären, die das Material im Überlieferungsvorgang prägten.

Zur Untersuchung solcher narrativer Muster im Bild Kindas soll im Folgenden das Verhältnis von Kinditen zu verschiedenen anderen arabischen Stammesgruppen untersucht werden. Dabei soll zunächst gefragt werden, ob sich tatsächlich eine Typologie wiederkehrender Züge in der Interaktion von Kinditen mit anderen Stämmen erstellen lässt, bevor im Fazit auf narrative Funktionen möglicher Interaktionsmuster eingegangen wird. Das Verhältnis zwischen den in vorislamischer Zeit „herrschenden" Kinditen zur islamischen Führungsschicht, die in ihrer Mehrzahl Qurayš angehörte, sprengt den Rahmen einer allgemeinen Untersuchung des Verhältnisses

---

253 Dieser Stammesname ist fast allgegenwärtig: Man sollte hier wohl nicht an die Banū Wahb b. Rabīʿa von Kinda (Caskel *Ǧamharat an-Nasab* II, Tafel 237), sondern an Wahbiten unter den Kilāb denken.

254 Balāḏurī *Ansāb* IV, S. 381-382. Die Verse sind nicht ganz klar. Zu az-Zufar b. al-Ḥāriṯ siehe auch Haase *Nordsyrien*, insbesondere S. 68-71.

Kindas zu anderen arabischen Stämmen und wird daher in das folgende Kapitel ausgegliedert.

Seinen Ausgangspunkt hat das Konzept kinditischer Herrschaft über andere arabische Stämme wohl zur Zeit der vorislamischen Könige vom Stamm Kinda, die verschiedene nicht-kinditische Stämme beherrscht haben sollen. Hierzu heißt es bei al-Yaʿqūbī:

> Dann herrschte Ḥuǧr b. ʿAmr, den man *ākil al-murār* nannte, 23 Jahre. Er stiftete bei aḏ-Ḏanāʾib[255] einen Bund (*ḥālafa*) zwischen Kinda und Rabīʿa. Danach herrschte ʿAmr b. Ḥuǧr für 40 Jahre, der gemeinsam mit Rabīʿa Syrien plünderte. [...] Nach ihm herrschte al-Ḥāriṯ b. ʿAmr, dessen Mutter die Tochter ʿAwf b. Mulaḥḥam aš-Šaybānīs war. Er ließ sich in al-Ḥīra nieder und teilte das Reich unter seinen Kindern auf. Er hatte nämlich vier Söhne: Ḥuǧr, Šuraḥbīl, Salama al-Ġalfāʾ und Maʿdīkarib und machte Ḥuǧr zum König (*mallaka ḥuǧran*) über Asad und Kināna, Šuraḥbīl über Ġanm, Ṭayyiʾ und ar-Rabāb, Salama al-Ġalfāʾ über Taġlib und an-Namr b. Qāsiṭ und Maʿdīkarib über Qays ʿAylān.[256]

Auf die verschiedenen Varianten der Berichte zum kurzlebigen Königreich der Kinditen soll nicht näher eingegangen werden[257], hier soll zunächst der Herrschaftsanspruch von Kinda über andere Stämme betont werden. Dabei ist auffällig, dass die den einzelnen Söhnen unterstellten Gruppen im System der arabischen Genealogie meist miteinander verwandten Gruppen angehören. Ḥuǧr regierte über Nordaraber von Asad[258] und Kināna[259], Šuraḥbīl beherrschte Südaraber von Ġanm[260], Ṭayyiʾ[261] und ar-Rabāb[262], Salama al-Ġalfāʾ führte Taġlib[263] und an-Namr b. Qāsiṭ[264] von Rabīʿa, während Maʿdīkarib über Nordaraber von Qays ʿAylān[265] eingesetzt wurde. Das märchenhaft ausgeschmückte Motiv dieses kinditischen Königtums ist in den Berichten aus vorislamischer Zeit auch deshalb besonders präsent, weil der kinditische Dichter schlechthin, Imruʾalqays, aus dieser Familie stammte

255 Wohl ein Ort: Siehe Yāqūt *Muʿǧam* III / IV, S. 375.

256 Yaʿqūbī *Taʾrīḫ* I, S. 185-6.

257 Siehe zum Thema Olinder *Kings*, in jüngerer Zeit hat sich insbesondere Shahîd eingehend mit der Ereignisgeschichte im vorislamischen Arabien befasst. Maßgeblich auf Grund der südarabischen Inschriften ist das historische Königtum Kindas über andere Stämme kürzlich von Robin *Kinda* dargestellt worden.

258 Caskel *Ǧamharat an-Nasab* I, Tafel 50.

259 Caskel *Ǧamharat an-Nasab* I, Tafel 36.

260 Es ist unklar, welcher Stamm dieses Namens gemeint ist: Könnte sich die Nennung auf Ġanm b. al-Ḥāriṯ b. ʿAwf von den Kalb beziehen? Caskel *Ǧamharat an-Nasab* I, Tafel 289, siehe II, S. 272.

261 Caskel *Ǧamharat an-Nasab* I, Tafel 249.

262 Caskel *Ǧamharat an-Nasab* I, Tafel 282, siehe II, S. 474.

263 Caskel *Ǧamharat an-Nasab* I, Tafel 163.

264 Caskel *Ǧamharat an-Nasab* I, Tafel 141, siehe II, S. 444: Hier wird angemerkt, dass an-Namr b. Qāsiṭ immer in der Nähe Taġlibs beschrieben wird.

265 Caskel *Ǧamharat an-Nasab* I, Tafel 92.

und als umherirrender Prinz ohne Reich den verflossenen Glanz seiner Väter beklagte.

Ein solches Königtum von Kinditen über andere Stämme erschien während des Untersuchungszeitraums insbesondere in der Geschichte von Ukaydir, der die Festung Dūmat al-Ǧandal im Land der Kalbiten beherrscht haben soll[266]. Die Oase Dūmat al-Ǧandal lag zwischen Medina und Syrien[267] und wird heute im saudi-arabischen al-Ǧawf lokalisiert[268]. Die Stadt hatte einen vielbesuchten Markt[269] und lag in byzantinischem Einflussgebiet, weswegen Muḥammad selbst bereits eine Expedition nach Dūmat al-Ǧandal unternommen hatte, um dort zu einem Raubzug in den Ḥiǧāz versammelte Stämme vor ihrem Aufbruch zu zerstreuen[270]. Später sandte er dann ʿAbdarraḥmān b. ʿAwf nach Dūmat al-Ǧandal, der dort nur Kalbiten traf, die von al-Aṣbaġ b. ʿAmr al-Kalbī als ihrem König beherrscht wurden[271]. Bei beiden Unternehmungen werden keine Kinditen genannt, wie auch sonst in Dūmat al-Ǧandal Kinditen nur im Kontext der Geschichten um Ukaydir erwähnt werden. Damit wird einerseits die Eroberung Dūmat al-Ǧandals in dreifacher Dublette erzählt, andererseits passen zumindest die

---

266 Siehe zur Motivik der Eroberung Dūmat al-Ǧandals durch die Muslime 3.1.3.

267 Ibn Ḥabīb *Muḥabbar*, S. 263, und Yāqūt *Muʿǧam*, III / IV, S. 325; siehe auch Jandora *March*, S. 49. Zum Problem der verschiedenen Orte dieses Namens siehe Shahîd *Byzantium*, S. 283-287.

268 Kaegi *Byzantium*, S. 82.

269 Wāqidī *Maġāzī* I, S. 339, und Yaʿqūbī *Taʾrīḫ* I, S. 230: Hier wird der Markt von Ġassān und Kalb bestimmt, Kinditen werden nicht erwähnt. Dagegen wird der Markt bei Ibn Ḥabīb *Muḥabbar*, S. 263, je nach Kriegsglück der ʿIbādī (als Bezeichnung der arabischen Christen al-Ḥiras beispielsweise Morony *Iraq*, S. 222, ergo hier die Laḫmiden?) oder der Ġassāniden vom Kinditen Ukaydir oder vom Kalbiten Qunāfa beherrscht.

270 Wāqidī *Maġāzī* I, S. 339-340. Diese *ġazwat dūmat al-ǧandal* wird auch bei Balāḏurī *Ansāb*, S. 290; Ibn Hišām, S. 621, und Ṭabarī *Taʾrīḫ* II, S. 106, aufgeführt. Bei Ibn Ḥabīb *Muḥabbar*, S. 114, wird dieser Raubzug dagegen nicht als Präventivschlag gegen Nomaden, sondern als Schutzaktion für die *tuǧǧār al-ʿarab*, Händler der Araber, motiviert.
Bei Masʿūdī *Tanbīh*, S. 214-215, ist diese *ġazwat dūmat al-ǧandal* die erste *ġazwa* Muḥammads gegen die Byzantiner. Hierbei wird Dūmat al-Ǧandal von Ukaydir beherrscht, der von Kaiser Heraklius abhängt (*wa-huwa fī ṭāʿati hirqili maliki r-rūm*). Motiviert wird die Expedition durch die Behinderung des medinensischen Handels durch Ukaydir, doch können sich wiederum alle Einwohner durch rechtzeitige Flucht in Sicherheit bringen. Parallel dazu liegt Ibn Ḥabīb *Muḥabbar*, S. 114, wo Ukaydir vor Muḥammad flieht, als dieser nach Dūmat al-Ǧandal zieht.
Robin *Kinda*, S. 86, überlegt, Ukaydir könne sich als Führer sassanidischer oder byzantinischer Söldnertruppen in Dūmat al-Ǧandal selbstständig gemacht haben.

271 Balāḏurī *Ansāb* I, S. 320; Ibn Hišām, S. 884; Ibn Saʿd II, S. 68; Ṭabarī *Taʾrīḫ* II, S. 150; Wāqidī *Maġāzī* II, S. 57-58. Siehe Yaʿqūbī *Taʾrīḫ* I, S. 217-218, zu einem Götzen der Stämme Kalb und Quḍāʿa bei Dūmat al-Ǧandal, das hier allerdings bei Ǧuraš im Jemen (siehe Yāqūt *Muʿǧam* III / IV, S. 47-48) lokalisiert wird.

Schilderungen der Raubzüge von ʿAbdarraḥmān b. ʿAwf und Ḫālid b. al-Walīd nicht recht zusammen[272].

Weiterhin wird der Qaysitenführer az-Zufar b. al-Ḥāriṯ in der eingangs zitierten Geschichte zu einem kinditischen Herrscher über Kilābiten gemacht. Obwohl Rotter hierzu keinerlei Bedenken anmeldet[273], ist doch auffällig, dass diese Abstammung des bekannten Heerführers einzig in der kurzen Episode um die oben übersetzten Verse erwähnt wird. Es wäre zu überlegen, ob die Abstammung aus den Versen abgeleitet wurde, um diese per Kontext zu interpretieren.

Schließlich ist als kinditischer Herrscher über nicht-kinditische Stämme eventuell noch der verhinderte Schwiegervater Muḥammads namens an-Nuʿmān zu nennen, der sich laut Ibn Saʿd mit seiner Familie in aš-Šarabba niedergelassen habe[274]. Dieser Ort wird von Yāqūt im Naǧd in der Nähe des Ḥiǧāz lokalisiert[275], ob der Kindit an-Nuʿmān dort jedoch in größerem Umfang Kinditen oder andere beherrschte, bleibt unklar. Er kommt nur im Kontext der gescheiterten Ehe seiner Tochter vor. Seine Abstammung variiert beträchtlich[276], vielleicht kann man seine räumliche Präsenz mit derjenigen von vorislamischen Kinditen im selben Raum in Verbindung bringen[277] – allerdings könnten ebendiese auch bloß zu seiner Plausibilisierung dort angesiedelt worden sein.

Ein weiteres prägendes Motiv im Verhältnis Kindas zu anderen Stämmen bildet das Bündnis, *ḥilf*[278], Kindas mit Rabīʿa. Dieses Bündnis war während des Untersuchungszeitraums besonders im Umfeld al-Ašʿaṯs und seiner Familie in Kufa relevant, wo Kinda und Rabīʿa teils unter einem Banner zusam-

272 Bei seiner Expedition soll ʿAbdarraḥmān b. ʿAwf auf Befehl Muḥammads die Tochter des kalbitischen Königs geheiratet haben, so dass nicht recht einzusehen ist, warum Ḫālid Angst hat, mit so wenigen Reitern ins Land der Kalbiten zu ziehen: Beispielsweise Wāqidī *Maġāzī* II, S. 58.

273 Siehe Rotter *Zweiter Bürgerkrieg*, insbesondere S. 213, Fußnote 28.

274 Balāḏurī *Ansāb* I, S. 385, und Ibn Saʿd VIII, S. 113.

275 Yāqūt *Muʿǧam* V / VI, S. 132-133, wo der Ort im Land Ġaṭafāns bei ar-Rabaḏa liegt: Das Lemma *ar-rabaḏa* in Yāqūt *Muʿǧam* III / IV, S. 388, hinwiederum verweist auf den Ḥiǧāz. Siehe die Eingangsdiskussion der Siedlungsorte Kindas 2.2.1.

276 Siehe Ibn Saʿd VIII, S. 113. Balāḏurī *Ansāb* I, S. 385; Ibn Hišām, S. 893; Ṭabarī *Taʾrīḫ* II, S. 255, und Yaʿqūbī *Taʾrīḫ* II, S. 56, geben keine genauere Abstammung. Während Ibn al-Kalbī bei Caskel *Ǧamharat an-Nasab* II, Tafel 238, annähernd der auf seinen Vater zurückgeführten Genealogie bei Balāḏurī *Ansāb* I, S. 385, folgt, kommt Caskel selbst in seinem Kommentar, Caskel *Ǧamharat an-Nasab* II, S. 51, zu folgendem Schluss: „Bei den unteren Generationen ist Asmāʾ als ein Geschöpf der Phantasie anzusehen, durch das ein menschenfreundliches Verhalten in einer bestimmten Situation illustriert wird."

277 Siehe Shahîd BA 6th I.1, S. 21-22, der auf die Lemmata *ġamr ḏī kinda*, Yāqūt *Muʿǧam* V / VI, S. 396, und *ʿāqil*, Yāqūt *Muʿǧam* V / VI, S. 286-287, verweist.

278 Der Wortstamm ist derselbe, der auch bei der Aufnahme eines Einzelnen in einen neuen Stammesverband verwendet wird, und wurde dort mit Klient wiedergegeben.

mengefasst wurden[279]. Dementsprechend findet sich eine Fülle von Debatten wie die eingangs angeführte Diskussion, in denen das exakte Verhältnis von Kinda und Rabīʿa diskutiert wird. Diese Verbindung zwischen in der „klassischen“ Genealogie verschiedenen Großverbänden der Araber – Jemeniten und Rabīʿa – angehörenden Stämmen wurde durch von diesem „klassischen“ Modell abweichende Genealogien gestützt, die Kinda zu Rabīʿa[280] oder doch immerhin zu den Rabīʿa näher stehenden Nordarabern rechneten[281]. Da die Genealogie jedoch letztlich immer als Untermauerung einer bestimmten Ansicht gelesen werden kann und damit mit den jeweils geschilderten politischen Vorgängen verknüpft ist, soll hier von einer genaueren Diskussion der einzelnen Genealogien abgesehen werden. Stattdessen sollen im Folgenden einige Beobachtungen zu Kinda und Rabīʿa in frühislamischer Zeit zusammengestellt werden.

Die Diskussion um die Führerschaft Rabīʿas durch Kinda wird in den Quellen hauptsächlich im Umfeld von al-Ašʿaṯ b. Qays während der Schlacht von Ṣiffīn greifbar[282]. Dabei ergreifen wie im obigen Beispiel häufig andere „Jemeniten“ für al-Ašʿaṯ und Kinda Partei. Im Ergebnis passiert jedoch nicht viel, die Wogen werden letztlich geglättet. Das Motiv ließe sich damit samt Diskussion und allseitigen Gedichten ohne Verlust aus dem Geschehen streichen. Aus narrativer Sicht wäre zu überlegen, ob mit diesen Anekdoten die „Bosheit“ al-Ašʿaṯs den ʿAlīden gegenüber motiviert werden soll[283].

Vielleicht lassen sich auch die Berichte einer generellen Bevorzugung von Rabīʿa durch ʿAlī auf diesen Streit zwischen Kinda beziehungsweise al-Ašʿaṯ und Rabīʿa um die Anführerschaft der Truppenabteilung zurückführen. Bei al-Masʿūdī heißt es:

---

279 Massignon *Kufa*, S. 44, und in der Folge Donner *Conquests*, S. 235, und Morony *Iraq*, S. 244-245, erklären unter Berufung auf Berichte bei aṭ-Ṭabarī diese Einteilung der Kufer in Viertel, bei der Kinda mit Rabīʿa eine Abteilung bildete, als Einrichtung des sufyānidischen Statthalters Ziyād b. Abīhi. Allerdings lässt sich diese Datierung im Licht der Berichte von der Schlacht von Ṣiffīn, in denen Rabīʿa und Kinda als gemeinsame Heeresabteilung erscheinen, schwerlich halten. Statt wie Morony, der hierin einer auch in den Quellen vertretenen Ansicht folgt, die disparaten Angaben in den Quellen durch die Annahme einer zeitlichen Abfolge von sieben / acht Heeresteilen unter ʿAlī und vier Heeresteilen unter Ziyād b. Abīhi notdürftig zu harmonisieren, ließe sich vielleicht überlegen, ob die Systematisierungen sämtlich als spätere Projektionen in das erhaltene Material erklärt werden könnten. Siehe auch die Diskussion der Siedlungsmuster Kindas in Kufa 5.4.1.

280 Caskel *Ǧamharat an-Nasab* I, S. 33, Fußnote 1.

281 Caskel *Ǧamharat an-Nasab* I, S. 33-34, und II, S. 47-48.

282 Beispielsweise neben der eingangs zitierten Passage Naṣr b. Muzāḥim, S. 137-140, auch Ibn Aʿṯam III, S. 105-107, wo die Geschichte bis in den Wortlaut parallel ist, jedoch erst nach der *waqʿat al-māʾ* mitten in die Schlacht bei Ṣiffīn datiert wird. Die Episode wird offenbar wie ein Mosaikstein an verschiedenen Stellen in die Schilderung der Schlacht von Ṣiffīn eingebaut.

283 Siehe zu dieser *Bosheit* Kindas aus Sicht der ʿalidischen Heilsgeschichte 3.2.8.

ʿAlī lobte Rabīʿa häufig und betrauerte ihre Toten in Versen und in Prosa. Sie waren nämlich seine Helfer (*anṣār*) und Unterstützer, der festeste Pfeiler seiner Macht. So sagte er bei Ṣiffīn:

Wem gehört die schwarze Fahne, deren Schatten zuckt? / Auf Befehl rückt sie vor,

Und bleibt in der Schlachtreihe, bis sie vergießt / Tödliche Becken von Mord und Blut.

Gott straft, wer gegen sie kämpft / Zum Tod rückt sie vor, was wäre mächtiger oder ehrenvoller

Oder köstlicher an Tat und ehrvoller an Natur / Wenn die Männerstimmen sich mischen?

Rabīʿa meine ich, die Helfer / und Kämpfer, wenn sie das fünfteilige Riesenheer treffen.[284]

Die schwarze Fahne ließe sich allerdings auch als ʿabbāsidische Propaganda deuten, so dass die Ornamentik der Episode ebenfalls im Kontext der Propaganda der *dawla*, der ʿabbāsidischen Revolution, gelesen werden kann[285]. Im Siedlungsplan Kufas, wie er aus den hier ausgewerteten Historikern zusammengesetzt werden kann, wohnt Rabīʿa nicht mit Kinda zusammen, was bei einer engeren Interdependenz vielleicht zu erwarten gewesen wäre[286].

Auch die Verbindungen von al-Ašʿaṯ b. Qays und seiner Familie in Kufa zu nordarabischen Gruppen werden im eingangs vorgestellten vorislamischen Königtum der Kinditen in Zentralarabien begründet. Der Einfluss dieser Verbindung auf die Genealogie wurde bereits dargestellt, hieraus lässt sich vielleicht auch der eigenartige Bericht erklären, nach dem al-Ašʿaṯ *muʾaḏḏin*, Gebetsrufer, der „Lügenprophetin" Saǧāḥ gewesen sei, die den nordarabischen Banū Tamīm zugerechnet wird[287]. Sie rief nach Muḥammads Tod in der Yamāma zur *ridda* gegen die Muslime auf, heiratete den ḥanafitischen Propheten Musaylima und starb schließlich in Baṣra[288]. Mit al-Ašʿaṯ findet sich innerhalb der hier ausgewerteten Prosopographie Kindas kein weiterer biographischer Berührungspunkt, so dass die Geschichte vielleicht aus dem narrativen Motiv von engeren Beziehungen zwischen Kinda und den nordarabischen Stämmen erklärt werden sollte. Daneben dient die Geschichte auch dazu, die umstrittene Apostasie al-Ašʿaṯs zu besiegeln[289]. Wenn dieser der Lü-

284 Masʿūdī *Murūǧ* III, S. 60-61.

285 Siehe zur Symbolik schwarzer Fahnen in der islamischen Geistesgeschichte ʿAthamina *Banners*.

286 Siehe die Diskussion der Siedlungsmuster Kindas in Kufa 5.4.1.

287 Yaʿqūbī *Taʾrīḫ* II, S. 87.

288 Yaʿqūbī *Taʾrīḫ* II, S. 89.

289 Zur Kontroverse um die Rolle al-Ašʿaṯs während der *ridda* Kindas siehe 3.1.1.

genprophetin als Gebetsrufer dienen konnte, war er mit Sicherheit vom Islam abgefallen[290].

In Ḥaḍramawt wird dagegen die Rivalität zwischen Kinda und dem ebenfalls südarabischen Stamm Maḏḥiǧ begründet. Nachdem sein Vater im Kampf gegen den Unterstamm Murād von Maḏḥiǧ getötet worden sei[291], habe al-Ašʿaṯ für ihn Rache nehmen wollen und sei dabei gefangen genommen worden[292]. An seinem Lösegeld habe er in später sprichwörtlicher Weise geknausert[293]. Allerdings stehen in den Quellen nur sehr fragmentarische Hinweise auf diese Ereignisse. Meist werden irgendwelche Schimpfereien al-Ašʿaṯs mit Angehörigen der Banū Maḏḥiǧ hierin motiviert[294] und auch im geographischen Wörterbuch Yāqūts liest man unter dem Lemma des angeblichen Schlachtfelds *al-qaḍīb* nur lapidar, dass al-Ašʿaṯ hier gefangen worden sei, bevor Yāqūt sehr viel ausführlicher von einer länger zurückliegenden Schlacht mit Kinda und Maḏḥiǧ am selben Ort erzählt[295]. Das Ganze wirkt wie eine Dublette, in der die alte Schlacht al-Ašʿaṯ zuerzählt wurde, um einen Anlass für die Geschichten um seine Auslösung zu bekommen. In diesen sieht bereits Lecker nur

> ... mutually neutralizing [...] intertribal polemics.[296]

---

290 Die Nennung al-Ašʿaṯs als Gebetsrufer Saǧāḥs bleibt jedoch eigenartig. Die Gebetsrufer Saǧāḥs werden gelegentlich genannt, beispielsweise bei Balāḏurī *Ansāb* VIII, S. 24, und Ṭabarī *Taʾrīḫ* II, S. 320, wobei al-Ašʿaṯ nie auftaucht. Eine sehr viel lockrere Verbindung zur Familie al-Ašʿaṯs zeigt sich zu einem bei Balāḏurī *Ansāb* VIII, S. 28, genannten *muʾaḏḏin* Saǧāḥs vom Stamm Tamīm: Sein Sohn soll ein Gefährte Ibn al-Ašʿaṯs gewesen sein.
Rein geographisch näherliegend wäre eine Verwicklung Kindas in die Aktivitäten des jemenitischen „Lügenpropheten" al-Aswad al-ʿAnsī, die denn auch gelegentlich angedeutet wird: So soll dieser laut Ḫalīfa *Taʾrīḫ*, S. 61, beim Überfall auf die vier gemeuchelten Kinditenkönige mitgetötet worden sein und laut Ṭabarī *Taʾrīḫ* II, S. 353, war „der Grund der *ridda* Kindas, dass sie al-Aswad al-ʿAnsī folgten, so dass der Prophet Gottes [...] die vier Könige verfluchte." Diese Variante wird dann mehr schlecht als recht mit der leidigen Geschichte um das fälschlich als Steuer eingezogene Kamel harmonisiert. Siehe zu letzterer Lecker *Kinda*, S. 337.

291 Iṣfahānī *Aġānī* XV, S. 232; siehe Caskel *Ǧamharat an-Nasab* II, S. 460. Wohl in diesem Kontext sei auch der Onkel, *ʿamm*, al-Ašʿaṯs Furʿān b. Mahdī b. Maʿdīkarib verdurstet, Iṣfahānī *Aġānī* XV, S. 246. Diese Genealogie macht ihn allerdings zum Vetter mit Maʿdīkarib als gemeinsamem Großvater. Siehe die Vorbemerkungen zur Vorstellung der kinditischen Anführerfamilien für die funktionale Äquivalenz von Onkel und Vetter 2.4.

292 Ṯaʿālibī *Laṭāʾif*, S. 17, und die Parallelstelle bei Ibn Rusta, S. 193; siehe die Auflistung der Quellen bei Sayed *Revolte*, S. 105-106.

293 Ṯaʿālibī *Laṭāʾif*, S. 70; siehe Lecker *Judaism*, S. 639-640, und Sayed *Revolte*, S. 78.

294 So als Anlass für die bloß erwähnte Geschichte bei Iṣfahānī *Aġānī* XV, S. 232.

295 Yāqūt *Muʿǧam* VII / VIII, S. 66-67.

296 Lecker *Judaism*, S. 640.

Der einzige narrativ eingebettete Hinweis auf Gefangenschaft und Auslösung al-Ašʿaṯs in den hier ausgewerteten Quellen fand sich bei al-Maqdisī, wo es heißt, die Qarāmiṭa (sic!) habe al-Ašʿaṯ gefangen und erst gegen 3000 Kamele freigelassen[297]. Warum die Qarmaṭen in dieser Geschichte um runde dreihundert Jahre[298] zurückdatiert werden, ist rätselhaft: Vielleicht spielt hier der Vater Ḥamdān Qarmaṭs hinein, der ebenfalls den Namen al-Ašʿaṯ trug?

Den frühen Quellen zum Kampf zwischen Maḏḥiǧ und Kinda lässt sich nichts Genaueres entnehmen. Auch in die *ridda* Kindas greift Maḏḥiǧ nicht großflächig auf Seiten der Muslime ein, obwohl ʿUfayyif b. Maʿdīkarib, der Onkel al-Ašʿaṯs, ihr Eingreifen bei Ibn Aʿṯam und al-Wāqidīs Kitāb ar-Ridda beschwörend an die Wand malt, um vom Aufstand abzuraten[299]. Das Ganze wirkt ein wenig, als sei die angenommene Rivalität zwischen dem „bösen" Recken aus Sicht des ʿalīdischen Heilsromans[300], al-Ašʿaṯ b. Qays, und seinem „guten" Pendant al-Aštar al-Maḏḥiǧī ins Vorislamische ausgebaut worden.

Hinter dem von Lecker beklagten Quellenwirrwarr zu al-Ašʿaṯs Lösegeld steht wiederum die Kontroverse um die Wertung al-Ašʿaṯs. Während seine Anhänger ihn das dreifache Lösegeld eines „Königs" wert sein ließen[301], ließen ihn seine Gegner sich mit einigen Bauerntricks billig aus der Affäre ziehen[302]. Wie gezeigt, lässt sich in den hier untersuchten Quellen der Prosopographie Kindas selbst eine Gefangennahme nicht genauer fassen, vom Lösegeld ganz zu schweigen.

Zusammenfassend lässt sich festhalten, dass das Verhältnis von Kinda zu anderen arabischen Stämmen von einigen typischen Zügen dominiert wird. Kinditen sind häufig Könige über andere Stämme, ihre Nähe zu Nordarabern und Rabīʿa schlägt sich in der Kontroverse um die genealogische Einordnung Kindas nieder und der Bruderzwist mit dem ebenfalls südarabischen Stamm Maḏḥiǧ spiegelt sich in variierenden Geschichten vorislamischer Kämpfe zwischen beiden. Während sich das Königsmotiv in seiner narrativen Dynamik vielleicht mit der Nähe Kindas zum Prinzenzirkel verbinden lässt, lassen sich die übrigen Berichte vom Verhältnis Kindas zu anderen Stämmen in vorislamischer Zeit zum größten Teil als ein Rückprojizieren von Konflikten innerhalb der islamischen Heilsgeschichte in vorislamische Zeit hinein erklären.

297 Maqdisī *K. al-Badʾ* V, S. 109. Diese Zahl findet sich auch bei Ṯaʿālibī *Laṭāʾif*, S. 17. In der oben erwähnten Dublette Ibn Ḥabīb *Muḥabbar*, S. 244, und Ṯaʿālibī *Laṭāʾif*, S. 70, sind es jedoch nur 200 Kamele, von denen al-Ašʿaṯ 100 spart.

298 Siehe zur Entstehung der Qarmaṭen Halm *Mahdi*, S. 64-67.

299 Ibn Aʿṯam I, S. 63, entsprechend Wāqidī *Ridda*, S. 273. Bei al-Wāqidī folgt ein Gedicht ʿUfayyifs, in dem Maḏḥiǧ als Reimwort vorkommt.

300 Siehe hierzu die Diskussion der global-islamischen Motivation der Innenpolitik 4.7.

301 Lecker *Judaism*, S. 639.

302 Lecker *Judaism*, S. 640.

Diese motivische Angebundenheit des Erzählens an spätere Ereignisse sagt dabei nichts über ihre Faktizität aus. Einmal mehr sei hier auf die von Vogt und Noth geäußerten Vorbehalte gegenüber realhistorischen Schlussfolgerungen auf Basis einer Untersuchung narrativer Dynamiken verwiesen[303].

3.2.6 Kinda und Qurayš

> [Bei der *ridda* gegen die Muslime] sprach al-Ašʿaṯ b. Qays wie folgt: Oh Ihr Kinditen! Ich finde, Ihr solltet zusammenhalten, Euer Land und Eure Familien schützen und die Steuer (*zakāt*) auf Euren Besitz verweigern. Ich bin mir nämlich sicher, dass die Araber die Herrschaft [von Nordarabern, zu denen Qurayš gehört] Tamīm b. Murras nicht akzeptieren werden und die Herren der Senke [Mekkas] von den Banū Hāšim [der Clan Muḥammads von Qurayš] zu ihresgleichen herabsinken werden. Uns dagegen mögen sie lieber, weil sie uns besser kennen und wir besser zu ihnen passen (*naḥnu la-hā aǧrā wa-aṣlaḥ*), als andere. Wir waren nämlich Könige, bevor es auf der Erde Qurayšiten oder Senkenbewohner (*abṭaḥī*) gab![304]

> [Nachdem er auf seiner Delegation an Muḥammad für die Seide an seiner Kleidung gemaßregelt worden war] sprach al-Ašʿaṯ b. Qays: Oh Prophet Gottes, wir sind Söhne [des sagenhaften Kinditenkönigs] Ākil al-Murār und auch Du bist ein Sohn von Ākil al-Murār! Da lächelte der Prophet Gottes [...] und sprach: Mit dieser Abstammung ziehen sich [der Onkel Muḥammads] al-ʿAbbās b. ʿAbdalmuṭṭalib und Rabīʿa b. al-Ḥāriṯ aus der Affäre! Sie waren nämlich Kaufleute und pflegten auf die Frage nach ihrer Stammeszugehörigkeit zu antworten: Wir sind Nachkommen Ākil al-Murārs! Damit wurden sie durch das Königtum Kindas geschützt. Daraufhin erklärte [Muḥammad der Delegation al-Ašʿaṯs]: Nein, wir [Qurayšiten] sind die Nachkommen an-Naḍr b. Kinānas, wollen keine bessere Abstammung und leugnen unsere Väter nicht. Da sprach al-Ašʿaṯ b. Qays: Seid Ihr fertig, Ihr Kinditen? Bei Gott, wenn ich noch mal jemanden [unsere Verwandtschaft mit Qurayš] behaupten höre, gebe ich ihm 80 Hiebe![305]

Das Verhältnis zwischen den Stämmen Kinda und Qurayš ist kontrovers wie kaum ein anderes. Stolze Kinditen blicken als lang etablierte südarabische Könige auf Qurayš und sämtliche Nordaraber herab, die in der obigen Geschichte *pars pro toto* dem Stamm Tamīm b. Murra zugeschlagen werden, und ehren in der nächsten Geschichte Muḥammad als ihnen verwandten Königsnachkommen. Der Versuch, Nähe zum neuerdings emporgekommenden Herrscher herzustellen, wird von diesem jedoch brüsk zurückgewiesen.

---

303 Siehe 3.1.

304 Ibn Aʿṯam I, S. 59-60, entsprechend Wāqidī *Ridda*, S. 263, wo Kinda als „Könige und Söhne von Königen“ (*mulūk wa-abnāʾ l-mulūk*) bezeichnet wird: Allerdings gibt der Herausgeber an dieser Stelle selbst zwei Emendationen an.

305 Ibn Hišām, S. 857-858. Ṭabarī *Taʾrīḫ* II, S. 237-238, bringt unter Berufung auf Ibn Isḥāq einen etwas geglätteten Text, nach dem al-ʿAbbās und Rabīʿa antworten, *wenn sie durch das Land der Araber streifen*, und al-Ašʿaṯ sein Gefolge fragt: *Habt Ihr das gehört, Ihr Kinditen?*

Die Verbindungen zwischen Kinda und Qurayš sind bereits in frühislamischer Zeit auffallend dicht. Unter den kinditischen Ḥalīfen im vorislamischen Mekka haben sowohl die Familie al-Ḥaḍramīs, als auch diejenigen Šuraḥbīl b. Ḥasanas und al-Miqdād b. al-Aswads in die besten Familien von Qurayš eingeheiratet[306]. Muḥammad selbst soll gleich mit drei Kinditinnen Heiratspläne geschmiedet haben, wobei die Heiraten wohl als Bündnisse und Bekräftigung enger Verbindungen gelesen werden können.

Die Geschichten über die gescheiterten Prophetenhochzeiten sind etwas verworren[307]. Schon die Namen der fraglichen Bräute sind nicht ganz klar[308], und auch die Motivation zum Abbruch der Eheschließung changiert. Vom Entsetzen der Braut auf dem Brautlager[309] oder ihrer Weigerung, zum Bräutigam zu kommen, wurde bereits berichtet[310], daneben wird verschiedentlich Lepra diagnostiziert[311] oder Muḥammad stirbt einfach, bevor er heiraten kann[312]. In einer Variante heißt es lapidar:

> Als [al-Ǧawniyya] nach Medina kam, sah [Muḥammad] sie an und sprach die Scheidung aus, ohne die Ehe zu vollziehen.[313]

Aus den Widersprüchen zwischen den Varianten zu Eheschließungen zwischen kinditischen Frauen und Muḥammad lässt sich vielleicht eine Kontroverse um die Stellung Kindas in der frühislamischen Heilsgeschichte rekonstruieren. Während die pro-kinditische Ansicht den „islamischen" Ruhm Kindas nicht durch eine Ehe Muḥammads mit einer Kinditin überzeugend festschreiben konnte, waren die Berichte doch letztendlich nicht mehr gänzlich aus der Welt zu schaffen und mussten einzeln möglichst pittoresk einem unrühmlichen Ende zugeführt werden. Hierbei dürften Kinditenfreunde die

306 Siehe 2.4.1, 2.4.1.2 und 5.2.1.

307 Siehe zu Stolz und Arroganz der Kinditen 3.2.3.

308 Siehe beispielsweise Ṭabarī *Ta'rīḫ* II, S. 255, wo eine Kilābitin sich mit der Anrufung Gottes um Beistand vor der Ehe mit Muḥammad bewahrt: Abschließend fügt wohl aṭ-Ṭabarī selbst an, dass manche sie für eine Kinditin halten (*wa-yuqālu innahā min kinda*).

309 Geheuchelt oder nicht. Die Variante, nach der die neidischen Frauen Muḥammads sie angestiftet hätten, Entsetzen zu heucheln, wurde ebenfalls bereits behandelt, siehe 3.2.3.

310 Siehe 3.2.3.

311 Beispielsweise Ṭabarī *Ta'rīḫ* II, S. 255, wo es heißt: *Fa-lammā daḫala [muḥammadun] bi-hā waǧada bi-hā bayāḍan fa-mattaʿahā wa-ǧahhazahā wa-raddahā ilā ahlihā* – Als er ihr beiwohnen wollte, fand [Muḥammad] an ihr eine weiße Stelle, gab ihr das ihr zustehende Geld, rüstete sie zur Reise und schickte sie zu ihrer Familie zurück.

312 So die gängige Erklärung zum Scheitern der Ehe mit Qutayla, der Schwester al-Ašʿaṯs, beispielsweise Ibn Ḥabīb *Muḥabbar*, S. 95, und Ṭabarī *Ta'rīḫ* II, S. 256.

313 Ibn Saʿd VIII, S. 115. Diese Variante wird bei Ṭabarī *Ta'rīḫ* II, S. 359, damit motiviert, dass sie sich in ihrem Leben noch nie beklagt habe: Als Muḥammad sie dann bei sich sitzen hatte, erklärt er ihrem Vater: Wenn sie bei Gott gut angesehen wäre, würde sie sich beklagen!

Schönheit der Kinditinnen betont und al-Asmāʾ als unschuldiges Opfer einer böswilligen Intrige gezeichnet haben, während ihr die entgegengesetzte Tendenz Lepra oder abstoßende Hässlichkeit andichtete. Dabei ist anzumerken, dass al-Asmāʾ, deren Familie – wie oben festgestellt[314] – maßgeblich zum Zweck ihrer gescheiterten Ehe existiert, im Streit um die Gründe ihrer mangelnden Eignung zum Eheweib doch merklich schlechter wegkommt[315] als die Schwester al-Ašʿaṯs, die nun wirklich nichts dafür kann, dass ihr Bräutigam verstarb. Vielleicht trug hier das weiterwirkende Prestige der Familie al-Ašʿaṯs im Irak dazu bei, ihre Verwandte in ein freundlicheres Licht zu stellen.

Die Wiederheirat von Prophetenfrauen, mit denen die Ehe nicht vollzogen worden war, bildete ein eigenes Problem, da ja die Frauen Muḥammads als *ummahāt al-muslimīn*, Mütter der Muslime, ihre Söhne im Glauben nicht heiraten konnten[316]. So stirbt nach einer Variante die betrogene Asmāʾ an gebrochenem Herzen[317], während sie nach anderen Berichten ebenso wie Qutayla eine andere Ehe schließt[318]. Die letztere Ansicht geht offenbar davon aus, dass die gescheiterte Ehe keine Verwandtschaft begründet hatte.

Weniger verfänglich sind die zahlreichen Heiraten zwischen Qurayš und Kinda, an denen Muḥammad nicht beteiligt war. So wird der spätere Kalif Marwān b. al-Ḥakam wegen seiner kinditischen Großmutter mütterlicherseits, Māriya bt. Muwahhab, genannt *az-zarqāʾ*, die Blaue, verspottet: Ihr Vater soll *qayn*, Schmied, gewesen sein[319], doch lässt sich der Spott eventuell besser da-

---

[314] Siehe 3.2.3.

[315] Zusätzlich feilscht ihr Vater mit Muḥammad um das Brautgeld, Ibn Saʿd VIII, S. 114.

[316] Siehe hierzu insbesondere Powers *Muḥammad*.

[317] Balāḏurī *Ansāb* I, S. 386, und Ibn Saʿd VIII, S. 116. Yaʿqūbī *Taʾrīḫ* II, S. 57, berichtet den Tod vor Gram von der Nichte al-Asmāʾs. Bei Ibn Ḥabīb *Muḥabbar*, S. 95, stirbt al-Ǧawniyya aus Gram, während Asmāʾ sich erneut verheiratet.

[318] Yaʿqūbī *Taʾrīḫ* II, S. 57: Al-Asmāʾ heiratet al-Muhāǧir b. Umayya al-Maḫzūmī und dann Qays b. Makšūḥ al-Murādī, während Qutayla den ʿIkrima b. Abī Ǧahl ehelicht. Bei Ṭabarī *Taʾrīḫ* II, S. 357, wird die bereits behandelte Kapitulation al-Ašʿaṯs während der *ridda* von ʿIkrima b. Abī Ǧahl vermittelt, da er mit Asmāʾ bt. an-Nuʿmān b. al-Ǧawn verheiratet ist. ʿIkrima tritt dann auch als Fürsprecher einer Übersendung al-Ašʿaṯs nach Medina zum Kalifen Abū Bakr auf, statt ihn als gefangenen Rebellen hinzurichten. Dagegen wird bei Ibn Saʿd VIII, S. 116-117, eine angebliche Ehe al-Asmāʾs mit ʿIkrima b. Abī Ǧahl als unglaubwürdig zurückgewiesen (*wa-laysa ḏālika bi-ṯabatin*) und in überkreuzter Logik Qutayla mit Qays b. Makšūḥ al-Murādī verheiratet. Im folgenden Bericht Ibn Saʿd VIII, S. 117, wird ihre Ehe mit ʿIkrima (!) dann aber von ʿUmar persönlich gebilligt.

[319] So Balāḏurī *Ansāb* IV, S. 229. Außerdem werden Marwān und sein Sohn ʿAbdalmalik auch bei Balāḏurī *Ansāb* IV, S. 232, 258 und 389, als *banū z-zarqāʾ*, Söhne az-Zarqāʾs, angeredet. Dazu kommt noch Iṣfahānī *Aġānī* I, S. 41, wo die herabsetzende Anrede in einem Vers erscheint.

mit erklären, dass er sie als *qayna*, Sängerin, arbeiten ließ[320]. Auf sie nimmt auch Ibn al-Ašʿaṯ in einer seiner Predigten während des Aufstands gegen den Kalifen ʿAbdalmalik Bezug, als er vor seinen Mitrebellen ʿAbdalmalik damit schmäht, dass seine edelste Abstammungslinie über *az-zarqāʾ* laufe[321]. Weiterhin soll die Mutter des bei der Schlacht von Badr gegen die Muslime gefallen quraysitischen Heiden al-Aswad b. ʿAbdalasad eine Kinditin gewesen sein[322].

Von kinditischer Seite soll der Bruder Ukaydirs von Dūmat al-Ǧandal, Bišr b. ʿAbdalmalik, in vorislamischer Zeit eine Tante des späteren Kalifen Muʿāwiya b. Abī Sufyāns geheiratet haben.[323] In islamischer Zeit heiratet dann Muʿāwiyas Sohn Yazīd eine Nichte Bišrs aus der Familie seines Bruders Ḥurayṯ[324]. Diese Nähe zwischen der Familie Ukaydirs und den Umayyaden tauchte bereits bei der Untersuchung der Verbreitung der arabischen Schrift durch die Kinditen Dūmat al-Ǧandals auf[325].

In späterer Zeit verschwägerte sich unter den Kinditen besonders die Familie al-Ašʿaṯs mit Qurayš. Seine eigene Hochzeit mit Umm Farwa, der Schwester Abū Bakrs, im Zuge seiner Begnadigung nach der Kapitulation von an-Nuǧayr wurde bereits behandelt[326]. Von seiner Tochter Ǧaʿda heißt

---

320 Vielleicht ist *qayn* hier auch im Zusammenhang des *qayn* als südarabischem Verwaltungsbeamtem in staatlicher und religiöser Hierarchie zu verstehen. Siehe Grohmann *Arabien*, S. 130.

321 Ibn Aʿṯam VII, S. 140, und Ṭabarī *Taʾrīḫ* III, S. 488.

322 Balāḏurī *Ansāb* VI, S. 433.

323 Balāḏurī *Ansāb* III, S. 257.

324 Balāḏurī *Futūḥ*, S. 95. Dieser Bruder soll sich zum Islam bekehrt haben, allerdings ist nicht recht zu sehen, ob diese Konversion die Ehe ermöglichte, oder im Gegenteil die vollzogene Ehe dazu führte, dass Ḥurayṯ in der narrativen Logik der Quellen im Laufe des Überlieferungsprozesses islamisiert wurde.

325 Siehe 3.2.4.

326 Balāḏurī *Futūḥ*, S. 138 und 140; Ibn Aʿṯam I, S. 86-87, entsprechend Wāqidī *Ridda*, S. 319-320; Ibn Saʿd VI, S. 99; Maqdisī *K. al-Badʾ* V, S. 156; Ṭabarī *Taʾrīḫ* II, S. 357-358, und Yaʿqūbī *Taʾrīḫ* II, S. 90.

Das enge Verhältnis des dieser Verbindung entstammenden Sohns, Muḥammad b. al-Ašʿaṯ, zur quraysitisch-islamischen Elite zeigt sich bereits an seiner Kunya Abū l-Qāsim, die er angeblich von ʿĀʾiša persönlich bekam (Ibn Saʿd V, S. 48). Die eschatologisch-machtpolitische Dimension der Kombination von *kunya* und *ism* Muḥammads wird im Abschnitt zur herrschaftlichen Ikonographie der Familie al-Ašʿaṯs skizziert werden, siehe 5.4.2.

Daneben wird ebenfalls von Ibn Saʿd V, S. 48, erzählt, wie al-Ašʿaṯ die Kalifen ʿUmar und ʿUṯmān persönlich danach fragte, ob er von einer verstorbenen jüdischen Tante erbberechtigt sei. In der Parallelstelle Ibn Rusta, S. 205, fragt al-Ašʿaṯ nur bei ʿUmar nach, ob er von ihr erben dürfe. Bei Ibn Aʿṯam I, S. 87, wird berichtet, Muḥammad b. al-Ašʿaṯ sei ständig in der Nähe der späteren Kalifen ʿUmar, ʿUṯmān und ʿAlī geblieben. Interessanterweise weicht die Parallelstelle bei Wāqidī *Ridda*, S. 320, hier von Ibn Aʿṯam ab: Demnach soll Muḥammad b. al-Ašʿaṯ nur die Gesellschaft ʿUmars und ʿUṯmāns gesucht haben.

Kompliziert ist die Bemerkung bei Balāḏurī *Futūḥ*, S. 138, dass *er ihm seine Schwester Qarība* vermählt habe: Entweder haben erscheint hier eine alternative Ansicht zum

es aus Anlass ihres angeblichen Giftmords an al-Ḥasan b. ʿAlī auf Anstiftung Muʿāwiyas, dass sie die Ehefrau al-Ḥasans gewesen sei[327] und später einen Nachkommen Ṭalḥa b. ʿUbaydallāhs geheiratet habe[328]. Daneben wird bei der Vorstellung al-Ašʿaṯs als Gouverneur des Kalifen ʿUṯmān in Āḏarbayǧān angeführt, er habe seine Tochter Ḥabbāna mit ʿAmr, dem Sohn ʿUṯmāns, verheiratet[329], eine weitere Tochter namens Qarība soll mit ʿAmrs Bruder Ḫālid verheiratet worden sein[330]. Sein Sohn Muḥammad b. al-Ašʿaṯ soll später seine Tochter Umm an-Nuʿmān mit ʿUbaydallāh b. Ziyād, dem umayyadischen Statthalter im Irak, verheiratet haben[331].

Eine Reihe besonders spannender Eheschließungen begegnet im Umfeld des Statthalters des Irak unter den Kalifen ʿUmar und ʿUṯmān, Saʿd b. Abī Waqqāṣ. Saʿd b. Abī Waqqāṣ selbst hatte fünf Kinder mit einer gewissen Māwiya[332] bt. Qays b. Maʿdīkarib b. Abī l-Kaysam b. as-Simṭ b. Imruʾalqays b. ʿAmr b. Muʿāwiya, die eine Kinditin gewesen sein soll[333]. An anderer Stelle soll Saʿd b. Abī Waqqāṣ mit einer gewissen Bišrā bt. Qays b. Abī l-Kaysam, die bei an-Nuǧayr versklavt worden war, einen Sohn namens ʿUmar gehabt haben[334].

Namen der Schwester Abū Bakrs, oder al-Ašʿaṯ vermählt seine eigene Schwester mit Abū Bakr. Von einer Tochter (!) al-Ašʿaṯs namens Qarība liest man bei Caskel *Ǧamharat an-Nasab* II, S. 466. Sie soll später Ḫālid, den Sohn des Kalifen ʿUṯmān, geheiratet haben.

327 Balāḏurī *Ansāb* II, S. 291; Iṣfahānī *Maqātil*, S. 50 und 73; Maqdisī *K. al-Badʾ* VI, S. 5, und Masʿūdī *Murūǧ* II, S. 476. Ibn Aʿṯam IV, S. 206-207, lässt den Erzschurken Marwān b. al-Ḥakam (siehe den Abriss des ʿalidischen Heilsromans bei der Diskussion der islamischen Motivation der Innenpolitik, 4.7) Ǧaʿda mit List dazu bringen, ihren Mann mit einem vergifteten Schweißtuch (*mandīl-yi zahr*: Die Passage steht in einer der Lücken im arabischen Text, in die der Herausgeber eine persische Übersetzung einfügt) zu vergiften. Von der Ehe Ǧaʿdas mit al-Ḥasan liest man außerdem aus Anlass des von al-Ḥasan geleiteten Begräbnisses für al-Ašʿaṯ bei Ibn Saʿd VI, S. 100.
Dīnawarī *Aḫbār*, S. 277, berichtet von einer Tochter al-Ašʿaṯ b. Qays, die mit al-Ḥusayn (!) b. ʿAlī verheiratet gewesen sei und nach der Schlacht an der Ḥarra ihren Besitz zurückerhält.
Iṣfahānī *Maqātil*, S. 50, berichtet, auch die Namen Sakīna, Šuʿṯāʾ und ʿĀʾiša würden für die giftmordende Tochter al-Ašʿaṯs gegeben.

328 Iṣfahānī *Maqātil*, S. 73.

329 Naṣr b. Muzāḥim, S. 20, und Caskel *Ǧamharat an-Nasab* II, S. 286.

330 Caskel *Ǧamharat an-Nasab* II, S. 466.

331 Balāḏurī *Ansāb* IV, S. 47.

332 Oder Māriya bei Ibn Saʿd V, S. 128.

333 Ibn Saʿd III, S. 102, siehe auch Ahmad *Elite*, S. 51. Eine Schwester namens ʿUǧra steht bei Caskel *Ǧamharat an-Nasab* I, Tafel 238.

334 Ṭabarī *Taʾrīḫ* II, S. 359. Man könnte auch darüber nachdenken, Bišrā und Māwiya zu einer Person zusammenzufassen, wie es Ahmad *Elite*, S. 51, zu tun scheint. Allerdings wären hierbei die differierenden Namen und Abstammungen erklärungsbedürftig. Andernfalls wäre Bišrā wohl eine Schwester der zuvor genannten Māwiya.

Ein vielleicht mit diesem ʿUmar identischer Sohn von Saʿd b. Abī Waqqāṣ, der ebenfalls ʿUmar hieß, soll später eine Tochter ʿUmayra b. Šihāb b. Muḥriz b. Abī Šamr al-Kindīs geheiratet haben[335], daneben wird von einer Ehe eines (weiteren?) Sohnes namens ʿUmar b. Saʿd b. Abī Waqqāṣ mit Umm Yaḥyā bt. ʿAbdallāh b. Maʿdīkarib b. Qays b. Maʿdīkarib von Kinda berichtet[336]. Außerdem liest man von der Ehe einer Tochter von Saʿd b. Abī Waqqāṣ mit einem gewissen Muʿāwiya b. ʿUmayr b. Isḥāq b. Muʿāwiya al-Kindī[337].

Diese Nähe der Familie Saʿd b. Abī Waqqāṣ diskutiert Ahmad ausführlich und kommt zu folgendem Ergebnis:

> What begins to emerge now and will become even more apparent with fragments about 'Umar's brother Muḥammad is that this line of Sa'dids followed in the footprints of the tribal élite of Iraq. And like so many of them, they did not care to promote any religious position, ideology, or policy; they were interested rather in selfpromotion and self-preservation and so shifted in their political leanings with the right opportunities.
>
> That in their fickleness they generally chose to be dragged upon the coattails of their Kinda brethren should already be somewhat clear.[338]

Dieses Milieu einer stammesübergreifenden *tribal élite of Iraq* wird in der vorliegenden Untersuchung *en passant* immer wieder greifbar. Durch den Fokus auf in den Quellen aufgrund ihrer väterlichen Abstammung von Kinda als solche bezeichnete Kinditen lässt sich die allgemeine Funktion mütterlicher Verwandtschaft hier allerdings nicht erschöpfend abbilden[339].

Wenn man von zwei Ehen Saʿds mit Kinditinnen ausgeht, aus denen jeweils ein Sohn namens ʿUmar hervorging, lässt sich der Tod ʿUmar b. Māwiyas im Kampf gegen al-Muḫtār bei Ibn Saʿd III, S. 102, mit den späteren Aktivitäten eines kinditisch verbandelten ʿUmar b. Saʿd b. Abī Waqqāṣ im Umfeld der Nachkommen von al-Ašʿaṯ vereinbaren. Es wären einfach zwei verschiedene Söhne von Saʿd b. Abī Waqqāṣ. Ahmad arbeitet generell etwas unsauber. Bei seiner Diskussion der Ehen Saʿd b. Abī Waqqāṣ mit Kinda, Ahmad *Elite*, S. 55-83, erklärt er zur Ehe Saʿd b. Abī Waqqāṣ' mit Umm Hilāl ... b. Maḏḥiǧ, siehe Ibn Saʿd III, S. 102, den gesamten Stamm Maḏḥiǧ diskussionslos zu einem Teil Kindas.

335 Balāḏurī *Futūḥ*, S. 328.

336 Ibn Saʿd V, S. 128. Vielleicht lässt sie sich als Enkelin al-Ašʿaṯs über einen sonst allerdings nicht erwähnten Sohn namens ʿAbdallāh fassen. Zusätzlich heißt es, die Mutter seines Sohnes ʿAbdallāh der Jüngere sei Kinditin gewesen, Ibn Saʿd V, S. 128.

337 Ibn Ḥabīb *Muḥabbar*, S. 68.

338 Ahmad *Elite*, S. 69.

339 Siehe hierzu beispielhaft die Diskussion der Nähe von Saʿd b. Abī Waqqāṣ' zu Kinda bei Ahmad *Elite*, S. 55-83. Hierbei werden auch die Schwierigkeiten eines solchen Ansatzes bei der Rekonstruktion einer Realgeschichte deutlich. Während im Zuge der Untersuchung der Prosopographie Kindas widersprüchliche Informationen als Teile eines Gesamtkosmos einfach zusammengestellt und in ihrer jeweiligen narrativen Funktion untersucht werden können, strebt Ahmad nach der Scheidung von *wahrer* von *falscher* Information.

Schließlich war Zurʿa bt. Mišraḥ, ebenfalls eine bei an-Nuǧayr gefangene Kinditin, als Mutter des ʿAlī b. ʿAbdallāh b. al-ʿAbbās Ahnherrin der späteren ʿabbāsidischen Kalifen[340]. Die Nähe der ʿAbbāsiden zu Kinda begegnet auch in der eingangs übersetzten Erklärung Muḥammads für den seltsamen Gedanken al-Ašʿaṯs, ihn als einen Stammverwandten zu besuchen[341].

Das handelnde Umherziehen von Kinditen ins vorislamische Mekka wurde bereits im Zuge der Diskussion der Verbreitung der arabischen Schrift durch Bišr b. ʿAbdalmalik von Dūmat al-Ǧandal behandelt, im Umfeld von al-ʿAbbās ist hier besonders der Onkel[342] al-Ašʿaṯs, ʿUfayyif b. Maʿdīkarib, zu nennen, der als dem Monotheismus nahestehenden Mahner zur Aussöhnung mit den Muslimen im Vorfeld der *ridda* beschrieben wird[343]. Dieser soll laut einer über seinen Enkel ʿUfayyif[344] überlieferten Geschichte Muḥammad samt den ersten beiden Muslimen ʿAlī und Ḫadīǧa beim Gebet an der Kaʿba gesehen haben, als er in Mekka Stoffe und Spezereien Mekkas kaufen wollte

---

340 Balāḏurī *Ansāb* III, S. 59, und IV, S. 10; Ibn Aʿṯam V, S. 299, und Ṭabarī *Taʾrīḫ* II, S. 359.

341 Eine vollständige Diskussion dieser Problematik stand aparter Weise in der arabischsprachigen Wikipedia unter dem Lemma *kinda (qabīla)*, wo es heißt:

وهناك من يرجح أن الأشعث قصد بنسب محمد بن عبد الله إلى كندة يعود إلى أن لمحمد جدة من كندة وهي أم كلاب بن مرة وهي من قصد محمد بقوله "لا نقفو أمنا" أي لا نتبع أنساب أمهاتنا. يذكر أن هناك رواية أخرى رجح الفقهاء ضعفها أن الأشعث قصد ما قيل أن محمد هو إبن رجل كندة وليس إبن عبد الله من بني هاشم لذلك قال الأشعث مخاطبا قومه "والله يا معشر كندة لا أسمع رجلاً يقولها إلا ضربته ثمانين" وهي حد القذف في الإسلام.

(abgerufen am 4. V. 2012.)

Manche ziehen [die Ansicht] vor, al-Ašʿaṯ habe mit der Abstammung Muḥammad b. ʿAbdallāhs [also des islamischen Propheten Muḥammad] von Kinda gemeint, dass die Großmutter [lies: Ahnherrin] Muḥammads Umm Kilāb b. Murra Kinditin gewesen sei. Diese habe Muḥammad mit seinem Ausspruch: „Wir wollen keine bessere Abstammung!" [s. o.] gemeint. Doch gibt es auch eine andere Erzählung, die die Gelehrten für unwahrscheinlich halten, nach der al-Ašʿaṯ gemeint habe, Muḥammad sei der Sohn eines Kinditen und nicht von ʿAbdallāh von den Banū Hāšim [!]. Daher habe al-Ašʿaṯ daraufhin erklärt: „Bei Gott, wenn ich noch einmal jemanden [die Verwandtschaft mit Qurayš] behaupten höre, gebe ich ihm 80 Hiebe!", denn das ist die Strafe für Verleumdungen im Islam.

Mag dieser Lösungsansatz auch etwas kurios erscheinen, zeigt er doch klar, dass der Ausspruch Rätsel aufgibt. Im Stammbaum Muḥammads stehen in der Tat auch mütterlicherseits keine „Söhne von Ākil al-Murār". Überhaupt ist der Stammbaum Muḥammads, der ihn doch wegen angeborener Mittelstellung unter den Arabern (*awsaṭ [al-ʿarab] nasaban*, beispielsweise Ṭabarī *Taʾrīḫ* II, S. 153) zum Araberfürsten prädestinieren sollte, von starker Überarbeitung gezeichnet.

342 In der Variante bei Ṭabarī *Taʾrīḫ* I, S. 549, wird er zum Bruder mütterlicherseits und Vetter väterlicherseits von al-Ašʿaṯ gemacht: Siehe 2.5.7.

343 Siehe 3.2.4.

344 So bei Ibn Saʿd VIII, S. 14; dagegen heißt der Enkel bei Ṭabarī *Taʾrīḫ* I, S. 548-549, Ismāʿil b. Iyās b. ʿUfayyif.

(*wa-anā urīdu an abtā'a li-ahlī min ṯiyābihā wa-'iṭrihā*[345]) und dazu bei al-'Abbās abgestiegen war[346]. Die eigentliche Pointe der Geschichte scheint darin gelegen zu haben, dass er später bedauert, sich nicht als vierter Muslim dem neuen Glauben angeschlossen zu haben[347], doch zeigt sich hier einmal mehr eine Handelsverbindung zwischen al-'Abbās und den Kinditen.

Diese enge Verbindung seines Onkels zum Prophetenonkel al-'Abbās lässt das Verhalten von al-Aš'aṯ b. Qays bei Ṣiffīn nochmals spezieller erscheinen. Seine angebliche Fürsprache für den Waffenstillstand und das letztlich desaströse Schiedsgericht wird noch näher zu untersuchen sein[348], hier soll zunächst auf die Begründung seiner Ablehnung von 'Abdallāh b. al-'Abbās als Unterhändler 'Alīs eingegangen werden:

> [Auf den Druck seiner Truppen erklärt sich 'Alī nach der Schlacht von Ṣiffīn mit einem Schiedsgericht zur Beilegung des Streits zwischen ihm und Mu'āwiya einverstanden.] Da sprach 'Alī: Ich möchte 'Abdallāh b. 'Abbās als von mir bestimmten Schiedsrichter entsenden! Doch al-Aš'aṯ erklärte: Mu'āwiya entsendet [den Qurayšiten] 'Amr b. al-'Āṣ, wir aber werden keinesfalls von zwei Nordarabern (*muḍariyān*) gerichtet werden: Entsende also [den Südaraber] Abū Mūsā al-Aš'arī![349]

So wird also im 'Alī gegenüber feindlich eingestellten Abū Mūsā der Bock zum Gärtner gemacht, der sich dann prompt vom intriganten 'Amr übertöl-

345 Stoffe und Spezereien gelten sonst als Produkte des Jemen, die nach Mekka importiert werden: Siehe Crone *Trade*.

346 Ibn Sa'd VIII, S. 14. Ṭabarī *Ta'rīḫ* I, S. 549, verlagert die ganze Geschichte nach Minā und fügt hinzu, dies habe sich zur Zeit der Pilgerfahrt der *ḥaǧǧ* begeben, lässt 'Ufayyif al-'Abbās seinen Freund nennen (*kāna l-'abbās b. 'abdalmuṭṭalib lī ṣadīqan*) und bemerkt, dieser sei öfters in den Jemen gekommen, um dort Spezereien zu kaufen, die er dann auf dem Markt bei der Wallfahrt der Araber (*ayyām al-mawsim*) verkauft habe.

347 Bei Ibn Sa'd VIII, S. 14, wird die Geschichte in dem Kapitel über Muḥammads Frauen dagegen als Beleg für die frühe Bekehrung Ḫadīǧas zitiert.

348 Siehe 4.7.

349 Ya'qūbī *Ta'rīḫ* II, S. 131. Daneben findet sich das Motiv von den zwei Nordarabern auch bei Ibn A'ṯam IV, S. 3-4, wo 'Alī dem Qurayšiten 'Amr einen ebenbürtigen Qurayšiten gegenüberstellen will, was al-Aš'aṯ verhindert. Bei Naṣr b. Muzāḥim, S. 499, und Ṭabarī *Ta'rīḫ* III, S. 119, wird das Motiv in sein Gegenteil verkehrt: Nachdem Mu'āwiya „nur" den 'Amr entsandte, wäre 'Abdallāh b. al-'Abbās übermäßig hochstehend. Weiterhin wird dieser auch bei Maqdisī *K. al-Bad'* V, S. 220, und Mas'ūdī *Murūǧ* II, S. 434, als Nordaraber verhindert, ebenso bringt Naṣr b. Muzāḥim, S. 500, neben der angeführten Variante auch die „nordarabische" Motivation der Ablehnung 'Abdallāh b. al-'Abbās'. Eine weitere Wendung erfährt das Motiv bei Balāḏurī *Ansāb* II, S. 180, wo Mu'āwiya den von 'Alī vorgeschlagenen Šaddād b. Aws ablehnt, da er keinen Medinenser (*yaṯribī*) akzeptieren werde.
Letztlich bilden diese Streitereien Konfliktlinien ab, die im Überlieferungsprozess relevant erschienen. Ob sie im Einzelfall in den Geschichten nur besonders betont oder aber gänzlich in sie hineinprojiziert wurden, lässt sich aus den Quellen nicht entscheiden. Einmal mehr soll das Motiv daher isoliert und als Topos behandelt werden.

peln lässt[350]. Im Kontext der von al-Ašʿaṯ b. Qays selbst auf seiner Delegation an Muḥammad erklärten Verwandtschaft und der dort nochmals aufscheinenden engen Beziehung gerade zwischen al-ʿAbbās und dem Onkel al-Ašʿaṯs wirkt dieses von al-Ašʿaṯ hervorgebrachte Argument zur Verhinderung eines wirkungsvollen Vertreter der ʿalīdischen Interessen stark konstruiert wenn nicht geradezu böswillig.

Insgesamt schwankt die Schilderung des Verhältnisses von Kinda zu Qurayš zwischen instabil-ebenbürtiger Nähe und ausgesprochen arroganter Bosheit. Eine solche narrative Polarisierung der Debatte deutet eventuell darauf hin, dass die Stellung Kindas in der frühislamischen Heilsgeschichte Gegenstand von Kontroversen war. Wenn man von dieser Erklärung ausgehen wollte, würden sich die charakteristischen Züge, in denen der Umgang Kindas mit Qurayš ausgemalt wird, in eine übergeordnete narrative Dynamik einpassen, die bereits oben für andere charakteristische Züge im Bild der Kinditen angedacht wurde.

3.2.7 Kinditen als Verräter

> [Nachdem sich die von Ḥuǧr b. ʿAdī angefachten Unruhen in Kufa beruhigt haben, fordert der umayyadische Gouverneur Ziyād b. Abīhi Muḥammad b. al-Ašʿaṯ als Führer der Kinditen zur Auslieferung des flüchtigen Kinditen Ḥuǧr b. ʿAdī auf.] Bei Gott, entweder bringst Du den Ḥuǧr zu mir, oder Dir bleibt keine Palme, die ich nicht fälle, und kein Haus, das ich nicht zerstöre! Auch danach lasse ich Dich nicht gehen, sondern zerschneide Dich Glied für Glied! Da antwortete [Muḥammad b. al-Ašʿaṯ]: Gib mir Zeit, ich suche ihn! [...] Danach blieb Ḥuǧr [b. ʿAdī al-Kindī] einen Tag und eine Nacht im Haus Rabīʿa b. Nāǧiḏs, bis er seinen Knecht Rušayd [...] an [Muḥammad] b. al-Ašʿaṯ sandte und ihm ausrichten ließ: Ich habe gehört, wie Dich dieser gewaltige Tyrann bedroht hat, doch fürchte nichts, ich werde mich Dir ergeben. Nimm einige Deiner Leute, geh zu ihm und bitte ihn um sein Wort, dass er mich unangetastet an [den Kalifen] Muʿāwiya schickt, damit der über mich entscheidet. [Das geschieht und Ziyād garantiert die Forderungen Ḥuǧrs, wirft ihn jedoch bei kaltem Wetter im dünnen Burnus zehn Tage ins Gefängnis. Schließlich wird er von Muʿāwiya exekutiert.][351]

> [Der Kindit Ḥuǧr b. Yazīd hat seinen Bruder Qays bei der Niederschlagung des Aufstands von Ḥuǧr b. ʿAdī in Kufa erfolgreich freigebeten und soll jetzt seinen Bruder ʿUmayr ausliefern.] Ḥuǧr b. Yazīd sprach [zum umayyadischen Statthalter

---

[350] Siehe für die Gesamtgeschichte Madelung *Succession*, S. 250-257 und 283-286.

[351] Iṣfahānī *Aġānī* XVII, S. 146-147. Varianten stehen bei Balāḏurī *Ansāb* III, S. 428, wo Ḥuǧr von Yazīd b. Ṭarīf al-Musallī, wohl einem der Knechte Ziyāds, mit einem Stab auf den Oberschenkel geschlagen wird, obwohl er verwundet ist; und Ṭabarī *Taʾrīḫ* III, S. 246. Bei Ibn Saʿd VI, S. 242-243, ergibt sich Ḥuǧr nach einigen Scharmützeln direkt den Polizeitruppen und Sklaven aus Buḫāra (*aš-šuraṭ wa-l-buḫāriyya*), die Ziyād nach ihm schickt. Bei Dīnawarī *Aḫbār*, S. 237, ist Ǧarīr b. ʿAbdallāh der Garant und Bote Ziyāds an Ḥuǧr.

Ziyād b. Abīhi]: Ja, ich bürge [meinem Bruder gegenüber] gegenüber für Dich, wenn Du ihm Besitz und Leben (*dam*, wörtlich Blut) garantierst. Das sicherte [der umayyadische Statthalter Ziyād b. Abīhi] zu. So gingen sie und holten ihn, obwohl er verwundet war. Da ließ [Ziyād] ihn in Ketten legen, von seinen Leuten auf Bauchhöhe hochheben und loslassen, so dass er auf den Boden fiel. Das taten sie einige Male. Da empörte sich Ḥuǧr b. Yazīd und rief: Hast Du ihm nicht Besitz und Leben garantiert? Gott sei Dir gnädig! [Ziyād] antwortete: Ja, Besitz und Blut habe ich ihm garantiert: So vergieße ich ihm kein Blut und nehme nichts von seinem Besitz![352]

[Der Vetter Ḥusayn b. ʿAlīs, Muslim b. ʿAqīl, wird von diesem als Bote nach Kufa gesandt, um seine Ankunft vorzubereiten. Er wird durch die Straßen gehetzt und schließlich wird sein Versteck Muḥammad b. al-Ašʿaṯ verraten, der es sofort dem Gouverneur ʿUbaydallāh b. Ziyād meldet und von diesem ausgesandt wird, Muslim zu ergreifen. Dieser tritt todesmutig auf die Straße, um kämpfend zu sterben.] Da kam Muḥammad b. al-Ašʿaṯ zu ihm und sprach: He, Junge, Du bist begnadigt! Bring Dich nicht um! [Muslim traut ihm nicht und kämpft, bis er verwundet ermattet.] Da trat Muḥammad b. al-Ašʿaṯ erneut auf ihn zu und sprach: Du bist begnadigt! Muslim fragte: Bin ich also sicher? Da sicherten ihm [Muḥammad] und seine Genossen zu, dass er Pardon erhalte. [...] Da sprach [Muslim] b. ʿAqīl: Bei Gott, ohne Euren Pardon würde ich mich nie in Eure Hände geben! [Ziyād lässt Muslim dürsten und dann auf dem Dach des Gouverneurspalastes köpfen.][353]

Vor der reinen Bosheit von Kinditen, die im folgenden Abschnitt behandelt wird[354], soll zunächst der wiederkehrende Zug von Kinditen als Verrätern, die ihr zuvor gegebenes Wort brechen und Rebellen an die Staatsgewalt ausliefern, behandelt werden. An diesem Motiv lässt sich speziell für die kinditische Anführerfamilie des al-Ašʿaṯ b. Qays in Kufa zeigen, wie unter der Oberfläche des konstant bleibenden narrativen Musters Widersprüche ent-

352 Ṭabarī *Taʾrīḫ* III, S. 245. Die Passage steht fast wortgleich bei Iṣfahānī *Aġānī* XVII, S. 146.

353 Iṣfahānī *Maqātil*, S. 104-105. Fast wortgleich steht die Geschichte bei Abū Miḫnaf *Ḥusayn*, S. 73, in der Übersetzung Wüstenfeld *Tod und Rache*, S. 38-40, ist die Geschichte sehr ausgeschmückt. Allerdings ist ein Vergleich von Wüstenfelds altertümlicher Übersetzung mit den arabischen Texten der modernen Editionen nur bedingt aufschlussreich: Es würde sich wohl lohnen, die Manuskripte zu konsultieren, aufgrund derer Wüstenfeld seine Übersetzung erstellte.
Sicherheitszusage und Auslieferung durch Muḥammad b. al-Ašʿaṯ finden sich auch bei Balāḏurī *Ansāb* II, S. 58; Ibn Ḥabīb *Muḥabbar*, S. 246; Masʿūdī *Murūǧ* III, S. 72-73, und Ṭabarī *Taʾrīḫ* III, S. 298. Bei Ṭabarī *Taʾrīḫ* III, S. 314-315, meldet Muḥammad b. al-Ašʿaṯ dem Ziyād b. Abīhi, dass er Muslim Pardon gegeben habe. Dieser antwortet bloß: Was hast Du denn Pardon zu geben? (*mā anta wa-l-amān*), und quält seinen Gefangenen wie in den übrigen Varianten der Geschichte. Bei Ibn Aʿṯam V, S. 94-96, befiehlt ʿUbaydallāh b. Ziyād persönlich, Muslim b. ʿAqīl Pardon zu geben. Muḥammad b. al-Ašʿaṯ versucht, Muslim b. ʿAqīl dadurch von der Kapitulation zu überzeugen, dass er sein Blut gänzlich auf sein Haupt nimmt, wenn Muslim etwas geschehen sollte: Schließlich wird Muslim jedoch gefangen genommen, ohne sich ergeben zu haben.

354 Siehe 3.2.8.

stehen, die wohl nur als Einflüsse des Überlieferungsprozesses auf das überlieferte Material erklärlich sind.

Explizit wird das Muster der verräterischen Familie al-Ašʿaṯs in Schandtatenlisten formuliert, die belegen sollen, dass gerade diese Familie unter den Arabern diejenige ist, die im Verrat am Tiefsten verwurzelt (*aʿraq al-ʿarab fī l-ġadr*[355]) ist:

> [Nach dem Scheitern seines Aufstands ist Ibn al-Ašʿaṯ zu Rutbīl, einem nichtarabischen Fürsten im heutigen Afghanistan geflohen.] Da schrieb [der umayyadische Statthalter des Irak] al-Ḥaǧǧāǧ an Rutbīl: Des Weiteren ist zum Erzlügner und Flüchtling ʿAdūrraḥmān [!] b. Muḥammad b. al-Ašʿaṯ b. Qays b. Maʿdīkarib folgendes zu sagen: Maʿdīkarib schloss einen Vertrag mit [dem Stamm] Mahra und verriet sie (*ġadara bihim*). Da besiegten sie ihn, schnitten ihm Nase und Ohren ab, schlitzten seinen Bauch auf und füllten ihn mit Steinen. Qays schloss einen Vertrag mit [dem Stamm] Maḏḥiǧ und verriet sie, woraufhin sie ihn töteten. Al-Ašʿaṯ fiel nach seiner Bekehrung vom Glauben ab, verriet sein Volk (*ġadara qawmahū*) und lieferte sie aus, um sich selbst zu retten. Muḥammad verriet die Einwohner Ṭabaristāns [an der Südküste des Kaspischen Meeres]. Dieser Mann [Ibn al-Ašʿaṯ] ist ein falscher Wüstling, der im Verrat wie in der Verderbnis fest verwurzelt ist: Glaube ihm nicht, schütze ihn nicht und gewähre ihm kein Obdach![356]

In dieser Liste wird die narrative Dynamik, die die Familie al-Ašʿaṯs als Verräter zeichnet, in abstrakter Form herausgestellt und gleichzeitig durch ihre narrative Einbettung in den Zusammenhang des Briefs von al-Ḥaǧǧāǧ in das zeitliche Umfeld des Aufstands Ibn al-Ašʿaṯs datiert. Aus Sicht der Prosopographie Kindas lässt sich zur genauen Datierung der Entstehung des Musters von der verräterischen Familie darüber hinaus jedoch wenig Verlässliches sagen, die Frage muss wohl weiterer Forschung vorbehalten bleiben.

Es wurde bereits beschrieben, wie al-Ašʿaṯ b. Qays nach Ansicht seiner Gegner seinen Stamm ans Messer lieferte, als der Widerstand gegen die Muslime während der *ridda* aussichtslos geworden war, und sich selbst mit diesem Verrat rettete[357]. Im Folgenden sollen nun einige Fälle besprochen werden, in denen insbesondere die Nachkommen al-Ašʿaṯs in Kufa bedrängten Aufständischen gegen die umayyadischen Gouverneure Sicherheitsgarantien aussprechen, ihr Wort nicht halten können und so die Aufständischen Ḥuǧr b. ʿAdī, ʿUmayr b. Yazīd und Muslim b. ʿAqīl ans Messer liefern. Dabei scheinen besonders die Geschichten von Ḥuǧr b. ʿAdī und die von Muslim b. ʿAqīl motivisch miteinander zu verschmelzen. Beispielhaft sind die folgenden Verse:

---

355 Ṯaʿālibī *Laṭāʾif*, S. 69-70.

356 Balāḏurī *Ansāb* V, S. 107. Parallelversionen der Liste stehen auch bei Ibn Ḥabīb *Muḥabbar*, S. 244-246; Ibn Rusta, S. 229, und Ṯaʿālibī *Laṭāʾif*, S. 69-70.

357 Siehe die Diskussion der Kapitulation al-Ašʿaṯs 3.1.1.

ʿUbayda al-Kindī vom Unterstamm der Baddāʾ rügte Muḥammad b. al-Ašʿaṯ mit folgenden Versen dafür, dass er Ḥuǧr [b. ʿAdī] im Stich gelassen hatte:

Du hast Deinen Onkel (*ʿamm*) ausgeliefert, ohne ihn zu verteidigen! / Aus Angst, ohne Dich wäre er stark!

Du hast den Gesandten (*wāfid*) der Familie Muḥammads getötet / Und sein Schwert und seine Rüstung gestohlen!

Wäre ich [vom nordarabischen Stamm] Asad, ich würde geehrt / Und hätte liebevolle Fürsprecher in meinem Stamm (*bayt*)![358]

Die Verse sind wohl wegen der Auslieferung des „Onkels" auf die Auslieferung Ḥuǧr b. ʿAdīs bezogen worden, doch werden die Entsendung durch einen Nachkommen Muḥammads und die Plünderung der Waffen nur in Berichten von Muslim b. ʿAqīl berichtet. Allerdings findet sich gerade die Plünderung der Waffen Muslim b. ʿAqīls explizit nur bei al-Masʿūdī[359] als Einleitung ebendieser Verse. Damit ließe sich das gesamte Motiv von der Plünderung der Waffen des von ihm Verratenen durch den verräterischen Muḥammad b. al-Ašʿaṯ vielleicht als eine Auserzählung von ursprünglich nicht in einen festen Kontext eingebetteten Versen durch das Herstellen eines Kontextes aus ihnen selbst erklären.

Die Angleichung von Einzelheiten und die zwischen Berichten von Ḥuǧr b. ʿAdī und Muslim b. ʿAqīl strittige Zuschreibung von Versen zeigt die Parallelität beider Geschichten. Die Motivik, in der die Episoden geschildert werden, ist dabei auch über die beteiligten Kinditen hinaus dieselbe. So muss der Gouverneur in beiden Fällen erst aus Basra herbeieilen und in beiden Fällen werden speziell Südaraber gegen die Flüchtigen ausgesandt, die als stammesverwandte Sympathisanten der Unruhestifter so vor die Wahl zwischen offener Rebellion und Bütteldiensten bei der Niederschlagung des Aufstands gestellt werden. Beide Male scheuen sic vor der direkten Konfrontation zurück und entscheiden sich für die Unterstützung der umayyadischen Statthalter.

Ein klarer Fall von Kontamination der beiden Geschichten liegt wohl bei al-Balaḏurī vor[360], wenn Ibn al-Ašʿaṯ seinem Vater während dessen Audienz beim Gouverneur meldet, Ḥuǧr (!) habe sich in sein Haus geflüchtet: Die Flucht in ein Haus der Familie al-Ašʿaṯs wird sonst nur von Muslim b. ʿAqīl berichtet[361].

Die enge Verbindung Muḥammad b. al-Ašʿaṯs zu den umayyadischen Statthaltern wird ebenfalls in beiden Geschichten betont:

---

358 Ṭabarī *Taʾrīḫ* III, S. 259. Die ersten beiden Verse stehen auch bei Masʿūdī *Murūǧ* III, S. 73, wo sie allerdings bloß *einigen Dichtern* zugeschrieben werden.

359 Masʿūdī *Murūǧ* III, S. 73.

360 Balāḏurī *Ansāb* III, S. 442.

361 Siehe 5.4.1.

> [Ziyād eilt auf die Kunde vom Aufstand Ḥuǧrs nach Kufa und setzt sich in der Moschee auf seinen Thron, den man aus dem Gouverneurspalast dorthin gebracht hatte.] Der erste unter den Notabeln (*ašrāf*) Kufas, der zu ihm kam, war Muḥammad b. al-Ašʿaṯ b. Qays.[362]

> [Der Aufstand hat sich beruhigt, Muslim ist entkommen und hat sich bei einer Klientin des bereits verstorbenen al-Ašʿaṯ versteckt.] Als der Morgen kam, hielt [ʿUbaydallāh b. Ziyād] allgemeine Audienz. Als Muḥammad [b. al-Ašʿaṯ] auf ihn zukam, rief er: Willkommen sei der, der weder beargwöhnt noch belauert wird! Daraufhin ließ er ihn sich neben sich setzen. Als aber Bilāl, der Sohn der Alten, die [Muslim] b. ʿAqīl versteckte, erwachte, eilte er frühmorgens zu ʿAbdarraḥmān b. Muḥammad b. al-Ašʿaṯ und meldete ihm das Versteck [Muslim] b. ʿAqīls bei seiner Mutter. ʿAbdarraḥmān lief zu seinem Vater, der noch [beim Gouverneur] saß, und zog ihn beiseite. Da fragte Ibn Ziyād: Was sagt er? [Muḥammad b. al-Ašʿaṯ] antwortete: Er meldet mir, dass [Muslim] b. ʿAqīl in einem unserer Häuser ist! Da stach ihm Ibn Ziyād mit dem Stab in die Seite und befahl: Lauf und bring ihn sofort her![363]

Diese beflissene Nähe Muḥammad b. al-Ašʿaṯs zu ʿUbaydallāh b. Ziyād wurde bereits in den Berichten von der Verheiratung seiner Tochter Umm an-Nuʿmān mit dem umayyadischen Gouverneur deutlich[364].

Das wiederkehrende Muster von Verrätern vom Stamm Kinda, insbesondere aus der Familie al-Ašʿaṯs, ist wohl als Spezialfall ihrer allgemeinen Bosheit einzuordnen. Hierbei sind insbesondere im Kontext von Berichten, in denen Flüchtlinge in Kufa durch Mitglieder der Familie al-Ašʿaṯs an die

---

362 Dīnawarī *Aḫbār*, S. 236-237. Das Motiv des eilenden Zugangs Muḥammad b. al-Ašʿaṯs steht außerdem bei Dīnawarī *Aḫbār*, S. 253, hier jedoch in der Geschichte um die Auslieferung Muslim b. ʿAqīls: Wieder hält der Gouverneur Audienz, wieder kommt Muḥammad b. al-Ašʿaṯ unter den ersten zu ihm (*ǧalasa [ʿubaydallāh b. ziyād] li-n-nāsi fa-daḫalū ʿalayhi wa-daḫala fī awāʾilihim muḥammaduni bnu l-ašʿaṯ*).

363 Iṣfahānī *Maqātil*, S. 103. Fast wortgleich steht die Geschichte bei Abū Miḫnaf *Ḥusayn*, S. 72, und Ṭabarī *Taʾrīḫ* III, S. 313-314. Wiederum weicht die Übersetzung bei Wüstenfeld *Tod und Rache*, S. 37-38, beträchtlich ab. Dort läuft der Sohn der Gastgeberin direkt zum Gouverneurspalast, ruft seinen Vater und meldet diesem die Geschichte. Dieser meldet dann ʿUbaydallāh b. Ziyād, Muslim b. ʿAqīl sei in seinem (!) Haus. Er wird mit Goldkette und ausgezeichnetem Renner belohnt, bevor ʿUbaydallāh b. Ziyād den Muḥammad b. al-Ašʿaṯ kommen, mit dem Burschen in seine Wohnung ziehen und Muslim b. ʿAqīl herbeischaffen lässt.
In der Parallelstelle Dīnawarī *Aḫbār*, S. 253, setzt ʿUbaydallāh b. Ziyād den Muḥammad b. al-Ašʿaṯ neben sich auf den Thron, *sarīr*, bei Balāḏurī *Ansāb* II, S. 58, und Ibn Ḥabīb *Muḥabbar*, S. 245, meldet Muḥammad b. al-Ašʿaṯ Ziyād freiwillig das Versteck, bei Ibn Aʿṯam V, S. 91, befiehlt ʿAbdarraḥmān b. Muḥammad b. al-Ašʿaṯ dem Boten strengstens Stillschweigen, um selbst als erster die frohe Botschaft zu überbringen. Bei Masʿūdī *Murūǧ* III, S. 72, eilt der Sohn der Schutzgewährenden direkt zu Muḥammad b. al-Ašʿaṯ, der zum Gouverneur weiterläuft und das Versteck meldet; ebenso Ṭabarī *Taʾrīḫ* III, S. 298. Bei Ṭabarī *Taʾrīḫ* III, S. 325, kommt einfach jemand, *raǧulun*, zu Muḥammad b. al-Ašʿaṯ, der gerade bei ʿUbaydallāh b. Ziyād sitzt und das Versteck des Flüchtlings auf Nachfrage weitermeldet.

364 Balāḏurī *Ansāb* IV, S. 47.

umayyadische Staatsgewalt ausgeliefert werden, die Einzelmotive mobil, so dass beispielsweise hierauf bezogene Schmähverse gegen Muḥammad b. al-Ašʿaṯ fallweise auf den einen oder den anderen Fall bezogen werden können. Es wirkt, als werde die wiederkehrende Situation von ausgelieferten Flüchtlingen in Kufa narrativ mit einer wiederkehrenden Motivik von gebrochenen Sicherheitsversprechen und gouverneursnahen Kinditen ausgemalt. Ob sich auch die Verstrickung von Kinditen in die Auslieferung als solche narrativen Dynamiken verdankt, kann im Rahmen dieser Arbeit nicht geklärt werden, im Zuge der Zusammenstellung wiederkehrender Züge in der Schilderung Kindas muss die Frage nach der ereignishistorischen Faktizität der Ereignisse – wie eingangs dargelegt[365] – ausgeklammert bleiben.

3.2.8 Die Bosheit der Kinditen

> [Der Kalif ʿUmar nimmt eine Parade von Verstärkungstruppen zur Eroberung des Irak ab.] Da zog [der kinditische Unterstamm] Sakūn mit 400 Mann als erster Teil Kindas unter Ḥuṣayn b. Numayr und Muʿāwiya b. Ḥudayǧ vor ihn, woraufhin [ʿUmar] erschauderte. Es waren aber tiefschwarze Krieger mit glattem Haar bei Muʿāwiya b. Ḥudayǧ, von denen sich [ʿUmar] dreimal abwandte, bis man ihn fragte, was er denn mit ihnen habe. Er antwortete: Ich versuche, mich von ihnen fernzuhalten: Kein arabischer Stamm zog bislang vor mir vorbei, der mir verhasster gewesen wäre! Schließlich ließ er sie ziehen. Später erwähnte er sie noch öfters mit Hass, so dass sich die Menschen über ʿUmars Laune wunderten. Es war aber unter ihnen ein Mann namens Sūdān b. Ḥumrān, der [den Kalifen] ʿUṯmān b. ʿAffān [...] tötete, ebenso wie ein Klient von ihnen namens Ḫālid b. Mulǧam[366], der [den Kalifen] ʿAlī b. Abī Ṭālib [...] tötete. Außerdem war Muʿāwiya b. Ḥudayǧ unter ihnen, der mit einigen von ihnen einen Aufstand begann, um die Mörder ʿUṯmāns zu töten, während andere von ihnen die Mörder ʿUṯmāns beschützten.[367]

Eine besondere Bosheit der Kinditen klang in Ansätzen bereits an, in der hier übersetzten Verurteilung durch den zweiten Rechtgeleiteten Kalifen und Gründungsheros des islamischen Staates wird sie durch eine der höchsten denkbaren Autoritäten festgeschrieben. Unter dem bewusst weit gefassten Begriff der Bosheit werden in dieser Arbeit Aspekte expliziten Tadels in den untersuchten Quellen verstanden. Im Folgenden soll nun zunächst untersucht werden, ob sich die von ʿUmar abstrakt formulierte *Bosheit* Kindas tatsächlich als wiederkehrendes Muster in der Schilderung von Kinditen nachweisen lässt. Anschließend soll auf mögliche narrative Dynamiken einer solchen Dynamik, Kinditen im Zuge des Überlieferungsprozess als *böse* darzustellen, eingegangen werden.

---

365 Siehe 3.1.

366 Siehe zu ihm 5.2.1, häufiger wird der Mörder ʿAlīs *ʿAbdarraḥmān* b. Mulǧam genannt.

367 Ṭabarī *Taʾrīḫ* II, S. 448-449.

Eine gewisse Unfreundlichkeit Kindas wird bereits durch die Etymologie nahegelegt. Der arabische Wortstamm, zu dem *kinda* gehört, bezeichnet *Undankbarkeit* und *undankbar sein*[368].

Die Liste kinditischer Schandtaten ist in der Tat beeindruckend. Dem von ʿUmar so harsch gerügten Unterstamm Sakūn, insbesondere seiner Abteilung Tuǧīb, die sich allem Anschein nach vollständig in Ägypten niederließ[369], wurden, wie im Folgenden gezeigt werden wird, die Morde an den Kalifen ʿUṯmān, ʿAlī und später ʿAbdallāh b. az-Zubayr zugeschrieben. Weiterhin ist Tuǧīb an der Verbreitung von Unruhe und Aufruhr ursächlich beteiligt, die den ersten islamischen Bürgerkrieg in Ägypten prägen. Im Laufe dieser Unruhen wird Muḥammad b. Abī Bakr im Esel verbrannt[370].

Die Verwicklung von Kinditen in die Ermordung des Kalifen ʿUṯmān wird noch genauer untersucht werden[371]. Unter den Empörern gegen ʿUṯmān wird neben Sūdān b. Ḥumrān, der wie eingangs manchmal zum kinditischen Unterstamm Sakūn gezählt wird, auch der meist tuǧībische Anführer der Rebellen gegen ʿUṯmān, Kināna b. Bišr, als Mörder des Kalifen genannt. Auch ein weiterer Rebellenführer und Mitmeuchler, ʿAbdarraḥmān b. ʿUdays, wird einmalig als Tuǧībī bezeichnet[372].

368 Weiteres Etymologisieren zu Stammesnamen begegnet innerhalb der Prosopographie Kindas beim Namen des Unterstammes Ṣadif, der bei Ibn Saʿd I, S. 248, offenbar damit in Verbindung gebracht wird, dass die Delegation des Stammes an Muḥammad diesen zwischen seinem Haus und der Kanzel (*minbar*) begegnet (*ṣādafū rasūla llāh*), siehe 5.2.2.
Auch der Name des Unterstamms Tuǧīb von Kinda wird etymologisch auf ihre Delegation an Muḥammad bezogen: Muḥammad soll bemerkt haben, Tuǧīb habe Gott und seinem Propheten geantwortet (*aǧābat allāh wa-rasūlahū*), Ibn ʿAbdalḥakam, S. 165 und 335. Vielleicht lässt sich auch der Halbvers im Ruhmgedicht auf Tuǧīb bei der Eroberung Ägyptens *wa-bābilyūn qad saʿadnā bi-fatḥihā*, wir halfen bei der Eroberung [der römischen Festung] Babylon [im Kern des späteren al-Fusṭāṭ], als Anspielung auf die Banū Saʿd von Tuǧīb lesen, Maqrīzī *Ḫiṭaṭ* IV, S. 6.
Ein weiteres Beispiel steht bei Ṭabarī *Taʾrīḫ* II, S. 17, wo die Juden Medinas aus dem Namen des auf einem Raubzug durch die Muslime getöteten ersten Gefallenen des Kampfes gegen die Mekkaner, ʿAmr b. al-Ḥaḍramī (aus der Familie al-Ḥaḍramīs, von Kinda abstammenden vorislamischen Klienten von Qurayš in Mekka, siehe 2.4.1.1) den Ausgang des Krieges wie folgt vorhersagen: „ʿAmr b. al-Ḥaḍramī wurde durch Wāqid b. ʿAbdallāh getötet. *ʿAmr* bedeutet, der Krieg ist volljährig (*ʿamarat al-ḥarb*). *Al-ḥaḍramī* bedeutet, der Krieg ist da (*ḥaḍarat al-ḥarb*). *Wāqid b. ʿabdallāh* bedeutet, der Krieg ist entbrannt (*waqadat al-ḥarb*). Der allmächtige Gott wird [diesen Kampf] gegen sie [die Mekkaner], nicht für sie wenden.“ Siehe zum Thema den Exkurs XIV zu „Etymologie als Denkform“, S. 488-492 in Curtius *Literatur*.

369 Siehe die einführende Darstellung der regionalen Verteilung kinditischer Gruppen 2.3.

370 Siehe oben die Untersuchung der Verbrennung Muḥammad b. Abī Bakrs 3.1.2.

371 Siehe 4.7.

372 Siehe zu den verschiedenen Affiliationen, die für die Aufrührer gegen ʿUṯmān vorgeschlagen werden, die Diskussion der äußeren Grenzen Kindas 5.2.1.

Wie lässt sich in diesem Kontext mit schwankenden Affiliationen umgehen? Im Zuge der Untersuchung charakteristischer Züge der Darstellung Kindas bietet sich eine narrative Dynamik als Erklärung an: Nachdem die Banū Tuǧib Ägyptens den Ruf von Schuften hatten, wurden schurkige Angehörige anderer Stämme zu ihnen gezählt, ohne allerdings anderslautende Berichte vollständig zu verdrängen. Vielleicht ist es daher bezeichnend, dass der selbst dem Stamm Tuǧib angehörende Gelehrte Ḥarmala b. ʿImrān at-Tuǧibī berichtet, der Mörder ʿUṯmāns sei ein Aṣbaḥī gewesen[373].

Ein ähnliches Schwanken der Stammeszugehörigkeit begegnet erneut im Mörder ʿAlīs, *ʿAbdarraḥmān* oder, wie eingangs, *Ḫālid* b. Mulǧam, der in einer Variante wie folgt vorgestellt wird:

> ʿAbdarraḥmān b. Mulǧam al-Murādī [vom Stamm Murād also], der zum [Stamm] Ḥimyar gehört (*wa-huwa min ḥimyar*), zu Murād gerechnet wird (*wa-ʿidāduhū fī murād*) und Klient der Banū Ǧabala Kindas ist (*wa-huwa ḥalīfu banī ǧabalati min kinda*).[374]

Allerdings lässt selbst diese in allerweitester Manier harmonisierende Version Fragen offen, da sie nicht erklären kann, wieso Ibn Mulǧam als Klient der nicht-tuǧībischen Banū Ǧabala von Kinda, die sonst in Kufa angesiedelt werden[375], als Tuǧībī bezeichnet wurde. Außerdem stimmen die Varianten, mit denen multiple Stammeszugehörigkeiten Ibn Mulǧams harmonisiert werden sollen, unter einander nicht überein[376]. Al-Balāḏurī erklärt das Ganze als ein Missverständnis: Ibn Mulǧam sei nach seinem Großvater, einem gewissen Taǧūb, at-Taǧūbī genannt und nur durch die Verwechslung mit dem Mörder ʿUṯmāns, eben at-Tuǧībī, zu Tuǧīb gezählt worden[377].

Aus Ägypten kam nach den hier ausgewerteten Quellen schließlich auch der letzte arabische Mörder eines Kalifen im Untersuchungszeitraum: Als

---

373 Ṭabarī *Taʾrīḫ* II, S. 775: Zur Möglichkeit, dass dieser Nahrān al-Aṣbaḥī eine Variante zu Sūdān b. Ḥumrān darstellt, siehe die Diskussion Sūdān b. Ḥumrāns 4.7.

374 Ibn Saʿd III, S. 25.
Zur Terminologie von *ʿidāduhum fī* ... siehe al-Barrī *Qabāʾil*, S. 290, der sie als Beschreibung der Einbeziehung in einen „fremden" *dīwān* liest. Dagegen erklärt Caskel *Ǧamharat an-Nasab* I, S. 59, dass sie „den Übergang zu einem fremden Stamme" bezeichnet.

375 Siehe beispielsweise Ṭabarī *Taʾrīḫ* III, S. 312, wo Muslim b. ʿAqīl zu ihnen flieht, und allgemein die Diskussion des Siedlungsmusters Kindas in Kufa 5.4.1.

376 So steht bei Iṣfahānī *Maqātil*, S. 31-32, er habe im Gegenteil zu Murād gehört (*min murād*) und sei Kinda zugerechnet worden (*ʿidāduhū fī kinda*). Masʿūdī *Murūǧ* II, S. 457, berichtet, er habe zu Tuǧīb gehört (*min tuǧīb*) und sei *damit* zu Murād gerechnet worden (*ʿidāduhum fī murād*). Diese Variante verschiebt den gesamten Stammbaum der Kinditen und schlägt den Unterstamm der Banū Tuǧīb *en gros* den Banū Murād zu: Innerhalb der hier untersuchten Quellen ein einmalige Ansicht. Für eine systematische Diskussion der für Ibn Mulǧam vorgeschlagenen Stammeszugehörigkeiten siehe 5.2.1.

377 Balāḏurī *Ansāb* II, S. 269. Siehe zur Verwechselbarkeit der *nisben* at-Taǧūbī und at-Tuǧībī auch Ḏahabī *Muštabih* I, S. 112.

der umayyadische Truppenführer al-Ḥaǧǧāǧ das Gegenkalifat ʿAbdallāh b. az-Zubayrs durch eine großangelegte Belagerung Mekkas beendete, war es ein gewisser ʿAbdarraḥmān b. Baḥnas, ein *mawlā*, Klient, der Banū Andā b. ʿAdī von Tuǧīb, der den Kalifen schließlich im letzten verzweifelten Handgemenge getötet haben soll[378].

Dass diese ägyptischen Schurken dunkelhäutig sind, wurde bereits im eingangs übersetzten Zitat festgestellt. Es verwundert dennoch ein wenig, dass die Banū Tuǧīb in einem Schmähgedicht aus Anlass des Mords an ʿUṯmān als Äthiopier aus Ägypten (*al-aḥābīš min miṣr*) bezeichnet werden, nachdem sie wegen der Ableitung ihrer *nisba* von einer Ahnherrin namens Tuǧīb geschmäht wurden[379].

Die Familie al-Ašʿaṯs wurde bereits als chronische Verräter ihres eigenen Stammes in der *ridda*, ihres Stammesgenossen Ḥuǧr b. ʿAdī bei den Unruhen in Kufa und des Vetters und Boten al-Ḥusayn b. ʿAlīs vor dem Mord an al-Ḥusayn bei Kerbela beschrieben[380]. Auch der angebliche Giftmord Ǧaʿda bt. al-Ašʿaṯs an al-Ḥasan b. ʿAlī wurde bereits behandelt[381]. So überrascht es nicht, al-Ašʿaṯ b. Qays höchstselbst als Gastgeber Ibn Mulǧams in der Nacht vor dem Mord an ʿAlī zu finden[382].

---

378 Kindī *Wulāt*, S. 51. Auf S. 321 heißt sein Vater Yuḥannis, er selbst sei im Heer (*ǧund*) Mālik b. Šarāḥīls gewesen und so zu Ḫawlān gerechnet worden, während er zu Hamdān gehörte.
Siehe Balāḏurī *Ansāb* IV, S. 436, nach dem der Mörder Ibn az-Zubayrs Angehöriger Sakūns gewesen sei: Da Sakūn Tuǧīb als einen seiner Zweige umfasst, ist jeder Tuǧībī *per definitionem* auch Sakūnī (und schließlich Kindī, Südaraber etc.), so dass sich hieraus kein Widerspruch ergibt.

379 Ṭabarī *Taʾrīḫ* II, S. 795-796. Als Qays b. Saʿd, der Statthalter Ägyptens, von ʿAlī aufgefordert wird, doch endlich militärisch gegen die ʿuṯmānidischen Rebellen um Muʿāwiya b. Ḥudayǧ vorzugehen, beschwert sich dieser, sie seien die schwärzesten der Araber (*aswad al-ʿarab*) und so sei ein Kampf aussichtslos. Ṭabarī *Taʾrīḫ* III, S. 76.
Zusätzlich heißt es bei Ṭabarī *Taʾrīḫ* II, S. 772, dass die den Kalifen ʿUṯmān belagernden Ägypter von Abū Hurayra auf *ḥimyaritisch* ermahnt wurden. Herr Professor Müller, Marburg, hielt es allerdings für wahrscheinlicher, die fraglichen Worte *ṬʾB ʾMḌRB* mit einem jemenitischen Dialektes des Arabischen zu erklären. Siehe Kraus *Jābir* II, S. 261, zu „ḥimyaritischem" Kauderwelsch im Kontext der arabischen Alchemie.

380 Siehe die bereits 3.2.7 besprochene Schandtatenliste der Familie bei Ibn Ḥabīb *Muḥabbar*, S. 244-246; Ibn Rusta, S. 229, und Ṯaʿālibī *Laṭāʾif*, S. 69-70. Eine weitere Fassung dieser Liste steht bei Balāḏurī *Ansāb* V, S. 107, wo sie von al-Ḥaǧǧāǧ an Rutbīl gesandt wird, um diesen zur Auslieferung des geflohenen Ibn al-Ašʿaṯ zu bewegen. Siehe auch Sayed *Revolte*, S. 78.

381 Siehe die Diskussion des Verhältnisses zwischen Kinda und Qurayš 3.2.6.
Der schlechte Ruf der kinditische Frauen erscheint auch in der berühmten Geschichte von den „Harlots of Kinda", Ibn Ḥabīb *Muḥabbar*, S. 184-189, die Lecker *Judaism*, S. 646-647, erschöpfend behandelt hat; siehe auch die kürzere Parallelversion mit nur einer *harlot* bei Balāḏurī *Ansāb* VI, S. 352-353.

382 Balāḏurī *Ansāb* II, S. 262; Ibn Saʿd III, S. 26; Iṣfahānī *Maqātil*, S. 33; Masʿūdī *Murūǧ* II, S. 458-459, und Yaʿqūbī *Taʾrīḫ* II, S. 147-148.

An diesem Beispiel zeigt sich paradigmatisch das Nebeneinander verschiedener Motive durch die Aneinanderreihung von Dubletten im Bericht der Historiker. Einerseits verschwor sich Ibn Mulǧam mit zwei weiteren Ḫāriǧiten zum simultanen Mord an ʿAlī in Kufa, Muʿāwiya in Damaskus und ʿAmr b. al-ʿĀṣ in Ägypten[383], das Motiv ist also eines von ḫāriǧitischen Anarchieträumen gegenüber der Staatsgewalt. Andererseits begegnete Ibn Mulǧam in Kufa einer schönen Frau, deren Vater und Bruder in der Schlacht bei Nahrawān auf Seiten der Ḫāriǧiten gegen ʿAlī gefallen waren und die nach Rache dürstete: Sie erklärte sich bereit, Ibn Mulǧam zu heiraten, wenn er dafür ʿAlī umbrächte[384]. Das Mordmotiv ist diesmal also der Rachedurst einer Frau. Schließlich sitzt Ibn Mulǧam in der Nacht vor der Greueltat lachend bei al-Ašʿaṯ, der dementsprechend von seinen Stammesgenossen Ḥuǧr[385] und ʿUfayyif[386] als Anstifter für den Mord an ʿAlī verantwortlich gemacht wird. Motiviert wird die Ermordnung des Kalifen also diesmal mit der Anstiftung durch den Anführer Kindas in Kufa.

Warum wurde ʿAlī nun ermordet? Will man nicht vom zufälligen Zusammenfallen aller drei Gründe ausgehen, bleibt wohl nur Spekulation. Es lässt sich nachvollziehen, aus welchen narrativen Dynamiken Ibn Mulǧam verschiedene Motivationen zugeschrieben wurden, doch die Ermordung ʿAlīs selbst wird letztlich nicht greifbar.

In die Ermordung al-Ḥusayn b. ʿAlīs bei Kerbela waren Kinditen in den bisher untersuchten Passagen nur indirekt verstrickt, indem sie seinen Gesandten auslieferten, dagegen warnten sie einigen Berichten zufolge al-Ḥusayn sogar noch vor der Reise nach Kufa[387]. Muḥammad b. al-Ašʿaṯ selbst soll den meisten Berichten zufolge in Kufa geblieben sein, um das Volk gegen al-Ḥusayn aufzuhetzen[388], doch liest man bei al-Balāḏurī folgende kuriose Geschichte:

In dieselbe Richtung scheint die Notiz bei Ṭabarī *Taʾrīḫ* III, S. 176, zu deuten, nach der ein Helfer Ibn Mulǧams nach vollbrachter Tat in Richtung der *Tore Kindas* davonlief. Zu letzteren siehe die Diskussion der Siedlungsmuster Kindas in Kufa 5.4.1.

383 Beispielsweise Balāḏurī *Ansāb* II, S. 258.

384 Beispielsweise Masʿūdī *Murūǧ* II, S. 457-458.

385 Balāḏurī *Ansāb* II, S. 262; Iṣfahānī *Maqātil*, S. 33, und Masʿūdī *Murūǧ* II, S. 459.

386 Balāḏurī *Ansāb* II, S. 262.

387 So bei Balāḏurī *Ansāb* II, S. 60, in Person Muḥammad b. al-Ašʿaṯs, der einen Boten an al-Ḥusayn sendet. Bei Iṣfahānī *Maqātil*, S. 105, verspricht er, zu warnen, bei Abū Miḫnaf *Ḥusayn*, S. 73-74, schickt er einen befreundeten Dichter als Boten an al-Ḥusayn.

388 Ṭabarī *Taʾrīḫ* III, S. 345. Dagegen berichtet seine summarische Biographie im Anschluss an die Kapitulation und Heirat seines Vaters bei Ibn Aʿṯam I, S. 87, entsprechend Wāqidī *Ridda*, S. 320, er habe die Ermordung al-Ḥusayns miterlebt (*šahada maqtala l-ḥusayni bni ʿalī*).

> Muḥammad b. ʿAmr b. al-Ḥasan b. ʿAlī erzählt: Wir waren mit al-Ḥusayn an den Wassern Kerbelas, da kam ein Mann zu uns und fragte, wo al-Ḥusayn sei, worauf wir ihn an ihn verwiesen. Da rief er: Ich verkünde Dir das Feuer, dem Du in Kürze zurückgegeben wirst! [al-Ḥusayn] antwortete: Nein, mich erwarten der barmherzige Herr und mächtige Fürsprecher – wer bist Du überhaupt? Da rief er: Muḥammad b. al-Ašʿaṯ! [In der Folge wird al-Ḥusayn mitsamt seinen Unterstützern vom zahlenmäßig weit überlegenen Heer der Umayyaden niedergemetzelt.][389]

Diese Geschichte, die direkt im Anschluss fast wortgleich mit Šimr b. Ḏī l-Ǧawšan wiederholt wird[390], steht völlig isoliert und macht klar, dass Muḥammad b. al-Ašʿaṯ nur zur Schmähung des verehrten Märtyrers al-Ḥusayn bei Nacht aus Kufa nach Kerbela gekommen war. Die Geschichte dehnt also das Muster von in die Schandtaten der frühislamischen Heilsgeschichte verwickelten Kinditen auf Muḥammad b. al-Ašʿaṯ und die Ereignisse um die Ermordung al-Ḥusayns aus.

Der kinditische Hauptschurke und Heerführer bei Kerbela ist jedoch Muḥammads Bruder Qays b. al-Ašʿaṯ. Dieser kommt vor der Schlacht von Kerbela nur dort vor, wo er von seinem Vater al-Ašʿaṯ ausgesandt wird, vom Gesundheitszustand ʿAlīs nach dem Mordanschlag Ibn Mulǧams zu berichten[391] und soll dann bei Kerbela die Heeresabteilung Rabīʿas und Kindas geführt haben[392]. Bei seiner Rückkehr wird er allerdings nurmehr als Anführer Kindas genannt und bringt 13 Köpfe frisch getöteter Märtyrer mit[393]. Damit wird die gesamte Stammeskonföderation Rabīʿa aus der Liste der Schuldigen an der Ermordung al-Ḥusayns ausgenommen. Qays soll weiterhin den Mantel, *qaṭīfa*[394], al-Ḥusayns geraubt haben und dementsprechend Mantel-Qays, *qays al-qaṭīfa*, genannt worden sein[395].

Zu seiner Ehrenrettung wird im jedoch auch die folgende Friedensinitiative zugeschrieben:

> Qays b. al-Ašʿaṯ sprach zu [al-Ḥusayn]: Mach doch [jetzt], was sie von Dir wollen, dann werden wir – bei meinem Leben! – morgen für Dich kämpfen![396]

389 Balāḏurī *Ansāb* II, S. 354.

390 Balāḏurī *Ansāb* II, S. 354-355.

391 Balāḏurī *Ansāb* II, S. 263, und Ibn Saʿd III, S. 27.

392 Abū Miḫnaf *Ḥusayn*, S. 112, und Ṭabarī *Taʾrīḫ* III, S. 345.

393 Abū Miḫnaf *Ḥusayn*, S. 153 und 154; Balāḏurī *Ansāb* II, S. 362; Dīnawarī *Aḫbār*, S. 270, und Ṭabarī *Taʾrīḫ* III, S. 374.

394 Siehe wie zu sämtlichen im Folgenden genannten Kleidungsstücken die Besprechung des Topos von Kinditen als Webern 3.2.1.

395 Abū Miḫnaf *Ḥusayn*, S. 147; Balāḏurī *Ansāb* II, S. 360; Ṭabarī *Taʾrīḫ* III, S. 365. Dagegen ʿAbdarraḥmān b. Muḥammad b. al-Ašʿaṯ (also Ibn al-Ašʿaṯ, der später gegen ʿAbdalmalik rebellierte, siehe 5.4.2) als Mantelräuber und *ʿabdarraḥmān al-qaṭīfa* bei Ibn al-Faqīh, S. 172.

396 Balāḏurī *Ansāb* II, S. 349.

Da eine Schandtat ohne die Verwicklung von Kinditen jedoch offenbar unvollständig ist, wird ein gewisser Mālik b. an-Nusayr von den Banū Baddā' Kindas, die allem Anschein nach vollständig in Kufa siedelten[397], eingeführt, der al-Ḥusayn mit dem Schwert am Kopf verwundet und seinen seidenen Burnus stiehlt[398]. Er bekommt als Bote des umayyadischen Gouverneurs ʿUbaydallāh b. Ziyād vor al-Ḥusayn die Gelegenheit, im Dialog seine ganze Bosheit zu zeigen[399] und wird dann während der ʿalīdischen Reaktion al-Muḫtārs genau wie Qays b. al-Ašʿaṯ seiner gerechten Strafe zugeführt[400]. Obendrein soll ein gewisser Mālik b. Bišr al-Kindī den Panzer, *dirʿ*, al-Ḥusayns angezogen haben und prompt wahnsinnig geworden sein[401].

In etwas übertragener Weise als böse erscheint Fāṭima bt. Qays, die Schwester al-Ašʿaṯs, in deren Haus in Medina nach der Ermordung des Kalifen ʿUmar die Debatten um die Wahl eines neuen Kalifen geführt werden[402]. Sie selbst tritt bei dieser Diskussion nicht in Erscheinung und wird auch sonst nie erwähnt, doch lässt sich eventuell allein ihre Eigentümerschaft am Beratungsort als übles Omen verstehen, das die letztlich desaströse Wahl ʿUṯmāns vorwegnimmt.

Die letzte Facette von Bosheit, die sich in den Charakterzug einer besonderen Bosheit der Kinditen einfügen lässt, ist eher diejenige eines getreuen Dieners ungerechter Herren, der bereitwillig frevelhafte Pläne umsetzt, als die eines intrinsisch motivierten Bösewichts. In dieser Rolle werden insbesondere einige syrische Kinditen geschildert, die den Umayyaden und ihren Gouverneuren dienten[403]. Näher greifbar wird vor allem Ḥuṣayn b. Numayr vom Unterstamm Sakūn[404], der manchen Quellen zufolge die loyalen Polizeitruppen, *šurṭa*, des umayyadischen Gouverneurs ʿUbaydallāh b. Ziyād in Kufa zur Zeit der Unruhen um Muslim b. ʿAqīl und al-Ḥusayn b. ʿAlī[405] führte. Nach

---

397 So Caskel zu den bei Ibn al-Kalbī verzeichneten Baddīs, Caskel *Ǧamharat an-Nasab* II, S. 48-49.

398 Abū Miḫnaf *Ḥusayn*, S. 141-142, wortgleich Ṭabarī *Taʾrīḫ* III, S. 361; außerdem Balāḏurī *Ansāb* II, S. 360, und Dīnawarī *Aḫbar*, S. 269.

399 Abū Miḫnaf *Ḥusayn*, S. 98, wortgleich Ṭabarī *Taʾrīḫ* III, S. 336.

400 Mālik b. Nusayr: Abū Miḫnaf *al-Muḫtār*, S. 99-100; Balāḏurī *Ansāb* IV, S. 325, und Ṭabarī *Taʾrīḫ* III, S. 505. Die Hinrichtung von Qays durch al-Muḫtār steht nur bei Dīnawarī *Aḫbār*, S. 307-309. Es ist eigenartig, dass sie in Abū Miḫnafs detaillierter Abhandlung der Geschehnisse um al-Muḫtār fehlt.

401 Ibn Aʿṯam V, S. 219.

402 Ibn Aʿṯam II, S. 94.

403 Siehe die einleitenden Bemerkungen zu kinditischen Gruppen in Syrien 2.3.2.

404 Dagegen wird er aus Anlass der Köpfung seines Leichnams mit der *nisba* as-Saksakī benannt: Ibn Ḥabīb *Muḥabbar*, S. 490.

405 Nur bei Dīnawarī *Aḫbār*, S. 253, 256 und 258, und Ibn Aʿṯam V, S. 90 und 146. Bei al-Balāḏurī, aṭ-Ṭabarī und den übrigen hier ausgewerteten Sammlern wird er nicht in Kufa erwähnt, bei Abū Miḫnaf *Ḥusayn*, S. 72, und Ṭabarī *Taʾrīḫ* III, S. 313, heißt der Polizeichef zwar ebenfalls Ḥuṣayn, soll aber zu Tamīm gehören.

Kerbela wird er dann als Anführer der Banū Tamīm geschickt und bewirft al-Ḥusayn mit einem Speer als dieser trinken will[406]. Schließlich kehrt er mit 17 Köpfen zurück[407].

Einschlägiger bekannt ist Ḥuṣayn b. Numayr als Belagerer des Gegenkalifen zu ʿAbdalmalik, ʿAbdallāh b. az-Zubayr, in Mekka, wobei er die Kaʿba mit Wurfmaschinen beschießen lässt und damit in Brand setzt[408]. Schließlich fällt er als Heerführer ʿUbaydallāh b. Ziyāds im Kampf gegen al-Muḫtārs Heerführer Ibrāhīm b. al-Aštar am Ḫāzir[409] im Zuge der großangelegten „Rache" der ʿAlīden[410], die das Thema des von Wüstenfeld übersetzten zweiten Teils des Romans bildet[411].

Aus Sicht der narrativen Dynamik um Ḥuṣayn b. Numayr ließe sich überlegen, ob ihm die Beteiligung an der Niederschlagung des Aufstands al-Ḥusayn b. ʿAlīs angedichtet wurde, um seinen Tod im Kampf gegen die Rächer al-Ḥusayns angemessen in das Rachemotiv einbetten zu können. Weiterhin berichtet er auch als Tradent von der Ermordung des dritten Kalifen ʿUṯmān, soll also auch bei dieser Schandtat vor Ort gewesen sein[412].

Schließlich wurde Ḥuǧr b. Yazīd al-Kindī, der bereits als Verräter seines Bruders ʿUmayr auftrat, als Ḥuǧr der Böse, *ḥuǧr aš-šarr*, bezeichnet, um ihn von seinem ebenfalls kufischen Namensvetter Ḥuǧr b. ʿAdī zu unterscheiden, der als Ḥuǧr der Gute, *ḥuǧr al-ḫayr*, firmiert. Dieser Beiname ist entgegen der

---

406 Dīnawarī *Aḫbār*, S. 269-270; Ibn Aʿṯam V, S. 158 und 216.

407 Dīnawarī *Aḫbār*, S. 270.

408 Azraqī *Aḫbār* I, S. 161; Balāḏurī *Ansāb* IV, S. 15-26; Balāḏurī *Futūḥ*, S. 76; Dīnawarī *Aḫbār*, S. 277-278; Ḫalīfa *Taʾrīḫ*, S. 158; Ibn Aʿṯam V, S. 301-302; Masʿūdī *Murūǧ* III, S. 86-87; Ṭabarī *Taʾrīḫ* III, S. 392-393, und Yaʿqūbī *Taʾrīḫ* II, S. 175-176 und 181.
Allerdings wird von der durch ihn geleiteten *ersten* Belagerung meist im Kontext der *zweiten* Belagerung Mekkas durch umayyadische Truppen berichtet, die unter der Leitung al-Ḥaǧǧāǧs das Gegenkalifat ʿAbdallāh b. az-Zubayrs endgültig vernichteten. Diese zweite Belagerung wird geradezu als eine Wiederaufführung der ersten geschildert (explizit Balāḏurī *Ansāb* IV, S. 428 und 431), so dass sich argumentieren ließe, dass hier eine Dublette vorliegt, innerhalb derer die weniger klar erinnerte erste Belagerung durch Ḥuṣayn b. Numayr aus der rezenteren zweiten Belagerung unter al-Ḥaǧǧāǧ rekonstruiert wurde.

409 Siehe zum Ort Yāqūt *Muʿǧam* III / IV, S. 208.

410 Abū Miḫnaf *al-Muḫtār*, S. 126, und Balāḏurī *Ansāb* IV, S. 332, 334-335, 351 und 378. Sein Leichnam wird geköpft und der Kopf an Muḥammad b. al-Ḥanafiyya gesandt, Balāḏurī *Ansāb* II, S. 403. Als seine *mawālī*, Klienten, dann später die Leiche Ibrāhīm b. al-Aštars erbeuten, verbrennen sie im Gegenzug den Leichnam und schicken seinen Kopf an ʿAbdalmalik, Balāḏurī *Ansāb* IV, S. 411. Weiter Dīnawarī *Aḫbār*, S. 303; Ḫalīfa *Taʾrīḫ*, S. 164; Ibn Aʿṯam VI, S. 182; Ibn Ḥabīb *Muḥabbar*, S. 491; Masʿūdī *Murūǧ* III, S. 116; Ṭabarī *Taʾrīḫ* III, S. 526, und Yaʿqūbī *Taʾrīḫ* II, S. 188.

411 Wüstenfeld *Tod und Rache*.

412 Balāḏurī *Ansāb* IV, S. 167 und 203.

Vermutung Caskels nicht nur in der genealogischen Literatur belegt[413], sondern kommt auch in den hier untersuchten Historikern vor[414].

Ḥuǧr b. ʿAdī ist damit ein Kindit, der im Gegensatz zum Schurkenruf der Sippe als *guter* Kindit geschildert wird. In ähnlicher Weise positiv werden gelegentlich auch al-Ašʿaṯs Onkel ʿUfayyif[415], as-Simṭ b. al-Aswad bzw. sein Sohn Šuraḥbīl[416] oder die Familie des aufständischen Ibn al-Ašʿaṯ, die al-Ḥaǧǧāǧ warnt, ihrem Verwandten bloß kein Heer anzuvertrauen[417], geschildert.

Aus der Perspektive narrativer Dynamiken im Bild Kindas sind diese positiv gewendeten Kinditen eventuell in den Kontext einer Kontroverse um den Charakter Kindas zu stellen. In den in dieser Arbeit untersuchten Sammlungen würde sich diese Kontroverse in einer Polarisierung der Darstellung von Kinditen niederschlagen. In pointiertem Kontrast zur allgemeinen Bosheit Kindas wäre dann im Zuge einer narrativen Polarisierung der Schilderung Kindas im Kontext der *guten* Kinditen gerade ihre besonders ins Auge stechende Güte herausgestrichen worden.

Die narrative Tendenz einer besonderen Bosheit Kindas wird besonders in den heilsgeschichtlich überformten Großerzählungen deutlich. Insbesondere innerhalb des ʿalīdischen Heilsromans[418] erscheint Kinda fast als Erbfeind der gerechten ʿAlīden. So betreiben maßgeblich Kinditen den Konflikt, der zur Ermordung ʿUṯmāns und zum ersten islamischen Bürgerkrieg führt, ermorden den Statthalter ʿAlīs in Ägypten, Muḥammad b. Abī Bakr, auf grausige Weise und verhindern eine wirkungsvolle Schlichtung des Konflikts zwischen ʿAlī und Muʿāwiya nach der Schlacht von Ṣiffīn. Später sind sie in die Ermordung ʿAlīs und seiner beiden Söhne al-Ḥasan und al-Ḥusayn verstrickt und maßgeblich daran beteiligt, pro-ʿalīdische Bewegungen in Kufa niederzuschlagen. Aus dieser narrativen Dynamik einer besonderen Bosheit Kindas, wie sie auch dem zweiten Kalifen ʿUmar in den Mund gelegt wird, lässt sich vielleicht auch die überaus positive Zeichnung des Bildes von Ḥuǧr b. ʿAdī erklären, der als von seinen eigenen Stammesbrüdern verratener ʿalīdischer Märtyrer in Syrien hingerichtet wird.

413 Caskel *Ǧamharat an-Nasab* II, S. 49, wo er allerdings für *ḥuǧr aš-šarr* die Form *ḥuǧr al-adbar* gibt, die in der Tat anderswo nicht begegnete.

414 Beispielsweise Naṣr b. Muzāḥim, S. 243-244, wo beide mit ihren Beinamen vorgestellt und beschrieben werden. *Ḥuǧr aš-šarr* kommt auch im folgenden Vers vor.

415 Balāḏurī *Ansāb* II, S. 262. Siehe die Besprechung der Bosheit al-Ašʿaṯs 3.1.1.

416 Ibn Aʿṯam I, S. 70, entsprechend Wāqidī *Ridda*, S. 291, und Ṭabarī *Taʾrīḫ* II, S. 355. Siehe die Diskussion der Legitimation der kinditischen Anführer während der Eroberungen 4.4.

417 Beispielsweise Ibn Aʿṯam VII, S. 115.

418 Zu diesem Begriff siehe die Besprechung der islamischen Motivation der Innenpolitik 4.7.

3.2.9 Fazit

Wie gezeigt können innerhalb der Prosopographie Kindas einige wiederkehrende Motive als narrative Muster beschrieben werden. Diese Motive sind im Einzelfall meist nicht direkt handlungsrelevant, sondern dienen eher wie die von Noth untersuchten Schlachtschilderungen der gleichbleibenden Ausmalung wiederkehrender Situationen. Damit lassen sie sich vielleicht in der Häufigkeit ihres Auftretens mit einer gewissen Ökonomie des Erzählens erklären. So wären beispielsweise in Medina auftretende Kinditen deswegen so auffallend häufig als Träger prächtiger Kleidung geschildert worden, weil eine solche prächtige Kleidung als wiederkehrendes Muster im Bild Kindas etabliert war. In gleicher Weise wäre die Beteiligung von Kinditen an Freveltaten der frühislamischen Heilsgeschichte zumindest teilweise daraus erklärlich, dass die einmal als narrative Tendenz etablierte „Bosheit“ der Kinditen das überlieferte Material im Überlieferungsprozess formte. Mit dem Auslesekriterium einer Prosopographie Kindas konnte dabei eine *a priori* nicht von einer speziellen Interpretation der islamischen Heilsgeschichte abhängende Datenbasis zugrunde gelegt werden.

Während die meisten der wiederkehrenden Züge im Bild Kindas in eine bestimmte Richtung auserzählt wurden, ließ sich für einige Muster im Bild Kindas eine narrative Polarisierung feststellen[419]. Diese Polarisierung lässt sich vielleicht aus der narrativen Dynamik erklären, zu einer in eine bestimmte Richtung auserzählten Ansicht eine prägnante Gegenposition zu beziehen. Auf einer solchermaßen polarisierten Achse wären dann letztlich nurmehr Prinzen oder Bauerntölpel, Schufte oder Heilige denkbar.

Wenn man die narrativen Dynamiken im Bild Kindas allgemein zusammenfassen will, wird man wohl von einer Kontroverse um den Platz Kindas in der frühislamischen Heilsgeschichte auszugehen haben. Eine vor- und frühislamische Herausgehobenheit der Kinditen führte zu einem Führungsanspruch in frühislamischer Zeit. Exemplarisch wird diese besondere Stellung Kindas in den Worten Muḥammads an die kinditische Delegation zusammengefasst:

> Der Prophet Gottes [...] sprach zur Delegation Kindas: Gott gab mir das Königtum (*mulk*) Kindas, die Festungen (*maṣāniʿ*) Ḥimyars und die Schätze des Perserkönigs und der Byzantiner (*ḫazāʾin kisrā wa-banī l-aṣfar*)![420]

Die Kontroverse um die rechte Verortung Kindas innerhalb der islamischen Heilsgeschichte wird in den Quellen selbst teilweise in die Zeit des Aufstands von Ibn al-Ašʿaṯ datiert[421]. Insbesondere die durchweg negativen Charakter-

[419] Siehe beispielsweise 3.2.8.
[420] Hamdānī *Iklīl* I, S. 66.
[421] Siehe 3.1.

züge in der Schilderung Kindas als Verräter und als Bösewichte *par excellence* könnten sich auch allerdings aus ihrer späteren Generationen unverständlichen Position als nicht-qurayšitische Elite innerhalb einer islamisch-zentriert gedachten frühislamischen Gesellschaft ergeben haben.

Bei der Untersuchung des Ausmaßes einer solchen narrativen Prägung des anhand Kindas ausgewählten Materials wurde deutlich, dass sich diese nicht nur auf die Schilderung beiläufiger Details beschränkt, sondern auch die handlungsrelevante „Ereignisgeschichte" in die narrativ dominanten Charakterzüge Kindas eingepasst ist. Bei konsequenter Berücksichtigung der methodologischen Vorbehalte Vogts und Noths[422] bedeutet dies, dass im Kontext der übergreifenden narrativen Überformung des gesamten Materials eine Ereignisgeschichte als solche nicht gänzlich von den Einflüssen der Überlieferung isoliert werden kann. Stattdessen rücken die narrativen Dynamiken frühislamischer Heilsgeschichte in den Mittelpunkt des Interesses, die das erhaltene Material während des Überlieferungsprozesses geformt haben.

Bis zu welchem Ausmaß die wiederkehrenden Züge im Bild der Kinditen in den hier behandelten Quellen wirklich charakteristisch speziell für Kinda sind, ist schwer abzuschätzen. Generell dürfte es interessant sein, weitere Stammesbilder und andere Datenmengen in dieser Weise auszulesen, um Kontroversen während der Überlieferung frühislamischer Heilsgeschichte genauer rekonstruieren zu können.

Daraus, dass die einzelnen Züge des Kinditenbildes in gewissem Maße als Ergebnis narrativer Dynamiken beschrieben werden können, folgt nicht, dass die behandelten Geschichten sämtlich frei erfundene Fälschungen sein müssen. Die Dynamik des Überlieferungsprozesses legt dagegen nahe, dass zunächst ambivalentere Schilderungen entweder konform zum vorherrschenden Bild Kindas ausgeschmückt, oder als pointierte Ausnahmen betont gegen das oben vorgestellte Bild der Kinditen gewendet wurden. So könnte man argumentieren, dass ein zunächst unspezifiziertes Geschenk Ukaydirs an Muḥammad unter dem Einfluss des Klischees vom kinditischen Weber zu prächtigem Seidenstoff wurde, den Ukaydir überreichte[423]. In ähnlicher Weise lassen sich hagiographische Züge in der Beschreibung Ḥuǧr b. ʿAdīs vielleicht aus seiner narrativen Opposition zur fast durchweg als *böse* gezeichneten Familie al-Ašʿaṯs erklären. Zusätzlich mag in diesem Fall seine Gegenüberstellung als Ḥuǧr *der Gute* zu seinem kufischen Namensvetter Ḥuǧr b. Yazīd *dem Bösen* im Umfeld der Schilderungen der Schlacht von Ṣiffīn eingewirkt haben. Damit wäre Ḥuǧr b. ʿAdī letztlich gerade *wegen* der gegen seine ansonsten böse gezeichneten Stammesbrüder gerichteten Polemik zu der umso hel-

422 Siehe 3.1.

423 Siehe 3.2.1.

ler strahlenden Märtyrergestalt geworden, die dem Leser in den hier ausgewerteten Quellen zur frühislamischen Heilsgeschichte entgegentritt.

Bei dieser Umsetzung einer Lesung aus Rezipientenperspektive wurden die Texte als synchron durchdachter, gleichmäßig *unfester*[424] Kosmos behandelt, der anhand Kindas nach wiederkehrenden Charakterzügen durchsucht wurde. Die Frage, in wieweit dieser Ansatz tatsächlich für alle Quellen- und Themengattungen gleichermaßen anwendbar ist, lässt sich allein am Beispiel Kindas nicht fundiert behandeln. Die folgenden Überlegungen Quasts mögen einen Ansatzpunkt bieten:

> Zwischen Textfestigkeit und Verbindlichkeit der *materia* besteht, wie es scheint, eine proportionale Relation. Je verbindlicher der Wahrheitsanspruch einer *materia*, um so intensiver erhebt sich die Forderung nach einer bis in den Buchstaben hinein festen Textgestalt. Nimmt bei poetischen Texten wie im Fall der mittelalterlichen Epenproduktion ein eher prekärer Wahrheitsanspruch der *materia* allein den Textproduzenten in die Pflicht, der sich der subjektiv für maßgeblich erachteten Stoffdisposition eines bestimmten Prätextes fügt, braucht man die Forderung nach Textfestigkeit offenbar nicht zu erwarten. Anders sieht es bei normativen Texten aus, die soziale Identitäten konstituieren, indem sie präskriptiv, jedenfalls unmittelbarer und weniger reflexiv als im engeren Sinne poetische Texte, Werte und Normen transportieren. Die als gesichert vorausgesetzte Normativität der *materia* solcher Texte verlangt, wenn auch nicht regelmäßig, im Unterschied zu poetischen Texten die Forderung nach dem in seiner Materialität geschützten Text. Für heilige Texte, um eine dritte Gruppe anzuführen, ist Textfestigkeit ein schlechterdings konstitutives Merkmal. Die universale Geltung reklamierende göttliche *materia* ist hier vom Buchstaben nicht zu lösen. Das geltend gemachte Differenzkriterium, das eine idealtypische Unterscheidung zwischen im engeren Sinne poetischen, normativen und heiligen Texten als zumindest heuristisch sinnvoll erscheinen lässt, liegt also im Grad der implizit wie explizit geforderten Textfestigkeit, die mit dem Normativitätsanspruch der vermittelten *materia* korreliert. So gesehen könnte die Frage nach dem buchstäblich festen Text vielleicht ein geeignetes Instrument sein zu einem besseren und das meint gleichermaßen historisch wie typologisch differenzierten Verständnis mittelalterlicher volkssprachlicher Textualität.[425]

Aufbauend auf diese Überlegungen ließe sich überlegen, in wieweit das kollationierende Vorgehen moderner Editoren von Texten der frühislamischen arabischen Historiographie zur Erstellung eines *festen* Textes eine gewandelte Bewertung der Normativität frühislamischer Geschichtsschreibung reflektiert. Während inhaltliche Differenz bei stilistischer Kongruenz eventuell geradezu ein Merkmal vormoderner Heilsgeschichte darstellt, projiziert die kritische Moderne den Anspruch nach einem gesicherten, normativ auslesbaren Grundtext schon durch ihr editorisches Vorgehen in die frühislamische Historiographie hinein.

---

424 Siehe 3.1.

425 Quast *Text*, S. 45-46.

3.3 Exkurs: Kontamination im Überlieferungsprozess?

Aus der obigen Untersuchung narrativer Einflüsse auf das überlieferte Material ließ sich eine gewisse Unfestigkeit des Textes im Überlieferungsprozess ableiten. Wenn die vorgeschlagenen Erklärungen tatsächlich auch im Licht generellerer Quellenauswertung stichhaltig sein sollten, setzen sowohl die auf differierende Interpretationen Bezug nehmende Auserzählung fester Motivkerne[426], als auch die Fortschreibung einmal etablierter Muster in der Schilderung von Kinditen auf weiteres Material[427] voraus, dass der einzelne Bericht durch die Kenntnis weiterer Berichte beeinflusst wird. Eine solche *gemeinsame Durchdachtheit* und gegenseitige Beeinflussung unterschiedlicher Texte wird in der Klassischen Philologie als *Kontamination* bezeichnet und von Maas wie folgt problematisiert:

> 6. Voraussetzung des Folgenden [der Textkritik] ist, daß die seit der Hauptspaltung [der Überlieferung] geschehenen Abschriften immer nur je eine Vorlage wiedergeben (d. h. daß kein Schreiber mehrere Vorlagen ineinanderarbeitet, 'kontaminiert'), daß dagegen jeder Schreiber bewußt oder unbewußt von seiner Vorlage abweicht (Sonderfehler begeht).[428]
>
> 10. Wenn die erste der in § 6 genannten Voraussetzungen nicht zutrifft, wenn also einzelne Schreiber mehrere Vorlagen kontaminiert haben, so ist in dem Bereich dieser Kontamination die eliminatio [Ausscheidung nicht maßgeblicher Handschriften als Grundlage des weiteren textkritischen Vorgehens] stark behindert, wenn nicht unmöglich.[429]
>
> ... bei vielgelesenen Texten dagegen pflegt Kontamination einzutreten, und im Bereich einer Kontamination versagt die strenge Stemmatik. [...] Wie in der chemischen Formel die Anordnung der Atome für jedes Molekül einer Verbindung eindeutig und unveränderlich festgelegt ist, so im Stemma das Abhängigkeitsverhältnis der Zeugen für jede Stelle des Textes – wenn jungfräuliche Überlieferung vorliegt. Gegen die Kontamination ist kein Kraut gewachsen.[430]

In der Islamwissenschaft wurden die *isnāde*, Überlieferungsketten, der islamisch-arabischen Historiographie meist dahingehend interpretiert, dass sie den tatsächlichen Weg der Überlieferung beschreiben. Wenn also zwei *isnāde* keine Überlieferer gemeinsam haben, geht man davon aus, dass die von den jeweiligen *isnāden* eingeleiteten Berichte sauber getrennt überliefert wurden. Exemplarisch lässt sich diese Annahme an Senturks Modellierung der Tätigkeit der ersten Überlierergeneration demonstrieren:

---

[426] Siehe 3.1.
[427] Siehe 3.2.
[428] Maas *Textkritik*, S. 6.
[429] Maas *Textkritik*, S. 8.
[430] Maas *Textkritik*, S. 31.

> They [die Gefährten Muḥammads] occupied themselves primarily with teaching hadith to the younger generations, called Successors (layers 2-4). Among themselves, however, there was very little narrative exchange.[431]

Hier liest Senturk die *isnāde* als Überliefererketten, die den tatsächlichen Weg der Transmission des überlieferten Materials beschreiben, und stellt fest, dass sie meist *vertikal* ältere und jüngere Überlieferer verbinden. Daher schließt er *narrative exchange* zwischen gleichzeitig lebenden Überlieferern weitgehend aus. Wenn dagegen die narrativen Muster in der Schilderung von Kinditen tatsächlich als Ergebnis einer gemeinsamen Durchdenkung unfesten Materials im Überlieferungsprozess erklärt werden können, ist narrativer Austausch *gerade* zwischen Zeitgenossen anzunehmen. Dass dieser in den *isnāden* nicht beschrieben wird, ließe sich vielleicht mit dem *normativen* Ideal einer vorwiegend vertikalen Transmission erklären.

Weiterführend ist zu überlegen, ob die Funktion der *isnāde* nicht eher in der Autorisierung weiter bekannten Materials mittels einer möglichst kurzen und glaubwürdigen Kette von Tradenten liegt. Dementsprechend wären aufgrund jeweils sekundärer Kriterien wie Lebensdauer der Überlieferer, Prestige der Überlieferer oder auch vermuteter inhaltlicher Tendenz der Überlieferer passende Personen zur Beglaubigung eines in weiteren Kreisen bekannten Textes ausgewählt worden.

Islamwissenschaftliche Arbeiten gingen spätestens in der Folge Wellhausens[432] meist von den Methoden der Klassischen Textkritik aus, wobei sie häufig insbesondere die *isnāde* als Ausgangspunkt ihrer Überlegungen nutzten. Beispielsweise erklärt Sezgin:

> Das Hauptinteresse der vorliegenden Arbeit gilt einer systematischen Analyse der einzelnen Glieder der Abū Miḫnaf enthaltenden isnāde bei dem am besten dazu geeigneten Historiker aṭ-Ṭabarī unter Heranziehung biographischer Nachschlagewerke. Dabei werden verschiedene Gesichtspunkte berücksichtigt: Funktion und Person des jeweiligen Gewährsmanns, Erweiterung unserer Kenntnis von der Arbeitsweise eines Historikers wie Abū Miḫnaf und seiner Gewährsleute, mögliche Rückschlüsse auf das Alter des isnāds und damit auch auf die frühe Geschichtsschreibung.[433]

Auch die neueren Ansätze einer Analyse von *isnād cum matn* rekonstruieren die Überlieferungsprozesse aus der Überliefererkette des *isnād*, wobei sie parallel zum Ansatz der philologischen Textkritik[434] zusätzlich auch ein Stemma der Varianten des *matn* erstellt. Die *isnāde* werden dabei zumindest potentiell als *stemmata codicum* gelesen, anhand derer der *Überlieferungsvorgang* rekon-

---

431 Senturk *Structure*, S. 39.

432 Wellhausen *Skizzen* 6, S. 3-4.

433 Sezgin *Abū Miḫnaf*, S. 4.

434 Siehe hierzu zusammenfassend Maas *Textkritik*.

struiert werden kann. Das Ziel einer solchen Analyse von *isnād cum matn* skizziert Scheiner wie folgt:

> Bei manchen Überlieferungskomplexen ergibt sich nach der Analyse beider Teile eine Korrespondenz zwischen den asānid und den mutūn. Diese Korrespondenz deutet darauf hin, dass der Inhalt der Überlieferung annähernd so weitergegeben wurde, wie es der isnād angibt. [...] Aus den vielen Versionen eines Überlieferungskomplexes ist es sogar möglich, ältere Versionen der Überlieferung zu rekonstruieren – sogenannte „rekonstruierte Fassungen (=RF)".[435]

Eine solche Anwendung von Methoden der Klassischen Textkritik auf Material, das durch Kontamination im Überlieferungsprozess geprägt ist, ist jedoch in der Folge von Maas nicht zulässig. Wo eine sauber getrennte Überlieferung die verschiedenen Varianten der Texte ausschreibt, verspricht der Vergleich einzelner Varianten zur Rekonstruktion des Einflusses von anhand der *isnāde* vielleicht sogar persönlich greifbaren Überlieferern in der Tat überaus spannende Einsichten. *Wenn dagegen jeder Überlieferer mehr Berichte kennt, als über ihn zitiert werden, und jeder Bericht mehr Überlieferern bekannt ist, als im isnād genannt werden,* ist eine solche saubere Scheidung der Überlieferung unmöglich. Das geflügelte Philologenwort „Nichts ist schlimmer als ein intelligenter Kopist!"[436], fasst diese Schwierigkeiten zusammen. Wenn ein Überlieferer anhand seines Wissenshorizontes abweichende Varianten mitdenkt und den von ihm verfassten Text demgemäß anpasst, lassen sich die früheren Versionen des von ihm „überlieferten" Textes mit allem philologischen Scharfsinn nicht mehr rekonstruieren.

Das Problem resultiert dabei daraus, dass die philologisch-kritische Methode einer Analyse von *isnād cum matn* von einer zeitlichen Abfolge nichtkontaminierter Überlieferungsstationen ausgeht. Wer *frühere* Berichte abfasst, kann in dieser Logik *später* entstandene Werke nicht einarbeiten. Diese Schwierigkeit würde durch die Annahme einer Überlieferung, die bis in den Kopierprozess *unfest* und *kontaminiert* bleibt, fortfallen. Ein *intelligenter Kopist* kann auch im Überlieferungsprozess noch Informationen in seine Vorlage einarbeiten. Damit lässt sich die Überlieferungsgeschichte nicht mehr anhand eines *Stemma codicum* rekonstruieren, um die genaue Abfolge der Überlieferungsschritte zu beschreiben.

Fassen lassen sich dagegen vielleicht wechselnde Wertung und Interpretationen, denen ein in dieser Weise *unfest* gedachter Text im Überlieferungsprozess ausgesetzt war. So lassen sich aus den narrativ erklärlichen Mustern in der Prosopographie Kindas eventuell Debatten im Umfeld der frühislamischen Heilsgeschichte rekonstruieren, die mit ihren jeweiligen Sinnzuschrei-

---

[435] Scheiner *Damaskus*, S. 5.

[436] So prägnant formuliert von Herrn Professor Zimmermann, Freiburg.

bungen die einzelnen Episoden und Berichte prägten. Eine solche Interreferenzialität der Historiographie umreißt Vogt wie folgt:

> On pourrait donc parler de l'interréférencialité des textes. De cette façon, des textes différents faisant référence l'un à l'autre, naît un discours. Par la mise en valeur d'un meme motif, les textes de l'historiographie médiévale s'intègrent dans ce discours plus vaste que l'écriture de l'histoire, comprenant aussi les sciences religieuses et la literature d'*adab*.[437]

Vielleicht lässt sich mit diesem Ansatz die kohärente *Formensprache* der überlieferten Berichte mit einem kohärenten *Kosmos* erklären, in dem die frühislamische Heilsgeschichte durchdacht und diskutiert wurde. Im Nachhinein wird hiermit auch die Einnahme einer *synchronen Rezipientenperspektive* während der obigen Untersuchung in gewissem Maße gerechtfertigt. Wenn eine gemeinsame Durchdachtheit des Kosmos frühislamischer Heilsgeschichte tatsächlich angenommen werden kann, muss diese Durchdachtheit *gleichzeitig* sein, da sich die einzelnen Positionen in stetiger Anpassung an und Zuspitzung auf einander ausdifferenziert haben. Die Trennung von Früherem und Späterem wäre demnach nur in wenigen Sonderfällen anhand externer Kriterien möglich.

Zur großen Frage der gesellschaftlichen Trägerschaft und zeitlichen Datierung der kontroversen Überlieferung lässt sich dagegen aus der synchronen Perspektive der obigen Untersuchung der Prosopographie Kindas wenig sagen. Es ist vielleicht plausibel, anzunehmen, dass die in den *isnāden* genannten Tradenten sich im *Kollegbetrieb* tatsächlich für islamische Heilsgeschichte interessierten. In welchem Maße darüber hinaus auch breitere Bevölkerungsgruppen, sowie aus sekundären Gründen in den *isnāden* unterdrückte Personen – beispielsweise Kurzlebige, Personen mit schlechtem Leumund, Frauen und Nichtmuslime – an der kontroversen Diskussion frühislamischer Heilsgeschichte teilnahmen, lässt sich allein anhand der hier untersuchten Prosopographie Kindas nicht abschätzen.

[437] Vogt *Califes*, S. 286.

4 Zentralität

Der zweite Teilaspekt, der in dieser Arbeit anhand der Prosopographie Kindas während der ersten drei Generationen islamischer Geschichte diskutiert werden soll, ist derjenige der Zentralität. Mit dem Begriff der Zentralität kann auf verschiedenen Ebenenen die Bezogenheit auf ein übergeordnetes Zentrum beschrieben werden. Anhand der systematisch ausgewählten Prosopographie Kindas lässt sich untersuchen, wie viel islamisch-staatliche Zentralität in ihr fassbar wird.

Die Frage nach Art und Ausmaß der Zentralisierung während der frühislamischen Geschichte ist bisher verschiedentlich aufgegriffen worden. Aufbauend auf eine Skizze des bisherigen Forschungsstands zur Zentralität sollen vier Ebenen von Zentralität beschrieben werden, auf denen die Prosopographie Kindas ausgelesen werden kann.

Vor der Durchführung der Untersuchung der Zentralität auf den definierten Ebenen sollen einige methodische Vorüberlegungen angestellt werden. Vor allem die Konsequenzen der im vorigen Kapitel beschriebenen narrativen Dynamiken für die Formulierung einer Strukturgeschichte werden hierbei zur Sprache kommen.

Die an diese Vorbehalte anschließende Diskussion der Zentralität auf den verschiedenen Ebenen ist ein Versuch. Durch das Auslesen allein der begrenzten Datenbasis der Prosopographie Kindas auf die allgemeine Fragestellung nach Zentralität in der frühislamischen Geschichte hin sollen trennscharf argumentierend Ansätze zu einer Neubewertung frühislamischer Strukturgeschichte aufgezeigt werden. Die allgemeine Plausibilität dieser anhand Kindas entwickelten Ansätze können nur vertiefte Untersuchungen auf umfassenderen Datengrundlagen bewerten.

Das anschließende Fazit fasst die auf den verschiedenen Ebenen anhand der Prosopographie Kindas festgestellte Zentralität nochmals zusammen und versucht sich an einer Einordnung der Ergebnisse.

4.1 Forschungsstand und Fragestellung

Zu Beginn seines Essays zu *Centralized Authority and Military Autonomy in the Early Islamic Conquests* beschreibt Donner die Dimensionen der organisatorischen Zentralisierung während der frühislamischen Eroberungen wie folgt:

> The historical works of the Islamic tradition portray the early Islamic conquests as the self-conscious and centrally managed expansion of a new state in the name of the new faith of Islam. According to this view, commitment to Islam provided the motive force underlying the conquests, and the leadership of the early Islamic

community, headed by the Caliphs in Medina, coordinated virtually all aspects of the expansion, from the initial recruitment of troops to the placement of garrisons of Muslims following the successful conquest of a province.[1]

Als bindende Kraft dieser Zentralisierung nennt Donner andernorts die Effektivität des Staates, der von Medina aus die frühislamischen Eroberungen lenkte:

> The appearance of the Islamic state in western Arabia was an event unparalleled in the history of the peninsula, and it had unparalleled consequences. It was the integrative power of the new state, acting on the raw material of Arabian society, that unleashed the expansive military potential of the peninsula and generated the Islamic conquest – a phenomenon that transformed the face of the ancient world profoundly and irrevocably.[2]

Auch Noth sieht die Zentralisierung der frühislamischen Gesellschaft als entscheidenden Faktor für den Erfolg der Eroberungen. Während jedoch Donner primär die institutionelle Verfasstheit der islamischen Zentrale hervorhebt, betont Noth die Rolle des Islam als auf eine Zentrale bezogenem Glaubenssystem:

> Ist das integrierende Element der „futūḥ" somit nicht in einheitlicher Führung und Planung zu suchen, so kann andererseits die *Rolle des Islam* als einigende und vorwärtstreibende Kraft gar nicht hoch genug eingeschätzt werden.[3]

Aus Sicht der Quellen ist der Unterschied zwischen diesen verschiedenen Modellierungen der von der Zentrale ausgehenden einigenden Kraft jedoch nicht weiter gravierend, da – wie im Folgenden auch am Beispiel Kindas deutlich werden wird – eine institutionelle Zentralisierung im Handeln von Akteuren immer zugleich als eine Nähe des Akteurs zur Zentrale gedacht wird, die sich in religiösem Prestige äußert. Die Frage, ob die Zentralisierung primär religiös oder administrativ motiviert war, ist damit aus Sicht der Quellen nicht relevant. Beide Aspekte erscheinen durchweg gemeinsam, sie sind gewissermaßen *verschränkt*. In den Worten Robinsons:

> The ancient and Late Antique history of Eurasia could be reasonably (if not generously) characterised as a series of experiments in assembling communities through two sometimes complementary, contradictory or overlapping processes. The first was unambiguously political: building states and empires through conquest and some combination of occupation, emigration, colonisation, administration and exploitation. The other was ambiguously ideological, intellectual, spiritual and cultural: creating religious and philosophical systems of thought and conduct through some combination of inspiration, revelation, reflection and systematic teaching. [...] [O]nly in the seventh- and eighth-century Near East did the two processes of community building fully synchronise and thereby inaugurate

1 Donner *Authority*, S. 337.
2 Donner *Conquests*, S. 55.
3 Noth *Ökumene*, S. 94: Hervorhebung im Original.

> what was arguably one of the most creative stages of human history. This synchronocity – early Muslims were founders of both world empire and world religion, possessors of both power and truth – is perhabs the most striking feature of Islamic history.[4]

Eine Gegenthese zu dieser prägenden organisatorischen Zentralität der frühislamischen Geschichte skizziert dagegen Sharon wie folgt:

> In opposition to the theory of the unified beginning, I believe that Islamic tradition tells us a different story. The activity of the Prophet in Arabia, the nature and details of which we can only guess, brought into existence groups or communities of *muʾminūn*, believers first in Arabia and then, after the collapse of both the Sassanians and the Byzantines, also outside Arabia – notably in Iraq, Syria and Mesopotamia, in addition to the community in Madīnah and probably also in North and East Arabia.[5]

Diese Überlegungen zur organisatorischen Zentralität während des engeren Zeitraums der frühislamischen Eroberungen sollen auf den ersten beiden Ebenen der Untersuchung aufgegriffen werden, um zu untersuchen, wie viel zentrale Lenkung und Legitimation für die an den Eroberungen beteiligten kinditischen Anführer fassbar wird.

Im Licht des vorigen Kapitels soll ihnen zusätzlich die Dimension einer *narrativen Zentralität* während des weiteren Untersuchungszeitraums an die Seite gestellt werden. Mit dem Begriff der narrativen Zentralität kann dabei die Fokussiertheit der Ereignisgeschichte auf ein Zentrum bezeichnet werden. Das Erzählen als Verweben von Material in einer Geschichte (*mise en intrigue*) beschreibt Vogt in der Folge Ricœurs wie folgt:

> La mise en intrigue est une opération de configuration, médiatrice entre des facteurs hétérogènes. Elle fait d'abord la médiation entre des événements ou des incidents individuels, et une histoire prise comme un tout, de telle manière qu'on pourrait dire qu'elle transforme les événements en histoire. En outre, la mise en intrigue compose ensemble des facteurs tels que buts, agents, moyens, interactions, circonstances, résultats inattendus etc., de sorte que l'histoire trouve son accomplissement dans la conclusion. C'est donc la dimension configurante de la mise en intrigue qui garantit que les episodes de l'histoire, pris comme un tout, conduisent à la fin.[6]

Für Vogt ist die *mise en intrigue* eine Operation des Historikers, die die Handlung auf ein Zentrum fokussiert und in einen kohärenten Ereignishorizont stellt. Dabei werden die einzelnen Episoden und Details der Handlung auf den größeren Zusammenhang ausgerichtet, den sie in ihrer Gesamtheit beschreiben. Erst aus der Fokussiertheit des Einzelnen auf ein gemeinsames Zentrum ergibt sich die Kohärenz des Horizonts.

---

4 *New Cambridge History of Islam I*, S. 683.
5 Sharon *Holy Land*, S. 226.
6 Vogt *Califes*, S. 30.

In seiner Besprechung von Vogts *Figures de califes entre histoire et fiction* betont Tillschneider dagegen, dass dem Historiker früherer Vorgänge selbst nur Berichte vorliegen, die jeweils einen eigenen Ereignishorizont einbringen[7]. Diese Berichte überliefern nach der im vorhergehenden Kapitel vorgestellten Überlieferungsmodellierung unter den Bedingungen kontroverser Diskussion wiederum andere Berichte, die ebenfalls im Überlieferungsprozess überformt wurden. Aus einer solchen dynamischen Modellierung der Überlieferung eröffnet sich die Möglichkeit, die in einzelnen Episoden vorliegende Überformung abzuschätzen, indem die Passung der berichteten Details zur sie rahmenden Großnarratio untersucht wird. Entsprechen die Details der Rahmengeschichte, ist die Überformung entweder umfassend, oder die letztlich dahinterstehende Ereignisgeschichte war tatsächlich in der Weise auf ein Zentrum fokussiert, in der sie berichtet wird. Wenn sich die Details dagegen nicht ohne weiteres in die Großnarratio einpassen, deutet dies darauf hin, dass die Großnarratio – hier diejenige der frühislamischen Heilsgeschichte – erst im Überlieferungsprozess in das Material projiziert wurde, ohne dieses Material bis ins Letzte umzuformen[8].

Die frühislamische Heilsgeschichte allgemein und insbesondere die frühen internen Konflikte zwischen den Muslimen werden als eine globale Auseinandersetzung um den Islam erzählt. Die Geschichte der ersten drei Generationen islamischer Zeit wird als zusammenhängende Geschichte des frühen Islams vor einem global-islamischen Horizont verstanden, die sich in regional verschiedenen, durch den Fokus auf das gemeinsame Zentrum verbundenen Erzählsträngen niederschlägt.

Anhand der Prosopographie Kindas lässt sich prüfen, in wiefern diese zentrale Fokussierung auf einen global-islamischen Horizont für zwei wichtige Episoden und Themen der frühislamischen Geschichte in den jeweils beteiligten Personen vom Stamm Kinda greifbar wird. Andernfalls wäre die zentral fokussierte *mise en intrigue* aus Sicht Kindas als erzählende Operation während des heilsgeschichtlich überformten Überlieferungsvorgangs aufzufassen, die die *Großnarratio* prägte, ohne die Einzelheiten bis ins Letzte umzugestalten.

Diese Überlegungen sollen mit dem Begriff der *narrativen Zentralität* zusammengefasst werden. Eine solche Dimension narrativer Zentralität erlaubt die Untersuchung der Relevanz der global-islamischen Perspektive der Quellen anhand der Prosopographie Kindas auf zwei weiteren Ebenen.

---

7 Tillschneider *Besprechung Vogt*.

8 Siehe beispielsweise Suyūṭī *Taʾriḫ al-Ḫulafāʾ* als späteres Beispiel einer Großnarratio, die bis auf die Detailebene durchgeführt worden ist: Hier ergeben sich keine Unstimmigkeiten zwischen Details und heilsgeschichtlicher Handlung.

Die Ebenen, auf denen die Prosopographie Kindas während der ersten drei Generationen frühislamischer Zeit auf Zentralität untersucht werden sollen, gliedern sich demnach wie folgt:

Ebene 1: Organisatorische Zentralität in der Lenkung der Eroberungen. Auf dieser Ebene wird anhand der Prosopographie Kindas diskutiert, wie viel zentraler Einfluss sich für die an den frühislamischen Eroberungen beteiligten Kinditen belegen lässt.

Ebene 2: Organisatorische Zentralität in der Legitimation der Heerführer während der Eroberungen. Auf der Ebene der Legitimation der Heerführer wird gefragt werden, in wiefern die kinditischen Anführer ihre Autorität Verbindungen zur islamisch-staatlichen Zentrale verdankten. Die beiden anschließenden Exkurse besprechen an den kinditischen Beispielen von Šuraḥbīl b. as-Simṭ im Irak und der Einsetzung des *qāḍī* Šurayḥ durch den Kalifen ʿUmar auf Detailebene zwei Problemfelder innerhalb des größeren Themas der organisatorischen Zentralität während der frühislamischen Eroberungen.

Ebene 3: Zentralität als global-islamische Motivation der Innenpolitik. Ausgehend von der Beobachtung, dass Kinditen in einigen Episoden des ersten islamischen Bürgerkriegs sehr stark vertreten sind, wird auf dieser Ebene gefragt, ob sich die starke Mobilisierung insbesondere von ägyptischen Kinditen des Unterstamms Tuǧīb mit einer global-islamischen Motivation erklären lässt.

Ebene 4: Zentralität in der global-islamischen Mobilisierung der „Parteien". Hier wird abschließend die Frage aufgeworfen, in wiefern insbesondere die Ḫāriǧiten anhand der Prosopographie Kindas tatsächlich als global-islamisch agierende Partei fassbar werden.

4.2 Vorüberlegung: Narrative Dynamiken in der Darstellung des frühislamischen Staates

Wie steht der Islam zum Staat? Diese Frage wird bis heute heiß diskutiert. Um die jeweilige Position zu legitimieren, wird häufig eine Fundierung in der frühislamischen Geschichte gesucht, wobei die islamische Gemeinde um Muḥammad in Medina geradezu zum Idealstaat stilisiert wird[9]. Diese Ten-

[9] Die Idealisierung der Gemeindeverfassung unter Muḥammad tut sich allerdings schwer mit der in den erhaltenen Sammlungen überlieferten impliziten Kritik an der Politik Muḥammads: Episoden wie die Verteilung der Beute nach der Schlacht von Ḥunayn an die eben erst unterworfenen Stammesgenossen Muḥammads (Ṭabarī *Taʾrīḫ* II, S. 206-211), statt an seine medinensischen Unterstützer, oder das Massaker

denz lädt auch die Berichte über die Rechtgeleiteten Kalifen nach Muḥammad normativ auf, um über sie als vorbildliche Zeitzeugen Muḥammads die jeweils für richtig befundene Praxis islamisch zu fundieren.

Eine solche kontroverse Diskussion während des Überlieferungsprozesses erfordert eine langfristige Relevanz der Ereignisse, die vor allem für die im Zuge des Überlieferungsvorgangs idealisierte Frühgeschichte angenommen werden kann. Dies führt zum zunächst paradox erscheinenden Ergebnis, dass in der in dieser Weise heilsgeschichtlich stärker aufgeladenen vorumayyadischen Geschichte von einem prägenderen Einfluss späterer Vorstellungen auszugehen ist, als in der Verwaltungs- und Strukturgeschichte der Umayyaden. Hierauf wird bei der abschließenden Diskussion der Ergebnisse dieses Kapitels zurückzukommen sein[10].

Das Einwirken normativer Anschauungen auf das überlieferte Material lässt sich vielleicht parallel zum in der ersten Teilfrage behandelten topischen Einfluss wiederkehrender Charakterzüge erklären, durch die ein gängiges Bild immer wieder in gleicher Manier ausgemalt wird[11]. In gleicher Weise lässt sich vielleicht auch das Einwirken von Überzeugungen und Dogmen topisch fassen. Wo die Vorstellung herrscht, dass Anführer islamisch legitimiert gewesen sein müssen, werden Geschichten überliefert werden, nach denen sie es waren. Im Einzelfall lässt sich unter diesen Umständen nicht mehr entscheiden, ob der historische Vorgang tatsächlich in Übereinstimmung mit dem Dogma stattfand, oder aber die Übereinstimmung erst durch narrative Überformungen während des Überlieferungsprozesses hergestellt wurde. Die Faktizität ist damit in gleicher Weise wie für diejenige von Topoi in der Schilderung von Schlachten und Beratungen *aufgehoben*[12].

Greifbar werden diese Fälle allenfalls dort, wo die dogmatisch korrekte Position die Gegenansicht nicht vollständig verdrängte. Im Fall des fortgesetzten Ringens zweier unvereinbarer Meinungen lässt sich durch eine detaillierte Untersuchung der *Staubwolke* der auf diesen Konflikt hin lesbaren Teilberichte eventuell das einwirkende Dogma herausarbeiten. Im Fazit und in den beiden Exkursen soll hierbei aus Sicht der Beispiele innerhalb der Prosopographie Kindas eine Rekonstruktion der früheren Ansicht versucht werden, deren Spannungsverhältnis zum später normativ einwirkenden Dogma erst die die *dogmatisch korrekte* Seite stützenden Berichte hervorbrachte. Unter der Annahme einer solchen Modellierung lassen sich damit auch widersprüchliche Berichte auf die in diesem Kapitel untersuchte Frage

---

Ḫālid b. al-Walīds an muslimischen Arabern nach der Eroberung Mekkas (Ṭabarī *Taʾrīḫ* II, S. 195-197) sind schwer als ideales Staatshandeln zu fassen.

10 Siehe 4.9.

11 Siehe 3.2.

12 Siehe 3.2.

nach Zentralität hin auslesen. Dass es sich hierbei um Wahrscheinlichkeiten handelt und in der vorliegenden Arbeit ohnehin nur aus der beschränkten Perspektive Kindas argumentiert wird, braucht wohl nicht mehr eigens betont zu werden.

4.3 Ebene 1: Organisatorische Zentralität in der Lenkung der Eroberungen

> [Der Kalif ʿUmar nahm eine Parade von Verstärkungstruppen zur Eroberung des Irak ab.] Da zog [der Unterstamm] Sakūn mit 400 Mann als erster Teil Kindas unter Ḥuṣayn b. Numayr und Muʿāwiya b. Ḥudayǧ vor ihn. [Im Folgenden werden namentlich einige Personen genannt, die mit den Banū Tuǧīb Ägyptens in Verbindung gebracht werden.][13]

Die erste Ebene, auf der die Prosopographie Kindas auf die Frage nach Zentralität hin ausgelesen werden soll, ist diejenige der zentralen Lenkung der frühislamischen Eroberungen. In der einleitenden Passage wird eine solche zentrale Lenkung in der Aussendung kinditischer Truppen in den Irak durch den Kalifen greifbar. Der Kalif ʿUmar erscheint als Verkörperung der zentralen Organisation der Heeresverbände, der aufgrund seines strategischen Überblicks die vorbeidefilierenden Araber an diejenige Front schickt, wo sie im Gesamtinteresse des frühislamischen Staates am sinnvollsten eingesetzt werden können. Die Eroberungen sind damit im Sinne Donners zentralorganisierte *islamische* und nicht dezentral-spontane *arabische* Eroberungen[14].

Bei der Frage nach Zentralität auf der Ebene der zentralen Lenkung der Eroberungen soll zunächst gefragt werden, in welchen Fällen kinditische Truppen explizit von der Zentrale an die Front geschickt werden. Da auch die Präsenz von Anführern an verschiedenen Fronten die Versetzung des jeweiligen Anführers, der hier eventuell als Mobilisator von Truppen interpretiert werden kann, durch eine zentrale Koordinierungsinstanz implizieren könnte, werden anschließend die Fälle untersucht, in denen kinditische Anführer an verschiedenen Fronten belegt sind. In der Gegenprobe wird die Prosopographie Kindas nach Fällen von explizit nicht zentral dirigierten Unternehmungen durchsucht werden, die von Kinditen geführt werden. Abschließend wird die Zentralität, die auf der Ebene einer zentralen Lenkung der Eroberungen in der Prosopographie Kindas fassbar wird, kurz skizziert.

In seinem Artikel zur Frage der Zentralität während der Eroberungen argumentiert Donner, dass Truppenverlegungen zwischen verschiedenen Schauplätzen der Eroberung eine zentrale Steuerung notwendig machen[15].

---

13 Ṭabarī *Taʾrīḫ* II, S. 448.
14 Donner *Conquests*, S. 3-9.
15 Donner *Authority*, S. 353-356.

Auf Basis der Prosopographie Kindas lässt sich systematisch fragen, in welchen Fällen kinditische Truppenverschiebungen zwischen den beiden großen Kriegsschauplätzen Syriens / Ägyptens und dem Irak erwähnt werden.

Insgesamt gibt es innerhalb der Prosopographie Kindas allerdings nur den eingangs zitierten Bericht von einer Aussendung kinditischer Truppen durch den Kalifen aus Arabien an die Front während der frühislamischen Eroberungen[16]. Dabei befremdet es, dass der kinditische *Syrer* schlechthin, Ḥuṣayn b. Numayr[17], und sein ägyptisches Pendant Muᶜāwiya b. Ḥudayǧ[18] mit Truppen der später nur in Ägypten belegten[19] Banū Tuǧīb, einem Unterstamm der Abteilung Sakūn von Kinda[20], vom Kalifen ᶜUmar in den Irak geschickt werden, wo sie weder in den anschließenden Kämpfen noch jemals sonst wieder auftauchen. Demgegenüber fügt sich das vernichtende Urteil ᶜUmars über die Kinditen samt prophetischem Schauder ob künftigem Unheil in das bereits behandelte narrative Muster der Bosheit der Kinditen ein[21]. Die gesamte Episode lässt sich damit als sekundär im Aufmarsch nach al-Qādisiyya einsortierte Anekdote zur Bosheit der Kinditen erklären und wäre damit als Beleg einer tatsächlichen zentralen Lenkung der Eroberungen kaum verwertbar[22].

Wie sieht es mit an verschiedenen Fronten belegten Truppenführern innerhalb der Prosopographie Kindas aus, die eine zentral koordinierte Versetzung von Truppen nahe legen könnten? Donner behandelt in seinen *Early Islamic Conquests* die berühmten Beispiele von Ḫālid b. al-Walīds Wüstenmarsch aus dem Irak nach Syrien[23] und den syrischen Verstärkungen bei al-Qādisiyya im Irak[24] als historische Ereignisse. Dabei ergibt sich jedoch das Problem, dass die Familien der namentlich genannten Anführer von Heereskontingenten mit wenigen Ausnahmen[25] schon während der Eroberungen meist nur an einer der beiden Fronten prominent in den Quellen auftreten.

---

16 Ṭabarī *Taʾrīḫ* II, S. 248.

17 Siehe die Diskussion von Kinditen in Syrien 2.3.2.

18 Siehe die Diskussion seiner Familie 2.4.2.2.

19 Die einzigen Ausnahmen sind die Beteiligung von ägyptischen Tuǧībīs an der Ermordung des Kalifen ᶜUṯmān (siehe 4.7) und ein gewisser Masᶜada b. ᶜAmr at-Tuǧībī, der bei Naṣr b. Muzāḥim, S. 507, auf Seiten Muᶜāwiyas den Waffenstillstand nach der Schlacht von Ṣiffīn bezeugt.

20 Siehe die Diskussion von Kinditen in Ägypten 2.3.1.

21 Siehe 3.2.8.

22 *Pace* al-Barrī *Qabāʾil*, S. 178, der Tuǧīb erst gegen die Perser kämpfen und dann Ägypten erobern lässt.

23 Donner *Conquests*, S. 119-127.

24 Donner *Conquests*, S. 207.

25 Als große Ausnahme ist vor allem Ḫālid b. al-Walīd zu nennen. Es wirkt, als sei gerade er zum frühislamischen Eroberungshelden schlechthin ausgebaut und deswegen als Teil der Passepartoutstaffage an möglichst vielen Eroberungen beteiligt worden.

Nach den Eroberungen sind speziell kinditische Anführerfamilien[26] nurmehr *entweder* in Syrien *oder* im Irak ansässig. Warum sollten sie dann während der Eroberungen auf beiden Schauplätzen aktiv gewesen sein?

Die Tendenz, zahlreiche berühmte Helden als Passepartoutstaffage in beliebige Schlachten einzufügen, beschrieb Noth dagegen als narrativen Topos, für den ein Bezug zur Ereignisgeschichte im Einzelfall nicht nachzuweisen sei[27]. Auf Seiten der islamischen Heerführer begegnet diese Tendenz in beispielhafter Weise in al-Wāqidīs Futūḥ al-Bahnasā, wo ein ganzes Heer angesehener Prophetengenossen gegen alle historische Wahrscheinlichkeit nach Oberägypten geschickt wird, um die Stadt Bahnasā als Wallfahrtsort zu etablieren[28].

Im Folgenden wird für die innerhalb der Prosopographie Kindas fassbaren Heerführer, die an verschiedenen Fronten genannt werden, untersucht, in wieweit sie als bloße Topoi erklärlich sind, oder doch in einer Weise geschildert werden, die eine Erklärung als reinen narrativen Reflex unwahrscheinlich macht.

Die Teilnahme von al-Ašʿaṯ b. Qays an der Entscheidungsschlacht um Syrien gegen die Byzantiner am Yarmūk[29] und seine Nennung unter den syrischen Verstärkungstruppen bei al-Qādisiyya im Irak[30] sind die einzigen Ausnahmen von der Regel, dass er samt seiner Familie nach dem Ende der *ridda* Kindas gegen die Muslime nur im Irak oder in vom Irak aus eroberten Gebieten erwähnt wird. Bei einer prominenten Teilnahme dieses kinditischen Anführers an der Eroberung Syriens hätte man dagegen greifbarere Spuren seines syrischen *involvements* erwartet. Damit ist es eventuell plausibel, die Präsenz al-Ašʿaṯs in Syrien im Sinne Noths als topisch motivierte narrative Hinzufügung eines bekannten Erobererrecken in die Passepartoutstaffage der Schlacht am Yarmūk zu werten.

---

26 Siehe zu dieser Typologie die Untersuchung der Legitimation kinditischer Heerführer durch ihre Verbindung zur Zentrale 4.4.

27 Noth *Studien*, insbesondere S. 91-96, 101-105, 152.

28 Wāqidī *Bahnasā*.

29 Bei dieser Schlacht am Yarmūk soll der bekanntermaßen einäugige al-Ašʿaṯ sein Auge verloren haben: Balāḏurī *Futūḥ*, S. 175, und Ibn Ḥabīb *Muḥabbar*, S. 261 und 302. Diese Listen von Personen, die auf bestimmten Schlachtfeldern eins ihrer Augen verloren, scheinen allerdings ein Topos zu sein: Siehe beispielsweise auch Ibn ʿAbdalḥakam, S. 215. Zu Listen in der frühislamischen Historiographie siehe Noth *Studien*, insbesondere S. 90-96, und speziell zu ihrer Überlieferung Leder *Korpus*, S. 197-283.
Noch unbestimmter ist der Hinweis bei Balāḏurī *Futūḥ*, S. 138, al-Ašʿaṯ sei als *ġāzī*, Kämpfer, in Syrien und im Irak gewesen.
Als Verbindung von al-Ašʿaṯ mit Großsyrien ist schließlich eventuell noch Naṣr b. Muzāḥim, S. 339, zu nennen, wo al-Ašʿaṯ von den Gebäuden und dem Männerreichtum Palästinas erzählt. Allerdings wird nicht gesagt, ob er als Augenzeuge spricht und während der Eroberungen dort war.

30 Dīnawarī *Aḫbār*, S. 127.

Dasselbe Argument lässt sich auch auf die Bemerkung aus Anlass der Hinrichtung Ḥuǧr b. ʿAdīs auf dem *marǧ ʿaḏrāʾ* bei Damaskus anführen, nach der er diese Gegend erobert habe[31]. Ḥuǧr b. ʿAdī ist sonst bis zu seiner Deportation durch den umayyadischen Statthalter nach Syrien nur im Irak belegt[32] und hat außerhalb des Irak keinerlei Spuren hinterlassen. Dagegen war er wie al-Ašʿaṯ als Eroberungsheld ausreichend bekannt[33], um plausibel als Teil einer narrativen Passepartoutstaffage von Eroberungsschlachten erklärt werden zu können.

Der letzte Fall eines prominent an den Eroberungen beteiligten Kinditen, der sowohl in Syrien, als auch im Irak vorkommt, ist etwas komplexer. Šuraḥbīl b. as-Simṭ, der spätere Herr von Ḥimṣ, stellt einen Sonderfall dar, der noch ausführlich besprochen werden wird[34]. Bei der Geschichte von seiner Umsiedlung von Kufa nach Syrien handelt es sich jedoch nicht um eine Truppenverschiebung während der frühislamischen Eroberungen, sondern um eine spätere innenpolitische Maßnahme des Kalifen ʿUmar. Während der Eroberungen selbst wird Šuraḥbīl b. as-Simṭ einzig im Irak erwähnt.

Insgesamt ergibt sich aus der Untersuchung der Prosopographie Kindas nach Zentralität auf der Ebene der zentralen Lenkung der Eroberungen, dass die Fälle, in denen kinditische Truppen durch zentrale Instanzen an die Front geschickt werden oder namentlich genannte Anführer während der Eroberungen zwischen den verschiedenen Kriegsschauplätzen hin- und herwechseln, sämtlich als Motive erklärlich sind, die aus dem narrativen Einfluss der späteren Vorstellung einer zentralen Lenkung der Eroberungen motiviert sein können. Eine zentrale Lenkung der Eroberungen ist aus ihnen damit nicht abzuleiten, stattdessen dürften sie sich – wie die eingangs übersetzte Episode zur Entsendung von Kinditen in den Irak – narrativen Dynamiken während des Überlieferungsprozesses verdanken.

Im Anschluss soll die Gegenprobe gestellt werden. Gibt es innerhalb der Prosopographie Kindas Berichte von militärischen Unternehmungen, die gegen den Willen des Kalifen durchgeführt wurden? Diese Frage diskutiert Donner am Beispiel des ʿAmr b. al-ʿĀṣ, dessen Eroberung Ägyptens er als einziges Beispiel für eine solche autonom und lokal gelenkte Expedition ansieht:

---

31 Balāḏurī *Ansāb* III, S. 434; Ibn Ḥabīb *Muḥabbar*, S. 292, und Ibn Saʿd VI, S. 242-243.

32 Die Nennung von Ḥuǧr b. ʿAdī bei Kindī *Wulāt*, S. 28, als Bote Muḥammad b. Abī Bakrs an Muʿāwiya b. Ḥudayǧ während der ersten *fitna* in Ägypten steht isoliert und ist vielleicht aus einer Textverderbnis zu erklären: Ob der unleserliche Name des Boten des Gouverneurs ʿAlīs in Ägypten kurzerhand als der spätere Anhänger ʿAlīs schlechthin gelesen wurde? Die entgegengesetzte Ansicht vertritt al-Barrī *Qabāʾil*, S. 172, der Ḥuǧr b. ʿAdī aufgrund dieser Stelle für Ägypten namhaft macht.

33 Siehe 4.5 für seine Teilnahme vor allem an der Eroberung des Irak nach der Schlacht von al-Qādisiyya.

34 Siehe 4.5.

> Is it not misleading to generalize from this one example of military autonomy – assuming that it is an example? For, we find reports of such independence or defiance of Caliphal authority for *no other* commander of the early conquest period on any other front – and there were many of them.[35]

Aus diesem Argument zieht er einen weiteren Beleg für die Zentralität der Eroberungen: Wo niemand gegen den Willen der Zentrale handelte, ist eine wirkmächtige Lenkung der Operationen durch die Zentrale anzunehmen. Hierzu ist aus kinditischer Sicht die folgende Episode anzumerken:

> [Der kinditischstämmige mekkanische Ḥalif und Schreiber Muḥammads, al-ʿAlāʾ b. al-Ḥaḍramī, führt Truppen Abū Bakrs in al-Baḥrayn während der *ridda* und wird von diesem anschließend als Statthalter eingesetzt.] Danach setzte ihn auch ʿUmar als Gouverneur ein, verbot ihm jedoch Expeditionen zur See. [Dennoch rüstet al-ʿAlāʾ Heere unter verschiedenen Anführern aus.] Diese schickte er ohne Erlaubnis ʿUmars über das Meer nach Fārs, denn ʿUmar erlaubte niemandem, zur See Raubzüge zu unternehmen. Er verabscheute es nämlich, seine Truppen in Gefahr zu bringen, worin er dem Vorbild des Propheten [Muḥammads] und Abū Bakrs folgte, die nie [Truppen auf dem Meer] in Gefahr gebracht hatten. [Die Expedition nimmt kein gutes Ende und führt zu ʿUmars Groll und al-ʿAlāʾs Absetzung.][36]

Hier wird explizit von einem militärischen Unternehmen eines lokalen Befehlshabers gegen den erklärten Willen des Kalifen gesprochen, wobei der resultierende Misserfolg geradezu als schicksalhafte Strafe für die Insubordination geschildert wird. Als Beleg *ex negativo* für – in diesem Fall missachteten – zentralen Einfluss des Kalifen ist die Episode dabei nicht zu brauchen: Der Widerstand ʿUmars gegen Expeditionen zur See ist nicht handlungsrelevant und damit als kommentierender Zusatz *ex post* erklärlich.

Das eigentliche Problem von Donners Argumentation ist jedoch grundlegender. Wo er diskutiert, ob die Eroberungen *in toto* zentral gelenkt wurden[37], ist im Sinne des *methodologischen Individualismus* für jeden einzelnen Akteur gesondert zu untersuchen, in wieweit eine zentrale Motivation für ihn im speziellen Fall fassbar wird. Der Schluss von Beispielen, in denen einzelnen Akteuren zentrale Motivation zugeschrieben werden kann, auf eine umfassende zentrale Lenkung der Eroberungen ist dagegen nicht aussagekräftig.

Daneben findet sich in der kinditisch ausgewählten Datenbasis ein weiterer von der Vorstellung der zentralen Lenkung der Eroberungen abweichender Bericht. Hier erobert in as-Simṭ b. al-Aswad ein Heerführer, der

---

35 Donner *Authority*, S. 348: Heraushebung nicht im Original.

36 Ṭabarī *Taʾrīḫ* II, S. 581-582. Dito Ṭabarī *Taʾrīḫ* II, S. 605, 638 und 691, wo jeweils auf den *muṣāb ǧund al-ʿalāʾ*, die Katastrophe des Heers von al-ʿAlāʾ, als abschreckendes Beispiel angespielt wird. Siehe Balāḏurī *Futūḥ*, S. 428, und Ibn Saʿd IV, S. 267, wo al-ʿAlāʾs Truppen nur eine Fārs vorgelagerte Insel erobern.

37 Donner *Authority*, insbesondere S. 340.

zuvor keinerlei in den Quellen erwähnte Verbindung zum Kalifen oder zur islamischen Zentrale hatte, die Stadt Ḥimṣ in Syrien.

> Manche Überlieferer berichten, dass as-Simṭ b. al-Aswad al-Kindī mit den Einwohnern von Ḥimṣ einen Friedensvertrag ausgehandelt habe. Als dann [der vom Kalifen entsandte Heerführer] Abū ʿUbayda kam, übernahm er den Vertrag. Man sagt ebenfalls, dass as-Simṭ Ḥimṣ in Quartiere für die Muslime eingeteilt habe, damit sie sich dort ansiedelten. Er siedelte sie in den leerstehenden Häusern, deren Bewohner geflohen waren, und auf den Brachflächen an.[38]

Besonderes Gewicht gewinnt diese Variante der Eroberung der Stadt durch das markante Detail, dass der autonom handelnde Kinditenführer as-Simṭ die Quartiere der Muslime einteilt. Der zentral-islamisch entsandte Heerführer Abū ʿUbayda billigt die Regelung der Eroberung von Ḥimṣ durch as-Simṭ ausdrücklich erst im Nachhinein. Das eigenverantwortliche Handeln as-Simṭs spricht dagegen dafür, dass er selbst Oberbefehlshaber der Truppen in Ḥimṣ war. In einer Parallelstelle einige Seiten später heißt es:

> As-Simṭ b. al-Aswad al-Kindī zeichnete sich in Syrien, speziell bei Ḥimṣ und am Yarmūk aus. Er verteilte die Häuser von Ḥimṣ unter ihre Bewohner.[39]

Beide Berichte laufen der allgemeinen narrativen Dynamik des Überlieferungsprozesses, die wohl von einer entscheidenden Rolle der islamischen Zentrale während der Eroberungen ausging, zuwider und sind damit nur schwer als narrativer Reflex auf etablierte Deutungsmuster zu erklären. Die Familie as-Simṭs ist später in Ḥimṣ gut belegt[40]. Das Verhalten dieses Familienzweigs während der *ridda* wird im Folgenden näher untersucht werden[41]. Für die Zeit zwischen der *ridda* und der Eroberung von Ḥimṣ finden sich keine Berichte über Kontakte as-Simṭs zur islamischen Zentrale. Auch die Frage, wie as-Simṭ überhaupt aus dem Jemen nach Syrien kommt, bleibt in den hier ausgewerteten Quellen offen.

Diese Varianten stehen allerdings nur in al-Balāḏurīs *Kitāb Futūḥ al-Buldān*, in den anderen Sammlungen sind es islamisch-zentral legitimierte Heerführer, die die Eroberung von Ḥimṣ leiten[42]. Damit entspricht die Mehrheit der Be-

---

38 Balāḏurī *Futūḥ*, S. 170.

39 Balāḏurī *Futūḥ*, S. 177. Es folgt die Geschichte um seinen Sohn im Irak, die noch genauer untersucht werden wird, siehe 4.5.

40 Siehe die Vorstellung der Familie as-Simṭs 2.5.3.

41 Siehe 4.5.

42 Abū ʿUbayda bei Ṭabarī *Taʾrīḫ* II, S. 389, 419, 506 und 518-520 (mit wechselnden Unterfeldherren: Darunter auch as-Simṭ b. al-Aswad!), außerdem bei Azdī *Futūḥ*, S. 143-146, und Ḫalīfa *Taʾrīḫ*, S. 68 und 70. Bei Ibn Aʿṯam, S. 142-143, schickt Ḫālid b. al-Walīd den Saʿīd b. al-ʿĀṣ (im Text Ḫālid b. Saʿīd b. al-ʿĀṣ, Emendation *ad sensum*) gegen Ḥimṣ, die Stadt wird auf S. 214-216 durch Abū ʿUbayda endgültig eingenommen.

richte zur Eroberung von Ḥimṣ der allgemeinen späteren Vorstellung einer zentralen Lenkung der erobernden Heere.

Zusammenfassend lässt sich aus der begrenzten Sicht Kindas auf dieser Ebene von Zentralität festhalten, dass der einzige Fall, in dem Kinditen durch den Kalifen an die Front geschickt wurden, hochgradig problematisch ist. In gleicher Weise gilt dies für die beiden eventuell an verschiedenen Fronten aktiven kinditischen Heerführer, deren Versetzung das Einwirken zentraler Koordination implizieren könnte. Beide Phänomene lassen sich dagegen als narrative Ausschmückungen entlang etablierter Muster während des Überlieferungsprozesses erklären.

Dagegen werden innerhalb der Prosopographie Kindas eine Expedition gegen den erklärten Willen der Zentralgewalt und die autonome Eroberung der Stadt Ḥimṣ fassbar. Beide Episoden sind aus einem eventuellen narrativ einwirkenden Dogma von der Zentralität der Lenkung der Eroberungen nicht erklärlich und stellen damit schwerwiegende Argumente gegen eine generelle Zentralität in der Lenkung der frühislamischen Eroberungen dar.

Damit ist eine handlungsbestimmende Zentralität auf der Ebene der Lenkung der Eroberungen aus Sicht Kindas nicht sicher nachzuweisen. Im Gegenteil bieten sowohl die desaströse Expedition al-ʿAlāʾ b. al-Ḥaḍramīs, als auch die Eroberung von Ḥimṣ durch as-Simṭ b. al-Aswad Beispiele von explizit dezentralen Unternehmungen, die stark gegen eine zentrale Koordination der Eroberungen insgesamt sprechen.

4.4 Ebene 2: Organisatorische Zentralität in der Legitimation der Heerführer

Auf der Ebene der Untersuchung der Prosopographie Kindas auf Zentralität in der Legitimation der Heerführer während der Eroberungen wird zunächst zusammengestellt, in welcher Weise die Legitimation kinditischer Heerführer in diesem Zeitraum greifbar wird. Hierbei ergibt sich eine klare Typologie mit einer prägnanten Ausnahme, die im anschließenden Exkurs zu Šuraḥbil b. as-Simṭ im Irak diskutiert werden soll. In diesem Exkurs soll exemplarisch gezeigt werden, wie anhand einer allgemeinen Typologie der Legitimation von Anführern während der Eroberungen bei Annahme eines narrativ überformenden Überlieferungsprozesses mögliche Dynamiken der heilsgeschichtlichen Diskussion rekonstruiert werden können.

Wenn man die Legitimation kinditischer Heerführer während der Eroberungen untersucht, kristallisieren sich recht schnell zwei Typen heraus: Der eine ist derjenige der vorislamischen *ḥalīfen* kinditischer Abstammung in Mekka. Sie werden bereits zu Lebzeiten Muḥammads als prominente Muslime geschildert und befehligen Truppen, die ihnen nicht primär durch familiäre Beziehungen verbunden sind. Diese Gruppe dürfte damit vor allem durch ihre Verbindungen zur islamischen Zentrale in Medina legitimiert sein. Zu ihr gehören insbesondere Šuraḥbīl b. Ḥasana, al-Miqdād b. ʿAmr und al-ʿAlāʾ b. al-Ḥaḍramī. Die Trajektorien der Familien dieser zentral legitimierten Anführer werden in der einleitenden Vorstellung kinditischer Anführerfamilien skizziert[43].

Aus Sicht ihrer Legitimation sind diese Erobererführer schnell beschrieben: Unabhängig davon, ob man die islamische Elite als mekkanischen Adel oder medinensische Glaubenskrieger interpretieren möchte, gehören sie zu dem Teil der Gesellschaft, der sein Prestige wohl vor allem aus seiner Nähe zu Muḥammad und der späteren kalifal-islamischen Zentrale in Medina zieht.

Der zweite Typus kinditischer Anführer ist nur lose mit Muḥammad und der islamischen Zentrale verknüpft. Von keinem von ihnen wird berichtet, dass sie länger in Mekka oder Medina gelebt hätten. Während der Eroberungen stützen sie sich vor allem auf Truppen ihres eigenen Stammes, als deren Sprecher sie und ihre Nachkommen auch nach ihrer Sesshaftwerdung in den Garnisonsstädten außerhalb der Arabischen Halbinsel auftreten.

Wie eng die Verbindungen dieses Typus kinditischer Anführer zur Zentrale waren, ist schwer abzuschätzen. Es ist davon auszugehen, dass eventuelle Verweise auf Kontakte mit der Zentrale während des Überlieferungsprozesses besonders relevant waren und daher auserzählt und topisch überformt wurden. Die Nachkommen dieser Familien etablierten sich später in der Regel als lokale Eliten in den Provinzen, an deren Eroberung sie beteiligt waren. Zu diesem Typus gehören al-Ašʿaṯ b. Qays und Ḥuǧr b. ʿAdī im Irak, Muʿāwiya b. Ḥudayǧ in Ägypten, as-Simṭ b. al-Aswad und etwas später eventuell auch Ḥuṣayn b. Numayr[44] und Mālik b. Hubayra[45] in Syrien.

---

43 Siehe 2.4.1.

44 Ḥuṣayn b. Numayr ist ein Sonderfall: Die bei Ṯaʿālibī *Laṭāʾif*, S. 57, Fußnote 2, auf al-Ǧahšiyārī zurückgeführte Notiz, nach der er „öffentliche Sachen" (*mā bayna n-nās*) für Muḥammad geschrieben habe (siehe die Behandlung des Topos von schriftkundigen Kinditen 3.2.4) samt der Parallelstelle bei Masʿūdī *Tanbīh*, S. 245, seine treuen Dienste unter dem islamischen Heerführer Ziyād b. Labīd während der *ridda* Kindas nach Muḥammads Tod bei Ṭabarī *Taʾrīḫ* II, S. 354-355, und seine Berichte aus Medina während der Ermordung ʿUṯmāns bei Balāḏurī *Ansāb* IV, S. 167 und 203, verbinden ihn eng mit dem islamischen Zentrum. Auch die Heere, die er später kommandiert, sind nur teilweise kinditisch, während er häufiger als treuer General der Umayyaden fungiert: Vielleicht liegt bei ihm tatsächlich eine Mischung aus tribaler und zentraler Autorität vor. Allerdings zieht Crone *Slaves*, S. 97, die frühen Erwähnungen Ḥuṣayn b. Numayrs aus chronologischen Gründen in Zweifel.

45 Mālik b. Hubayra wird generell schwer fassbar. Letztlich wird nicht einmal ganz klar, ob er sich in Ägypten (so beispielsweise Ḫalīfa *Ṭabaqāt*, S. 132 und 532: Doch warum kommt er dann in den ägyptischen Sammlungen Ibn ʿAbdalḥakams und al-Kindīs nicht vor?), oder doch irgendwo in Syrien (Vielleicht in Ḥimṣ? Siehe die Nennung eines gewissen Yazīd b. Ḥubayra [sic, mit *ḥāʾ*!] as-Sakūnī als Anführer Kindas auf Seiten Muʿāwiyas bei der Schlacht von Ṣiffīn bei Ḫalīfa *Taʾrīḫ*, S. 118: Ist

Insgesamt lassen sich die kinditischen Anführer während der Eroberungen mit den Kategorien Pauls beschreiben, gemäß derer Funktionäre als „Vermittler“ zwischen Zentrale und Peripherie in beide Richtungen legitimiert sein müssen[46]. Wenn manche dieser frühislamischen Vermittler primär zentral und andere primär lokal bzw. tribal legitimiert waren, lässt sich weiter annehmen, dass eine zentralere Legitimation eine größere Zentralität im Handeln nach sich zog. So wäre beispielsweise für Šuraḥbīl b. Ḥasana während seiner Führung eines nicht-kinditischen kalifalen Heers in Jordanien eine größere Koordination mit dem islamischen Oberkommandeur Abū ʿUbayda und der Zentrale in Medina anzunehmen, als für die Unternehmungen von al-Ašʿaṯ b. Qays als Anführer seines Stammes in Āḏarbayǧān.

Diese mit Ausnahme der noch zu untersuchenden Aktivitäten von Šuraḥbīl b. as-Simṭ im Irak[47] eindeutige Aufteilung der kinditischen Anführer in primär zentral und primär nicht-zentral legitimierte Feldherren erlaubt eine Zusammenfassung der Zentralität auf der Ebene der Legitimation von Kommandanten während der Eroberungen aus Sicht Kindas. Ursprünglich zentral und dezentral legitimierte kinditische Truppenführer sind gleichermaßen in den Großkontext der zentral fokussierten frühislamischen Heilsgeschichte eingebettet. Die primär nicht-zentral legitimierten Truppenführer sind aus narrativen Dynamiken nur schwer erklärlich und dürften damit auf historische Figuren zurückgehen. Die primär zentral legitimierten Feldherren wie Šuraḥbīl b. Ḥasana und al-ʿAlāʾ b. al-Ḥaḍramī spielen zusammen mit ihren Familien eine gewichtige Rolle in der frühislamischen Geschichte. Ihre Interpretation als reine narrative Fiktion ist denkbar, setzt jedoch letztlich die Fiktionalität der gesamten frühislamischen Zentrale inklusive der Existenz des Stammes Qurayš voraus. Die Frage, in wieweit eine solche Interpretation für die frühislamische Geschichte insgesamt plausibel ist, übersteigt den Horizont dieser Arbeit.

---

das ein Bruder von Mālik?) niederließ. Jedenfalls entstammte er nicht dem vorislamischen Milieu Mekkas und tritt als Sprecher kinditischer Interessen auf (beispielsweise bei seiner Zusage gemeinsam mit Ḥuṣayn b. Numayr, Marwān b. al-Ḥakam während der zweiten *fitna* zu unterstützen, wenn dafür Kinda die Balqāʾ im heutigen Jordanien als Exklusivpfründe erhalte: Ṭabarī *Taʾrīḫ* III, S. 421-422.). Daher wird er der zweiten Kategorie kinditischer Anführer zugewiesen.

46 Paul *Gemeinwesen*, S. 6-8.

47 Siehe 4.5.

4.5 Exkurs: Šuraḥbīl b. as-Simṭ und die Kinditen bei der Eroberung des Irak

> [Der von ʿUmar ernannte Gouverneur des Irak] Saʿd [b. Abī Waqqāṣ] ehrte Šuraḥbīl b. as-Simṭ al-Kindī und zog ihn al-Ašʿaṯ vor: Da wurde Kinda zornig.[48]

Die einzige Ausnahme von der oben aufgestellten Typologie der Legitimation von Anführern innerhalb der Prosopographie Kindas bildet die Person von Šuraḥbīl b. as-Simṭ. Dieser soll sich schon zu Zeiten der *ridda* Kindas auf die Seite der Muslime gestellt haben und wird weiterhin bei der Eroberung des Irak genannt, bevor er sich bei seinem Vater im von diesem eroberten Ḥimṣ in Syrien niederläßt. In diesem Exkurs soll nun überlegt werden, ob sich speziell die Beteiligung Šuraḥbīls an der Eroberung des Irak, die gleichzeitig zur Eroberung von Ḥimṣ durch seinen Vater stattfand, als narrativer Reflex auf ein grundlegendes Dilemma im Überlieferungsprozess erklären lässt.

Während der *ridda* soll Šuraḥbīl b. as-Simṭ seinen Vater und die übrigen aufständischen Kinditen im Stich gelassen haben, um sich den Muslimen anzuschließen:

> [Die Kinditen, unter ihnen auch as-Simṭ b. al-Aswad, haben sich in ihren Festungen verschanzt und beschließen gemeinsam die *ridda*.] Einzig Šuraḥbīl b. as-Simṭ und sein Sohn as-Simṭ erhoben sich unter den Banū Muʿāwiya [ein kinditischer Unterstamm] und sprachen: Bei Gott, das ziemt sich nicht für Leute, die frei fortziehen können! Wenn sich die Vornehmen auf Scheinargumente einlassen, ziemt es sich, die Schande zu fürchten und fortzuziehen: Wie könnt Ihr Euch vom Guten und vom Recht abwenden zum Falschen und zur Schande? Bei Gott, hierbei werden wir unserem Stamm nicht beistehen, obwohl wir bis heute an ihren Beratungen teilnahmen! (Hiermit meinten sie den Tag [die Schlacht?] von Bakra[49] und den von Nafra[50].) So zogen Šuraḥbīl b. as-Simṭ und sein Sohn as-Simṭ aus und schlossen sich [dem islamischen Kommandanten] Ziyād b. Labīd an.[51]

In der Parallelstelle bei Ibn Aʿṯam ist es as-Simṭ selbst, der vor al-Ašʿaṯ flieht: Interessanterweise trägt er hier die *nisba* as-Sakūnī, die auf einen Zweig der Kinditen verweist, dem er sonst nicht zugerechnet wird[52]. Vielleicht wirken hier die Berichte über die *ridda* ein, nach denen der Unterstamm Sakūn insgesamt auf Seiten der Muslime stand[53].

---

48 Balāḏurī *Ansāb* VI, S. 298.

49 Vielleicht identisch mit der gleichnamigen Wasserstelle der Banī Ḍuwayba bei Yāqūt *Muʿǧam* I / II, S. 374.

50 Bei Yāqūt *Muʿǧam* nicht verzeichnet.

51 Ṭabarī *Taʾrīḫ* II, S. 355.

52 Ibn Aʿṯam I, S. 70. In der Parallelstelle Wāqidī *Ridda*, S. 291, folgen einige Verse al-Ašʿaṯs, die ohne engeren Bezug zum Geschehen sind.

53 Ibn Aʿṯam I, S. 65-66 und 70, entsprechend Wāqidī *Ridda*, S. 278 und 290, und Ṭabarī *Taʾrīḫ* II, S. 353 und 355-356.

Im weiteren Verlauf der *ridda* wird Šuraḥbīl nicht mehr erwähnt, von ihm wird erst im Irak wieder berichtet. Šuraḥbīl kommt zunächst in der Brückenschlacht vor, wo er mit 700 Reitern ungeklärter Provenienz unter dem islamischen Kommandanten Saʿd b. Abī Waqqāṣ dient[54]. Außerdem wird berichtet, er habe sich bei an-Nuḫayla ausgezeichnet[55]. Danach begegnet er ausführlich bei der Entscheidungsschlacht gegen die Perser bei al-Qādisiyya, wo er unter dem islamischen Oberkommandanten Saʿd b. Abī Waqqāṣ den rechten Flügel kommandiert und von diesem gemeinsam mit zwei weiteren Adligen als Dichter, Redner und Ritter der Araber gerühmt wird[56]. Im Umfeld dieser Schlacht wird er zudem in einer Liste von Ratgebern Saʿd b. Abī Waqqāṣ' genannt[57].

Später sei er dann für Saʿd b. Abi Waqqāṣ Gouverneur von al-Madāʾin geworden, wobei er mit der ersten Zeile des unten besprochenen Dichterverses vorgestellt wird[58].

Problematisch ist hierbei, dass all diese Nennungen von Šuraḥbīl im Irak als narrative Topoi ohne Bezug zur Ereignisgeschichte erklärt werden können. Den topischen Charakter der Nennung von Unterbefehlshabern[59] und Listen allgemein[60] hat bereits Noth betont. Die Berichte über Šuraḥbīl b. as-Simṭ im Irak entsprechen auch sonst topischen Schemata. Er ist Befehlshaber über nicht näher beschriebene Truppen, wird gemeinsam mit anderen als Muster adliger Tugend gelobt und bekleidet klar umrissene Heeresämter im auf den vom Kalifen eingesetzten Oberkommandanten ausgerichteten Verwaltungsapparat. Die Nennungen Šuraḥbīls im Irak sind damit nur schwer als Beleg

---

54 Ibn Aʿṯam I, S. 173. Im eingangs übersetzten Zitat Balāḏurī *Ansāb* VI, S. 298, nach dem Saʿd Šuraḥbīl gegenüber al-Ašʿaṯ den Rücken gestärkt habe, grollt „Kinda" über diese Bevorzugung. Im Folgenden heißt es, Saʿd habe „ihm" ein Heer gegeben. Ahmad bezieht die Stelle auf Šuraḥbīl, doch könnte auch al-Ašʿaṯ gemeint sein. Siehe Ahmad *Elite*, S. 42.

55 Balāḏurī *Futūḥ*, S. 298.

56 Dīnawarī *Aḫbār*, S. 128. Bei Ṭabarī *Taʾrīḫ* II, S. 450, befehligt er den linken (!) Flügel Saʿds, dito wohl Ṭabarī *Taʾrīḫ* II, S. 467, wo er nach ʿAbdallāh b. Muʿattam als Befehlshaber der Flügel Saʿds genannt wird: Wenn hier die übliche Reihenfolge eingehalten wird, nach der zuerst der Kommandant des rechten und dann derjenige des linken Flügels genannt wird, war er auch in dieser Schilderung auf dem linken Flügel eingesetzt. Dasselbe Schema scheint bei Ṭabarī *Taʾrīḫ* II, S. 476-477, vorzuliegen, wo Zuhra zwischen die oben genannten ʿAbdallāh und Šuraḥbīl aufgestellt wird. Zum eventuell rein fiktionalen Charakter der Nennung der Befehlshaber des linken und rechten Flügels siehe Noth *Sammlungen*, S. 191-192.
Bei Ṭabarī *Taʾrīḫ* II, S. 497-498 und 500, wird er jeweils gemeinsam mit al-Qaʿqāʿ b. ʿAmr genannt, während sie gemeinsam die Perser vom Schlachtfeld jagen.

57 Ibn Aʿtam I, S. 196.

58 Ṭabarī *Taʾrīḫ* II, S. 506. Zwei Jahre später wird ein nicht weiter spezifizierter Šuraḥbīl bei der Eroberung al-Madāʾins genannt: Ṭabarī *Taʾrīḫ* II, S. 537.

59 Noth *Studien*, S. 101-105.

60 Noth *Studien*, S. 90-96.

für eine tatsächliche Beteiligung Šuraḥbīls an der Eroberung des Irak heranzuziehen.

Wie lässt sich die Legitimation Šuraḥbīls bei der Eroberung des Irak fassen? Šuraḥbīl entstammt nicht dem typischen Ursprungsmilieu eines zentral legitimierten kinditischen Anführers in frühislamischer Zeit. Weder liest man von einer frühen Konversion, noch von einer Delegation an Muḥammad. Nachdem sich auch nach Abschluss der frühislamischen Eroberungen keine Hinweise auf eine besonders enge Verbindung Šuraḥbīls zur medinensischen Zentrale oder die Präsenz Šuraḥbīls in Medina finden, müsste man ihn gemäß dem eingangs beschriebenen Muster als primär tribal legitimierten Stammesführer im Irak zu greifen versuchen. Sein Vater eroberte, wie bereits gezeigt, als ein solcher nicht-zentral und damit wohl tribal legitimierter Stammesführer die Stadt Ḥimṣ in Syrien, in der sich später auch Šuraḥbīl als Anführer der dortigen Kinditen etablieren sollte. Im Irak dagegen wird Šuraḥbīl nie explizit als Kommandant von kinditischen Truppen genannt. Allerdings ist damit nicht gesagt, dass er nicht doch irakische Kinditen kommandierte, die aus irgendeinem Grund nie als solche bezeichnet werden: Lässt sich Šuraḥbīl b. as-Simṭ mit einem solchen *argumentum e silentio* die Leitung seiner kinditischen Stammesbrüder während der Eroberung des Irak zuweisen?

Das Problem hierbei ist, dass die kinditischen Truppen bei der Eroberung des Irak bis zur Schlacht von al-Qādisiyya sonst durchweg unter dem Kommando al-Ašʿaṯs stehen. Er trägt bei al-Qādisiyya die Fahne, *liwāʾ*, Kindas[61], befehligt 1700 Jemeniten[62] und erscheint sogar in einer Parallelversion der erwähnten Liste von Ratgebern Saʿd b. Abī Waqqāṣ, wo er die Stelle Šuraḥbīl b. as-Simṭs einnimmt[63]. Weiterhin liefert er sich ein Wortgeplänkel mit den nordarabischen Banū Asad[64], feuert seine Leute an[65] und leitet die – nach diesem Bericht – 700 Kinditen bei al-Qādisiyya[66]:

> [Bei al-Qādisiyya] kämpften nur 700 Kinditen, die Türken aus Ṭabaristān gegenüberstanden. Al-Ašʿaṯ befahl: Greift sie an, Ihr Leute! Und er griff sie mit allen 700 an, schlug sie in die Flucht und tötete einen Türken. Da sprach ihr *raǧaz*-Dichter:
>
> Wir lehrten ihre Türken das Zittern / Grün [gepanzert?] von prächtigstem Glanz.[67]

---

61 Dīnawarī *Aḫbār*, S. 129.

62 Ṭabarī *Taʾrīḫ* II, S. 449.

63 Ṭabarī *Taʾrīḫ* II, S. 455. Die Parallelstelle mit Šuraḥbīl b. as-Simṭ steht bei Ibn Aʿṯam I, S. 196.

64 Ṭabarī *Taʾrīḫ* II, S. 482.

65 Ṭabarī *Taʾrīḫ* II, S. 494.

66 Siehe dagegen die 400 Kinditen, die in der bereits behandelten Passage auf dem Weg in den Irak an ʿUmar vorbeidefilieren bei Ṭabarī *Taʾrīḫ* II, S. 448: Allerdings wurde bereits gezeigt (siehe 4.3), dass diese Episode als historische Schilderung der Entsendung von Verstärkungstruppen in den Irak nicht recht brauchbar ist.

67 Ṭabarī *Taʾrīḫ* II, S. 496. Der Vers ist nicht ganz klar. Fast etwas albern ist das Wortspiel *taraknā turkahum*, wir hinterließen ihre Türken. Siehe Yāqūt *Muʿǧam* VII / VIII,

Auch als das siegreiche Heer sich anschließend Kufa als Garnisonsstadt niederlässt, wird von al-Ašʿaṯ berichtet[68], der sich prominent inmitten seiner Stammesbrüder ansiedelt[69].

Im Hauptheer der militärischen Unternehmungen kommt al-Ašʿaṯ erst bei Iṣfahān / Nihāwand[70] wieder vor. Er soll inzwischen bei der Eroberung von ar-Rāḏānāt[71], Daqūqāʾ[72], Ḫānīǧār[73], Bāǧarmā[74], Bārimmā[75], Bawāzīǧ al-Malik[76] und der gesamten Gegend bis Šahrazūr[77] mitgewirkt haben[78], außerdem dürfte er sich in dieser Zeit das Landgut Ṭīzanābāḏ bei Kufa gesichert haben[79]. Eventuell lässt sich in diese Zeit auch die Anekdote einordnen, dass er den berühmten General Ḫālid b. al-Walīd in Qinnasrīn besucht habe und von diesem mit 10000 – wohl Dirham – beschenkt worden sei: Diese unangemessene Freigebigkeit sei dann vom Kalifen ʿUmar zum Anlass genommen

---

S. 6-8, Lemma *al-qādisiyya*, zu Türken *mina l-ḫazar* aus Herat, die von Chosroes I beim späteren al-Qādisiyya angesiedelt worden seien und dem Ort seinen Namen geben: Die Nachkommen dieser Türken seien diejenigen gewesen, die sich bei der Schlacht von al-Qādisiyya aneinander gekettet hätten.

Im zweiten Halbvers lässt sich *muḫtaḍaban*, grasgrün, vielleicht als Synonym zur *katībat al-ḫaḍrāʾ*, dem „Grünen Regiment" der schwer gepanzerten Kerntruppen Muḥammads beispielsweise bei der Eroberung Mekkas interpretieren. Siehe zu letzteren beispielsweise Wāqidī *Maġāzī* II, S. 255-6, und allgemein Jandora *March*. Damit würden sich die Kinditen selbst als gut ausgerüstete Truppen bezeichnen, die die Türken in Schrecken versetzen.

Generell scheint die Episode samt Vers jedoch besser zu den Unternehmungen Muḥammad b. al-Ašʿaṯs in Ṭabaristān eine Generation später zu passen: Vielleicht wurde sie auch nur versehentlich al-Ašʿaṯ selbst und damit der Schlacht von al-Qādisiyya zugeordnet.

68 Ṭabarī *Taʾrīḫ* II, S. 500. Vielleicht fanden die hier geschilderten Versuche al-Ašʿaṯs, sich einen freien Platz anzueignen, jedoch auch erst später statt. Auch bei Abū Yūsuf *K. al-Ḫarāǧ*, S. 81-82, wird er von ʿUmar aus Kufa an die Front geschickt.

69 Siehe die Diskussion des Siedlungsmusters Kindas in Kufa 5.4.1.

70 Abu Yūsuf *K. al-Ḫarāǧ*, S. 82.

71 Zwei Bezirke (*kūratān*) in der Gegend Bagdads: Yāqūt *Muʿǧam* III / IV, S. 379. Bei der Identifizierung von diesem und den folgenden Orten ist jedoch zu bedenken, dass Yāqūt möglicher Weise genau die Stelle bei al-Balāḏurī ausschreibt (Balāḏurī *Futūḥ*, S. 309), der auch oben die Namen der von al-Ašʿaṯ eroberten Orte entnommen wurden.

72 Eine Stadt (*madīna*) zwischen Bagdad und Irbil: Yāqūt *Muʿǧam* III / IV, S. 303-304.

73 Ein Städtchen (*bulayda*) in der Nähe Daqūqāʾs: Yāqūt *Muʿǧam* III / IV, S. 211.

74 Ein Ort (*qarya*) bei ar-Raqqa: Yāqūt *Muʿǧam* I / II, S. 250.

75 Ein Ort (*qarya*) bei Mauṣil östlich des Tigris: Yāqūt *Muʿǧam* I / II, S. 255.

76 Eine Gegend (*balad*) bei Takrīt: Yāqūt *Muʿǧam* I / II, S. 396.

77 Ein großer Bezirk (*kūra wāsiʿa*) zwischen Irbil und Hamaḏān: Yāqūt *Muʿǧam* V / VI, S. 165-166.

78 Balāḏurī *Futūḥ*, S. 309.

79 Balāḏurī *Futūḥ*, S. 317-318. Siehe die Besprechung von Reichtum und höfischem Leben der Kinditen, 3.2.2. Vielleicht ist der Erwerb Tīzanābāḏs jedoch auch erst in die Zeit des Kalifen ʿUṯmān zu datieren: So Sayf b. ʿUmar, S. 47, wonach er mit *māl*, Besitz oder Geld, der ihm in Ḥaḍramawt gehörte, bezahlte.

worden, Ḫālid endgültig abzusetzen[80]. Später dient er dann als Eroberer und Gouverneur Āḏarbayǧāns[81].

Das Verhältnis von Šuraḥbīl b. as-Simṭ zu al-Ašʿaṯ b. Qays wird ein einziges Mal während der Eroberung des Irak thematisiert. Die fragliche Passage steht bei aṭ-Ṭabarī aus Anlass der Vorstellung Šuraḥbīls als Kommandant des linken Flügels in der Schlacht von al-Qādisiyya:

> [Der von ʿUmar eingesetzte Oberbefehlshaber Saʿd b. Abī Waqqāṣ] setzte den Šuraḥbīl b. as-Simṭ b. Šuraḥbīl[82] al-Kindī als Kommandanten des linken Flügels ein. Er war noch ein junger Mann, der in der *ridda* gegen die aufständischen [Kinditen] gekämpft hatte, indem er Gott treu blieb. Hierfür wurde er später belohnt. Er übertraf al-Ašʿaṯ bis nach der Gründung Kufas an Ansehen in Medina. Sein Vater war aber mit Abū ʿUbayda b. al-Ǧarrāḥ nach Syrien gezogen.[83]

Diese Variante bringt keine handlungsrelevanten Details zur Schlacht von al-Qādisiyya und erzählt im Gegenteil die gesamte Geschichte um Šuraḥbīl b. as-Simṭ bis zu seiner Ankunft in Ḥimṣ. Damit ist es vielleicht möglich, sie als narrativen Reflex zu erklären: Die Legitimation Šuraḥbīls und sein Verhältnis zu al-Ašʿaṯ *während der Eroberungen* werden dagegen in dieser Geschichte nicht greifbar.

Bei den Feldzügen nach der Eroberung des irakischen Tieflands, *sawād*, bis zu den Kämpfen bei Iṣfahān und Nihāwand ist Ḥuǧr b. ʿAdī der prominenteste Anführer Kindas, der in den Quellen auftritt[84]. Bei Ǧalūlāʾ soll er einigen Berichten zufolge einen der beiden Flügel der Schlachtordnung kommandiert haben[85]. Aus Anlass der Hinrichtung Ḥuǧrs wird bemerkt, Muʿāwiya b. Abī Sufyān hätte ihn gewiss nicht zum Tode verurteilt, wenn er die Heldentaten Ḥuǧrs bei Hulwān, also bei der Verfolgung der Perser nach der Schlacht von Ǧalūlāʾ, gesehen hätte[86].

---

80 Ṭabarī *Taʾrīḫ* II, S. 573.

81 Beispielsweise Sayf b. ʿUmar, S. 70, wonach der Kalif ʿUṯmān al-Ašʿaṯ b. Qays nach Āḏarbayǧān geschickt habe.

82 Die von Caskel *Ǧamharat an-Nasab* II, S. 532, bemerkte Meinungsverschiedenheit um den Namen des Vaters von as-Simṭ als Šuraḥbīl oder al-Aswad ließe sich vielleicht auflösen, wenn man annähme, dass *al-aswad*, der Schwarze, der *laqab*, Beiname, des eigentlich Šuraḥbīl heißenden Mannes gewesen sei.

83 Ṭabarī *Taʾrīḫ* II, S. 450. Der letzte Satz, nach dem as-Simṭ mit Abū ʿUbayda nach Syrien gezogen sei, *ḫaraǧa ilā sūriyā*, lässt sich so verstehen, dass as-Simṭ unter Abū ʿUbayda gedient habe. Dagegen ließe sich diese im Kontext der Eroberung des Irak stehende Notiz zur Rekonstruktion des Anmarschweges as-Simṭs nach Syrien kaum heranziehen.

84 Nach Ibn Ḥabīb *Muḥabbar*, S. 292; Ibn Saʿd VI, S. 241-244, und Maqdisī *K. al-Badʾ* V, S. 108, soll Ḥuǧr b. ʿAdī auch bei al-Qādisiyya gekämpft haben.

85 Den rechten Flügel kommandiert er bei Balāḏurī *Futūḥ*, S. 308, und Dīnawarī *Aḫbār*, S. 135. Bei Ibn Aʿṯam I, S. 277, befehligt er im Gegenteil den linken Flügel, zusätzlich wird er auch Ibn Aʿṯam I, S. 272, als Anführer von 2000 Reitern genannt. Beim Anmarsch auf Ǧalūlāʾ wird er auch bei Ṭabarī *Taʾrīḫ* II, S. 548, erwähnt.

86 Balāḏurī *Futūḥ*, S. 345. Siehe Morony *Iraq*, S. 193-194.

Die kinditischen Truppen wurden demnach bei den wesentlichen Schlachten im Irak von al-Ašʿaṯ b. Qays und eventuell auch Ḥuǧr b. ʿAdī[87] kommandiert. Beide ließen sich samt ihren Familien in Kufa nieder und prägten die weitere Geschichte des Irak. Sie entsprechen damit dem eingangs aufgestellten Typus von primär tribal legitimierten Anführern, die sich auf Rückhalt unter ihren Stammesbrüdern stützen und zwischen diesen und den Agenten der islamischen Zentralgewalt vermitteln.

Demgegenüber hängt Šuraḥbīl b. as-Simṭ in seiner Legitimation im Irak in der Luft. Es wird von keinerlei Verwandten von ihm berichtet, dass sie im Irak gewesen wären, er kommandiert keine stammesverwandten Truppen und ist auch selbst später im Irak nie belegt. Dem Typus des zentral-legitimierten Anführers lässt er sich, wie gezeigt, ebenfalls nicht recht zuweisen: Er gehörte nicht zum vorislamischen mekkanischen *establishment*, ist auch sonst im Ḥiǧāz nie belegt, überliefert keinerlei Berichte von Muḥammad oder seinen Gefährten und erscheint später in Syrien geradezu als Archetyp des selbstherrlichen Stammesführers, der sich vom Kalifen Muʿāwiya anbetteln lässt.

> Oh Šurḥ, Sohn as-Simṭs, Du entscheidest / Über die Unterstützung ʿAlīs und das Kalifat (*al-amr*) nach Belieben!
>
> Oh Šurḥ, Syrien ist Dein, es gleicht Dir / Dort keiner, lass ab vom Wort des Betrügers vom [Familienverbund] Fihr [Muʿāwiya]![88]

Wie wird die Umsiedlung von Šuraḥbīl b. as-Simṭ aus dem Irak zu seiner Familie nach Syrien geschildert? Stehen hier Details, die erklären, wieso Šuraḥbīl überhaupt im Irak erwähnt wird, statt bei seinem Vater in Syrien zu bleiben?

> Die beiden Kinditen al-Ašʿaṯ und Šuraḥbīl b. as-Simṭ konnten einander nicht leiden. Als nun Ǧarīr b. ʿAbdallāh al-Baǧalī [aus Kufa] zu ʿUmar zog, bat ihn al-Ašʿaṯ: Bring doch den Šuraḥbīl bei ʿUmar in Misskredit, wenn Du das kannst! Šuraḥbīl war nämlich in Kufa angesehen. Als Ǧarīr zu ʿUmar kam, fragte ihn dieser nach den Leuten. Er aber antwortete: Sie sind wie Pfeile in ihrem Köcher[89], manche sind krumm und verfehlen ihr Ziel und andere sind gerade und treffsicher. [Der von ʿUmar eingesetzte Gouverneur] Saʿd aber weiß mit ihnen umzugehen, er trägt die Bürde des Beladenen und kneift die Dicken in den Bauch [?]. Man sagt aber:

---

[87] Auch die Beteiligung Ḥuǧrs an den Eroberungen des Irak wäre kritisch zu prüfen. Seine Hinrichtung ca. 35 Jahre nach den Eroberungen ließe ihn während der Eroberungen für höhere Kommandos etwas zu jung erscheinen, außerdem wird auch er nicht explizit in Verbindung mit kinditischen Truppen genannt.

[88] Naṣr b. Muzāḥim, S. 45.

[89] *Ḥafīr*: Wörtlich „das Ausgegrabene" und meist – so auch in der Fußnote des Herausgebers – als Brunnen zu verstehen, was hier jedoch nicht recht passt. Die Übersetzung als Köcher ist ein Versuch *ad sensum*, das Wort ist in dieser Bedeutung auch bei Schwarzlose *Waffen* nicht belegt.

Wären ich und der Mann Saʿd b. Māliks / Und wären Zubrāʾ und Ibn as-Simṭ im tiefsten Meer!
Meine Gefährten ertränken und ich entkäme gesund / Auf großem Schiff bei Anrufung Abū Bakrs.
ʿUmar sagte: So ist das also[90], wie aber sieht es mit dem Gehorsam der Leute gegenüber [Saʿd] aus? [Ǧarīr] antwortete: Sie beten regelmäßig und zahlen die Zakāt. Da erklärte ʿUmar: Wenn die Gebete durchgeführt und die Zakāt gezahlt werden, dann ist doch alles in Ordnung! Daraufhin befahl ʿUmar Saʿd, ihm Šuraḥbīl b. as-Simṭ und Zubrāʾ, das Sklavenmädchen Saʿds, zu schicken. Als sie nun ankamen, schickte er Zubrāʾ in Medina ins Gefängnis, Šuraḥbīl aber sandte er nach Syrien. Sein Vater, der Syrien miterobert hatte, hatte ihn nämlich darum gebeten. Šuraḥbīl wurde in Syrien hoch geehrt und als Ǧarīr mit einem Brief ʿAlīs zu Muʿāwiya kam und ihn zur Huldigung für ʿAlī aufforderte, bat Muʿāwiya Šuraḥbīl um seine Meinung. [...] Šuraḥbīl aber antwortete: ʿUṯmān war unser Kalif. Wenn Du kannst, so fordere Rache, wenn aber nicht, dann verweigere zumindest die Huldigung [an ʿAlī]. So zog Ǧarīr unverrichteter Dinge ab. [Der bekannte Dichter] an-Naǧāšī aber dichtete:
Šuraḥbīl, nicht wegen der Religion hast Du uns verlassen / Sondern aus Hass auf den Mālikī Ǧarīr!
Du antwortest wegen der Geschichte al-Ašʿaṯs / Und bist nun allein ohne Kamel.[91]

Das Detail der Intrige al-Ašʿaṯs wird sonst nicht berichtet. Öfters begegnen dagegen Berichte, dass Šuraḥbīl zu seiner Unterstützung Muʿāwiyas auch durch seine Abneigung gegen den Boten ʿAlīs bewegt wurde[92]. In einer anderen Variante wird nur die Bitte as-Simṭs als Motivation für die Umsiedlung gegeben:

[As-Simṭ hat Ḥimṣ eingenommen und sich mit seinen Truppen in der Stadt niedergelassen.] Sein Sohn Šuraḥbīl b. as-Simṭ war aber in Kufa, wo er mit al-Ašʿaṯ b. Qays al-Kindī um die Anführerschaft [Kindas] stritt. Da zog as-Simṭ zu ʿUmar und bat ihn: Oh Befehlshaber der Gläubigen, selbst Gefangene trennst Du nicht,

---

90 *Qad faʿalahā*: Vielleicht liegt auch ein Fehler im Druck vor.

91 Balāḏurī *Ansāb* VI, S. 298-299. Die Passage wird von Ahmad *Elite*, S. 42-45 und 427-429, besprochen. Seine Verweise auf eine Frau Saʿds namens Umm Zabrāʾ, Ahmad *Elite*, S. 43, sind allerdings nicht ganz klar. Die hier als Zubrāʾ vokalisierte Sklavin der Geschichte wird doch im Anschluss explizit zum Sklavenmädchen Saʿds erklärt, wie Ahmad selbst feststellt!
Es ist unklar, wo die Pointe der Geschichte liegt. Das Sklavenmädchen wird hier, wie bereits bemerkt, *pace* Asad *Elite*, S. 42-44, als Zubrāʾ, *Geschwänzte*, vokalisiert. Beim seltsamen Geschehen auf hoher See ließe sich vielleicht an eine Probe denken, die der unbescholtene Dichter besteht, während die Missetäter ertrinken. Dass Saʿd b. Mālik selbst als erster genannt ist, scheint im Kontext der Geschichte ausgeschlossen, daher wird, wiederum *pace* Asad *Elite*, S. 43, mit Genitiv als *der Mann Saʿd b. Māliks* übersetzt.
Die Verse am Ende stehen in abgewandelter Form auch bei Naṣr b. Muzāḥim, S. 51. Hier kommt jedoch al-Ašʿaṯ b. Qays ebenso wenig vor, wie in der gesamten Schilderung der vorhergehenden Episode.

92 Beispielsweise Naṣr b. Muzāḥim, S. 44-45.

doch mich und meinen Sohn hast Du getrennt: Schicke ihn nach Syrien oder mich nach Kufa! ʿUmar aber antwortete: Dann siedle ich ihn nach Syrien um! Und so ließ sich [Šuraḥbīl b. as-Simṭ] bei seinem Vater in Ḥimṣ nieder.[93]

Warum wird das Verhältnis von Šuraḥbīl und al-Ašʿaṯ nicht früher thematisiert? Ist es denkbar, dass Šuraḥbīl als gewissermaßen „freischwebender" Anführer im islamischen Heer den Irak eroberte, ohne dass er sich auf seine von al-Ašʿaṯ oder später von Ḥuǧr b. ʿAdī kommandierten Stammesbrüder stützte? Wenn man der oben aufgestellten Typologie von Anführern in den frühislamischen Eroberungen folgt, müsste man seine irakischen Aktivitäten in diesem Fall als primär zentral motiviert und legitimiert fassen, während seine weitere Karriere in Syrien die primär tribal legitimierte Anführerschaft seines Vaters fortführt. Nicht nur wäre ein solcher Wechsel der Legitimation einer einzigen Person ein Einzelfall innerhalb Kindas, auch die Richtung des Wechsels von einem durch seine Verbindung zum Zentrum hervorgehobenen Akteur zu einer dezentral-tribal legitimierten Autorität wäre verwunderlich. Parallel zur Festigung der islamischen Staatlichkeit im Laufe der Geschichte sollte man eher eine Zunahme von Zentralität erwarten. Obendrein fehlt jeglicher konkreter Hinweis darauf, dass Šuraḥbīl durch besondere Nähe zu Muḥammad oder zur islamischen Elite in Medina als islamischer Heerführer besonders geeignet gewesen wäre.

Diese Probleme lösen sich, wenn man Šuraḥbīls Präsenz im Irak als narrative Einwirkung eines späteren Dogmas erklärt. Ein grundlegendes Dilemma umgibt nämlich die Rolle des Kinditenführers al-Ašʿaṯ b. Qays bei der Eroberung des Irak. Als die Theorie aufkam, dass die Anführer der *ridda* keine islamischen Heere führen durften[94], musste eine Gestalt wie die des begnadigten Aufrührers al-Ašʿaṯ befremden. Zusätzlich mag im speziellen Fall der Aufstand seines Enkels dazu geführt haben, dass die Rolle al-Ašʿaṯs in der Überlieferung herabgesetzt wurde. Um al-Ašʿaṯ durch einen islamisch-zentral gesteuerten Kinditenführer zu verdrängen, wären demnach Berichte von der Treue Šuraḥbīls bzw. seines Vaters zu Medina während des Aufstands der übrigen Kinditen ihres Zweiges entstanden. Nachdem man dann Šuraḥbīl als islamische Eroberungsgestalt unter den Kinditen anstelle al-Ašʿaṯs in den Irak eingeführt hatte, musste man ihn irgendwie nach Ḥimṣ verpflanzen. Dies bot eine willkommene Gelegenheit, al-Ašʿaṯ mittels einer schmutzigen Intrige einmal mehr als Schurken zu schildern. Im Zuge der Fortsetzung des einmal etablierten Musters auf weitere Berichte im Überlieferungsprozess wurde Šuraḥbīl in verschiedene Kontexte eingeflickt. So lassen sich seine Rolle während der *ridda*, seine Tätigkeit während der Erobe-

93 Balāḏurī *Futūḥ*, S. 177.

94 Ṭabarī *Taʾrīḫ* II, S. 359, eingeordnet in den Kontext der *ridda* Kindas! Siehe zum Dogma auch Donner *Tribes* S. 183, und Noth *Sammlungen*, S. 175.

rung des Irak und seine Umsiedlung nach Syrien vielleicht als Ergebnis des Nachdenkens über ein Paradox erklären: Wie könnte auch im göttlichen Heilswunder der Eroberungen ein so übel beleumdeter Missetäter wie al-Ašʿaṯ eine zentrale Rolle einnehmen?

Die Variante mit Šuraḥbīl b. as-Simṭ stellt die Ankunft der Kinditen im Irak dagegen als islamisch gesteuert und damit konform zu normativen Konzeptionen der islamischen Heilsgeschichte dar. Trotzdem konnte sie die Gegenthese von der zentralen Rolle al-Ašʿaṯs und seiner Nachkommen nicht gänzlich verdrängen. Wie gezeigt, wurden al-Ašʿaṯ und seine Familie in den hier untersuchten Quellen entweder überaus negativ dargestellt, oder im Gegenteil mit der islamischen Zentrale verknüpft: Erklären lässt sich eine solche narrative Polarisierung, wie oben vorgeschlagen[95], vielleicht durch die heikle Position, die ein primär tribal legitimierter, von weitergehender Frömmigkeit unberührter Eroberungsheld in der islamischen Heilsgeschichte einnimmt.

Wenn man dieser Erklärung folgen will, bildet der Geschichtenkomplex um al-Ašʿaṯ und Šuraḥbīl b. as-Simṭ im Irak eine „Staubwolke" im eingangs aus theoretischen Erwägungen postulierten Sinn[96]. Um die aus späterer Sicht problematische Stellung al-Ašʿaṯs in der frühislamischen Gesellschaft lagerten sich Geschichten an, die ihn entweder für die großen Eroberungen marginalisieren beziehungsweise verdrängen, oder aber mit der islamischen Zentrale verbinden und damit zu einem „islamischen" Akteur machen sollten. Keine der beiden Positionen konnte die andere verdrängen und so entstand die „Staubwolke" aus jeweils die eine oder die andere Sicht stützenden Einzelberichten.

4.6 Exkurs: Die Bestellung Šurayḥs als Richter in Kufa

Die Einsetzung eines nicht-militärischen lokalen Amtsträgers durch einen der Rechtgeleiteten Kalifen vor dem ersten Bürgerkrieg wird innerhalb der Prosopographie Kindas nur für Šurayḥ b. al-Ḥāriṯ genauer geschildert. Dieser bekleidete, von den Umwälzungen der frühislamischen Geschichte kaum berührt, während des überwiegenden Teils des Untersuchungszeitraums das Amt des *qāḍī*, Richters, in Kufa.

Die Herkunft der Autorität eines solchen frommen Richters wird für Šurayḥ b. al-Ḥāriṯ beschrieben. Nach dem Tod seines Vaters habe seine Mutter erneut geheiratet und so habe er die Umsiedlung, *hiǧra*, nach Medina mit ihr gemeinsam gemacht, bevor er in den Irak weiterzog[97]. Seine Bestellung

---

95 Siehe 3.2.8.

96 Siehe 4.2.

97 Iṣfahānī *Aġānī* XVII, S. 217.

zum Richter wird damit motiviert, dass er in einem Rechtsstreit korrekt gegen den Kalifen ʿUmar geurteilt habe, woraufhin dieser ihn nach Kufa schickte, um dort Richter zu sein[98].

Allerdings trägt er in dieser Geschichte bereits die *nisba* der Iraker, *al-ʿirāqī*. Damit lässt sich die beeindruckende Probe seines Rechtsbewusstseins nur schwer zum Grund seiner Umsiedlung aus Medina nach Kufa machen, ohne ein Vorausgreifen des Erzählers anzunehmen. Dagegen lässt sich die Geschichte aus den narrativen Dynamiken des Überlieferungsprozesses plausibel erklären. Durch seine Bestallung durch ʿUmar und seinen Status als *muhāǧir* wird Šurayḥ islamisches Prestige zugesprochen, das seine besser belegte spätere Richtertätigkeit motiviert. Überhaupt wird ihm ein sagenhaftes Alter attestiert[99], das wohl aus ebendiesen frühen Geschichten abgeleitet wurde. Tribales Prestige oder gar Stolz auf seine Abstammung wird ihm gänzlich abgesprochen:

> Man sagt, dass ein Beduine (*aʿrābī*) eines Tages zu Šurayḥ kam und ihn fragte, zu wem er gehöre. Diese antwortete: Ich gehöre zu denen, derer Gott sich durch den Islam erbarmt. Da ging der Beduine fort und erklärte: Bei Gott, ich glaube nicht, dass Euer Richter seine Abstammung kennt!
> [Ein neuer *Isnād* leitet eine Variante ein.] Ein anderes Mal kam jemand und bat, ihn zu Šurayḥ zu führen. Wir antworteten: Der da ist Šurayḥ! Da ging er zu ihm und fragte: Zu wem gehörst Du, Du Diener Gottes? Er antwortete: Ich gehöre zu denen, derer Gott sich durch den Islam erbarmt, meinen Sold beziehe ich über die Kinditen (*dīwānī fī kinda*)[100]. Da kam er zu uns zurück und sagte: Gott sei Euch gnädig! Ihr habt mich zu einem *mawlā* [hier: Ein zum Islam konvertierter Klient] geführt! Wir fragten, was er denn gesagt habe. Er antwortete, er habe gesagt, er sei einer von denen, derer Gott sich durch den Islam erbarme und seinen Sold beziehe er über die Kinditen. Da sagten wir: Unser aller hat sich Gott durch den Islam erbarmt: Das ist exakt der Herr (*ṣāḥib*), zu dem Du wolltest![101]

Die Geschichte, wie der vornehmlich tribal legitimierte Kinditenführer al-Ašʿaṯ sich ebenfalls in Kufa mit seiner Abstammung brüstet und dafür von ʿUmar getadelt wird, wurde bereits oben im Zuge der Besprechung des arro-

---

[98] Ibn Saʿd VI, S. 183, und Iṣfahānī *Aġānī* XVII, S. 218. Nach Masʿūdī *Tanbīh*, S. 251, soll Šurayḥ sogar *der* Richter ʿUmars (*qāḍīhu*) gewesen sein.
Auch Abū Qurra al-Kindī wird als frühislamischer Richter in Kufa genannt, er überlieferte von ʿUmar: Ibn Saʿd VI, S. 196. Zu seiner Verwicklung in den Aufstand Kindas nach dem Tod Muḥammads siehe Ibn Aʿṯam I, S. 67, 69 und 81, entsprechend Wāqidī *Ridda*, S. 284, 287-288 und 307.
Außerdem steht bei Masʿūdī *Tanbīh*, S. 250 und 254, as-Sāʾib b. Yazīd b. Uḫt an-Namr al-Kindī als Richter ʿUmars in Medina: Vielleicht ist er mit dem oben genannten Abū Qurra identisch. Bei Balāḏurī *Ansāb* IV, S. 257-259, wird ein Bruder von ihm namens Yazīd genannt, der als Kindī *ḥalīf* Qurayšs gewesen sei: Er befehligte bei ar-Rabaḏa die Reiterei Medinas. Nach Ḫalīfat *Ṭabaqāt*, S. 37, starb er im Jahr 80.

[99] Bis zu 180 Jahre soll Šurayḥ alt geworden sein, Iṣfahānī *Aġānī* XVII, S. 216.

[100] Siehe zum *dīwān* allgemein Puin *Dīwān*.

[101] Ibn Saʿd VI, S. 183.

ganten Stolzes der Kinditen behandelt[102]. Der Unterschied in der Legitimation al-Ašʿaṯs zu derjenigen seines Stammesgenossen Šurayḥ könnte nicht größer sein. Wie Salmān al-Fārisī lehnt auch Šurayḥ es demütig ab, über seine Väter nur zu reden, sein Prestige gründet ausschließlich auf seiner Verbindung zum Islam[103].

Die Bestellung Šurayḥs zum Richter Kufas entspricht damit dem heilsgeschichtlichen Idealvorgang. Ein auffallend gerechter Mann wird vom wohlmeinenden Kalifen als Richter in eine Garnisonsstadt entsandt, wo er allein durch seine zentrale Entsendung allgemein anerkannt wird. Die angebliche Dauer seiner Richtertätigkeit von runden 60 Jahren[104] stellt eine vor dem Hintergrund der bewegten Geschichte Kufas bemerkenswerte Kontinuität dar.

Dass die Geschichte von Šurayḥs Entsendung durch den Kalifen ʿUmar im Detail nicht unproblematisch ist, ist offensichtlich. Auch die historische Wahrscheinlichkeit dieser Entsendung ist wohl gering[105]. Auf einer heilsgeschichtlichen Ebene fügt sie sich jedoch in die Dichotomie der Legitimation von lokalen Stammesführern einerseits und frommen Agenten der islamischen Zentrale andererseits ein.

4.7 Ebene 3: Zentralität als global-islamische Motivation der Innenpolitik

Die folgenden Ebenen, auf denen narrative Zentralität innerhalb der Prosopographie Kindas untersucht werden wird, sind sehr viel hypothetischer, als die ersten beiden Ebenen, auf denen die für Kinda fassbare Zentralität während der Eroberungen untersucht wurde. Während der folgenden Untersuchungen wird davon ausgegangen, dass eine tatsächliche zentrale Motivation der Ereignisgeschichte bis in die Details der einzelnen Episoden wirkt. Wenn dagegen die Details, hier insbesondere die an einzelnen Geschehnissen beteiligten Kinditen, in einem Spannungsverhältnis zur Gesamtgeschichte stehen, deutet dies darauf hin, dass sich die narrative Zentralität

[102] Siehe 3.2.3.

[103] Bei Iṣfahānī *Aġānī* XVII, S. 217, und Ḫalīfa *Ṭabaqāt*, S. 245, wird sogar eine nichtarabische Abstammung von den *abnāʾ*, den Nachkommen der persischen Expeditionstruppen im Jemen, für Šurayḥ diskutiert.

[104] Šurayḥ b. al-Ḥāriṯ wurde erst durch al-Ḥaǧǧāǧ abgelöst: Ibn Ḥabīb *Muḥabbar*, S. 378, außerdem Ṯaʿālibī *Laṭāʾif*, S. 61 und 140. Masʿūdī *Tanbīh*, S. 258, nennt ihn als Richter ʿAlīs, bei Masʿūdī *Tanbīh*, S. 261, ist er Richter al-Ḥasan b. ʿAlīs. Yaʿqūbī *Taʾrīḫ* II, S. 168 und 197, zählt Šurayḥ für die Regentschaften der Kalifen Muʿāwiya und Marwān zu den eminenten Gelehrten.

[105] Zur historischen Unwahrscheinlichkeit einer solchen zentralen Bestellung von Richtern unter ʿUmar siehe insbesondere Johansen *Wahrheit*, S. 994, Noth *Sammlungen*, S. 183, und Schacht *Law*, S. 24: „But the historical Shurayḥ was merely a *ḥakam* of the old style among the Arab tribes in the neighbourhood of Kufa."

auf der jeweiligen Ebene späterem Auserzählen unter den Vorzeichen der kohärenten frühislamischen Heilsgeschichte verdankt[106].

Die Argumentation baut dabei jeweils auf eine detaillierte Untersuchung von Kinditen auf, die auf eine der Ebenen hin ausgelesen werden kann. Dass sich mit diesem Vorgehen nur Ansätze entwickeln lassen, die nicht allein anhand Kindas schlüssig zu Ende geführt werden können, ist offensichtlich. Im Folgenden wird also zu Beginn jeweils eine Hypothese aufgestellt, wie die jeweilige Datenmenge aussehen müsste, wenn die Zentralität der Geschichte tatsächlich ereignisrelevant gewesen ist. Wenn dagegen die Strukturen auf Detailebene von diesem zentral erklärlichen Muster grundlegend abweichen, deutet dies darauf hin, dass sich die globale Zentralität erst dem Auserzählen im Überlieferungsvorgang verdankt.

Auf der Ebene der global-islamischen Motivation der Innenpolitik soll gefragt werden, in wiefern speziell die Verwicklung von Kinditen in die als erster global-islamischer Bürgerkrieg erzählten Ereignisse auf eine tatsächliche Zentralität der Ereignisse hindeutet. Bei einer tatsächlichen global-islamischen Motivation der Ereignisse müsste diese Motivation auch auf der Ebene der beteiligten Kinditen fassbar werden. Insbesondere ihre Mobilisierung müsste mit global-islamischen Dynamiken erklärlich sein. Im Folgenden wird zunächst die Großnarratio der Ereignisse skizziert, bevor die an der Ermordung des Kalifen ʿUṯmān beteiligten Kinditen in Hinblick auf ihre Motivation detailliert diskutiert werden.

Die Abfolge der später als erste Versuchung, *fitna*, der islamischen Heilsgeschichte erzählten Ereignisse liest sich bemerkenswert gut, wie schon Madelung bemerkte[107]. Überfremdung und Richtungslosigkeit allerorten und aus dem Hintergrund arbeitet sich geduldig das Scheusal an die Herrschaft heran, bis Marwān schließlich während der zweiten *fitna* zum Kalifen wird. Schließlich fällt auch dieser Schuft seiner eigenen Bosheit zum Opfer, so dass unter seinem Nachfolger ʿAbdalmalik die auch materiell fassbare Blütezeit der Marwāniden beginnt. Überaus passend also, dass Madelung seine umfassende Rekonstruktion dieser Narratio mit *se non e vero, e ben trovato*, wenn's wahr nicht ist, ist's gut erfunden, resummiert[108].

Als Grundlage der folgenden Überlegungen soll dieser Heilsroman kurz skizziert werden, für Stellennachweise und Diskussion sei summarisch auf Madelung[109] verwiesen. Der unter heiklen Umständen an die Macht gelangte Kalif ʿUṯmān regiert sechs Jahre zum allgemeinen Wohlgefallen, bis ihm ei-

---

106 Siehe 4.2.
107 Madelung *Succession*.
108 Madelung *Succession*, S. 355.
109 Madelung *Succession*.

nes Tages das von Muḥammad geerbte Siegel[110] in den Brunnen fällt. Nachdem er so manifest das Charisma des islamisch-gerechten Herrschers verloren hat, wächst in den folgenden sechs Jahren die Unzufriedenheit mit seiner Amtsführung. Insbesondere die Zuweisung von reichen Geschenken an seinen Sekretät Marwān wird in der hier ausgewerteten Geschichtsschreibung immer wieder als Kritikpunkt angeführt. Schließlich ziehen drei Heere aus den drei Heerlagern Basra, Kufa und Ägypten los, die eifrig hin- und hermarschieren, bis ihn die Ägypter schließlich aufgrund einer im Tintenfass versteckten Botschaft im Namen des Kalifen, die tatsächlich nicht ʿUṯmān, sondern Marwān geschrieben hatte, belagern. Während der Belagerung lässt Marwān die Situation eskalieren, bis ʿUṯmān schließlich umgebracht wird.

Jetzt wird ʿAlī zum Kalifen gemacht, doch rufen der in Kufa angesehene Ṭalḥa und der von Basra unterstützte az-Zubayr zur Rache für ʿUṯmān auf. ʿAlī schlägt sie in der berühmten Kamelschlacht, wobei Marwān im Heer der Gegner ʿAlīs steht und seinen General Ṭalḥa hinterrücks umbringt, bevor er bei Einbruch der Nacht in Richtung Syrien entschwindet. Während der folgenden Kämpfe zwischen ʿAlī und Muʿāwiya, der wiederum Rache für ʿUṯmān fordert, übernimmt ʿAmr b. al-ʿĀṣ die Rolle des intrigierenden Oberschurken, der Zwietracht im ʿalīdischen Lager sät, bis ʿAlī schließlich von einem Ägypter ermordet wird: Zwischendurch besetzen umayyadische Truppen Ägypten und verbrennen in der bereits behandelten Geschichte Muḥammad b. Abī Bakrs im Esel[111].

Die Probleme dieser Geschichte sind bereits bei oberflächlicher Durchsicht offensichtlich. Neben den Symmetrien der Geschichte mit sechs guten und sechs schlechten Jahren innerhalb des Kalifats ʿUṯmāns und drei Heerlagern aus drei Provinzen lässt auch die fehlende innere Logik der Ereignisse stutzen. Weder ʿAlī, noch seine Getreuen greifen auf Seiten der Aufrührer gegen ʿUṯmān entscheidend ein, oder werden gar bei der Ermordung des Kalifen erwähnt. Warum also fordern die Gegner ʿAlīs bei der Kamelschlacht und Ṣiffīn Rache für ʿUṯmān? Dagegen wird aus Anlass der Auseinandersetzung mit Ṭalḥa und az-Zubayr erwähnt, dass ʿAlī besonderen Rückhalt in Ägypten genieße[112]. Warum wird dieser Rückhalt nirgendwo greifbar? Warum treten die ägyptischen Mörder ʿUṯmāns nie im Heer ʿAlīs auf, wenn dieser gegen vorgebliche Rächer ʿUṯmāns kämpft[113]? Warum unternimmt ʿAlī keine An-

---

110 Im Kontext dieses *ḫātam an-nabiyīn* siehe Powers *Muḥammad* zur Geschichte des Dogmas bezogen auf Muḥammads Prophetie.

111 Siehe 3.1.2.

112 Beispielsweise Ṭabarī *Taʾrīḫ* II, S. 799. Demgegenüber hätten die Leute aus Kufa az-Zubayr und die Baṣrier Ṭalḥa unterstützt.

113 Im Gegenteil liest man von Angehörigen der vollständig in Ägypten siedelnden kinditischen Unterstämme Tuǧīb und aṣ-Ṣadif auf Seiten Muʿāwiyas bei der Schlacht

strengungen, Ägypten zu halten, sondern schaut zu, wie die Provinz von syrischen Truppen besetzt wird? Warum residiert er in Kufa, wo er insgesamt bestenfalls lauwarm unterstützt wird[114]?

Die begrenzte Perspektive der Prosopographie Kindas erlaubt es, diese für das Verständnis der ersten *fitna* entscheidenden Fragen exemplarisch anhand Kindas zu diskutieren. In wieweit die aus Sicht Kindas resultierenden Antwortskizzen auch für die gesamte frühislamische Historiographie plausibel sind, wäre anhand weiterer Untersuchungen zu klären.

Unter den ägyptischen Protagonisten der ersten *fitna* sind Kinditen aus dem Unterstamm der Banū Tuǧīb sehr präsent, ohne dass die besondere Mobilisierung Tuǧībs oder der Ägypter allgemein aus global-islamischen Beweggründen erklärlich würde[115]. Der Tuǧībī Muʿāwiya b. Ḥudayǧ sendet Salama b. Maḫzama at-Tuǧībī an Uṯmān und warnt, sein Statthalter in Ägypten hetze gegen ihn und die Lage werde problematisch[116], bevor er von den Aufrührern unter Hausarrest gestellt wird. Dabei verteidigt ihn der Kindit Kināna b. Bišr, der Anführer der ersten Partei (*raʾs aš-šīʿat al-ūlā*[117]). Daraufhin zieht eine Horde aufsässiger Kinditen und anderer Ägypter nach Medina. Unter ihnen lassen sich günstigstenfalls ʿAbdarraḥmān b. ʿUdays[118], Ḫālid b. Mulǧam[119],

von Ṣiffīn, die nach der Chronologie aṭ-Ṭabarīs ein Jahr vor der Besetzung der Provinz durch Muʿāwiya stattfand: Beispielsweise Naṣr b. Muzāḥim, S. 507.

114 Siehe 4.8 für al-Ašʿaṯs Unwilligkeit, als Führer der kufischen Kinditen für ʿAlī in den Kampf zu ziehen.

115 Die schwankende Affiliation der Personen lässt zögern, ob nicht einige der ägyptischen Schurken *qua* etabliertem narrativem Muster im Überlieferungsprozess zu Kinditen gemacht wurden, siehe hierzu 3.2.8. Die Argumentation wird hiervon nicht berührt. Der Ausgangspunkt der Überlegung ist, dass Ägypter so prominent die erste *fitna* dominieren. Dass diese Ägypter manchmal speziell als Tuǧībīs bezeichnet werden, macht innerhalb der Prosopographie Kindas auf sie aufmerksam, doch ist ihre Kindizität für die Untersuchung der generellen Relevanz des global-islamischen Ereignishorizonts während der ersten *fitna* nicht weiter von Bedeutung.
Bemerkt wird die bedeutende Rolle Tuǧībs in der ersten *fitna* bereits bei al-Barrī *Qabāʾil*, S. 188, der sich allerdings mit einer summarischen Zusammenfassung ihrer Rolle begnügt.

116 Kindī *Wulāt*, S. 15-16. Salama b. Maḫzama berichtet selbst von dieser Reise.

117 Kindī *Wulāt*, S. 18. Vielleicht sollte man zögern, diese *šīʿa* als ʿalīdisch zu fassen: Siehe die folgende Untersuchung der global-islamischen Mobilisierung der Parteien 4.8.

118 Siehe die detaillierte Diskussion seiner Stammeszugehörigkeit 5.2.1.

119 Er wird bei Ṭabarī *Taʾrīḫ* II, S. 741, und III, S. 37, ohne Stammeszugehörigkeit genannt. Vielleicht kann man ihn als Bruder ʿAbdarraḥmān b. Mulǧams, des Mörders des Kalifen ʿAlī, mit denselben Problemen wie bei diesem (s. o.) zum Tuǧībī erklären, doch werden beide Vornamen auch verwechselt: So wird der Mörder ʿAlīs beim Vorbeimarsch der verfluchten Kinditen vor dem Kalifen ʿUmar bei Ṭabarī *Taʾrīḫ* II, S. 248, Ḫālid genannt.
Siehe zu Brüdern Ibn Mulǧams außerdem Kindī *Wulāt*, S. 31, wo sich die drei Brüder ʿAbdarraḥmān, Qays und Yazīd b. Mulǧam zum gleichzeitigen Mord an ʿAlī, Muʿāwiya b. Abī Sufyān und ʿAmr b. al-ʿĀṣ verschwören.

Kināna b. Bišr[120], Kultūm b. Tuǧīb[121], Muḥammad b. Abī Qutayra[122], Qutayra as-Sakūnī[123] und Sūdān b. Ḥumrān[124] als Tuǧībīs dingfest machen, wobei Kināna b. Bišr und Sūdān b. Ḥumrān auch tatkräftig an der Ermordung ʿUṯmāns beteiligt sind. Sūdān soll entweder mit dem Schwert (*sayf*[125]) oder mit einem Wurfspeer (*ḥarba*[126]) gemordet haben, während Kināna wahlweise mit einer eisernen Keule (*ʿamūd ḥadīd*[127]), einem Schwert (*sayf*[128]) oder mit Pfeilspitzen (*mašāqiṣ*[129]) den Kopf des Kalifen attackierte.

Als die triumphierenden Rebellen nach al-Fusṭāṭ zurückkommen und in der Moschee proklamieren, dass nicht sie, sondern Gott ʿUṯmān getötet habe, schwört die Partei ʿUṯmāns (*šīʿat ʿuṯmān*[130]) dem bereits genannten Tuǧībī Muʿāwiya b. Ḥudayǧ Gefolgschaft bei der Rache für das Blut ʿUṯmāns und zieht aus der Garnisonsstadt aus. Zwei Scharmützel mit Verfolgern gehen zugunsten Muʿāwiya b. Ḥudayǧs aus und so schließt er sich den umayyadischen Truppen an, als der umayyadische Kalifatsprätendent Muʿāwiya b. Abī Sufyān endlich ein Heer nach Ägypten schickt. In der Schlacht bricht der Widerstand der Gegner Muʿāwiya b. Abī Sufyāns zusammen, nachdem Kināna b. Bišr gefallen ist[131], woraufhin Muʿāwiya b. Ḥudayǧ den Muḥammad b. Abī Bakr im Esel verbrennt[132]. Als ʿAmr b. al-ʿĀṣ ihn bittet, Muḥammad b. Abī Bakr ungeschoren zu lassen, erklärt er:

---

120 Siehe die detaillierte Diskussion seiner Stammeszugehörigkeit 5.2.1.

121 Ṭabarī *Taʾrīḫ* II, S. 773, wo auch er ohne *nisba* als Plünderer bei der Ermordung ʿUṯmāns aufgeführt wird: Tuǧībī wäre er, wenn sein Vater den Gentilnamen als Vorname trüge.

122 Ṭabarī *Taʾrīḫ* II, S. 748, ohne *nisba* genannt: Tuǧībī (oder wenigstens Sakūnī) wäre er, wenn man ihn als Bruder des folgenden Qutayra as-Sakūnī verstünde: *Hapax legomena* allerorten!

123 Sayf b. ʿUmar, S. 158, 169 und 190-191, und Ṭabarī *Taʾrīḫ* II, S. 745 und 773. Bei Ṭabarī *Taʾrīḫ* II, S. 773, wird er mit dem eventuellen Tuǧībī Sūdān b. Ḥumrān zusammen als „zwei Sakūnīs" bezeichnet. Vielleicht gehörte er ebenso wie Sūdān b. Ḥumrān dem sakūnischen Unterstamm Tuǧīb an? Bei Ṭabarī *Taʾrīḫ* II, S. 745, wird sein Vatername angegeben, doch währt die Freude nur kurz, da er hier als Qutayra *b. Fulān* as-Sakūnī, also Qutayra Sohn *von irgendwem*, bezeichnet wird: Ein überaus unbrauchbarer Verweis.

124 Siehe die detaillierte Diskussion seiner Stammeszugehörigkeit 5.2.1.

125 So Balāḏurī *Ansāb* IV, S. 193; Ibn Aʿṯam II, S. 236 und 238, und Ṭabarī *Taʾrīḫ* II, S. 773. Siehe Schwarzlose *Waffen*, S. 124-126. Bei Sayf b. ʿUmar, S. 191, und Ṭabarī *Taʾrīḫ* II, S. 775, schlägt er ʿUṯmān (*ḍarabahū*) ohne weitere Angabe einer Waffe, wobei er zuvor ein Schwert in der Hand hatte.

126 So Ḫalīfa *Taʾrīḫ*, S. 103. Siehe Schwarzlose *Waffen*, S. 213.

127 So Balāḏurī *Ansāb* II, S. 219; IV, S. 193 und 205; Ibn Aʿṯam II, S. 236; Ibn Saʿd III, S. 54, und Ṭabarī *Taʾrīḫ* II, S. 775. Siehe Schwarzlose *Waffen*, S. 319.

128 So Ṭabarī *Taʾrīḫ* II, S. 774.

129 So Ibn Saʿd III, S. 54, und Ṭabarī *Taʾrīḫ* II, S. 775. Siehe Schwarzlose *Waffen*, S. 311.

130 Beispielsweise Kindī *Wulāt*, S. 18: Zum Begriff der *šīʿa* siehe 4.8.

131 Beispielsweise Ṭabarī *Taʾrīḫ* III, S. 151.

132 Siehe die detaillierte Diskussion des Verbrennens im Eselkadaver 3.1.2.

> Ihr habt Kināna b. Bišr getötet, der mein Vetter war, und wollt mich von Muḥammad [b. Abī Bakr] zurückhalten? Da habt Ihr Euch geschnitten![133]

Außerdem wurde bereits dargelegt, dass der Mörder ʿAlīs, der Ägypter Ibn Mulǧam, mit den Kinda in verschiedener Weise in Verbindung gebracht wird[134]. Eine speziell ägyptische Kinditen vom Unterstamm Tuǧīb mobilisierende global-islamische Motivation, die diese bemerkenswerte Präsenz von Kinditen auf beiden Seiten erklären könnte, ist dabei nicht zu erkennen.

Ein Lösungsansatz könnte darin liegen, dass man den Zusammenhang der einzelnen Episoden aus dem etablierten narrativen Muster der islamischen Motivation der islamischen Heilsgeschichte erklärt. Dann müssen die Unruhen in Ägypten inklusive der Ermordung des Kalifen ʿUṯmān, des ʿalidischen Statthalters Muḥammad b. Abī Bakr und schließlich auch die Ermordung von ʿAlī selbst nicht mehr als Referenz auf ereignisgeschichtliche Auseinandersetzungen um den Islam insgesamt erklärt werden. Stattdessen ließe sich für die einzelnen Episoden überlegen, ob sie jeweils lokal-partikulären Hintergrund haben, oder leichter global-islamisch nachvollzogen werden können.

Speziell für die Ereignisse um die Ermordung des Kalifen ʿUṯmān ließe sich so überlegen, in wieweit der Kalif tatsächlich den Fokus der Dynamiken darstellte. Aus Sicht der beteiligten ägyptischen Kinditen scheint es fast, als habe ein regionaler Konflikt innerhalb Tuǧībs und anderer Südaraber Ägyptens den „Kalifen" gewissermaßen als Kollateralschaden getötet. Diese regionalen Ereignisse wären dann während des Überlieferungsprozesses im zentral fokussierten globalen Horizont der frühislamischen Heilsgeschichte auserzählt worden, ohne dass diese narrativ projizierte Zentralität der Gesamtgeschichte die Geschehnisse bis in die Details umgestaltet hätte.

Es befremdet generell, in der eingangs skizzierten heilsgeschichtlichen Handlung der ersten *fitna* alle möglichen Parteien (Ṭalḥa und az-Zubayr, Muʿāwiya b. Ḥudayǧ, Muʿāwiya b. Abī Sufyān) zur Rache für ʿUṯmān aufrufen zu sehen. Immer wieder liest man in den Quellen ein gewisses Staunen hierüber, das sich in der „bösen Scheinheiligkeit" der Gegner ʿAlīs seine Erklärung schafft[135]. Eine einfachere Erklärung könnte darin liegen, dass die Ermordung ʿUṯmāns im Überlieferungsprozess genutzt wurde, um die zeitlich anschließenden Kämpfe narrativ in eine global-islamische Heilsgeschichte einzubetten, sie gewissermaßen zu islamisieren. So wurde die erste *fitna* als szenische Umsetzung der Frage nach der Absetzbarkeit eines irrenden Kalifen erzählt und damit in eine globale Auseinandersetzung um Islam umgedeutet.

---

133 Balāḏurī *Ansāb* II, S. 220.

134 Siehe zur Bosheit der Kinditen 3.2.8.

135 Zusammengefasst beispielsweise bei Madelung *Succession*, S. 157-159, siehe auch Wellhausen *Reich*, S. 33: „Da war es fast ein Glück für ihn [ʿAlī], dass die zwei anderen Triumvirn, Talha und Zubair, ihm schamlos in die Flanke fielen".

Im Umkehrschluss erlaubt es dieser Gedanke, über die scheinheilige Bosheit von Ṭalḥa, az-Zubayr und Muʿāwiya hinaus zu kommen und nach einer alternativen Modellierung ihrer Motivation und der Mobilisierung ihrer Truppen zu suchen. Ist es wirklich *eine* zusammenhängende *fitna*? Sind die Konflikte global? Oder lassen sich beispielsweise Bürgerkriege in Ägypten und im Irak von Konflikten zwischen ʿAlī und Muʿāwiya / dem Irak und Syrien abkoppeln und gesondert untersuchen?

Unter den Vorzeichen der islamischen Heilsgeschichte ist eine Auseinandersetzung um diesen Islam in ihren Zielen und Horizonten notwendigerweise global. Es geht um den ganzen Islam und nicht um einzelne Provinzen. Wenn man dagegen die Akteure in den einzelnen Episoden für sich untersucht und nach ihrer jeweiligen Motivation fragt, lässt sich eventuell ein durchlässigeres Verständnismodell entwickeln. Allerdings kann und soll hier keine komplette Alternativerklärung der ersten *fitna* geliefert werden. Die Untersuchung der Prosopographie Kindas ermöglicht es, die Frage nach der Relevanz der global-islamischen Motivation der Innenpolitik während der ersten *fitna* aufzuwerfen. Allein auf Basis Kindas kann diese Frage jedoch nicht beantwortet werden.

4.8 Ebene 4: Zentralität in der Mobilisierung der „Parteien“

Auf der Ebene der Untersuchung von Zentralität in der Mobilisation der Parteien soll untersucht werden, in wieweit die „Parteien“[136] aus Sicht der Prosopographie Kindas tatsächlich bereits während des Untersuchungszeitraums der ersten drei Generationen islamischer Geschichte vor einem global-islamischen Horizont agierten[137]. Aus der begrenzten Sicht Kindas kann insbesondere die Spaltung der islamischen Ökumene in Ḫāriǧiten, Šīʿiten und „Übrige“ / Sunniten, die allgemein in die Zeit der ersten *fitna* datiert wird, hinterfragt werden. Wenn die „Parteien“ der frühislamischen Zeit tatsächlich vor einem global-islamischen Horizont agierten, wäre zu erwarten, dass diese Globalität auch innerhalb Kindas greifbar wird.

Im Folgenden wird die Prosopographie Kindas auf die Frage nach einem global-islamischen Aktionshorizont der „Parteien“ ausgelesen. Hierzu wird

136 Der Begriff der Oppositions*parteien* ist wohl von Wellhausen *Oppositionsparteien* eingeführt worden: Er wird hier in seinem Sinne von fest geschlossenen, doktrinär motivierten Personenverbänden verwendet.

137 Ab der Zeit der frühen ʿAbbāsiden ist es üblich, insbesondere die Oppositionsparteien als global agierende Organisationen aufzufassen. Siehe beispielsweise Schwartz *Ibaditen*, S. 94-118, zu den Ibāḍiten und Halm *Mahdi*, S. 15-24, zu Ismāʿiliten als global-islamisch agitierenden religiösen Oppositionsparteien. Eventuell waren die ʿAbbāsiden selbst aus der ersten erfolgreichen global-islamischen Agitation hervorgegangen: Siehe Sharon *Banners* I.

zunächst auf Kinditen eingegangen, die während der ersten *fitna* und später als *šīʿiten* beschrieben werden, bevor aus Sicht Kindas die Zentralität der Ḫāriǧiten auf der Ebene ihrer global-islamischen Mobilisierung untersucht wird. Insbesondere für die Ḫāriǧiten und das in Kufa von ihnen nur schwer abzugrenzende Milieu der Koranleser, *qurrāʾ*, kann die kinditische Perspektive dieser Arbeit einige Schwierigkeiten aufzeigen, die aus der Annahme eines global-islamischen Ereignishorizonts für diese Gruppen resultieren.

Zu *šīʿiten* ist aus Sicht Kindas innerhalb der hier ausgewerteten Prosopographie während der ersten *fitna* die Eulogie nach dem Namen Kināna b. Bišrs zu nennen. Nachdem er im Kampf gegen Muʿāwiya b. Ḥudayǧ gefallen ist, wird kommentiert *raḥimahū llāh*[138], Gott sei ihm gnädig. Wenn man diesen Kommentar erklären will, muss man wohl von einer Interpretation von Kināna b. Bišr als šīʿitischem Märtyrer ausgehen. Diese Interpretation des Kalifenmörders setzt ein fixes Lagerdenken voraus, das dementsprechend in die Frühzeit datiert wird. Es fällt im Licht von ʿAlīs konsequentem Fernbleiben von Ägypten allerdings schwer, die aufrührerischen Kalifenmörder ernsthaft als šīʿitisch-ʿalīdisch mobilisierte Glaubenskämpfer zu erklären[139].

Später wird innerhalb Kindas vor allem der gescheiterte Aufstand des Ḥuǧr b. ʿAdī in Kufa[140] šīʿitisch motiviert, daneben stützt sich ebenfalls in Kufa der ʿalīdische Agitator al-Muḫtār in bemerkenswertem Ausmaß auf Kinditen[141]. In beiden Fällen lässt sich aus Sicht der Prosopographie Kindas jedoch nichts zur Globalität der Šīʿa aussagen, da die Ereignisse in Kufa nicht als global-islamisch vernetzte Konflikte, sondern als lokale Machtkämpfe beschrieben werden.

Die Idee der Globalität der Ḫāriǧiten stört zunächst die Feststellung, dass die ersten, die in der islamischen Heilgeschichte ausziehen, *ḫaraǧa*, die ägyptischen Gegner der aus Medina zurückgekehrten Kalifenmörder sind[142]. In wiefern die Beschreibung ihres Anführers Muʿāwiya b. Ḥudayǧ und seiner Ge-

---

138 Ṭabarī *Taʾrīḫ* III, S. 151.

139 In umgekehrter Weise ließe sich fragen, ob der spätere ʿalīdische Märtyrer Ḥuǧr b. ʿAdī tatsächlich global-ʿalīdisch motiviert war, oder einen regionalen Machtkampf um die Führerschaft Kindas in Kufa gegen Muḥammad b. al-Ašʿaṯ verlor. Eine Rivalität zwischen Ḥuǧr und al-Ašʿaṯ wird beispielsweise in der Anekdote bei Dīnawarī *Aḫbār*, S. 238, angedeutet, nach der der Kalif ʿAlī al-Ašʿaṯ von der Anführerschaft Kindas in Kufa entbinden und an seiner Stelle Ḥuǧr b. ʿAdī einsetzen wollte.
Massignon *Kufa*, S. 59, schreibt in *Appendice II, La continuité politique dans les clans a Kufa (K) et a Basra (B) chez les Chefs de pure race arabe* zu Kinda summarisch: *En Kinda* [im Original kursiv], *tous shiʿites (K: Hujr) mais platoniquement.* Ich kann ihm hier nicht ganz folgen.

140 Siehe 3.2.7.

141 Siehe die Beschreibung seines Einzugs nach Kufa 5.4.1.

142 *Ḫawāriǧ* als Bezeichnung der Ägypter: Ṭabarī *Taʾrīḫ* III, S. 145. *Ḫaraǧa*, ausziehen, als Verb bei Balāḏurī *Ansāb* II, S. 217, und Ṭabarī *Taʾrīḫ* III, S. 145. *Al-ḫāriǧa*, die Ausgezogenen, Kindī *Wulāt*, S. 27 und 29, und Yaʿqūbī *Taʾrīḫ* II, S. 134.

folgsleute als *šīʿat ʿuṯmān*[143], Partei ʿUṯmāns, spätere Interpretation zwecks Einbeziehung in islamische Heilsgeschichte ist, soll hier nicht diskutiert werden. Es fällt jedoch hochgradig schwer, sie als Abteilung derselben „Partei" zu denken, die nach der Schlacht von Ṣiffīn unter undurchsichtigen Umständen aus ʿAlīs Garnisonsstadt Kufa auszieht, deren harter Kern bei Nahrawān niedergemacht wird und die im Folgenden tolldreiste Abenteuer vor allem im erweiterten Irak bevölkern. Auch die Anhänger des Kinditen Ḥuǧr b. ʿAdī, die revoltierend aus Kufa in Richtung al-Mawṣil ausziehen, *ḫaraǧa*[144], und sich dort auf einem Berg verstecken, lassen sich wohl kaum als Ḫāriǧiten im dogmatischen Sinn fassen, obwohl ihr Tätigkeitsprofil mit dem der durch den Irak ziehenden Ḫāriǧiten der Quellen übereinstimmt.

Das Verhältnis dieser irakischen Partei der Ḫāriǧiten zu den Koranlesern, *qurrāʾ*, ist einigermaßen rätselhaft. Während die umherplündernden Ḫāriǧiten als fanatische Banden geschildert werden, sollen die *qurrāʾ* als *Mönche bei Nacht und Ritter bei Tage* die unpolitisch-pietistischen Kerntruppen ordentlicher Heere gebildet haben. In ihrem täglichen Leben werden die *qurrāʾ* nur selten als solche fassbar, innerhalb der Prosopographie Kindas ging beispielsweise der bereits vorgestellte angesehene Richter Šurayḥ mit seinen *frommen Brüdern von den qurrāʾ* auf Brautwerbung[145].

Nur aufgrund der Prosopographie Kindas kann hier keine vollständige Erklärung angestrebt werden. Man stellt jedoch eine über drei Generationen reichende „Nähe" zwischen der Familie des Kinditen al-Ašʿaṯ b. Qays und den Ḫāriǧiten bzw. *qurrāʾ* im Irak fest, die sich schwerlich motivieren lässt, wenn man von global-islamisch motivierten Parteien ausgeht. Im Folgenden wird diese Nähe kurz nachgezeichnet und darauf aufbauend eine Erklärung versucht.

Bei Ṣiffīn erscheint al-Ašʿaṯ als Sprecher der *qurrāʾ* und späteren Ḫāriǧiten im Heer ʿAlīs und setzt den letztlich desaströsen Waffenstillstand und die Entsendung des ungeeigneten Abū Mūsā al-Ašʿarī als Vertreter ʿAlīs im Schiedsgericht durch[146]. Als ʿAlī militärisch gegen die aufsässigen Ḫāriǧiten bei Nahrawān vorgehen will, erklärt ihm al-Ašʿaṯ, die Kufer seien müde und könnten daher nicht mitkommen:

> Oh Befehlshaber der Gläubigen, unsere Pfeile sind verschossen, unsere Schwerter sind stumpf und unsere Lanzen liegen am Boden: Lass uns doch in unsere Stadt ziehen, uns ausruhen und verstärken und danach gegen die Feinde marschieren! Da

143 Kindī *Wulāt*, S. 18.

144 Iṣfahānī *Aġānī* XVII, S. 147.

145 Iṣfahānī *Aġānī* XVII, S. 222.

146 Balāḏurī *Ansāb* II, S. 180 und 203 *ex post*; Dīnawarī *Aḫbār*, S. 205; Ibn Aʿṯam IV, S. 1-4; Maqdisī *K. al-Badʾ* V, S. 220; Masʿūdī *Murūǧ* II, S. 433; Naṣr b. Muzāḥim, S. 499-500; Ṭabarī *Taʾrīḫ* III, S. 118-121; Yaʿqūbī *Taʾrīḫ* II, S. 131.

stimmten ihm die Leute zu, denn al-Ašʿaṯ war wortmächtig, ʿAlī aber nannte ihn Höllenbraten (*ʿarafa n-nār*)[147].

Wie bereits gezeigt, wird auch Ibn Mulǧam gelegentlich ḫāriǧitisch motiviert, bevor er bei al-Ašʿaṯ b. Qays nächtigt und ʿAlī ermordet[148]. Bevor zwei Generationen später al-Ašʿaṯs Enkel ʿAbdarraḥmān b. Muḥammad b. al-Ašʿaṯ unter maßgeblicher Unterstützung der *qurrāʾ* gegen die Umayyaden im Irak rebelliert, zeichnet er sich als Anführer kufischer Truppen gegen die ḫāriǧitischen Azāriqa durch erstaunliche Laschheit aus[149] und setzt damit eine stolze Familientradition unfähiger Aufstandsbekämpfung fort[150].

Wie lässt sich diese „Nähe" über drei Generationen erklären? Wenn man die Familie al-Ašʿaṯs nicht global zu Ḫāriǧiten erklären will, muss man wohl von lokalen Bündnissen ausgehen. Es ist ja auch keinesfalls ausgeschlossen, dass eine global-islamisch denkende und agierende Partei kurzfristig lokale Bündnisse eingeht. Doch gibt es überhaupt Hinweise darauf, dass die Ḫāriǧiten im ersten Jahrhundert der Hiǧra als geschlossene Partei *global* agieren? Die Hinweise zu ihnen innerhalb der Prosopographie Kindas lassen sich, wie gezeigt, leichter fassen, wenn man sie im Wortsinne als *ausziehende Abtrünnige* liest, statt sie zu einer kohärent-globalen, durch eine bestimmte islamische Auslegungsrichtung motivierten Partei zu erklären.

Unter diesen Vorzeichen käme man von einem teleologisch-fixen Verständnismodell global-islamisch agierender Parteien zur Frage nach der Motivation der einzelnen Anführer und ihrer Gefolgsleute. In dieses durchlässigere Modell ließe sich eine Zusammenarbeit zwischen lokal legitimierten Adligen und ebenso lokalen Auszüglern gegen eventuell tatsächlich global denkende und agierende islamisch-staatliche Eliten ohne weitere Probleme einbetten. Insbesondere die global-islamische Rhetorik in den erhaltenen Sammlungen wäre dann als Ergebnis topischer Einflüsse auf das Material zu erklären, die im Zuge des Überlieferungsprozesses auf das überlieferte Material einwirkten.

---

147 Balāḏurī *Ansāb* II, S. 208. Zum *Höllenbraten* siehe die Diskussion seines Beinamens aus Anlass seiner Kapitulation in an-Nuǧayr 3.1.1. Parallele Stellen, in denen al-Ašʿaṯ der Anführer der unwilligen Kufer vor Nahrawān ist, stehen bei Dīnawarī *Aḫbār*, S. 224-225; Masʿūdī *Murūǧ* II, S. 452, und Ṭabarī *Taʾrīḫ* III, S. 138 und 142.

148 Siehe zur Bosheit der Kinditen 3.2.8.

149 Ḫalīfa *Taʾrīḫ*, S. 172; Ibn Aʿṯam VII, S. 85; Ibn Ḥabīb *Muḥabbar*, S. 245; Ṭabarī *Taʾrīḫ* III, S. 576-577, 624-629 und 633-635.

150 Siehe die Entsendung seines Bruders Isḥāq b. Muḥammad b. al-Ašʿaṯ bei Dīnawarī *Aḫbār*, S. 289, und Ṭabarī *Taʾrīḫ* III, S. 592-593, der ebenfalls überaus erfolglos gegen die *azāriqa* zu Felde zieht.
Es gibt allerdings auch Ausnahmen. So fordert ein weiterer Bruder, aṣ-Ṣabbāḥ b. Muḥammad b. al-Ašʿaṯ, in Ṭabaristān gefangene Ḫāriǧiten hinzurichten: Ṭabarī *Taʾrīḫ* III, S. 663. Bei derselben Expedition zeichnet sich auch ein *mawlā*, Klient, der Familie al-Ašʿaṯs im Kampf gegen die Ḫāriǧiten aus: Ḫalīfa *Taʾrīḫ*, S. 173; Ibn Aʿṯam VII, S. 79-80, und Ṭabarī *Taʾrīḫ* III, S. 663.

Die Trennung zwischen Ḫāriǧiten und *qurrāʾ* ergäbe sich damit von selbst. Sie wäre heilsgeschichtliche Projektion der Historiographie in ein Umfeld, das nicht in fixe Parteien gegliedert war. Während die ausziehenden *Rebellen* später von den doktrinär-theologischen *Ḫāriǧiten im späteren globalen* Sinne vereinnahmt wurden, projizierte sich ein pietistisch-unpolitisches Milieu in die *qurrāʾ* hinein und erzählte, wie der Richter Šurayḥ mit seinen frommen Brüdern auf Brautschau ging. Die scharf definierten Oppositionsparteien in Berichten des ersten islamischen Jahrhunderts wären demnach aus dem späterem Bemühen entstanden, sich in der Historiographie heilsgeschichtlich klar von *anderen* abzugrenzen. Die verwaschene Vorgeschichte der Sunniten rührt in diesem Fall daher, dass klar umrissene globale Parteien im ersten Jahrhundert islamischer Zeit nicht existierten und damit ein Farbe Bekennen im späteren Sinne nicht nötig oder auch nur möglich war. Wer nicht später von der einen oder der anderen Seite vereinnahmt wurde, wurde im Nachhinein eben *ex negativo* Sunnit.

So weit die Hypothesen, die sich aus Sicht der Prosopographie Kindas auf der Ebene der Zentralität in der Mobilisierung der „Parteien" während der ersten drei Generationen islamischer Geschichte aufstellen lassen. In wieweit sie auch allgemeinere Plausibilität beanspruchen können, ist – einmal mehr – allein auf Basis Kindas nicht zu klären.

4.9 Fazit

Auf der Ebene der Lenkung der frühislamischen Eroberungen wird innerhalb der Prosopographie Kindas kein belastbarer Hinweis auf zentralen Einfluss greifbar. Dagegen finden sich zwei gewichtige Gegenbeispiele, in denen explizit autonome Eroberungen geschildert werden. Auf der Ebene der Legitimation von Heerführern während der frühislamischen Eroberungen lässt sich innerhalb der Prosopographie Kindas eine klare Typologie von primär zentral legitimierten und primär nicht-zentral legitimierten Truppenführern aufstellen. Der Einfluss normativer Vorstellungen während des Überlieferungsprozesses wurde hier insbesondere am Beispiel der Beteiligung von Šuraḥbīl b. as-Simṭ an der Eroberung des Irak greifbar, die eventuell insgesamt als narrative Fiktion erklärlich ist, die den Rebellen al-Ašʿaṯ b. Qays als Führer Kindas während der heilsgeschichtlich aufgeladenen Eroberungen verdrängen sollte.

Auf der Ebene von narrativer Zentralität in der global-islamischen Motivation der Innenpolitik während der ersten *fitna* ergab sich, dass die Mobilisierung insbesondere der ägyptischen Kinditen vom Unterstamm Tuǧīb nur schwerlich global-islamisch erklärt werden kann. Stattdessen wurde vorgeschlagen, die Ereignisse um die Ermordung des Kalifen ʿUṯmān durch die Ägypter und die folgenden Kämpfe in Ägypten selbst als ursprünglich regional motivierte Konflikte zu erklären, die im Überlieferungsprozess in die als global-islamische Auseinandersetzung um den Islam insgesamt erzählte erste *fitna* eingebettet wurden. In ähnlicher Weise wurde aus Sicht Kindas vorgeschlagen, auf der Ebene der Mobilisierung der „Parteien“ insbesondere die verschiedenen als Ḫāriǧiten bezeichneten Gruppen als jeweils eigenständige Bewegungen zu lesen, statt sie als eine geschlossene, global agierende Partei zu verstehen. Insbesondere die Ergebnisse der letzten beiden Ebenen sind hochgradig hypothetisch. Inwieweit diese anhand Kindas entwickelten Vorschläge allgemeiner brauchbare Erklärungsansätze darstellen, ist im Rahmen dieser Arbeit nicht zu klären.

Was lässt sich aus dieser Beschreibung zentraler Strukturen der frühislamischen Geschichte als narrativ bedingte Muster, die das Material im Überlieferungsprozess prägten, für eine frühislamische Strukturgeschichte allgemein ableiten? Wenn man davon ausgehen will, dass der Grad der Institutionalisierung der zentralen Postenvergabe im Untersuchungszeitraum tendenziell zunahm, lässt sich ein zumindest innerhalb Kindas brauchbares Prüfkriterium gewinnen. Wenn die gehobenen Verwaltungsposten in den Provinzen unter dem Kalifen ʿAbdalmalik gegen Ende des ersten islamischen Jahrhunderts primär wegen ihres lokalen Einflusses von der Zentrale als Ansprechpartner benannt wurden, scheint es wahrscheinlich, dass lokale Machtpositionen unter früheren Kalifen erst recht durch primär lokal-tribal legitimierte Eliten bekleidet wurden. Wenn der *qāḍī*, Richter, Ägyptens unter ʿAbdalmalik Sprößling einer lokal legitimierten Familie ist[151], scheint es unter dieser Annahme unwahrscheinlich, dass ʿUmar *qua* kalifaler Order den mit seiner Mutter in Medina wohnenden Kinditen Šurayḥ als Richter in Kufa installieren konnte. Parallel funktioniert dieses Argument für Šuraḥbīl b. as-Simṭ im Irak. Wenn unter den Umayyaden die Anführer von lokalen Heereseinheiten regelmäßig aus am selben Ort ansässigen Eliten rekrutiert werden, erscheint es in gleicher Weise unwahrscheinlich, dass Šuraḥbīl b. as-Simṭ ohne jegliche Hausmacht im Irak gehobene Kommandos bekleiden konnte.

Durch ihre Verbindung zur Zentrale legitimierte und global agierende Agenten des Staatsapparats treten innerhalb der Prosopographie Kindas zur Zeit der umayyadischen Kalifen auf. Insbesondere Ḥuṣayn b. Numayr führt nicht primär stammesverwandte Heere in Ägypten und Syrien, im Ḥiǧāz, in der Ǧazīra und im Irak. Dabei agiert Ḥuṣayn b. Numayr weniger als Agent eines islamisch-normativ-gesellschaftlichen Programms, denn als Vertreter eines Staatsapparats, der gegenüber einem von ihm zu guten Stücken abhängigen Kalifen besonders an exklusiven Nutzungsrechten einzelner Regionen

151 Siehe hierzu Johansen *Wahrheit*, S. 978-981.

und der effektiven Eintreibung von Steuern aus den außerhalb Syriens liegenden Provinzen interessiert ist[152].

Es ist seit Wellhausen[153] oft bemerkt worden, dass die frühislamische zentrale Verwaltung, die unter den Umayyaden auftritt, ihre Wurzeln in Syrien gehabt habe. Das deckt sich mit Kraemers Feststellung zu den bei Nessana gefundenen frühislamischen Verwaltungspapyri:

> ... in 674, we find a full-fledged system in operation, but whether this was the work of Muʿāwiyah (661-680), as I am inclined to believe, or goes back to the pre-Umayyad caliphs there is no way of telling. It certainly preceded the great fiscal reforms of ʿAbd al-Malik, around 691.[154]

Anhand des hier untersuchten Materials zu den Kinditen ließe sich ebenfalls argumentieren, dass eine solche globale Perspektive in der islamischen Geschichte zuerst durch den syrischen Verwaltungsapparat handelnd umgesetzt wurde. Die späteren, außerhalb des Untersuchungszeitraums liegenden, global agierenden Oppositionsparteien wären demnach als globalisierte *spätere* Antwort auf ein globales herrschaftliches Programm zu fassen: Es ist demgegenüber wohl eher nicht anzunehmen, dass globaler Widerstand einer globalen Einflussnahme vorausging.

Mit Kraemer ist allerdings zu zögern, bevor global-zentral orientierte Akteure für die frühere Zeit gänzlich ausgeschlossen werden. Heerführer wie Šuraḥbīl b. Ḥasana sind in ihrer Legitimation, wie gezeigt, ohne eine zentral-islamisch-religiöse Komponente nur schwer zu erklären, dasselbe gilt wohl für die vorumayyadischen Kalifen in Medina und auch für Muḥammad selbst. Gleichzeitig bleiben diese zentral legitimierten Akteure vor dem Kalifat Muʿāwiyas im Rahmen dieser Studie außerhalb des Greifbaren: Auf Basis der kinditischen Datenmenge lässt sich nicht feststellen, ob sie reine Projektion sind, oder ob historische zentral legitimierte Akteure im Zuge der Überlieferung unter den Vorzeichen der *gemeinsamen Durchdenkung* willkommene Bausteine für die narrative Umsetzung des für allgemeinverbindlich gehaltenen Dogmas der Zentralität frühislamischer Geschichte boten. Aus Sicht der Prosopographie Kindas ergibt sich jedoch, dass ein zentral-islamischer Erklärungsansatz allein die in den Quellen greifbaren narrativen Dynamiken der frühislamischen Geschichte schwerlich erklären kann.

---

152 Siehe 4.4.

153 Wellhausen *Reich*, S. 82-85.

154 Nessana III, S. 32, in direkter Abgrenzung zu Dennett *Conversion*, der in den vorhergehenden Absätzen ausführlich mit seiner Datierung einer zentralen Verwaltung unter ʿUmar zitiert wird.

5 Tribalität

Auf der dritten der anhand der Prosopographie Kindas zu untersuchenden Ebenen soll die Rolle von Tribalität in der frühislamischen Geschichte exemplarisch behandelt werden. Mit Tribalität sollen dabei Form und Funktion der gemeinsamen Stammeszugehörigkeit bezeichnet werden, die sich anhand der Prosopographie des Stammes Kinda systematisch untersuchen lässt. Die Fragestellung ist hierbei vorwiegend referenziell. Wenn gemäß der Ergebnisse der Untersuchungen auf den anderen beiden Ebenen dieser Arbeit nur sehr schwerlich zwischen narrativen Überprägungen und referenziellen „Berichten von Ereignissen" getrennt werden kann, ist es unter diesem Vorbehalt doch möglich, die verschiedenen Referenzen zu Kinda im Untersuchungszeitraum zusammenzusetzen. Dies ist der Gegenstand der folgenden Untersuchungen auf der Ebene der *Tribalität.*

Eine tribale Prägung der frühislamischen Gesellschaft ist in der bisherigen Forschung verschiedentlich festgestellt worden[1]. Eingangs sollen hierauf aufbauend vier grundsätzliche Fragen entwickelt werden, nach denen sich die Prosopographie Kindas systematisch auslesen lässt. Zusätzlich liegt zu zwei Themenkomplexen innerhalb der Prosopographie Kindas ausreichend geeignetes Material vor, um zwei weiterführende, mit Tribalität im weiteren Sinne verknüpfte Fragen zu diskutieren. Die Rolle tribaler Strukturen in den frühislamischen Garnisonsstädten soll am Beispiel der Kinditen in Kufa besprochen werden, bevor die Frage nach der Exklusivität des qurayšitischen Machtanspruchs im frühislamischen Staat anhand der herrscherlich-endzeitlichen Symbolik in der Schilderung der Familie von al-Ašʿaṯ b. Qays behandelt wird.

Das Fazit fasst Grenzen und Funktionen des Stammes zusammen und diskutiert Konsequenzen dieser am Beispiel der Prosopographie Kindas durchgeführten Untersuchung von Tribalität für die frühislamische Geschichte allgemein.

5.1 Forschungsstand und Fragestellung

In seinen „Early Islamic Conquests" beschreibt Donner die Tribalität der Araber wie folgt:

> Despite this great diversity in the economic basis and cultural patterning of Arabian life, there was a striking uniformity to Arabian social organization. For every-

1 Siehe beispielsweise Donner *Conquests* und al-Barrī *Qabāʾil*, außerdem Orthmann *Stamm und Macht.* Grundlegend ist nach wie vor Eickelmans ethnologische Arbeit, die dieser in Eickelman *Tribus* zusammenfasst.

> where, it appears, Arabian society on the eve of Islam was tribal. The individual in such a society saw himself as belonging to several interrelated groups that expressed membership in terms of real or supposed kinship in the paternal line. These groups provided the individual with varying degrees of support in social situations and were correspondingly the focus of the individual's feelings of solidarity.[2]

In dieser Beschreibung der Bedeutung von Tribalität in der frühislamischen Gesellschaft wird ein grundsätzliches Spannungsverhältnis zwischen eindeutiger Verwandtschaft väterlicherseits und variablem Anschluss an nicht genetisch verwandte Gruppen durch die Formulierung von politischen Bündnissen in verwandtschaftlicher Terminologie deutlich[3]. Während die tatsächliche Verwandtschaft ihrem Wesen nach dem Anspruch der Eindeutigkeit unterliegt, ist für ein in verwandtschaftlicher Terminologie formuliertes politisches Bündnis ein Changieren der Anbindung je nach politischer Lage zu erwarten. Anhand der systematisch ausgewählten Prosopographie Kindas lässt sich dieses Spannungsverhältnis genauer untersuchen, indem nach Varianz in der Zuordnung zu Kinda gefragt wird.

Dabei soll zunächst gefragt werden, für welche Einzelpersonen neben der Zugehörigkeit zu Kinda auch andere Stammeszugehörigkeiten vorgeschlagen werden, bevor untersucht wird, in welchem Maße Kinditen innerhalb von stammesübergreifenden Handlungseinheiten als Kinditen fassbar bleiben. In gleicher Weise wird daraufhin für Unterstämme, die teils zu Kinda gezählt werden, danach gefragt, welche alternativen Stammesanbindungen vorkommen und wie dieses Changieren im Einzelfall motiviert wird.

Die Funktionen des Stammeswesens in der frühislamischen Gesellschaft sind ebenfalls verschiedentlich diskutiert worden, wobei meist auf spätere theoretische Literatur zum Stammeswesen und einzelne Beispiele aus den arabischen Historikern zurückgegriffen wurde. Aufgrund der systematisch angelegten Prosopographie Kindas lassen sich diese Ansätze aus Sicht einer nachvollziehbar ausgewählten Stichprobe der frühislamischen Historiographie überprüfen. Die Prosopographie Kindas umfasst im Idealfall alles Material zu Kinda in den ausgewerteten Quellen und ist nicht aufgrund einer bestimmten Vorstellung von Tribalität ausgewählt worden. Damit eignet sie sich als Überprüfungsmaßstab für Ansätze, die bislang vorgeschlagen wurden.

Bei der Untersuchung von Funktionen der gemeinsamen Stammeszugehörigkeit soll generell von *handlungsrelevanten* Funktionen ausgegangen werden. Hierdurch wird Polemik zwischen Vertretern verschiedener Stämme ausgeklammert, stattdessen konzentriert sich die Untersuchung auf diejenigen Fälle, in denen die gemeinsame Kindizität einen direkten Einfluss auf

---

2 Donner *Conquests*, S. 20.

3 So auch Caskel *Ǧamharat an-Nasab* I, S. 31-35.

die Handlung der betreffenden Episode hat. Eine Historizität dieser Episoden ist damit allerdings nicht unbedingt gegeben, da, wie oben gezeigt[4], narrative Überformung teilweise auch die Realgeschichte überprägte. Obwohl sich also eventuell eine größere *Festigkeit* für direkt mit der Handlung verknüpfte Motive postulieren lässt, ist im Einzelfall nicht zu entscheiden, ob sich die konkrete Funktionalisierung der Tribalität tribalen Vorstellungen im Überlieferungsvorgang oder im Handlungszeitraum selbst verdankt.

Die Funktionen der gemeinsamen Stammeszugehörigkeit sollen dabei grob in Funktionen zwischen Einzelpersonen vom Stamm Kinda und solche zwischen kinditischen Gruppen geteilt werden. Durch diese Teilung lässt sich verschiedenen Ansätzen in der Sekundärliteratur gerecht werden. Insbesondere die Arbeiten Orthmanns[5] und al-Barrīs[6] zu Stämmen in frühislamischer Zeit lassen sich so in die Untersuchung von Tribalität innerhalb der Prosopographie Kindas einbeziehen.

Hieraus ergeben sich die folgenden vier Fragen, anhand derer am Beispiel Kindas die Rolle von Tribalität in der frühislamischen Geschichte untersucht werden soll:

1) Wie fix ist die Zuordnung zu Kinda für Einzelpersonen? Welche Stämme werden in Zweifelsfällen als Alternative zu Kinda genannt? Sind Kinditen in stammesübergreifenden Handlungseinheiten noch als Kinditen zu fassen, oder wird ihre Kindizität in der größeren Einheit sublimiert?

2) Wie fix ist die Zuordnung zu Kinda für „Unterstämme" Kindas? Wie wird der Ein- oder Ausschluss im Einzelfall motiviert?

3) Was sind die Funktionen von gemeinsamer Kindizität zwischen Einzelpersonen?

4) Was sind die Funktionen von gemeinsamer Kindizität zwischen Gruppen?

Durch die Untersuchung der Prosopographie Kindas auf diese Fragen hin lässt sich im Idealfall eine auf der beiläufigen Darstellung eines arabischen Stammes in der frühislamischen Historiographie insgesamt ruhende Typologie von Tribalität im Untersuchungszeitraum skizzieren.

An diese systematische Untersuchung von Tribalität schließen zwei Exkurse an, in denen jeweils zentrale Fragen für die Rolle von Stammeszugehörigkeiten während der frühislamischen Geschichte aus Sicht Kindas exemplarisch behandelt werden. Der erste Exkurs befasst sich mit dem Siedlungsmuster von Kinditen in Kufa. Hierbei sollen in einem ersten Schritt aus beiläufigen Schilderungen des Viertels Kindas in Kufa die Siedlungs-

4 Siehe 3.1.4.

5 Orthmann *Stamm und Macht*, S. 26-39.

6 Al-Barrī *Qabā'il*, S. 281-288.

muster von Kinditen in dieser frühislamischen Garnisonsstadt rekonstruiert und im Anschluss eine Einordnung der in diesem Viertel aufscheinenden Netzwerke von Personenbeziehungen versucht werden.

Im zweiten Exkurs wird die Ausschließlichkeit des Herrschaftsanspruchs im frühislamischen Staatswesen durch den Stamm Qurayš hinterfragt. Aufgrund der in ihrer überwältigenden Mehrheit qurayšitischen Herrschaftsprätendenten in frühislamischer wie späterer Zeit ist oft von einem exklusiven Anspruch Qurayšs auf das Kalifat gesprochen worden. Dagegen wird insbesondere in der Ikonographie Ibn al-Aš^caṯs während seines Aufstands gegen ʿAbdalmalik eine eigentümliche Verbindung von herrscherlicher und endzeitlicher Motivik deutlich. Diese herrschaftlich-endzeitliche Symbolik soll zunächst beschrieben werden, bevor versucht wird, die Konsequenzen des durch eine solche Bildsprache formulierten Herrschaftsanspruchs für frühislamische Herrschaftskonzeptionen allgemein abzuschätzen.

Im Fazit werden diese sechs Abschnitte zusammengeführt, wobei skizziert wird, wie Tribalität am Beispiel Kindas im Untersuchungszeitraum gefasst werden kann und welche Konsequenzen sich daraus für die Herausbildung der islamischen Staatlichkeit ziehen lassen.

5.2 Festigkeit der Zuordnung zu Kinda

5.2.1 Einzelpersonen und stammesübergreifende Gruppen

Zuerst soll die äußere Grenze Kindas untersucht werden, wobei das Verhältnis von Kinda und den gelegentlich als *Unterstämmen* bezeichneten aṣ-Ṣadif und Ḥaḍramawt dem folgenden Abschnitt vorbehalten bleibt. Trotz des an sich binären Auswahlkriteriums Kinda / nicht-Kinda begegnete bereits einige Male eine Grauzone von Kindizität. Hier setzt die folgende Untersuchung an und untersucht zunächst, welchen Stämmen gelegentlich als Kinditen bezeichnete Einzelpersonen alternativ zugeordnet werden.

Die teils zu Kinda gezählten Aufrührer gegen den Kalifen ʿUṯmān während der ersten Fitna, deren Stammeszugehörigkeit strittig ist, sind Sūdān b. Ḥumrān[7], Kināna b. Bišr[8] und ʿAbdarraḥmān b. ʿUdays[9]. Weiterhin wird

[7] Die Nennungen von Sūdān b. Ḥumrān mit *nisba* verteilen sich wie folgt: As-Sakūnī bei Sayf b. ʿUmar, S. 158, und bei Ṭabarī *Ta'rīḫ* II, S. 248 und 745; al-Murādī bei Balāḏurī *Ansāb* IV, S. 175, 184, 193 und 205, wobei bei Balāḏurī *Ansāb* IV, S. 184 und 193 angemerkt wird, man sage auch Saydān; Ibn Aʿṯam II, S. 203, 236, 238 und 246; Ibn Saʿd III, S. 47-48 und 54; Ṭabarī *Ta'rīḫ* II, S. 761 und 775. Zu Murād als Unterstamm von Maḏḥiǧ siehe Caskel *Ǧamharat an-Nasab* I, Tafel 258.
Kurios sind Saʿd b. Ḥumrān at-Tuǧībī bei Masʿūdī *Murūǧ* II, S. 380, der wohl eine Verschreibung aus Sūdān ist, und Sūdān b. Rūmān al-Aṣbaḥī bei Kindī *Wulāt*, S. 17, anstelle Sūdān b. Ḥumrāns. Laut Fußnote 5 bei Kindī *Wulāt*, S. 17, steht in den

auch der Mörder ʿAlīs, Ibn Mulǧam, teils zu Kinda gezählt[10]. Die narrative Funktion dieser Varianten wurde bereits diskutiert[11]. Unter Annahme aller

---

Ḫiṭaṭ al-Maqrīzīs Sūdān b. Rayyān al-Aṣbaḥī: Der Stelle wurde allerdings nicht weiter nachgegangen.

Bei Ṭabarī *Taʾrīḫ* II, S. 248, werden maximal sieben Anführer angekündigt, aber acht Namen gegeben, wobei neben Sūdān b. Ḥumrān as-Sakūnī auch ein gewisser Sawād b. Rūmān al-Aṣbaḥī erscheint, der wiederum nur hier genannt wird: Vielleicht kann man auch diesen *hapax legomenon* als Variante von Sūdān b. Ḥumrān erklären, der dementsprechend doppelt in der Liste vorkäme.

Zur *nisba* al-Aṣbaḥī für ihn ist Ṭabarī *Taʾrīḫ* II, S. 775, zu erwähnen, wo ein gewisser Nahrān al-Aṣbaḥī als Mörder ʿUṯmāns namhaft gemacht wird: Dieser kommt wiederum nur hier vor und die Geschichte läuft über einen Traditionarier aus dem Stamm Tuǧīb, den zu Ägypten öfters zitierten Ḥarmala b. ʿImrān (zu ihm siehe Guests Vorwort zu Kindī *Wulāt*, introduction S. 33): Vielleicht kann diese nicht-kinditische Affiliation eines Schurken kinditischer Apologetik zugerechnet werden.

Weiterhin ist vielleicht noch die Geschichte bei Ḫalīfa *Taʾrīḫ*, S. 103, mit der Verwirrung um den Namen Sūdan b. Ḥumrāns zu erklären: Demnach sei der der Mörder ʿUṯmāns ein Mann namens *ḥimār*, also Esel, gewesen, den man vielleicht ebenfalls als Variante zum Vaternamen Sūdāns fassen kann. An Varianten kommt weiterhin auch Sandān vor: Ibn Aʿṯam II, S. 263, Fußnote 5.

Durch die hier vorgeschlagenen Konjekturen lassen sich einige seltsame *hapax legomena* als einfache Textvarianten erklären. Wie viel davon epigraphischen Problemen geschuldet ist und wie sehr manche Traditionarier daran arbeiteten, Schufte aus Kinda auszulösen, wäre eventuell eine lohnende Fragestellung.

8 Al-Kindī bei Balāḏurī *Ansāb* IV, S. 205. As-Sakūnī bei Balāḏurī *Ansāb* I, S. 49; II, S. 219-220; IV, S. 173. At-Tuǧībī bei Balāḏurī *Ansāb* I, S. 49; II, S. 220; IV, S. 173-174, 177, 193 und 205; Ibn Aʿṯam II, S. 203, 211, 213; Kindī *Wulāt*, S. 17; Ṭabarī *Taʾrīḫ* II, S. 745 und 775; und III, S. 152. Dagegen an-Naḫaʿī bei Ibn Aʿṯam II, S. 236, und al-Layṯī bei Sayf b. ʿUmar, S. 158.

Vermutlich ist der im Umfeld der Ermordung ʿUṯmāns häufiger erwähnte at-Tuǧībī mit Kināna b. Bišr gleichzusetzen: Er kommt Sayf b. ʿUmar, S. 219-220, und Ṭabarī *Taʾrīḫ* II, S. 768 und 774, vor und geht wohl auf einige Verse zur Ermordung des Kalifen zurück, in denen ein gewisser *at-tuǧībī* erwähnt wird.

9 Als *at-tuǧībī* ist er nur bei Ṭabarī *Taʾrīḫ* II, S. 758, belegt. Dagegen wird er bei Balāḏurī *Ansāb* IV, S. 174-175 und 205; Ibn ʿAbdalḥakam, S. 133-134 und 337-338; Ibn Saʿd III, S. 47; Kindī *Wulāt*, S. 17; Masʿūdī *Murūǧ* II, S. 380; Sayf b. ʿUmar, S. 158; Ṭabarī *Taʾrīḫ* II, S. 745, 751, 761, 766-767 und 787, und Yaʿqūbī *Taʾrīḫ* II, S. 122, als *al-balawī* bezeichnet.

Eine Variante scheint ʿAlqama b. ʿUdays al-Balawī, Ibn Aʿṯam II, S. 203 und 211, zu sein: Bei Ibn Aʿṯam ist nur diese Form belegt, die wohl den sonst üblichen ʿAbdarraḥmān verdrängte.

10 Al-Murādī bei Balāḏurī *Ansāb* II, S. 265; Dīnawarī *Aḫbār*, S. 227; Ibn Aʿṯam II, S. 255; Ibn Saʿd III, S. 24; Ṭabarī *Taʾrīḫ* III, S. 193, und Yaʿqūbī *Taʾrīḫ* II, S. 147.

Min ḥimyar, Vorfahr flieht zu Murād bei Balāḏurī *Ansāb* II, S. 259. *Al-ḥimyarī wa-ʿidāduhū fī murād wa-huwa ḥalīf banī ǧabala min kinda* bei Balāḏurī *Ansāb* II, S. 260. *Al-Murādī wa-huwa min ḥimyar wa-ʿidāduhū fī murād wa-huwa ḥalīf banī ǧabala min kinda* bei Ibn Saʿd III, S. 25. *Min murād, ʿidāduhū fī kinda* Iṣfahānī *Maqātil*, S. 32, und Ṭabarī *Taʾrīḫ* III, S. 176. *Min Tuǧīb, ʿidāduhum fī murād* Masʿūdī *Murūǧ* II, S. 457. *Al-yaḥṣubī* [Stamm der Ḥimyar: Caskel *Ǧamharat an-Nasab* II, S. 589] *wa-ʿidāduhū fī murād* Masʿūdī *Tanbīh*, S. 257. *Ḥalīf* Sakūns bei Ṭabarī *Taʾrīḫ* II, S. 448.

11 Siehe 4.7.

vorgeschlagenen Konjekturen und bei Subsummierung der Unterstämme unter größere Einheiten schlüsseln sich diese Nennungen auf wie folgt[12]:

Name	Kinda	Ḥimyar	Maḏḥiǧ	Balī	al-Layṯ
Sūdān b. Ḥumrān	4 (18,2%)	4 (18,2%)	14 (63,6%)		
Kināna b. Bišr	19 (90,5%)		1 (4,8%)		1 (4,8%)
ʿAbdarraḥmān b. ʿUdays	1 (6,7%)			14 (93,3%)	
Ibn Mulǧam	6 (26,1%)	4 (17,4%)	13 (56,5%)		

Diese Varianz bewegt sich im Rahmen der südarabischen Stämme, die in Ägypten siedelten. Besonders häufig sind Verwechslungen von Maḏḥiǧ und Kinda, die auf eine Ähnlichkeit im Bild der beiden Stämme schließen lassen. Eine solche Ähnlichkeit von Maḏḥiǧ und Kinda erscheint auch in der folgenden Geschichte:

> Der Prophet Gottes [...] sah zwei Reiter und erklärte: Die gehören zu Kinda oder Maḏḥiǧ! Als sie aber herankamen, waren sie zwei Männer von Maḏḥiǧ.[13]

Die Geschichten von den vorislamischen Kämpfen Kindas mit Maḏḥiǧ wurden bereits innerhalb der Diskussion des Verhältnisses von Kinda und anderen Stämmen behandelt[14]. Eventuell lässt sich diese althergebrachte Feindschaft als gemeinsame Geschichte lesen, die zur „Nähe" zwischen beiden Stämmen beitrug.

Der andere größere Themenkomplex, in dem Streit um die kinditische Zugehörigkeit handelnder Personen begegnet, ist der der vorislamischen kinditischstämmigen *ḥalīfen*, Klienten, im vorislamischen Mekka. Unter ihnen werden für die Banū l-Ḥaḍramī[15], die Banū Ḥasana[16] und al-Miqdād b. ʿAmr

---

12 Bei Zugehörigkeit einer Person zu verschiedenen Stämmen gleichzeitig per *ʿidād*, *ḥalīf* usw. wird jeder so genannten Stamm voll mitgezählt und auf eine Nachkommastelle gerundet.

13 Ibn ʿAbdalḥakam, S. 327.

14 Siehe 3.2.5.

15 Die vorgeschlagenen Stammeszugehörigkeiten der Banū l-Ḥaḍramī verteilen sich wie folgt, wobei aṣ-Ṣadif (bzw. Ṣadf bei Ḫalīfa *Ṭabaqāt*, S. 133) jeweils als Teil Kindas eingeordnet wird: Aṣ-Ṣadif bei Ḫalīfa *Ṭabaqāt*, S. 42 und 133; Hamdānī *Iklīl* II, S. 54, und Ibn Hišām, S. 176 und 413, und *min ḥaḍramawt mina l-yaman* bei Ibn Saʿd IV, S. 266.

16 Der Vater Šuraḥbīl b. Ḥasanas wird wie folgt einsortiert: Al-Kindī bei Balāḏurī *Ansāb* I, S. 182-183; und VII, S. 411; Balāḏurī *Futūḥ*, S. 144; Ḫalīfa *Ṭabaqāt*, S. 48; Ibn Saʿd VII, S. 276; und VIII, S. 224; Kindī *Wulāt*, S. 327; Masʿūdī *Tanbīh*, S. 246, und Ṭabarī *Taʾrīḫ* II, S. 399; auf den Stammvater Tamīms bei Balāḏurī *Ansāb* I, S. 183 (im Text unter Be-

/ al-Aswad[17] verschiedene Abstammungen gegeben. Wiederum werden die verschiedenen vorgeschlagenen Abstammungen tabellarisch skizziert:

Familien-stamm	Kinda	Ḥimyar	Azd	Maḏḥiǧ	Bahra	Tamīm	abess. Sklave
Banū l-Ḥaḍramī	5 (83,3%)	1 (16,7%)					
Banū Ḥasana	9 (52,9%)	2 (11,8%)	1 (5,9%)	1 (5,9%)		4 (23,6%)	
al-Miqdād	5 (50%)				4 (40%)		1 (10%)

Mit Ausnahme der vorgeschlagenen Abstammung Šuraḥbīl b. Ḥasanas von Tamīm und der isolierten Bemerkung, nach der al-Miqdād ein abessinischer Sklave gewesen sei, der dementsprechend keinem arabischen Stamm zugeordnet ist, bewegt sich die Varianz wiederum innerhalb der Südaraber.

Als Einzelperson wird Mālik b. Hubayra gelegentlich verschiedenen Stämmen zugerechnet. Er wird bei Ḫalīfa b. Ḫayyāṭ als Kommandant von Raubzügen nach Anatolien stets als al-Fazārī bezeichnet[18]. Die einmalige Bezeichnung als al-Yaškurī bei al-Masʿūdī lässt sich dagegen vielleicht als einfache Verschreibung von as-Sakūnī lesen[19]. Daneben wird Abū l-ʿAmarraṭa ʿUmayr b. Yazīd, ein Gefährte Ḥuǧr b. ʿAdīs, im Kitāb al-Aġānī al-Iṣfahānīs als Kalbit bezeichnet, während er sonst immer als Kindit gilt[20], im

rufung auf al-Kalbī auf Murra b. Udd b. Ṭābiḫa zurückgeführt: Zu diesem als Stammvater Tamīms siehe Caskel *Ǧamharat an-Nasab* I, Tafel 59) und Balāḏurī *Ansāb* VII, S. 411 (hier unter Berufung auf Ibn al-Kalbī); Balāḏurī *Futūḥ*, S. 144, und Kindī *Wulāt*, S. 327; *min ḥimyar* Balāḏurī *Ansāb* I, S. 183 und VII, S. 411; *mina l-azd* bei Ṭabarī *Taʾrīḫ* II, S. 399; *min maḏḥiǧ* bei Kindī *Wulāt*, S. 327.

Siehe auch al-Barrī *Qabāʾil*, S. 271-272, der die Banū Šuraḥbīl in einem eigenen Kapitel unter *al-qabāʾil al-maǧhūla*, den unbekannten Stämmen, einsortiert.

17 Al-Miqdād wird wie folgt verortet, wobei die Namensform al-Miqdām als Variante eingeschlossen wird: *Al-Kindī* bei Ḫalīfa *Ṭabaqāt*, S. 132; Ibn Saʿd VII, S. 290-291; Iṣfahānī *Aġānī* XV, S. 182, und Ṭabarī *Taʾrīḫ* II, S. 73 und 125; al-Bahrānī bei Ḫalīfa *Ṭabaqāt*, S. 47; Ibn Saʿd III, S. 119, und Ṭabarī *Taʾrīḫ* I, S. 523; und II, S. 13; als abessinischer Sklave bei Ḫalīfa *Ṭabaqāt*, S. 47.

18 Ḫalīfa *Taʾrīḫ*, S. 127-128 und 143.

19 Masʿūdī *Murūǧ* III, S. 104.

20 Al-Kalbī bei Iṣfahānī *Aġānī* XVII, S. 141; al-Kindī bei Balāḏurī *Ansāb* III, S. 427-428 und 441, und Ṭabarī *Taʾrīḫ* III, S. 242-244.

Zuvor liest man aus Anlass der Schlacht von Ṣiffīn von ihm, wo er sich zum Zweikampf gegen einen gewissen Qays b. Yazīd al-Kindī bereit macht, der zur Zeit Ḥuǧrs bei Balāḏurī *Ansāb* III, S. 428, und Ṭabarī *Taʾrīḫ* III, S. 245-246, als sein Bruder bezeichnet wird. Allerdings lautet sein Name bei einer der Schilderungen dieses Zweikampfs Qays b. ʿAmr b. ʿUmayr b. Yazīd al-Kindī, siehe Naṣr b. Muzāḥim, S. 286, vom Herausgeber laut Fußnote gemäß aṭ-Ṭabarī emendiert. Eine Parallelstelle steht

Gegenzug ist aḍ-Ḍaḥḥāk b. Qays bei al-Balāḏurī einmalig als Kindit benannt, während er sonst immer als al-Fihrī beschrieben wird[21]. Der Kilābit az-Zufar b. al-Ḥāriṯ, der einmalig in polemischem Kontext als Kindit benannt ist, wurde bereits erwähnt[22]. Schließlich ist sich Ibn Saʿd nicht sicher, ob der syrische Tradent Salama b. Nufayl Ḥaḍramī oder Sakūnī gewesen sei[23].

Nach dieser Zusammenstellung von Stämmen, denen Personen alternativ zu Kinda zugewiesen werden, sollen nun Handlungseinheiten untersucht werden, die Kinditen und Angehörige anderer Stämme umfassen. Die Herrschaft von Kinditen über Angehörige anderer Gruppen wurde bereits untersucht[24]. Die aus Kinda und anderen Stämmen zusammengesetzten Heeresabteilungen bieten ein grundsätzliches Problem, das im Folgenden besprochen wird[25]. Insgesamt werden nur für Kufa nähere Informationen überliefert, mit welchen Stämmen kinditische Truppen zu größeren Heeresabteilungen zusammengefasst wurden. Dabei wird Kinda meist mit Rabīʿa zusammengefasst[26], gelegentlich werden auch Maḏḥiǧ und Asad[27] eingeschlossen. Daneben kommandierte der Kindit Ḥuǧr b. ʿAdī bei Ṣiffīn eine kinditenfreie Abteilung, die aus Maḏḥiǧ und Ašʿar besteht[28]. Gemäß der für die Zeit der Eroberungen aufgestellten Typologie verschieden legitimierter kinditischer Feldherren[29] streicht dieses nicht durch tribale Nähe motivierte Kommando die Nähe Ḥuǧrs zur ʿalīdisch gedachten Zentrale heraus. Als Bezeichnung dieser übertribalen Heereseinheiten wird dabei in allen Fällen die Aufzählung der Namen aller beteiligten Kontingente verwendet: Ein eigener Name der neuen Großeinheiten bildet sich dagegen nicht heraus.

Ṭabarī *Taʾrīḫ* III, S. 106, wo jedoch keine Stammeszugehörigkeit gegeben wird. Hier wird er wie sonst auch als Abu l-ʿAmarraṭa b. Yazīd bezeichnet.

21 Balāḏurī *Ansāb* III, S. 447.

22 Siehe oben die Besprechung des Verhältnisses zwischen Kinda und anderen Stämmen außer Qurayš 3.2.5.

23 Ibn Saʿd VII, S. 298.

24 Siehe die Diskussion des Verhältnisses zwischen Kinda und anderen Stämmen außer Qurayš 3.2.5.

25 Siehe hierzu die Diskussion der Funktionen von Kindizität zwischen Gruppen 5.1.3.2.

26 Beispielsweise die bei der Diskussion des Verhältnisses zwischen Kinda und anderen Stämmen außer Qurayš vorgestellte Episode im Aufmarsch zur Schlacht von Ṣiffīn bei Naṣr b. Muzāḥim, S. 137-139, wo es um die Absetzung al-Ašʿaṯs vom Kommando über die gemeinsame Heereseinheit von Kinda und Rabīʿa geht, ʿUbaydallāh b. ʿAmr b. ʿAzīr (?) bei Abū Miḫnaf *Ḥusayn*, S. 67, als Kommandant der Heereseinheit von Kinda und Rabīʿa auf Seiten des putschenden Boten al-Ḥusayns, Muslim b. ʿAqīl, in Kufa und al-Aswad b. Ǧarad al-Kindī, der dasselbe Amt zur Zeit al-Muḫtārs bekleidete: Abū Miḫnaf *al-Muḫtār*, S. 119.

27 Beispielsweise Ṭabarī *Taʾrīḫ* III, S. 626, wo die gesamte Einheit von Ḫālid b. Nahīk b. Qays al-Kindī befehligt wird. Zu Letzterem siehe Caskel *Ǧamharat an-Nasab* II, S. 342.

28 Ṭabarī *Taʾrīḫ* III, S. 42.

29 Siehe oben die Diskussion der Legitimation von Heerführern während der Eroberungen 4.4.

Dass die Südaraber der *yamaniyya* als genealogisch fundiert handelnde Großgruppe in ihrer Gesamtheit kaum entscheidend auf die Ereignisse einwirkten, hat Orthmann für etwas spätere Zeiten gezeigt[30]. So begegnet die *yamaniyya* auch im Kontext Kindas meist nur als Klassifikationskriterium, wenn beispielsweise von Ukaydir von Dūmat al-Ǧandal gesagt wird, er sei *min ahli l-yaman*, gehöre also zu der *yamaniyya*[31]. Daneben schien im Kontext der Geschichte der Absetzung al-Ašʿaṯs vom Kommando der gemeinsamen Heereseinheit von Kinda und Rabīʿa vor der Schlacht von Ṣiffīn der Groll der *yamaniyya* auf, die die Absetzung al-Ašʿaṯs als Zurücksetzung ihrer gesamten Fraktion sah[32]. Wie gezeigt ist das Geschehen nicht handlungsrelevant und eventuell als spätere Projektion zu erklären[33]. In ähnlicher Weise treten gelegentlich Kinditen auch anderswo als Führer der *yamaniyya* auf[34]. In handlungsrelevanter Weise greifbar wird dieser Einfluss jedoch selten. Die eigenartige Nähe der Familie al-Ašʿaṯs zu den verschiedenen Stämmen angehörenden *qurrāʾ* bzw. Ḫāriǧiten im Irak wurde bereits besprochen[35], auf die Fälle von stammesübergreifender Fürbitte unter Einschluss von Kinditen wird noch einzugehen sein[36].

Zusammenfassend lässt sich sagen, dass es zwar gelegentlich stammesübergreifende Handlungseinheiten unter Einschluss von Kinditen gibt, innerhalb derer Kinda jedoch klar von anderen geschieden bleibt. Die Grenzen Kindas verschwimmen vor allem bei der Einordnung der ägyptischen Aufrührer während der ersten *fitna* und bei den vorislamischen *ḥalīfen* in Mekka, ansonsten ist die Grenze Kindas nach außen meist eindeutig definiert.

30 Orthmann, *Stamm und Macht*, S. 287-292.

31 Ḫalīfa *Taʾrīḫ*, S. 44-45.

32 Naṣr b. Muzāḥim, S. 137-140, übersetzt zu Beginn der Diskussion des Verhältnisses von Kinda und anderen Stämmen außer Qurayš 3.2.5.

33 Orthmann *Stamm und Macht*, S. 415, spricht hierbei von einer *Eigenwahrnehmung* der Stämme, die ihre Darstellung in den Quellen nachhaltig beeinflusste und ein stereotypes Bild der Stämme zeichnete.

34 Al-Ašʿaṯ bei der Diskussion um den Vertreter ʿAlīs am Schiedsgericht, siehe oben die Diskussion des Verhältnisses von Kinda und Qurayš 3.2.6, außerdem als Anführer der *ahl al-yaman*, Südaraber, auf Seiten ʿAlīs bei Ṣiffīn, Ḫalīfa *Taʾrīḫ*, S. 116-117. Ein gewisser ʿAbdallāh b. al-Ḥāriṯ as-Sakūnī *min kinda* fordert Muʿāwiya auf, südarabische Befehlshaber zu ernennen: Ibn Aʿṯam III, S. 146, und Naṣr b. Muzāḥim, S. 424-425. Erzählt wird die Geschichte, weil die Iraker stolz erklären, sie hätten mehr Respekt vor ihrem Kalifen und würden daher an solch unverschämte Forderungen nicht einmal denken. Schließlich begegnet Ḥuṣayn b. Numayr bei Iṣfahānī *Aġānī* XVIII, S. 283-284, als Statthalter in Ḥimṣ und Anführer der *yamaniyya* gegen Yazīd b. Muʿāwiya.

35 Siehe oben die Diskussion der islamischen Mobilisierung der frühislamischen Parteien 4.8.

36 Siehe unten die Diskussion der Funktionen von gemeinsamer Stammeszugehörigkeit unter Einzelpersonen 5.3.1.

Wie eingangs gezeigt, besteht ein Spannungsverhältnis zwischen der eindeutigen patrilinearen Sprache der Stammeszugehörigkeit und der Formulierung von politischen Bündnissen in ebendieser Sprache der Stammesgemeinschaft. Greifbar wird dieses Spannungsverhältnis innerhalb der Prosopographie Kindas vor allem bei der Frage nach der Einordnung größerer Gruppen, die in der Folge Caskels als *Unterstämme* bezeichnet werden sollen[37].

Dabei lassen sich zwei Gruppen unterscheiden: Innerhalb der im folgenden Abschnitt dargestellten Funktionen von Tribalität wird *Kindizität* für aṣ-Ṣadif und einige Ḥaḍramīs gelegentlich als Ordnungs- und Mobilisierungskriterium verwendet, während die übrigen Funktionen nur für Kinditen im engeren Sinn belegt sind[38].

Bei der Untersuchung von Ein- und Ausschlusskriterien für eventuell kinditische Untergruppen soll mit der aus Ḥaḍramawt stammenden Stammeseinheit aṣ-Ṣadif begonnen werden.

> Hišām b. al-Kalbī sagt: Murtaʿ[39] b. Muʿāwiya b. Ṯawr (Ṯawr ist Kindī, auf den sich Kinda zurückführt) heiratete eine Frau von Ḥaḍramawt. Ihr Vater stellte aber die Bedingung, dass er keine Frau neben ihr heirate und sie nur im Haus ihrer Familie gebäre. An diese Bedingung hielt sich [Murtaʿ] jedoch nicht. Da wandten sie sich an al-Afʿā b. Ḥuṣayn al-Ǧurhumī [...], dass er zwischen ihnen richte, denn die Araber pflegten ihn zum Richter über sich zu setzen. Als sie vor ihm die Bedingung wiederholten, die sie gestellt hatten, sagte al-Afʿā: Die Bedingung überträgt Besitzrecht! (Er war aber der erste, der das sagte.) So nahmen die Ḥaḍramīs die Frau und ihren Sohn Mālik von Murtaʿ. Murtaʿ aber sagte: Mālik ist mein Sohn, der sich von mir abgewandt hat (*ṣadafa ʿanī*). Daher wurde er aṣ-Ṣadif genannt. Die Nachkommen Mālik aṣ-Ṣadif b. Murtaʿs im Land Ḥaḍramawt zählen sich zu Kinda, in Kūfa aber führen sie sich auf Ḥaḍramawt zurück.[40]

Diese Geschichte erklärt, wie aṣ-Ṣadif manchmal zu Kinda, manchmal zu Ḥaḍramawt gehören kann. Der Streit, zu welchem der beiden Oberstämme aṣ-Ṣadif gehöre, wird historisch eingeordnet und szenisch umgesetzt, bis er

---

37 Caskel *Ǧamharat an-Nasab*, beispielsweise II, S. 52, für den kinditischen Unterstamm Tuǧīb.

38 Diese Kinditen im engeren Sinn decken sich mit dem von Ibn al-Kalbī aufgestellten Stammbaum, siehe Caskel *Ǧamharat an-Nasab* I, Tafel 233. Diese Übereinstimmung ist sicherlich nicht zufällig: Entweder zeigt sich in der Übereinstimmung von Theorie und Geschichten die tiefgreifende Wirkung der von Ibn al-Kalbī und seinem Umfeld aufgestellten Genealogie, die dort aussortierte Unterstämme im Überlieferungsprozess aus den Geschichten von Kinditen ausschied, oder Ibn al-Kalbīs Genealogie spiegelt den herrschenden Konsensus seines Milieus wieder, das aṣ-Ṣadif und Ḥaḍramawt nicht kinditisch fasste.

39 So vokalisiert Balāḏurī *Ansāb* I, S. 23, dagegen ʿAmr (Murattiʿ) bei Caskel *Ǧamharat an-Nasab* I, Tafel 233.

40 Balāḏurī *Ansāb* I, S. 23.

in eine allgemeine Rechtsmaxime mündet. Interessanterweise lässt sich aṣ-Ṣadif als *ḥimyaritischer* Unterstamm in den altsüdarabischen Inschriften bereits vor der Ankunft von Arabern im Jemen nachweisen[41].

Zum Namen aṣ-Ṣadif begegnet daneben auch eine Variante, die ihn mit dem Kontext der islamischen Heilsgeschichte verbindet:

> [Die Delegation aṣ-Ṣadifs kommt zu Muḥammad.] Da begegneten sie *(ṣādafū)* Muḥammad [...] auf dem Weg zwischen Haus und Kanzel[42].

Es scheint, als habe man zum Mindesten überlegt, den Namen aṣ-Ṣadifs auf diese Episode zu beziehen: Allerdings wird nicht explizit gesagt, dass der Name aus dieser Begebenheit herrühre[43].

Die Stammeseinheit aṣ-Ṣadif wird in den hier untersuchten Quellen verschieden eingeordnet[44], tabellarisch aufgeschlüsselt ergibt sich das folgende Bild:

Kindī und Ḥaḍramī (Vater und Mutter)	Sakūn	Ḥaḍramawt b. Kinda	Ḥaḍramawt
3 (30%)	1 (10%)	3 (30%)	3 (30%)

In der obigen Tabelle findet sich anlässlich der Abstammung aṣ-Ṣadifs von Ḥaḍramawt b. Kinda die Ansicht, dass Ḥaḍramawt insgesamt zu Kinda gehört habe[45]. Diese Nähe zwischen Ḥaḍramawt und Kinda begegnet auch sonst, so bei den *Harlots of Kinda*[46], dem gemeinsamen Viertel in Kūfa[47]

---

41 Persönliche Kommunikation Herrn Robins, Berlin X. 2013.

42 Ibn Saᶜd I, S. 248.

43 Dieses Etymologisieren zu Stammesnamen wurde zu Beginn des Abschnitts zur Bosheit der Kinditen besprochen, siehe 3.2.8. Siehe zum Verhältnis von aṣ-Ṣadif und Kinda auch al-Barrī *Qabāʾil*, S. 248-249.

44 Die Variante, nach der aṣ-Ṣadif väterlicherseits Kindit, mütterlicherseits Ḥaḍramī sei, wurde oben übersetzt, neben der übersetzten Passage bei Balāḏurī *Ansāb* I, S. 23, steht diese Version auch bei Balāḏurī *Futūḥ*, S. 138-139, und Hamdānī *Iklīl* II, S. 42-44.
Aṣ-ṣadif mina s-sakūn steht bei Ibn Hišām, S. 176 und 413.
Ḫazraǧ [!] b. Ṣadf [so vokalisiert] b. Ḥaḍramawt b. Kinda bei Ḫalīfa *Ṭabaqāt*, S. 133, außerdem Hamdānī *Iklīl* II, S. 54; Ḫazraǧ b. aṣ-Ṣadif b. Ḥaḍramawt *min kinda* bei Ḫalīfa *Ṭabaqāt*, S. 42. Zu einem Bündnis, *ḥilf*, zwischen den medinensischen Ḫazraǧ und Kinda in Kufa siehe Massignon *Kufa*, S. 39.
Min ḥaḍramawt mina l-yaman bei Ibn Saᶜd IV, S. 266; über Ḥaḍramawt zu Ḥimyar bei Hamdānī *Iklīl* II, S. 42, und Yaᶜqūbī *Taʾrīḫ* I, S. 174.

45 Eine diplomatische Formulierung des Problems begegnet bei Ṭabarī *Taʾrīḫ* III, S. 244, wo Ḥaḍramawt wie Kinda nicht gegen den kinditischen Rebellen Ḥuǧr b. ᶜAdī gesandt wird *li-makānihim min kinda wa-ḏālika anna daᶜwata ḥaḍramawt maᶜa kinda fa-karihū l-ḫurūǧa fī ṭalabi ḥuǧr*, „Wegen ihrer Stellung innerhalb Kindas. Der Ruf [die Heereseinteilung?] Ḥaḍramawts war nämlich mit Kinda und so wollten sie nicht an der Verfolgung Ḥuǧrs teilnehmen." Eine verkürzte Parallelstelle steht bei Iṣfahānī *Aġānī* XVII, S. 143.

46 Ibn Ḥabīb *Muḥabbar*, S. 184-189, und Lecker *Judaism*, S. 646-649.

und bei der Eroberung Ägyptens, bei der die wenigen Angehörigen Ḥaḍramawts zu ihren Onkeln (*aḫwāl*) vom kinditischen Unterstamm Tuǧīb gerechnet worden seien[48].

Das Problem mit Ḥaḍramawt rührt daher, dass der Name sowohl einen Stamm, als auch eine Landschaft in Südarabien bezeichnet[49]. In islamischer Zeit wurde die Region von Kinda dominiert. So steht beispielsweise in Yāqūts geographischem Wörterbuch unter dem Lemma *ḥaḍramawt* eine im Wesentlichen al-Balāḏurīs Futūḥ al-Buldān folgende[50] Darstellung der *ridda* Kindas, andere Stämme werden bestenfalls am Rande erwähnt[51]. Der Ahnherr einer meist Kinda zugerechneten[52] Familie südarabischer Ḥalīfen in Mekka trug dort schlicht den Beinamen *al-ḥaḍramī*, der aus Ḥaḍramawt. Um diesen geographischen Beinamen ihres Ahnherrn von der *nisba* des Stammes Ḥaḍramawt abzugrenzen, werden seine Nachkommen als *banū l-ḥaḍramī* bezeichnet: Wo sonst der letzte genannte Stammvater mit Namen und *nisba* bezeichnet wird, steht bei ihnen die geographische *nisba* als *laqab*, Beiname. Damit lassen sich die Mitglieder dieser Familie in den Quellen klar von Ḥaḍramawt als Stamm trennen. Sie sind in die vorliegende Untersuchung mit einbezogen worden.

Bei Ḥaḍramawt als Stamm wurde dagegen eine Grenze gezogen, der Stamm Ḥaḍramawt als solcher wurde nicht in Gänze in die Untersuchung eingeschlossen. Auch Ibn al-Kalbī zählt Ḥaḍramawt (ʿAmr b. Qays b. Muʿāwiya) nicht zu Kinda, sondern zu Ḥimyar[53].

Weiterhin lassen sich die großen Unterstämme Sakūn und Sakāsik, Tuǧīb als Unterstamm Sakūns und die „königlichen" Kinditen[54] teils als eigenständig handelnde Stammeseinheiten greifen. So treten Sakūn[55] und Sakāsik[56]

---

47 Siehe die Diskussion des Siedlungsmusters Kindas in Kufa 5.4.1.

48 Ibn ʿAbdalḥakam, S. 150.

49 Laut Caskel *Ǧamharat an-Nasab* II, S. 66, ist diese Namensgleichheit von Stamm und Landschaft typisch für das alte Südarabien.

50 Siehe Heer *Quellen*, S. 45-47, zu der Yāqūt vorliegenden Version von al-Balāḏurīs *Kitāb Futūḥ al-Buldān*.

51 Yāqūt *Muʿǧam* III / IV, S. 157.

52 Siehe die tabellarische Übersicht zur Verortung der Familien der vorislamischen kinditischen Ḥalīfen in Mekka im vorigen Abschnitt 5.2.1.

53 Caskel *Ǧamharat an-Nasab* I, Tafel 274.

54 Siehe zu *kindat al-mulūk*, königlichen Kinditen, als Oberbegriff Lecker *Kinda*. In der Diskussion der Prosopographie Kindas wird generell eher den führenden Familien innerhalb *kindat al-mulūk* gefolgt, da sie häufiger als handlungsrelevant greifbar sind, als die Übergruppe.

55 Balāḏurī *Futūḥ*, S. 137; Ibn Aʿṯam I, S. 65-66, 70 und 76, entsprechend Wāqidī *Ridda*, S. 278 und 290, und Ṭabarī *Taʾrīḫ* II, S. 355-356.

56 Ibn Aʿṯam I, S. 65-66 und 70, entsprechend Wāqidī *Ridda*, S. 278 und 290. Bei Ṭabarī *Taʾrīḫ* II, S. 355-356, tritt Sakāsik nicht ganz so entschieden auf die Seite der Muslime, sondern unterstützt teils al-Ašʿaṯ in seiner Revolte.

während der *ridda* auf die Seite der Muslime und auch bei der Vorstellung der geographischen Verteilung kinditischer Gruppen nach den Eroberungen waren sie als eigenständig siedelnde Verbände greifbar geworden[57]. Zu Sakāsik begegnet einmalig sogar eine Einordnung, die sie aus Kinda ausgliedert und zum Teil des Großstammes Azd macht[58].

Die letzte interne Trennlinie innerhalb Kindas betrifft nichtarabische Klienten, *mawālī*, besonders nach den Eroberungen. Als handlungsrelevante Gruppe lassen sie sich jedoch aufgrund der Prosopographie Kindas nicht fassen. Es kommen zwar gelegentlich einzelne *mawālī* Kindas oder bestimmter Kinditen vor, doch agieren sie nie als handlungsrelevante Gruppe. Daher werden sie in dieser Arbeit *en passant* mitbesprochen.

Insgesamt erscheint Kinda aus der Perspektive seiner möglichen Unterstämme als ein übergeordnetes Konstrukt, dem die Untereinheiten je nach Kontext zugeordnet werden. Dabei werden eigenständige Abteilungen wie Sakūn und Sakāsik fast durchweg als Kinditen gefasst, während insbesondere der Unterstamm aṣ-Ṣadif je nach narrativem Zusammenhang kinditisch oder ḥaḍramitisch eingeordnet wird. Dieses Changieren der Zuordnung aṣ-Ṣadifs wird mit Geschichten motiviert, nach denen der Stammvater aṣ-Ṣadifs der in der mütterlichen Verwandtschaft aufgewachsene Sohn des Ahnherrn Kindas gewesen sei. Hiermit wird das Changieren von politischer Zuordnung in verwandtschaftlicher Sprache abgebildet und das eingangs skizzierte Spannungsverhältnis zwischen Abstammung und Bündnis in der Narratio aufgehoben.

5.3 Funktionen von Kindizität

5.3.1 Kindizität als handlungsrelevantes Kriterium zwischen Einzelpersonen

Es wurde bereits diskutiert, wie allgemeine Vorstellungen von kinditischen Charakterzügen im Überlieferungsprozess auf das Material einwirkten[59]. Während dort die Kindizität der handelnden Personen vor allem die Ausmalung der Berichte beeinflusste, werden nun die geschilderten Handlungen untersucht: In welcher Weise wird Kinditentum als handlungsrelevant dargestellt? Dabei sollen zwei Klassen von Funktionen unterschieden werden: Die erste Kategorie lässt die gemeinsame Stammeszugehörigkeit im direkten Zusammentreffen einzelner kinditischer Individuen handlungsrelevant werden, während die zweite Kategorie auf die Gruppen behandelnde Vorstellung einer tribalen Organisation der frühislamischen Verwaltung aufbaut. Zuerst wird

---

57 Siehe 2.3.2.

58 Ibn Aʿṯam I, S. 249, in einer Fußnote des Herausgebers.

59 Siehe 3.2.

untersucht, wo Individuen auf Ebene Kindas kooperieren, wobei Fälle von Kooperation im engeren Familienkreis nicht berücksichtigt werden.

Die erste Funktion ist die der Fürbitte, die von Verwandten auf der Ebene Kindas eingelegt wird. Wie bereits bei der Diskussion des Verhältnisses zwischen Kinda und Qurayš erwähnt, bekam eine Tochter al-Ašʿaṯs nach der Schlacht an der Ḥarra ihr Vermögen zurück, weil sie mit den Kinditen im syrischen Heer verwandt war[60]. Bei demselben Anlass wurde der ebenfalls auf der Verliererseite stehende Stammvater der späteren ʿabbāsidischen Kalifen, ʿAlī b. ʿAbdallāh b. al-ʿAbbās, von seinen Onkeln von Kinda, *aḫwāluhū min kinda*,[61] im siegreichen umayyadischen Heer in Schutz genommen:

> Dann brachte man ʿAlī b. ʿAbdallāh b. al-ʿAbbās. Als er aber ankam, erhoben sich die Stämme Kindas (*qabāʾil kinda*) von allen Seiten und riefen: He, General, der, der da zu Dir kommt, ist einer von uns und zählt zu uns! ʿAbdallāh b. al-ʿAbbās kam nämlich auf Brautwerbung zu uns und so gaben wir ihm eine unserer Nichten namens Zurʿa bt. Mišraḥ zur Frau, die ihm Kinder schenkte. Dieser Junge ist also unser Neffe, lass ihn frei! Da antwortete der General: Ihr Kinditen überschreitet Eure Befugnisse! Sie erwiderten: Nein, wir überschreiten unsere Befugnisse nicht, wir lassen Dich nur unseren Neffen nicht töten![62]

Wohl in der Hoffnung auf ähnliche Fürsprache hatte sich nach dem gescheiterten Aufstand von Ibn al-Ašʿaṯ sein Vetter ʿAbdallāh b. Isḥāq b. al-Ašʿaṯ zu seinem Vetter und Statthalter Ägyptens, ʿAbdalʿazīz b. Marwān, auf den Weg gemacht. Allerdings wurde er unterwegs erkannt, gefangen genommen und schließlich hingerichtet[63]. Beide Fürbitten laufen über weibliche Verwandtschaft, die Mutter im Fall ʿAlī b. ʿAbdallāh b. al-ʿAbbās und eine Tante im Fall von ʿAbdallāh b. Isḥāq b. al-Ašʿaṯ. Weiterhin liest man im Kontext der Schlacht der Büßer, *tawwābūn*, gegen die Syrer bei ʿAyn al-Warda die folgende Geschichte:

> [Die Niederlage in der Schlacht ist absehbar.] Da trat ʿAbdallāh b. ʿAzīz al-Kindī mit seinem kleinen Sohn Muḥammad vor und rief: He Ihr Syrer, ist einer von Euch von Kinda? Da traten einige Männer vor und sprachen: Ja, wir. Er antwortete: Nehmt Euren Bruder hier und sendet ihn zu Euren Stammesgenossen (*ilā qawmikum*) in Kufa, ich bin ʿAbdallāh b. ʿAzīz al-Kindī. Da riefen sie: Du bist unser Vetter (*ibn ʿamminā*), wir geben Dir freies Geleit! [Er lehnt ab und fällt mit seinen Genossen in der Schlacht.][64]

Der letzte große Fall, in dem die Fürbitte von in diesem Fall väterlicherseits verwandten Kinditen begegnet, steht im Kontext der gescheiterten Revolte

---

60 Dīnawarī *Aḫbār*, S. 277, siehe 3.2.6.

61 Masʿūdī *Murūǧ* III, S. 86.

62 Ibn Aʿṯam V, S. 299. Parallelstellen stehen bei Balāḏurī *Ansāb* IV, S. 10, Masʿūdī *Murūǧ* III, S. 86, und Masʿūdī *Tanbīh*, S. 264.

63 Balāḏurī *Ansāb* V, S. 110 und 121-122.

64 Ṭabarī *Taʾrīḫ* III, S. 459.

Ḥuǧr b. ʿAdī in Kufa. Nachdem er kapituliert hatte und zum Kalifen Muʿāwiya nach Syrien geschickt worden war, wurde er von diesem zum Tode verurteilt. Nach dem harten Urteil begannen verschiedene syrische Notable, für ihre Verwandten zu bitten, wobei auch der Kindit al-Arqam b. ʿAbdallāh erfolgreich freigebeten wurde[65].

> Danach bat [der syrische Kindit und General des Kalifen Muʿāwiya] Mālik b. Hubayra as-Sakūnī erfolglos für Ḥuǧr. Muʿāwiya erklärte nämlich: Das ist der Anführer, der Entzündungsherd und die Faulstelle der Garnison[66]. Wenn ich ihn heute auf Deine Fürsprache freilasse, müsst Ihr morgen wieder Krieg gegen ihn führen! Da rief [Mālik]: Du behandelst mich wirklich ungerecht! Ich habe für Dich Deinen Vetter [den Gegenkalifen ʿAlī] bekämpft, bis Du gesiegt hattest, jetzt fordere ich von Dir meinen Vetter und Du gibst mir leere Worte![67]

Die Kränkung durch die zurückgewiesene Fürbitte brachte Mālik b. Hubayra an den Rand einer Rebellion:

> Als [der Kalif] Muʿāwiya seine Fürbitte für Ḥuǧr abgelehnt hatte, sammelte Mālik b. Hubayra as-Sakūnī seine Leute von Kinda, as-Sakūn und viele andere Südaraber und sprach: Bei Gott, wir brauchen Muʿāwiya weniger, als er uns! Wir suchen uns einen anderen aus seiner Verwandtschaft, er aber findet keine anderen, die uns ersetzen könnten! Geht zu diesem Menschen [Ḥuǧr] und lasst uns ihn befreien![68]

Doch der geriebene Muʿāwiya hatte so etwas bereits geahnt und Ḥuǧr schleunigst hinrichten lassen.

> Da kehrte Mālik um, ging nach Hause und kam nicht mehr zu Muʿāwiya. Muʿāwiya schickte nach ihm, er aber weigerte sich, zu kommen. Da sandte ihm Muʿāwiya bei Nacht 100 000 Dirham und ließ ihm sagen: Der Kalif hat Deiner Fürbitte nur deshalb nicht entsprochen, weil er sich um Dich und Deine Leute sorgte: Hätte Ḥuǧr b. ʿAdī überlebt, so hätte er Dich und Deine Leute in einen neuen Krieg geführt, der eine Heimsuchung für die Muslime gewesen wäre. Demgegenüber war die Hinrichtung Ḥuǧrs das kleinere Übel! Daraufhin nahm [Mālik] an und war wieder zufrieden. Am folgenden Tag kam er mit seinem ganzen Gefolge [zu Muʿāwiya], trat ein und wurde freundlich aufgenommen[69].

Allein die ungeheure Summe der Entschädigung zeigt die schwere Kränkung einer zurückgewiesenen Fürsprache. Eine gewissermaßen umgekehrte persön-

---

[65] Durch Wāʾil b. Ḥuǧr al-Ḥaḍramī bei Iṣfahānī *Aġānī* XVII, S. 154, und Ṭabarī *Taʾrīḫ* III, S. 251; dagegen durch den als Gouverneur Afrikas bekannten Ḥabīb b. Maslama al-Fihrī bei Balāḏurī *Ansāb* III, S. 433.

[66] Vielleicht ist der Text hier verderbt, er weicht von der Parallelstelle Ṭabarī *Taʾrīḫ* III, S. 252, in der Wortwahl bedeutend ab.

[67] Balāḏurī *Ansāb* III, S. 433. Parallelstellen stehen fast wortgleich bei Ṭabarī *Taʾrīḫ* III, S. 252, und gekürzt bei Iṣfahānī *Aġānī* XVII, S. 154.

[68] Ṭabarī *Taʾrīḫ* III, S. 254.

[69] Ṭabarī *Taʾrīḫ* III, S. 254. Parallelstellen stehen wiederum bei Balāḏurī *Ansāb* III, S. 436, und Iṣfahānī *Aġānī* XVII, S. 157. Von Vorwürfen Mālik b. Hubayras an Muʿāwiya liest man auch bei Dīnawarī *Aḫbār*, S. 237-238.

liche Verantwortlichkeit für Stammesgenossen sind die kollektiven Repressalien, mit denen der umayyadische Gouverneur Ziyād b. Abīhi die Kinditen Kufas und insbesondere die Familie Muḥammad b. al-Ašʿaṯs bedroht, wenn sie ihren flüchtigen Stammesbruder Ḥuǧr b. ʿAdī nicht ausliefern[70]. Ebenso lässt sich auch die Fürbitte des Gouverneurs ʿAmr b. al-ʿĀṣ' für Muḥammad b. Abī Bakr, die von Muʿāwiya b. Ḥudayǧ zurückgewiesen wird, da er schließlich auch seinen eigenen Stammesgenossen Kināna b. Bišr nicht geschont habe, als eine solche „umgekehrte Fürbitte" fassen[71].

Die hier vorgestellten Beispiele von Fürbitten auf der Ebene Kindas sind sämtlich handlungsrelevant, besonders interessant sind die Beispiele von Fürbitten unter Verwandten mütterlicherseits[72]. Dagegen beurteilt Orthmann die Historizität der von ihr untersuchten Fälle von Fürbitte auf der übergeordneten Ebene der Südaraber insgesamt kritischer:

> Insgesamt haben wir es also mit einer standardisierten Darstellungsweise zu tun, deren Glaubwürdigkeit in konkreten Einzelfällen zweifelhaft erscheint. Ich halte es daher für berechtigt, diese Art der Fürsprache als Topos zu betrachten. Wahrscheinlich allerdings lag diesem Topos eine tatsächlich praktizierte Verhaltensweise zugrunde, denn daß Verwandte und nahe Stammesangehörige als Fürsprecher fungierten, läßt sich in quellenkritisch weniger problematischen Zusammenhängen immer wieder beobachten.[73]

Als weitere Form kinditischer Kooperation zwischen Einzelpersonen ist das Obdach zu nennen, das al-Ašʿaṯ b. Qays dem ägyptischen Mörder des Kalifen ʿAlī in Kufa gewährt[74]. Gleichviel, ob sie nur ein wenig miteinander scherzten[75], oder ob der mordlustige Ibn Mulǧam einen ganzen Monat bei al-Ašʿaṯ wohnte[76], findet sich hier eine Handlungsrelevanz der gemeinsamen Stammeszugehörigkeit. Der ortsfremde Kindit Ibn Mulǧam hat eine Anlaufstelle

---

70 Balāḏurī *Ansāb* III, S. 428; Dīnawarī *Aḫbār*, S. 237, und Iṣfahānī *Aġānī* XVII, S. 145-146.

71 Balāḏurī *Ansāb* II, S. 220. Einigermaßen rätselhaft ist die Angabe bei Sayf b. ʿUmar, S. 208, nach der Sūdān b. Ḥumrān, der an der Ermordung ʿUṯmāns beteiligt gewesen war, sein Schwert und seinen Besitz genommen und sich Muʿāwiya b. Ḥudayǧ angeschlossen habe (*aḫaḏa sayfahū wa-mā kāna lahū wa-laḥiqa bi-muʿāwiyata bni ḥudayǧ*): Eventuell kann man diese Episode als Flucht vor Vergeltung interpretieren.

72 Siehe hierzu Orthmann *Stamm und Macht*, S. 239-247.

73 Orthmann *Stamm und Macht*, S. 28.

74 Balāḏurī *Ansāb* II, S. 262; Ibn Saʿd III, S. 26; Iṣfahānī *Maqātil*, S. 33; Masʿūdī *Murūǧ* II, S. 458-459, und Yaʿqūbī *Ta'rīḫ* II, S. 147-148. Siehe allgemein die Diskussion der Bosheit der Kinditen 3.2.8.

75 Bei Masʿūdī *Murūǧ* II, S. 458-459, wird sogar nur von einer Ermunterung al-Ašʿaṯs an Ibn Mulǧam gesprochen, während derer al-Ašʿaṯ in der Moschee sitzt. Die auch in den anderen Versionen auftauchenden geflügelten Worte al-Ašʿaṯs legen jedoch nahe, dass die Geschichte zu den übrigen Versionen gehört, in denen al-Ašʿaṯ den Ibn Mulǧam bei sich empfängt.

76 Yaʿqūbī *Ta'rīḫ* II, S. 147-148.

in der irakischen Metropole, weil sich der stolze Stammesführer al-Ašʿaṯ landfremden Stammesbrüdern verpflichtet fühlt.

Dieses Beispiel des Obdachs, das al-Ašʿaṯ dem ortsfremden Ibn Mulǧam gewährt, fällt wohl unter die von Orthmann als *selbstverständliche Hilfe* bezeichnete Funktion der gemeinsamen Stammeszugehörigkeit:

> Weniger eindeutig als Topos zu charakterisieren ist das Prinzip der selbstverständlichen Hilfe, das gelegentlich in den Quellen thematisiert wird. Hierbei gibt sich eine Person Fremden gegenüber als Stammesmitglied aus, und erfährt deswegen Hilfe.[77]

Die letzte Kooperation unter Angehörigen des gleichen Stammes auf persönlicher Ebene ist etwas überraschender. Hierbei begegnen sie sich im Kampf. Diese Form der Funktionalisierung der gemeinsamen Stammeszugehörigkeit steht im Widerspruch zu Orthmanns Prinzip der Vermeidung von Gewalt innerhalb des Stammes:

> Daß Angehörige der gleichen Stammesgruppe es vermieden, gegeneinander zu kämpfen, wird in verschiedenen Traditionen zum Ausdruck gebracht. Diesen Darstellungen zugrunde liegt ein genuin tribales Prinzip, das Tötungsdelikte innerhalb des eigenen Stammes tabuisiert.[78]

Dieses *genuin tribale Prinzip* leitet Orthmann aus den ethnologischen Arbeiten Peters ab[79], dagegen wird ein Kampf zwischen Kinditen in der hier ausgewerteten Prosopographie Kindas öfters geschildert. Aus Anlass des Todes von Muḥammad b. al-Ašʿaṯ im Kampf gegen al-Muḫtār heißt es, sein Mörder sei nach Ansicht Kindas ebenfalls ein Kindit gewesen, während andere Stämme andere Ansichten vertreten würden[80]. Bei der Schlacht von Ṣiffīn liest man von einem Zweikampf zwischen den eng verwandten Kinditen Ḥuǧr aš-Širr und Ḥuǧr al-Ḫayr[81]. Ein anderer Zweikampf bei Ṣiffīn zwischen Abū l-ʿAmarraṭa ʿUmayr b. Yazīd al-Kindī und seinem Bruder Qays b. Yazīd wird dagegen abgebrochen, als beide im Gegner ihren Bruder erkennen[82]. Schließlich liest man bei derselben Schlacht, dass der syrische Prätendent Muʿāwiya sein Heer so aufstellt, dass sich jeweils Abteilungen desselben Stammes auf beiden Seiten gegenüberstehen. Hierbei werden die syrischen Unterstämme Sakūn und Sakāsik durch Muʿāwiya den irakischen Kinditen unter dem Kommando al-Ašʿaṯ b. Qays' gegenübergestellt[83].

---

77 Orthmann *Stamm und Macht*, S. 29.

78 Orthmann *Stamm und Macht*, S. 29.

79 Orthmann *Stamm und Macht*, S. 302-304, wobei sie vor allem auf Peters *Bedouin* verweist.

80 Abū Miḫnaf *al-Muḫtār*, S. 136; Balāḏurī *Ansāb* IV, S. 343, und Ṭabarī *Taʾrīḫ* III, S. 532.

81 Dīnawarī *Aḫbār*, S. 187-188, und Naṣr b. Muzāḥim, S. 243-244.

82 Naṣr b. Muzaḥim, S. 285, und Ṭabarī *Taʾrīḫ* III, S. 106.

83 Naṣr b. Muzāḥim, S. 227. Eine Parallelstelle steht bei Ibn Aʿṯam III, S. 141, wo syrische Kinditen irakischen Kinditen gegenübergestellt werden.

Dieses letzte Beispiel von gegeneinander kämpfenden Kinditen bei der Schlacht von Ṣiffīn geht bereits über die Ebene von Einzelpersonen hinaus zu kinditisch mobilisierten Gruppen, auf die im folgenden Abschnitt eingegangen werden wird.

Die beiden Funktionen der Rache und der Vermittlung, die Orthmann neben den oben diskutierten Funktionen von Fürbitte, Hilfe und der Vermeidung von Gewalt als Funktionen von Tribalität angibt[84], sind innerhalb der Prosopographie Kindas nicht nachzuweisen. Während Fürbitte und die selbstverständliche Hilfe für ortsfremde Stammesgenossen in der von Orthmann beschriebenen Weise auch in der Prosopographie Kindas vorkamen, widersprechen die häufigen Kämpfe zwischen Kinditen dem von ihr aufgrund allgemeiner ethnologischer Überlegungen postulierten *genuin tribalen Prinzip* der Vermeidung von Gewalt innerhalb der Stammesgemeinschaft. Ob dieses Prinzip für die frühislamische Geschichte generell zu hinterfragen ist, kann wohl nur die Untersuchung weiterer Stämme zeigen.

5.3.2 Kindizität als handlungsrelevantes Kriterium zwischen Gruppen

Kindizität als handlungsrelevantem Kriterium zwischen Gruppen wird hauptsächlich in der Mobilisierung von kinditischen Einheiten greifbar. Für Ägypten beschreibt al-Barrī diese Relevanz der tribalen Zugehörigkeit wie folgt:

> Das Erste, was bei der Betrachtung der ägyptischen Gesellschaft oder, um es genauer zu sagen, in der arabischen Klasse der ägyptischen Gesellschaft ins Auge fällt, ist das Wesen des Stammes als grundlegende Einheit in dieser Gesellschaft oder erste Zelle dieses Körpers.[85]

Die Mobilisierung insbesondere von Heeresverbänden entlang von tribalen Strukturen wird heilsgeschichtlich in der Vorstellung eines *dīwān* systematisiert, einer Heeresliste, die bereits zur Zeit des zweiten Kalifen ʿUmar alle Araber umfasst habe. Als potenzielle Heeresangehörige hätten die Araber nach dieser Vorstellung einen regelmäßigen Sold bezogen, der gemäß der tribalen Organisation des *dīwān* ausgezahlt worden sei[86]. Entlang einer solchen Großgliederung der Stämme sind sowohl die großen prosopographischen Ṭabaqātwerke über die Überlieferer von Geschichten aus der Frühzeit, als auch die die Stammeszugehörigkeit bezeichnenden *nisben* der Araber selbst

---

Dagegen lässt der umayyadische Statthalter Ziyād b. Abīhi Kinda und Ḥaḍramawt nicht mit den übrigen Südarabern an der Verfolgung des kinditischen Rebellen Ḥuǧr b. ʿAdī teilnehmen: Iṣfahānī *Aġānī* XVII, S. 143, und Ṭabarī *Taʾrīḫ* III, S. 244.

84 Orthmann *Stamm und Macht*, S. 35-39.

85 Al-Barrī *Qabāʾil*, S. 281.

86 Siehe hierzu allgemein Puin *Dīwān*.

ausgerichtet. Diese *nisben* dienen als in den meisten Fällen unstrittige[87] narrative Ordnungskriterien und weisen die Araber dem einen oder anderen Stamm innerhalb des Dīwānsystems zu. Eine dieser *nisben* liegt der in dieser Arbeit besprochenen Prosopographie zugrunde.

In seiner Diskussion der Funktionen dieser Stämme als mobilisierender Gruppen in der ägyptischen Gesellschaft nennt al-Barrī das Heer[88], die Organisation der Stadtviertel (*al-ḫiṭaṭ*)[89], die Heeresliste des *dīwān*[90], die Organisation der Frühlingsweiden (*murtabaʿ*)[91], die Moscheen[92] und *Sitzorte* (*maǧālis*)[93] der einzelnen Stämme, die Benennung eines Ansprechpartners (*ʿarīf*) innerhalb des Stammes durch den Gouverneur[94] und die Bestellung eines Wächters (*muḥris*) innerhalb des Viertels[95]. Es ist schnell ersichtlich, dass diese Funktionen untereinander verknüpft sind. Die tribalen Heeresverbände beziehen ihren Sold gemeinsam, bewohnen gemeinsame Stadtviertel und werden gemeinsam mobilisiert.

Am Beispiel Kindas in Kufa wird diese Dimensionen der Funktionalisierung von Tribalität in den frühislamischen Garnisonsstädten im folgenden Abschnitt detailliert besprochen werden. Das grundlegende Problem hierbei ist jedoch, dass sich letztlich nicht entscheiden lässt, ob die Idee des zentralen *dīwān* und der tribal organisierten Gesellschaftsverfassung tatsächlich in der zur regelmäßigen Soldzahlung an sämtliche arabischen Garnisonstruppen notwendigen ausgefeilten Bürokratie und Verwaltung des Kalifen ʿUmar ihren Ursprung hat, oder ob diese Zentralisierung nicht vielmehr ein idealstaatliches Ordnungskriterium darstellt, das während des Überlieferungsprozesses in das Material projiziert wurde. Wurden die frühislamischen Araber durch die amtliche Bestallung von Anführern tribaler Kontingente mobilisiert, oder machten tribal legitimierte Eliten samt ihren Anhängern, was sie eben wollten, und wurden *ex post* als staatliche Agenten beschrieben?

Wie schon bei der Diskussion der Legitimation der kinditischen Anführer dürfte letztlich eine Modellierung zwischen den beiden Extremen rein zentraler oder dezentraler Legitimierung der Anführer am Besten geeignet sein, die Mobilisierungsprozesse zu erklären. Wo sich staatlicher Einfluss geltend

---

87 Siehe oben die Diskussion der äußeren Grenzen Kindas 5.2.2.
88 Al-Barrī *Qabāʾil*, S. 282.
89 Al-Barrī *Qabāʾil*, S. 283.
90 Al-Barrī *Qabāʾil*, S. 283-285.
91 Al-Barrī *Qabāʾil*, S. 285-286, wobei er maßgeblich Ibn ʿAbdalḥakam, S. 168-169 ausschreibt.
92 Al-Barrī *Qabāʾil*, S. 286.
93 Al-Barrī *Qabāʾil*, S. 286-287.
94 Al-Barrī *Qabāʾil*, S. 287-288, unter Verweis auf ʿImrān b. Rabīʿa aṣ-Ṣadafī als *ʿarīf* aṣ-Ṣadifs bei Ibn ʿAbdalḥakam, S. 150.
95 Al-Barrī *Qabāʾil*, S. 288.

machte, bot er tribalen Anführern Anreize, sich in staatliche Strukturen zu integrieren und so ihren Einfluss auszudehnen.

Diese jeweils einzeln zu betrachtenden Aushandlungsprozesse zwischen lokal-tribaler Legitimierung und der daraus resultierenden Unabhängigkeit von der Zentrale und staatlichen Anreizen, die immer mit Kontrollansprüchen einhergingen, werden in den Quellen insgesamt mit der Terminologie des Dīwānsystems beschrieben. Im Rahmen des normativen Systems der frühislamischen Heilsgeschichte waren damit, ähnlich wie bei den irakischen *qurrāʾ* oder Ḫāriǧiten[96], nurmehr entweder Staatsdiener oder Rebellen denkbar, Zwischenpositionen wurden ausgeblendet oder in Richtung auf eine der beiden Rollen auserzählt. So finden sich kinditische Truppen zumal im Irak oder auf syrischer Seite bei der Schlacht von Ṣiffīn unter dem Kommando kinditischer Heeresführer, die jeweils als durch den Oberkommandanten des Gesamtheeres eingesetzt dargestellt werden. Ob die Anführer nun ihre Akzeptanz als Anführer vor allem der Einsetzung durch die Zentrale oder aber die Einsetzung ihrer ohnehin gegebenen Akzeptanz verdankten, lässt sich letztlich nicht mehr sagen. In beiden Fällen wird eine Mobilisierung entlang persönlicher Loyalitätsnetzwerke[97] mit der Terminologie der Zugehörigkeit zu größeren tribalen Verbänden beschrieben.

Schließlich werden, wie von al-Barrī beschrieben[98], auch die Siedlungsmuster von Kinditen in frühislamischer Zeit entlang der Linien des Dīwānsystems geschildert. Diese Siedlungsmuster sollen im folgenden Abschnitt beispielhaft für Kufa besprochen werden.

5.4 Zwei Exkurse zu Tribalität in der frühislamischen Geschichte

Die folgenden Skizzen behandeln Themen der frühislamischen Ereignis- und Strukturgeschichte, die aufgrund der Prosopographie Kindas exemplarisch diskutiert werden können und über den bisher verfolgten Fragerahmen hinausgehen. Dabei werden ganz bewusst auch materielle Quellen in die Untersuchung einbezogen, um das aus den Narrativen der Historiographie beiläufig entstehende Bild zu ergänzen. Trotz der sich hierbei ergebenden Spannungen zu den im Rest dieser Arbeit verfolgten Fragestellungen scheint es mir geboten, auch diesen innerhalb der Prosopographie Kindas greifbaren Aspekt systematisch zu diskutieren.

---

96 Siehe oben 4.8.

97 Diese Terminologie entwickelt insbesondere Mottahedeh *Loyalty* in detaillierter Weise, siehe für solche auf persönliche Loyalität gegründete Netzwerke innerhalb der Kinditen in Kufa 5.4.1.

98 Al-Barrī *Qabāʾil*, S. 283.

Am Beispiel Kindas in Kufa werden die arabischen Garnisonsstädte außerhalb der arabischen Halbinsel nach den Eroberungen genauer untersucht und am Beispiel der herrschaftlichen Ikonographie in Schilderungen der Familie von al-Ašʿaṯ b. Qays wird die Ansicht der exklusiven Vorherrschaft Qurayšs im frühislamischen Staat hinterfragt.

5.4.1 Exkurs: Siedlungsmuster Kindas in Kufa

> Als [das irakische Heer nach der Schlacht von al-Qādisiyya] daran ging, die Gebäude Kufas zu erbauen, schickte [der Oberkommandant des Heeres] Saʿd [b. Abī Waqqāṣ] an Abū l-Hayyāǧ und meldete ihm den Befehl [des Kalifen] ʿUmar bezüglich der Straßen: Die Hauptstraßen (*manāhiǧ*[99]) sollten nämlich 40 Ellen breit sein, die Seitenstraßen aber 30 Ellen, die Verbindungssträßchen 20 Ellen und die Gassen sieben Ellen und nicht weniger. Die *qaṭāʾiʿ*[100] waren aber 60 Ellen weit, außer derjenigen der Banū Ḍabba.
> So versammelten sich die Notabeln (*ahl ar-raʾī*) und erstellten einen Plan, nach dem Abū l-Hayyāǧ dann [die Viertel] absteckte. Zuerst legten sie jedoch die Moschee an und bauten im [heutigen] Viertel der Seifensieder und Dattelhändler einen Markt. In die Mitte [dieses Platzes] stellte sich ein Mann und schoss [einen Pfeil] so fest er konnte in alle Richtungen. Jenseits dieses Raums von zwei Pfeilschüssen ließ er die Leute [ihre Häuser] bauen. Um die Moschee herum ließ er auf allen Seiten einen freien Raum von einem Pfeilschuss, an ihrer Vorderseite [zur Gebetsrichtung, *qibla*, hin] baute er eine Säulenhalle (*ẓulla*) ohne Seitenflügel oder Rückseite[101]. Der freie Raum war aber zur Versammlung der Einwohner, damit sie

99 Massignon *Kufa*, S. 45, schlägt hierfür *alignements de tentes* vor. Der Sinn wird allerdings auch mit der Grundbedeutung von *großen Straßen* ausreichend klar.

100 Dieser Begriff ist hier nicht ganz klar. Sind hier die Stadtviertel jeweils nur 60 Ellen breit, sind die einzelnen Parzellen der Siedler so groß (ca. 20 Meter im Quadrat entsprechend 400 Quadratmeter pro *dār*? So Akbar *Khaṭṭa*, S. 25), oder werden hier die Hauptstraßen der einzelnen Viertel beschrieben? Siehe auch die ṭūlūnidische Garnisonsstadt namens *al-qaṭāʾiʿ* bei al-Fusṭāṭ in Ägypten, Maqrīzī *Ḫiṭaṭ* II, S. 119, und Behrens-Abouseif *Cairo*, S. 5, deren Name von Behrens-Abouseif mit „the wards" übersetzt wird. Dagegen erklärt Kubiak *Fustat*, S. 12, den Namen mit der Unterteilung der Stadt in *lots or fiefs* und behält so den ursprünglichen Sinn von *qaṭīʿa* bei. Massignon *Kufa*, S. 47, übersetzt hier *fiefs personells* im Gegensatz zu *allotissements tribaux collectifs*: Zumindest im obigen Kontext scheint das ausgeschlossen: Die einzige *qaṭīʿa*, deren Eigentümer genannt wird, gehört doch gerade einem Stamm! Djaït *Kūfa*, S. 125, nimmt hier „sans doute" Grundstücke von Unterstämmen an: Auch wenn ein Beleg fehlt, wäre das eine annehmbare Lösung des Problems.

101 Das letztere Wort liest der Herausgeber als *mawāḫīr*, der sich ergebende Sinn ist *eine Säulenhalle an der Vorderseite, keine Seitenflügel und keine Weinschenken*. (Wo? An der Moschee? In Kufa insgesamt?) Allerdings ist hier wohl nicht an den regulären Plural des persischstämmigen *māḫūr*, Weinhaus, Spielhalle, Bordell zu denken (siehe Adday Šayr *Muʿǧam*, S. 143, und Asbaghi *Lehnwörter*, S. 244), sondern das Wort im Kontext der Seitenflügel als eine Pluralform zum Stamm *ʾ-ḫ-r* zu deuten. Dem Sinn nach liefe dann wie in der obigen Übersetzung *die Säulenhalle nur die Vorderseite der Moschee entlang, nicht aber die Seiten oder die Rückwand*. Eine konkret passende Singularform von *ʾ-ḫ-r* zum Plural der Form *mufāʿīl* ist mir allerdings nicht bekannt.

sich nicht drängten, wie auch die Moschee in Mekka von einem freien Platz [*masāǧid*? Übersetzung *ad sensum*] umgeben war. Dort baute man keine Moscheen in ihre Nähe, um ihre Heiligkeit herauszustreichen. Die Säulenhalle war 200 Ellen lang und ruhte auf sassanidischen Marmorsäulen, das Dach aber war wie die Dächer der byzantinischen Kirchen. Den Hof (*ṣaḥn*) umgaben sie mit einem Graben, damit niemand in seiner Nähe bauen könne. Für Saᶜd errichteten sie ein Haus in der Nähe, das mit einem Weg von 200 Ellen mit der Moschee verbunden war. In diesem Haus wurden auch einige Zimmer als Schatzkammern angelegt, es ist der heutige Statthalterpalast in Kufa, den ihm Rūzbah aus den Trümmern sassanidischer Gebäude in al-Ḥīra baute.

Auf der Rückseite des Hofes legte er fünf Hauptstraßen an, auf der Vorderseite vier Hauptstraßen und auf der östlichen und westlichen Seite jeweils drei Hauptstraßen. Auf der Rückseite des Hofes siedelten sich [die Stämme] Sulaym und Ṯaqīf an zwei Straßen zum Hof an, daneben bekamen Hamdān und Baǧīla jeweils eine Straße. An der letzten Straße siedelten sich Taym al-Lāt und Taġlib an. Auf der Vorderseite des Hofes siedelten sich die Banū Asad an einer Straße an, weiterhin teilten sich die Banū Asad eine weitere Straße mit an-Naḫaᶜ, an-Naḫaᶜ teilte sich eine Straße mit Kinda, die sich eine dritte Straße mit al-Azd teilten. [Andere Stämme werden nach demselben Muster im Osten und Westen angesiedelt.] Diese siedelten sich also an den Straßen zum Hof an, die übrigen Leute waren dazwischen und dahinter.[102]

Diese Schilderung der Gründung Kufas bei aṭ-Ṭabarī ist bemerkenswert genau und wird dementsprechend häufig Rekonstruktionsversuchen der muslimischen Garnisonsstadt Kufa im siebten Jahrhundert zugrunde gelegt[103]. Das siegreiche Heer wird nach dem Muster seiner tribal organisierten Truppenverbände von seinem Feldherrn in einer neu angelegten Garnisonsstadt angesiedelt. Allerdings werden die über einzelne Stämme hinausgehenden Heeresverbände in den Quellen nicht einheitlich geschildert[104] und sind damit zur Erklärung beständiger Siedlungsmuster kaum brauchbar.

In der mir erst seit Abschluss dieser Arbeit zugänglichen Monographie zur Moschee Kufas von al-Ǧanābī wird in gleicher Weise emendiert, wobei er die Form *muʾaḫḫira* vorschlägt: Al-Ǧanābī *Kūfa*, S. 22.

102 Ṭabarī *Taʾrīḫ* II, S. 558-559.

103 So bei Akbar *Khaṭṭa*, S. 25-26; Djaït *Kūfa*, insbesondere in seinem Plan, S. 302; Massignon *Kufa*, S. 44 ff., und Morony *Iraq*, S. 237 ff.

104 Die differierenden Einteilungen der Heeresverbände Kufas werden bei aṭ-Ṭabarī durch eine zeitliche Abfolge verschiedener Heeresorganisationseinheiten harmonisiert. Das Heer Kufas sei erst in Zehntel, dann in Siebtel eingeteilt gewesen, bis Ziyād b. Abīhi zurzeit Muᶜāwiyas eine Einteilung in Viertel eingeführt habe (Ṭabarī *Taʾrīḫ* II, S. 561).
Allerdings kam beispielsweise oben in der Diskussion des Verhältnisses von Kinda zu anderen Stämmen 3.2.5 eine gemeinsame Heereseinheit Kindas mit Rabīᶜa bereits bei der Schlacht von Ṣiffīn unter dem Kalifen ᶜAlī vor (Masᶜūdī *Murūǧ* III, S. 60-61), die nach aṭ-Ṭabarī das Produkt der späteren Reform Ziyāds gewesen sei. Siehe auch die Diskussion der Festigkeit der Zuordnung zu Kinda innerhalb stammesübergreifender Verbände 5.2.1.

Zusätzlich ergeben sich einige weitere Probleme. Stadtgründungen sind allgemein häufig topisch-normativ überformt[105], die generelle Symmetrie samt systematischer Staffelung der Straßenbreiten stimmt skeptisch[106] und Details des Berichts sind nur schwer mit weiteren Geschichten, die in Kufa spielen, in Einklang zu bringen[107]. Vor allem aber setzt die hier skizzierte Form der Stadtgründung eine zentralisierte, allgemein anerkannte Autorität voraus, die eine solche regelmäßige Planstadt ordnet. Ein solcher zentralisierter Verwaltungsapparat brachte zu Beginn des achten Jahrhunderts die beiden umayyadischen Planstädte ʿAnǧar und Qaṣr al-Ḥayr aš-Šarqī hervor, die beide ein rechtwinkliges Straßennetz zugrunde legen[108]: Kann man ihn auch für die ersten Jahre nach den Eroberungen annehmen?

Das Problem dieser Verknüpfung von wohlfundiertem Staatsapparat und planvoller Stadtstruktur in Neugründungen liegt darin, dass man beide Vorstellungen zusammen annehmen oder ablehnen muss. In ähnlicher Weise wie bei der Autorität „zentraler" Agenten während der Eroberungen, die zugleich staatlich und islamisch, oder im Gegenteil weder staatlich noch islamisch war[109], ergibt sich eine allumspannende Grundsatzfrage, die in der bisherigen Forschung verschieden beantwortet wird. Während Donner aus archäologisch belegten regelmäßigen Strukturen in Kufa eine effektive zentrale Planung ableitet[110], erklärt Kennedy rundweg:

---

105 Siehe zu den besser greifbaren Geschichten um die Gründung der fāṭimidischen Palaststadt al-Qāhira Kunitzsch *Namengebung*. Die bei aṭ-Ṭabarī unmittelbar vorhergehenden Berichte um die wiederholten Ansiedlungsversuche des siegreichen islamischen Heeres, die immer wieder von höheren Umständen zunichte gemacht werden, sind stark topisch überformt. Siehe für eine parallele Darstellung der Durchsetzung göttlicher Fügung durch Zunichtemachen der Alternativen beispielsweise Vergil *Aeneis*, Buch I-IV.

106 In seiner Diskussion des ähnlich gelagerten Falls der Gründung der ägyptischen Garnisonsstadt al-Fusṭāṭ kommt Kubiak zu folgendem Schluss: „ … it would have been unimaginable to set up an Arab camp-city on the regular lines of a typical Roman camp or garrison-town, with straight streets and a checkerboard pattern implying order and discipline" (Kubiak, *Fustat*, S. 65).

107 Zu einer nur schwer mit dem obigen Bericht von der Besiedlung Kufas zu vereinenden Schilderung siehe beispielsweise das Kapitel zum *tamṣīr al-kūfa* bei Balāḏurī *Futūḥ*, S. 319-332.
Auf Detailebene passt beispielsweise der Fluchtweg Ḥuǧrs bei Ṭabarī *Taʾrīḫ* III, S. 244-245, nur schwer zum aufgrund des eingangs übersetzten Berichts gezeichneten Stadtplan bei Djaït *Kūfa*, S. 302.

108 Kennedy *Polis*, S. 16-17.

109 Siehe die Diskussion der Legitimierung der Heerführer während der Eroberungen 4.4.

110 Donner *Conquests*, S. 228, und Donner *Tribes*, S. 140-141, unter Verweis auf moderne archäologische Grabungen im alten Stadtgebiet.

… we have no idea of the street plan of the greatest early Islamic new towns at Kufa and Basra in Iraq[111]

Eine fundierte Diskussion der verzwickten Fragen nach der Gründung Kufas und zentraler Autorität in frühislamischer Zeit allgemein ist allein auf Basis Kindas nicht möglich und wird hier auch nicht angestrebt. In der in dieser Arbeit ausgewerteten kinditischen Prosopographie stehen dagegen idealer Weise sämtliche Erwähnungen Kindas in Kufa während des Untersuchungszeitraums. Daher werden im Folgenden die großen Gesamtpanoramen beiseite gelassen, um eine detaillierte Rekonstruktion des Siedlungsmusters Kindas in Kufa zu versuchen. Anschließend werden die innerhalb der Kinditen Kufas greifbaren Personennetzwerke skizziert.

Im Zuge der Schilderung von Vorgängen in Kufa während des Untersuchungszeitraums wird beiläufig eine detaillierte Topographie der Stadt skizziert. Flüchtlinge laufen kämpfend durch die Straßen, der Richter Šurayḥ sieht von der Straße aus seine zukünftige Ehefrau unter einem Sonnendach sitzen und der ʿalīdische Agitator al-Muḫtār macht durch die Moscheen und Privathäuser, die er auf seinem Einzug nach Kufa berührt, in nuancierter Weise deutlich, wo er auf Unterstützung seines politischen Programms hoffen kann. Aus diesen Geschichten soll im Folgenden eine Rekonstruktion ihres Umfelds versucht werden.

Unter Annahme der anhand der Muster im Bild Kindas entwickelten Modellierung des Überlieferungsprozesses sind auch diese Berichte durchdacht und abgeschliffen worden[112]. Die Fragestellung sucht im Folgenden nach Kohärenz innerhalb des beschriebenen Kosmos. Die weiterführende Frage, ob die geschilderten Landschaften das erste islamische Jahrhundert in Kufa, oder Bagdad im dritten Jahrhundert beschreiben, liegt außerhalb des Horizonts, der sich aufgrund der Prosopographie Kindas fundiert behandeln lässt.

Zuerst soll untersucht werden, in wieweit die verschiedenen Versionen der Fluchtwege von Ḥuğr b. ʿAdī und Muslim b. ʿAqīl in sich übereinstimmen, bevor die resultierenden Topographien der Kinditen in Kufa übereinander gelegt werden, um auf dieser Basis eine Rekonstruktion des Siedlungsmusters und der mobilisierenden Netzwerke innerhalb der in Kufa siedelnden Kinditen zu skizzieren. Zuerst soll der Fluchtweg Ḥuğr b. ʿAdīs nach seiner gescheiterten Revolte untersucht werden.

---

[111] Kennedy *Polis*, S. 17. Ebenso Wirth *Stadt* I, S. 42: „Bedauerlicherweise blieben von diesen ersten Stadtgründungen, die eindeutig islamzeitlich sind, keine verwertbaren Bodenfunde mehr erhalten."

[112] Jens Scheiner wies mich beispielsweise auf die Möglichkeit hin, dass Personen durch ihre Verwicklung in Unruhen diskreditiert werden sollten.

Dieser Fluchtweg wird in drei verschiedenen Varianten unter Angabe von Einzelheiten geschildert[113]. Nach der ersten Variante floh Ḥuǧr b. ᶜAdī über die Tore Kindas, *abwāb Kinda*[114], zu seinem eigenen Haus. Hier befahl er seinen Unterstützern, sich nicht unnötig aufzuopfern, und verschwand selbst in Richtung der Straße der Banū Ḥarb von Kinda, wo er von einem gewissen Sulaymān b. Yazīd al-Kindī aufgenommen wurde[115]. Von dort floh er durch eine enge Passage, *ḫawḫa*, zu den Häusern der Banū l-ᶜAnbar Kindas[116] und wurde von einigen Knaben, *fitya*, durch weitere Gassen, *aziqqa*, geführt, bis er zum Haus (Viertel?) an-Naḫaᶜs, *dār an-naḫaᶜ*, kam. Hier nahm ihn ᶜAbdallāh b. al-Ḥāriṯ an-Naḫaᶜī, der Bruder des bekannten ᶜalīdischen Feldherrn al-Aštar, in seinem Haus auf. Eine schwarze Sklavin brachte die Verfolger wieder auf die Spur, woraufhin Ḥuǧr ins Haus Rabīᶜa b. Nāǧiḏ b. Unays al-Azdīs bei al-Azd floh. Hier blieb er einen Tag und eine Nacht, bevor er kapitulierte[117]. Diese Variante wird von al-Balāḏurī auf „Abū Miḫnaf und andere" zurückgeführt[118].

Im direkten Anschluss referiert al-Balāḏurī unter Berufung auf al-Kalbī die zweite Variante, nach der Ḥuǧr sich zu Sulaymān b. Yazīd b. Šarāḥīl al-Kindī, einem der Nachfahren von Ḥūt b. al-Ḥāriṯ, geflüchtet habe, und von diesem aus einen Boten an Muḥammad b. al-Ašᶜaṯ gesendet habe, um seine Kapitulation zu organisieren[119]. Das Haus Sulaymān b. Yazīds kam auch in der ersten Variante der Berichte vor, wo jedoch die Einleitung von Verhandlungen von diesem Haus aus nicht erwähnt wird.

Die dritte Variante beschreibt den Fluchtweg nicht genauer. Nach ihr verbarg sich Ḥuǧr beim Herannahen des umayyadischen Gouverneurs Ziyād b. Abīhi und wurde verraten, als Ibn al-Ašᶜaṯ seinem Vater während dessen

---

113 Die erste Variante steht bei Iṣfahānī *Aġānī* XVII, S. 144-147, Ṭabarī *Taʾrīḫ* III, S. 241-245, und in einer Kurzform auch bei Balāḏurī *Ansāb* III, S. 428. Die zweite Variante steht ebenfalls Balāḏurī *Ansāb* III, S. 428, während die dritte bei Balāḏurī *Ansāb* III, S. 442, steht.

114 Ṭabarī *Taʾrīḫ* III, S. 243.

115 So Iṣfahānī *Aġānī* XVII, S. 144-145. In der Parallelstelle Ṭabarī *Taʾrīḫ* III, S. 244-245, heißt sein Gastgeber Sulaym b. Yazīd, siehe Caskel *Ǧamharat an-Nasab* I, Tafel 234. Die Varianz Sulaymān zu Sulaym wird im Register, Caskel *Ǧamharat an-Nasab* II, S. 517, ausdrücklich vermerkt.

116 So Iṣfahānī *Aġānī* XVII, S. 145. Bei Ṭabarī *Taʾrīḫ* III, S. 245, flieht er in Richtung der Häuser der Banū l-ᶜAnbar, bis er bei den Banū Ḏuhl, wohl ebenfalls von Kinda, ankommt, wo er die Knaben trifft, die ihn weiter führen.

117 So Iṣfahānī *Aġānī* XVII, S. 145. Bei Ṭabarī *Taʾrīḫ* III, S. 245, heißt der letzte Gastgeber Rabīᶜa b. Nāǧid al-Azdī: Wohl nur eine orthographische Variante. Bei Balāḏurī *Ansāb* III, S. 428, werden nur die Stationen *dār an-naḫaᶜ* und *dār rabīᶜa b. nāǧiḏ b. unays* aufgezählt.

118 Balāḏurī *Ansāb* III, S. 428.

119 Balāḏurī *Ansāb* III, S. 428.

Audienz bei Ziyād meldete, Ḥuǧr habe sich in sein Haus geflüchtet[120]. Die Auslieferung Ḥuǧr b. ʿAdīs wurde bereits im Kontext des Topos von Kinditen als Verrätern behandelt[121], vielleicht lässt sich diese Variante als Kontamination der Flucht Ḥuǧrs mit Berichten von der Auslieferung Muslim b. ʿAqīls erklären, der ebenfalls von Ibn al-Ašʿaṯ verraten worden sein soll[122]. In jedem Fall lässt sich aus ihr zur Rekonstruktion des Siedlungsmusters Kindas in Kufa nichts Neues herauslesen.

Wenige Jahre später flüchtete einmal mehr ein gescheiterter Rebell durch Kufa. Die seine Flucht beendende Auslieferung Muslim b. ʿAqīls wurde ebenfalls bereits im Abschnitt zu Kinditen als Verrätern diskutiert[123]. Die Geschichte seiner Flucht ist in detaillierterer Form in acht Berichten erhalten, die sämtlich übereinstimmen[124].

Demnach floh Muslim nach dem Abendgebet von der Hauptmoschee in Richtung der Tore Kindas, *naḥwa abwāb kinda*, während sich seine Unterstützer zerstreuten. Als er aus dem Tor herauskam, *ḫaraǧa mina l-bāb*, war er allein und irrte führerlos durch die Gassen, *aziqqa*, Kufas[125]. Schließlich kam er bei den Häusern der Banū Ǧabala von Kinda heraus, *ḫaraǧa ilā dūr banī ǧabala min kinda*[126]. Hier kam er am Tor ihres Hauses mit einer Freigelassenen, *umm walad*, von al-Ašʿaṯ b. Qays[127] namens Ṭawʿa ins Gespräch und bat sie um Wasser. Sie ging hinein, holte Wasser und brachte anschließend den Krug zurück nach drinnen. Als sie ihn danach immer noch vor ihrer Tür sitzend fand, schickte sie ihn fort. Nachdem er sich zu erkennen gab, führte sie ihn in ein Zimmer, *bayt*, das nicht das ihre war, bereitete ihm ein Lager, *farašat lahū*, und

---

120 Balāḏurī *Ansāb* III, S. 442.

121 Siehe 3.2.7.

122 Siehe 3.2.7.

123 Siehe 3.2.7.

124 Die Berichte stehen bei Abū Miḫnaf *Ḥusayn*, S. 70-73; Balāḏurī *Ansāb* II, S. 58; Dīnawarī *Aḫbār*, S. 252-254; Ibn Aʿṯam V, S. 88-96; Iṣfahānī *Maqātil*, S. 102-105; Masʿūdī *Murūǧ* III, S. 72; Ṭabarī *Taʾrīḫ* III, S. 298 und S. 312-314.

125 Bei Iṣfahānī *Maqātil*, S. 102, und Ṭabarī *Taʾrīḫ* III, S. 312, liest man explizit von der Ankunft bei *den Toren Kindas*, gefolgt vom Herauskommen aus *dem Tor*. Bei Masʿūdī *Murūǧ* III, S. 72, flieht er demgegenüber in Richtung der Tore Kindas, kommt aber nur an *einem* Tor an, aus dem er weiterflieht.

126 So Abū Miḫnaf *Ḥusayn*, S. 70, und Ṭabarī *Taʾrīḫ* III, S. 312. Das Herauskommen bei den Banū Buǧayla Kindas bei Iṣfahānī *Maqātil*, S. 102, dürfte bloß eine orthographische Variante darstellen. Bei Dīnawarī *Aḫbār*, S. 253, tritt er demgegenüber in das Viertel Kindas ein, *daḫala ḥayy kinda*.

127 So Abū Miḫnaf *Ḥusayn*, S. 70; Iṣfahānī *Maqātil*, S. 102, und Ṭabarī *Taʾrīḫ* III, S. 312. In allen Fällen sei sie nach der Trennung von al-Ašʿaṯ mit einem Mann von Ḥaḍramawt verheiratet worden. Bei Masʿūdī *Murūǧ* III, S. 72, ist sie eine Klientin, *mawlāt*, al-Ašʿaṯs, von einer erneuten Ehe hört man hier nichts. Dagegen war sie bei Ibn Aʿṯam V, S. 88, eine Frau Qays al-Kindīs gewesen, der sie dann mit einem Mann von Ḥaḍramawt verheiratet habe. Vielleicht lässt sich Qays hier als Variante von al-Ašʿaṯ b. Qays lesen.

bot ihm Abendessen an[128]. Ihr zurückgekehrter Sohn sah sie in dem betreffenden Zimmer ein- und ausgehen, erfragte die Geschichte und ging schlafen.

Am nächsten Morgen eilte der Sohn zu ʿAbdarraḥmān b. Muḥammad b. al-Ašʿaṯ und meldete ihm den Flüchtling. Es wurde bereits diskutiert, wie dieser die Botschaft an den Gouverneur weitermeldete[129]. Als die Häscher vor dem Haus, *dār*, ankamen, hörte Muslim das Stampfen der Hufe und die Stimmen der Männer und „kam heraus", wobei unklar wird, ob er aus dem Zimmer oder aus dem Haus heraustritt. Zweimal stürmten die Soldaten das Haus und wurden zweimal daraus vertrieben, da stiegen sie auf die Dachterassen, *suṭūḥ*[130], und bewarfen ihn von dort mit Steinen und brennendem Rohr, *qaṣab*[131]. So kam Muslim auf die Straße[132], kämpfte, lehnte müde seinen Rücken an ein Nachbarhaus[133] und kapitulierte schließlich.

Das grundsätzliche Problem bei diesen Geschichten ist die anzunehmende Tendenz, Berichte aus dem ersten Jahrhundert islamischer Zeit in die Topographie späterer Städte einzubetten[134]. Dieses Problem wird an einigen Stellen angesprochen werden, grundsätzlich ist jedoch wohl nicht davon auszugehen, dass man durch eine Diskussion der Quellen über die Quellen

---

128 Bei Ibn Aʿṯam V, S. 89, bringt sie ihm auch eine Lampe, *miṣbāḥ*.

129 Siehe zu Kinditen als Verrätern 3.2.7.

130 Bei Ṭabarī *Taʾrīḫ* III, S. 314, steigen sie auf das Dach des Zimmers, *ẓahr al-bayt*.

131 Wie genau dieses Rohr geworfen wird, ist etwas unklar: Bei Abū Miḫnaf *Ḥusayn*, S. 72; Iṣfahānī *Maqātil*, S. 104, und Ṭabarī *Taʾrīḫ* III, S. 314, heißt es, die Häscher hätten Feuer in Bündeln von Rohr, *fī aṭnān al-qaṣab*, entzündet, die sie dann auf den bedauernswerten Muslim b. ʿAqīl geworfen hätten. Bei Ibn Aʿṯam V, S. 92, brennen sie Feuer im Umfeld des Rohrs, *fī nawāḥī l-qaṣab*, bei Masʿūdī *Murūǧ* III, S. 72, zünden sie die Enden des Rohrs an, *bi-aṭrāf al-qaṣab*.
Im Kontext der Bemerkung Ṭabarī *Taʾrīḫ* II, S. 558, Kufa und Baṣra seien zunächst aus Rohr, *qaṣab*, erbaut worden, könnte man bei den letzten beiden Varianten überlegen, inwieweit zumindest Teile des zum *dār* gehörigen Hofes aus Rohr bestanden. Wenn man allerdings *aṭnān* als Plural nicht vom westlichen *ṭunn*, Tonne als Maßeinheit, sondern wie übersetzt vom persischen *ṭunn*, Bündel von Holz oder Rohr versteht (entsprechend dem heutigen persischen *tan*), ergibt sich ein klarer Sinn. Der gestellte Flüchtling wird mit brennenden Rohrbündeln aus dem Hof auf die Straße getrieben, wo ihn die Häscher erwarten. Die Unterschiede zwischen den Varianten wären demnach orthographisch zu erklären.

132 Bei Ibn Aʿṯam V, S. 92, reitet Muslim b. ʿAqīl hoch zu Pferde hinaus. Seine Version der Geschichte ist generell ziemlich emotional ausgeschmückt, so kommt in ihr die Gastgeberin Ṭawʿa weinend aus dem Zimmer Muslims, wovon man sonst nichts hört.

133 So Iṣfahānī *Maqātil*, S. 104. Bei Ibn Aʿṯam V, S. 95, lehnt Muslim b. ʿAqīl seinen Rücken dagegen an ein nachbarliches Haustor, bei Ṭabarī *Taʾrīḫ* III, S. 314, lehnt er sich an *dieses* Haus, wohl dasjenige, in dem er sich versteckt hatte.

134 In gleicher Weise ist der Schluss von einer der frühislamischen Garnisonsstädte auf eine andere problematisch. Beide Ansätze bergen die Gefahr einer Harmonisierung disparaten Materials. Die Verweise insbesondere auf die Ausgrabungen von al-Fusṭāṭ im Folgenden stellen daher nicht mehr als illustrative Indizien dar, da Kinda in al-Fusṭāṭ nicht in ausreichender Faktendichte geschildert wird, um eine detaillierte Topographie zu zeichnen.

hinauskommen kann. So werden im Folgenden die Informationen über Kinda in Kufa in den erhaltenen Sammlungen zusammengetragen, ohne weitergehende Aussagen über ihren historischen Kern anzustreben. Diese weiteren Aussagen erfordern eine detaillierte Untersuchung der materiellen Überreste der frühislamischen Garnisonsstädte, die im Rahmen dieser Arbeit nicht geleistet werden kann.

Es herrscht Übereinstimmung darüber, dass die Kinditen in einem gemeinsamen, nach ihnen benannten Viertel siedelten, dessen Bewohner zwar nicht sämtlich Kinditen waren, doch sämtlich mit Kinda verbunden werden. So heißt es, wie oben geschildert, von Ṭawʿa, der Gastgeberin Muslim b. ʿAqīls, dass sie als Freigelassene al-Ašʿaṯs mit einem Ḥaḍramī verheiratet wurde und mit ihrem gemeinsamen Sohn im Viertel Kindas in Kufa lebte.

Bei der Untersuchung der Siedlungstopographie soll mit dem Haus, *dār*, begonnen werden. Es ist wohl aus Lehmziegeln, *labin*, gebaut[135] und besteht aus mehreren Zimmern, *buyūt*, die wahrscheinlich um einen Hof herum angeordnet sind. Dieser Hof ist mit einem Tor, *bāb*, gegen die Straße hin abgeschlossen. Über den Zimmern befindet sich eine Dachterrasse, *suṭūḥ*[136]. Im Haus finden sich Wasser[137] und wohl auch Essen und Licht.

Das Haus ist über Gassen, *aziqqa*, erreichbar, die einerseits verwinkelt Ortsunkundige in die Irre führen[138], andererseits aber zu Pferde passierbar sind. Diese Gassen sind in dem Sinne öffentlich, dass Ortsfremde hier gehen können, ohne nach Ziel und Absicht gefragt zu werden. Daneben liest man von privaten Passagen, *ḫawḫāt*, die Häuser auf der Rückseite verbinden, ohne da-

---

135 Siehe dagegen Massignon *Kufa*, S. 39, zu Kinda als den ersten, die in Kufa feste Häuser aus Backstein bauten. Allerdings wird an der von ihm zitierten Stelle Yāqūt *Muʿǧam* VII / VIII, S. 161, nur ausgesagt, dass die *meisten* Backsteintore Kufas bei Murād und al-Ḫazraǧ gebaut wurden. Murād wird sonst nicht zu Kinda, sondern zu Maḏḥiǧ gezählt. Eine Begründung für seine eigenwillige Einordnung Murāds *sub* Kinda liefert Massignon hier nicht.

136 Wie die Pluralform des Worts zu erklären ist, ist unklar. Vielleicht werden die Terrassen über den einzelnen Zimmern als Mehrzahl gewertet. In der Geschichte zu Ukaydir auf der abendlichen Dachterrasse, Wāqidī *Maġāzī* II, S. 405, die oben bei der Besprechung des Reichtums der Kinditen vorgestellt wurde, steht der Singular, *saṭḥ*.
Die Existenz von Dachterrassen scheint aus baustatischen Gründen ein Indiz für ein orthogonales Ordnungsmuster von Zimmern, Häusern und in der Konsequenz auch Vierteln zu sein. Siehe beispielsweise die Karten 5 und 6 bei Kubiak *Fustat*, S. 177 und 178, für archäologisch nachgewiesene Straßenmuster dieser Art.

137 Woher dieses Wasser kommt, wird nicht gesagt: Vermutlich wird eventueller Regen in Zisternen gesammelt (hierzu beispielsweise Bulliet *Camel*, S. 225) und bei Bedarf zusätzlich Wasser aus dem Euphrat geholt (zum Wasserholen aus dem Nil in al-Fusṭāṭ siehe Kubiak *Fustat*, insbesondere S. 68-69). Von Brunnen in Kufa liest man im Umfeld von Kinditen nichts. Führte die Nähe zum Fluss dazu, dass man sich die Arbeit des Brunnenbaus sparte? Siehe auch Djaït *Kūfa*, S. 241-244.

138 Zum Einfluss einer auf Lasttiere ausgerichteten Transportweise auf das Straßennetz siehe Bulliet *Camel*, insbesondere S. 216-236.

bei öffentliche Gassen zu berühren[139]. In ihnen können die stammesfremden Häscher dem flüchtigen Ḥuǧr b. ʿAdī nicht folgen.

Die gelegentlich genannten Tore, *abwāb*, ganzer Stämme, sind wohl am Anfang der Gassen zu verorten, die sich mit ihnen nachts und zu besonderen Gelegenheiten von der übrigen Stadt abschließen konnten[140]. Diese Tore werden anlässlich des Schwindens der letzten Unterstützer der Revolte Muslim b. ʿAqīls in einer Version detaillierter beschrieben:

> [Die Unterstützer der Revolte] zerstreuten sich immer mehr, bis am Abend schließlich nurmehr 30 Personen bei Ibn ʿAqīl blieben. Daraufhin betete er das Abendgebet (*al-maġrib*) und verließ [die große Moschee Kufas], indem er sich in Richtung der Tore Kindas wandte (*mutawaǧǧihan naḥwa abwāb kinda*). Als er bei den Toren ankam, waren nur noch zehn Begleiter bei ihm, und als er aus dem Tor herauskam, war er allein.[141]

Offenbar lagen einige Tore beieinander, durch die man von der Hauptmoschee in das dahinterliegende Viertel Kindas kommen konnte. Diese Tore werden auch bei der Flucht eines Helfers von Ibn Mulǧam nach der Ermordung ʿAlīs als Fluchtrichtung angegeben[142], sonst liest man von ihnen nur aus Anlass des Begräbnisses des ermordeten Kalifen ʿAlī:

> Er wurde bei der Hauptmoschee (*masǧid al-ǧamāʿa*) in Kufa auf der Brachfläche (*ar-raḥba*) begraben, die an die Tore Kindas anschließt.[143]

Aus den verschiedenen Ansichten zur Grabstätte ʿAlīs, die al-Balāḏurī im Anschluss an die oben übersetzte Passage aufzählt[144], wird schnell ersichtlich, dass man bereits bald nach ʿAlīs Tod nicht mehr wusste, wo er begraben worden war[145]. Der heute als Grab ʿAlīs verehrte Schrein in an-Naǧaf liegt ca. 7 km im Westen der Hauptmoschee. Wenn man keine frühislamische Brachfläche dieser Ausdehnung inmitten des frühislamischen Kufa an-

---

139 Siehe hierzu auch Kubiak *Fustat*, S. 123 und 126.

140 Siehe hierzu auch den Befehl des Gouverneurs ʿUbaydallāh b. Ziyād an seinen Polizeichef, auf der Suche nach dem flüchtigen Muslim b. ʿAqīl während der Nacht die Gassentore Kufas zu überwachen. Bei Tage solle er dann die Viertel durchkämmen (Abu Miḥnaf *Ḥusayn*, S. 72; Dīnawarī *Aḫbār*, S. 253; Ibn Aʿṯam V, S. 90; Iṣfahānī *Maqātil*, S. 103, und Ṭabarī *Taʾrīḫ* III, S. 313. Die Formulierung scheint eine stehende Redewendung geworden zu sein und wird in den einzelnen Editionen verschieden wiedergegeben. Der Sinn wird jedoch klar).
Offenbar gibt es eine gewisse Begrenzung des zentralen Einflussbereichs am Eingang der Stammesviertel, die im Folgenden noch diskutiert werden wird.

141 Iṣfahānī *Maqātil*, S. 102.

142 Ṭabarī *Taʾrīḫ* III, S. 176.

143 So wortgleich Balāḏurī *Ansāb* II, S. 264, und Ibn Saʿd II, S. 27. Bei Iṣfahānī *Maqātil*, S. 41, wird ʿAlī nur auf der Freifläche begraben, die an die Tore Kindas anschließt: Die Moschee wird nicht erwähnt.

144 Balāḏurī *Ansāb* II, S. 264.

145 Siehe hierzu auch Blair *Pavilion*, S. 87: „... there is always a certain amount of confusion about these early Shiʿi shrines".

nehmen will, lässt sich die heutige Topographie damit kaum zur Rekonstruktion der in den Texten geschilderten Orte heranziehen[146].

Die Topographie der Texte umfasst neben der Brache auf dem Weg von der Hauptmoschee zu den Toren Kindas und dem wohl dahinter liegenden Stadtviertel auch eine weitere Brachfläche: Die so genannte *ǧabbānat kinda*. Dieser Begriff bietet einige Schwierigkeiten[147], in den hier untersuchten

---

146 Auf *Googlemaps* (zuletzt abgerufen am 29. V. 2014) sind neben der Tankstelle *Muslim b. ʿAqīl* im Nordosten der Hauptmoschee westlich der Moschee einige Parks eingetragen, die nach Kinda benannt sind. Dagegen lokalisieren sowohl Massignon *Kufa*, S. 36, als auch Djaït *Kūfa*, S. 302, das Viertel Kindas gemäß des eingangs dieses Abschnitts übersetzten Berichts von der Gründung Kufas bei aṭ-Ṭabarī südlich der Moschee. Im Folgenden wird sich allerdings auf die Diskussion des mit Kinda verknüpften Teils der Stadt beschränkt, diese ganz Kufa umfassende Fragestellung wird daher in dieser Arbeit ausgespart.

147 Im heutigen Arabischen bezeichnet *ǧabbāna* meist einfach einen Friedhof. Diese Funktion begegnete bei der *ǧabbānat kinda* in Kufa in den hier untersuchten Historikern im Untersuchungszeitraum nicht. Man liest von Gräbern auf der *ǧabbānat kinda* erst bei späteren Geographen, beispielsweise Yāqūt *Muʿǧam* III / IV, S. 27. Die Funktion als Aufmarschplatz lebte demgegenüber offenbar im Osmanischen weiter: Redhouse *Lexicon*, S. 642, gibt unter dem Lemma *ǧabbāna* bzw. *jebbane*, als erste Bedeutung „a place for divine worship in the open air“, was ein Synonym zu den meist als *muṣallā* bezeichneten Freiluftgebetsplätzen zu sein scheint.
Das Problem hierbei ist, dass die Funktion eines Platzes als Aufmarsch- und Kampfplatz schlecht mit seiner Nutzung als Friedhof zu vereinen ist: Auch wenn es keine direkten Belege für Grabsteine dieser Zeit aus Kufa gibt, findet sich doch bereits zu Muḥammads Zeit die Erwähnung eines Grabsteins in Medina (Ṭabarī *Taʾrīḫ* II, S. 60) und die frühesten erhaltenen arabisch-„islamischen“ Grabsteine datieren aus den 650er Jahren (Halevi *Muhammad's Grave*, insbesondere S. 14-42). Wenn man daher Grabsteine auf frühislamischen Friedhöfen annimmt, scheidet eine Nutzung als Kampfplatz für Reitergefechte wohl aus. Allerdings liest man für Medina von einer *ǧabbāna*, die Juden und Beduinen als Friedhof diente, zumindest teilweise bewohnt war und manchmal von Beduinen als Zeltplatz genutzt wurde (Halevi *Muhammad's Grave*, S. 147).
Ich sehe zwei Möglichkeiten: Entweder war *ǧabbāna* von arabisch *ǧabīn*, der Stirn, (verwandt mit hebräisch גבן bucklig, höckerig: Gesenius *Handwörterbuch* I, S. 195, Koehler, Baumgartner *Lexikon* I, S. 167, und Leslau *Lexicon*, S. 14) abgeleitet die Freifläche in Front der Stämme in Kufa, auf der sie sich versammelten. Diese Freifläche wurde nach Ende des primär militärischen Charakters Kufas als einer Garnisonsstadt zum Friedhof umfunktioniert, schließlich in dieser seltsamen Mischfunktion nach Medina projiziert und in die arabische Lexikographie als „Brache“ aufgenommen, was schwerlich zur semitischen Wurzel passt. Die Alternative der Ursprünglichkeit der Doppelfunktion als Friedhof und Aufmarschplatz würde bedeuten, dass die *ǧabbāna* von vornherein eine sehr viel unbestimmtere Funktion hatte. Sie wäre dann einfach eine verschiedentlich genutzte Brache, die jedoch auch in diesem Fall am Rande des Stadtgebiets anzunehmen wäre, *pace* Massignon *Kufa*, S. 36, und Djaït *Kūfa*, S. 302.
Alternativ wäre eine Ableitung der *ǧabbāna* von spätlateinisch *campania* als freies Feld, Freifläche zu überlegen. Allerdings wäre hierbei eine griechische oder syrische Transmission wünschenswert. Du Cange *Glossarium*, Spalte 566-567, und Lampe *Lexicon*, S. 700, verzeichnen für das mittelalterliche Griechische jedoch nur die Form *κάμπος*, die das *nūn* des Arabischen *ǧabbāna* schwerlich erklärt, und bei Payne Smith *Dictiona-*

Quellen wird das Gebiet meist als Kampf- und Aufmarschplatz genutzt[148]. Sie begegnet beim Einzug des ʿalidischen Agenten al-Muḫtār nach Kufa als Station seines Itinerariums:

> [Al-Muḫtār wäscht sich außerhalb der Stadt und zieht sich an.] Dann bestieg er sein Kamel und ritt zum *masǧid as-sakūn* und zur *ǧabbānat kinda*, wobei er an jedem *maǧlis* grüßte. [...] So zog er bis zum *masǧid* der Banū Ḏuhl und der Banū Ḥuǧr [beide Unterstämme Kindas].[149] [...] Dann zog er zu den Banū Baddāʾ [von Kinda], wo er ʿUbayda b. ʿAmr al-Baddī von Kinda begegnete und ihn begrüßte.[150]

Es ist nicht ganz klar, ob er von dem *masǧid as-sakūn* und der *ǧabbānat kinda* zu den folgenden Stationen weiterzieht, oder ob sie die allgemeine Richtung angeben, in der er sich bewegt: Die erste Möglichkeit scheint wohl wahrscheinlicher.

Bei der Schilderung des Einzugs von al-Muḫtār nach Kufa werden auch zwei weitere Typen von geselligen Orten Kindas genannt: *Masǧid* und *maǧlis*. Der erste Begriff ist wörtlich *der Ort, wo man sich niederwirft*, und liegt dem

---

ry fand sich für das Syrische keine über die gemeinsemitische Wurzel hinausgehende Entsprechung, die als Ausgangspunkt des arabischen Wortes in Frage käme.
Djaït *Kūfa*, S. 285-296, betrachtet die *ǧabbāna* als Ausweis jemenitischen Einflusses in Kufa und bemerkt zur Funktion: „La fonction première des djabbānāt est donc celle de nécropoles tribales“ (Djaït *Kūfa*, S. 292). Auf Basis der in dieser Arbeit systematisch untersuchten Quellenauswahl kann ich ihm hier nicht folgen: Generell scheint sein Suchen nach einer essentiellen „ville islamique“ in frühislamischer Zeit problematisch.

148 Auf der *ǧabbānat kinda* sammeln sich die Truppen auf der Suche nach Ḥuǧr, Iṣfahānī *Aġānī* XVII, S. 143, und Ṭabarī *Taʾrīḫ* III, S. 244. Als Kampfplatz dient sie zur Zeit al-Muḫtārs bei Abū Miḫnaf *al-Muḫtār*, S. 63 und 88; Balāḏurī *Ansāb* IV, S. 319 und 344; Ibn Aʿṯam VI, S. 99 und 148; Ṭabarī *Taʾrīḫ* III, S. 481-482 und 497-499. Bei den Kämpfen gegen al-Muḫtār versucht der Polizeichef, *ṣāḥib aš-šurṭa*, Kufas, alle Aufmarschplätze zu besetzen und schickt dabei auch Truppen auf die *ǧabbānat kinda*: Balāḏurī *Ansāb* IV, S. 313. Nach der Eroberung Kufas durch Muṣʿab b. Zubayr richtet al-Qāsim b. Muḥammad b. al-Ašʿaṯ die Mörder seines Vaters auf der *ǧabbānat kinda* hin und kreuzigt anschließend (ebendort?) ihre Leichname: Ibn Ḥabīb *Muḥabbar*, S. 481. Schließlich bildet sie eine Station auf dem Weg al-Muḫtārs bei seinem Einzug nach Kufa, der im Folgenden besprochen wird.
Die einzige Ausnahme steht bei Yaʿqūbī *Taʾrīḫ* II, S. 104, wo es heißt, dass al-Ašʿaṯ sich auf der *ǧabbānat kinda* niedergelassen habe, wobei sich die übrigen Kinditen um ihn ansiedelten. Spätestens mit der Ansiedlung wurde die *ǧabbāna*, was immer ihre Funktion ursprünglich gewesen war, zum Stadtviertel, *ḫiṭṭa*, das von der *ǧabbāna* späterer Zeiten differenziert wird.

149 Bei Abū Miḫnaf *al-Muḫtār*, S. 46, und Ṭabarī *Taʾrīḫ* III, S. 443, trifft al-Muḫtār in diesem *masǧid* niemanden an, weil alle bei der Freitagspredigt in der Hauptmoschee sind: Damit wird aber unklar, wen er denn in den *maǧālis* auf seinem Weg dorthin gegrüßt haben soll. Bei Balāḏurī *Ansāb* IV, S. 307, fehlt folgerichtig der Verweis auf den *masǧid* der Banū Ḏuhl und der Banū Ḥuǧr: Hier reitet al-Muḫtār durch die verwaisten Straßen direkt zu den Banū Baddāʾ von Kinda.

150 Wortgleich Abū Miḫnaf *al-Muḫtār*, S. 46, und Ṭabarī *Taʾrīḫ* III, S. 443. Eine Parallelstelle steht Balāḏurī *Ansāb* IV, S. 307. Wohl aufgrund dieser Passage lokalisiert Djaït Kūfa, S. 302, die *ǧabbānat kinda* im Zentrum des Stadtviertels der Kinditen.

deutschen Wort *Moschee* zugrunde, während der *maǧlis* demgegenüber der *Sitzort* ist. Funktional sind sie innerhalb der Geschichte vom Einzug al-Muḫtārs in Kufa äquivalent: Es sind Orte, an denen sich die männlichen Einwohner der umliegenden Häuser aufhalten. In einer Parallelstelle zum oben übersetzten Einzug al-Muḫtārs nach Kufa wird *maǧlis* durch *masǧid* ersetzt[151].

Die Benennung dieser Aufenthaltsorte nach kinditischen Unterstämmen deutet in dieselbe Richtung wie der kinditische Unterstamm der Banū Ǧabala, von deren Häusern beim Fluchtweg Muslim b. ʿAqīls berichtet wurde: Demnach siedelten die Unterstämme Kindas jeweils beieinander und hatten gemeinsame Aufenthaltsorte. Interessant ist hierbei der im obigen Text offenbar geteilte *masǧid* der Banū Ḏuhl und der Banū Ḥuǧr: Anscheinend konnten sich zwei eng verwandte[152] Stammeszweige einen Aufenthaltsort teilen.

In den hier ausgewerteten Quellen liest man von einem *masǧid* folgender Unterstämme Kindas in Kufa[153]: Banū Bahdala[154], scheinbar gemeinsam von den Banū Ḏuhl und Banū Ḥuǧr[155], sowie Banū Sakūn[156], daneben begegnet auch ein *masǧid* von al-Ašʿaṯ b. Qays[157]. Ein spezieller *maǧlis* wird demgegenüber keinem kinditischen Unterstamm zugeordnet, man liest stattdessen unbestimmt von verschiedenen *maǧālis kinda*, an denen sich Kinditen aufhalten[158], oder später von *maǧlis kinda* im Singular als dem Ort, wo man eben Kinditen trifft[159].

Soviel zur physischen Topographie der Kinditen in Kufa. Besonders interessant ist die recht häufige Interaktion von Fremden mit Frauen, die eine Skizze zum Aufenthaltsbereich der Frauen erlaubt. Ṭawʿa beherbergt den flüchtigen Muslim b. ʿAqīl in einem Zimmer, *bayt*, das nicht das ihrige und nicht dasjenige ihres Sohnes ist[160]. Sie kommt mit Muslim ins Gespräch, weil

---

151 Balāḏurī *Ansāb* IV, S. 307.

152 Siehe Caskel *Ǧamharat an-Nasab* I, Tafeln 233-235 und 237.

153 Siehe auch Djaït *Kūfa*, S. 298-299. Sein auf Balāḏurī *Ansāb* IV, S. 307, zurückgeführter *masǧid* der Banū Baddāʾ ist wohl nicht schlüssig. Dort heißt es in der Rede al-Muḫtārs an ʿUbayda b. ʿAmr al-Baddī: Gott erbarme sich Deiner und der Leute Deines *masǧid*, *ahl masǧidika*. In der Parallelstelle Abū Miḫnaf *al-Muḫtār*, S. 46, und Ṭabarī *Taʾrīḫ* III, S. 443, ist hier von den Leuten Eures *masǧid*, *ahl masǧidikum*, die Rede: Das Ganze steht sinngemäß einfach für *Deine Genossen*. Daher ist wohl zu zweifeln, ob sich die Stelle als Beleg eines *masǧid* der Banū Baddāʾ in Kufa werten lässt.

154 Balāḏurī *Futūḥ*, S. 329.

155 Abū Miḫnaf *al-Muḫtār*, S. 46, und Ṭabarī *Taʾrīḫ* III, S. 443.

156 Abū Miḫnaf *al-Muḫtār*, S. 46 und 63; Balāḏurī *Ansāb* IV, S. 307, und Ṭabarī *Taʾrīḫ* III, S. 443 und 482.

157 Abū Miḫnaf *al-Muḫtār*, S. 64; Ibn Aʿṯam VI, S. 104; Iṣfahānī *Maqātil*, S. 42, und Ṭabarī *Taʾrīḫ* III, S. 483.

158 Hier wird für eine Verteidigung Ḥuǧr b. ʿAdīs geworben: Ṭabarī *Taʾrīḫ* III, S. 244.

159 Hierher kommt der Dichter Farazdaq, um sich mit den von ihm verspotteten Kinditen wieder zu versöhnen: Balāḏurī *Ansāb* VIII, S. 66, und Iṣfahānī *Aġānī* VIII, S. 25-26.

160 Siehe oben.

sie entweder am Tor ihres Hauses steht[161], oder Muslim am Tor sitzen sieht und den ungebetenen Gast nach Hause schickt: „An meinem Tor hast Du nicht zu sitzen!“[162] Das Wasser, das sie ihm bringt, holt sie in einem Krug, *inā'*, aus dem Haus. Wo genau das Wasser im Haus aufbewahrt wird, wird jedoch nicht genauer gesagt. In der Geschichte um den Richter Šurayḥ sieht dieser von der Straße aus ein schönes Mädchen und ihre Mutter unter einem Sonnendach, *saqīfa*, sitzen:

> Aš-Šaʿbī erzählt: Einmal sagte Šurayḥ zu mir: Haltet Euch an die Frauen [des Stamms] der Banū[163] Tamīm, denn das sind wahre Frauen! Ich fragte, wieso? Da erzählte er: Als ich eines Tages von einem Begräbnis zurückkam, ging ich an den Häusern der Banū Tamīm vorbei. Da saß eine Frau unter einem Sonnendach auf einem Kissen und ihr gegenüber ihre schöne, junge Tochter, die bereits volljährig war, und der eine Haarsträhne ins Gesicht hing, wie sie auf einem anderen Kissen saß. Da bat ich um etwas zu trinken, sie aber fragte: Was willst Du denn trinken? Wein (*nabīḏ*)[164], Milch (*laban*)[165] oder Wasser? Ich antwortete: Was Euch am wenigsten Mühe macht. Da sagte sie: Gebt dem Mann Milch, denn ich glaube, er ist fremd![166]

Interessant ist hier, dass die angebotenen Getränke Wein, Milch und Wasser offenbar sämtlich im Haus vorrätig sind[167].

Außerhalb des Hauses treten Frauen dagegen nur als Grund des Scheiterns der Revolte Muslim b. ʿAqīls auf. Schwestern und Mütter der Aufrührer kommen hierbei zu den Unterstützern Muslims, die den Gouverneurspalast belagern, und erklären ihren jeweiligen Verwandten, dass die Revolte doch nicht gerade von ihrer Beteiligung abhängen könne. Daraufhin bricht

---

161 So Ibn Aʿṯam V, S. 89. Bei Dīnawarī *Aḫbār*, S. 253, und Iṣfahānī *Maqātil*, S. 102, erwartet sie am Tor des Hauses ihren Sohn.

162 So Abū Miḫnaf *Ḥusayn*, S. 70, und Ṭabarī *Ta'rīḫ* III, S. 312. Auch in einigen anderen Varianten schickt sie den flüchtigen Muslim fort, nachdem sie ihm Wasser gegeben hat: So Ibn Aʿṯam V, S. 88; Iṣfahānī *Maqātil*, S. 102, und Ṭabarī *Ta'rīḫ* III, S. 298.

163 *Sic in texto pace* Caskel *Ǧamharat an-Nasab* I, S. 62.

164 Den Wein, *nabīḏ*, übersetzt Leder *Korpus*, S. 136, als Dattelwein.

165 Die Milch, *laban*, übersetzt Leder *Korpus*, S. 136, als Sauermilch. Ganz sicher ist das allerdings nicht, siehe für die Implikationen das Folgende.

166 Iṣfahānī *Aġānī* XVII, S. 221.

167 Wie oben bei der Übersetzung der Passage angemerkt, gibt Leder *Korpus*, S. 136, die Getränke als Wasser, Dattelwein und Sauermilch wieder. Die exakte Spezifizierung der Getränke ließe sich zur weiteren Beschreibung der Ernährung der Bevölkerung Kufas und dementsprechend der Landwirtschaft im Umland Kufas nutzen. Das Trinken von Dattelwein wäre im Kontext der später im Umland Kufas erwähnten Weinberge zu diskutieren (siehe beispielsweise Iṣfahānī *Aġānī* XXV, S. 147, zu den Weinbergen von Ṭīzanābāḏ, siehe auch 3.2.2) und das Servieren von Sauermilch ließe vielleicht Rückschlüsse auf die Organisation der Milchversorgung der Garnisonstruppen zu. Die genaue Spezifizierung der Getränke ist allerdings nicht ganz sicher.
Das Motiv der Wahl des Gastes zwischen Wein, Milch und Wasser begegnet auch in der Geschichte von der Himmelsreise Muḥammads, beispielsweise Ibn Hišām, S. 287. Auch hier wird am Ende Milch getrunken, das Detail ist offenbar ein topisches Wandermotiv.

die Revolte zusammen[168]. Männer sind ebenfalls gelegentlich zuhause[169], sie interagieren jedoch häufiger in *maǧlis* oder *masǧid* mit Fremden.

Insgesamt erscheinen in der Prosopographie Kindas auf Anführerfamilien ausgerichtete persönliche Netzwerke, die zur Organisation der Ansiedlung, zur militärischen Mobilisation und zur Verteilung der Soldzahlungen genutzt wurden. Inwieweit die Soldzahlungen letztlich auf die islamische Zentralgewalt zurückgingen, wie es die normative Vorstellung des *dīwān* will[170], oder ob lokale Anführerfamilien ihre Gefolgsleute aus eigenem Besitz bezahlten, ist letztlich allein anhand der Kinditen nicht zu entscheiden. Im letzteren Fall würde das spätantike Prinzip einer ländlich begüterten Oberschicht fortgeführt, die aus freien Stücken in der Stadt lebt[171].

Dieses Muster lässt sich besonders für die Familie al-Ašʿaṯs nachzeichnen, die außerhalb Kufas das Landgut Ṭīzanābāḏ besaß und sich auf in der Stadt wohnende Gefolgsleute stützen konnte[172]. Das Funktionieren eines solchen auf persönlicher Loyalität beruhenden Netzwerks[173] wird in der Familie der schon öfters genannten Ṭawʿa greifbar, die Muslim b. ʿAqīl beherbergte: Sie selbst war eine *umm walad*[174] von al-Ašʿaṯ b. Qays gewesen, bevor dieser sie freiließ und mit einem Mann namens Asīd al-Ḥaḍramī verheiratete[175]. Auch dieser scheint ein Gefolgsmann al-Ašʿaṯs gewesen zu sein, jedenfalls ließen sich beide im Viertel Kindas in Kufa nieder. Ihr Sohn war ein solch enger Genosse des Enkels von al-Ašʿaṯ, dass er ʿAbdarraḥmān b. Muḥammad b. al-Ašʿaṯ das Versteck des gesuchten Flüchtlings Muslim b. ʿAqīl verriet[176]. Dieses auf einen lokalen Stammesführer ausgerichtete Netzwerk lässt sich als analytisches Konzept unabhängig davon heranziehen, ob der jeweilige Anführer seine Stellung seinen eigenen Machtmitteln, oder der Einsetzung durch die Zentrale verdankt.

Der Führungsanspruch der Familie al-Ašʿaṯs innerhalb der Kinditen in Kufa wurde gelegentlich herausgefordert. So soll der Kalif ʿAlī den Plan, seinen

---

168 Beispielsweise Ṭabarī *Taʾrīḫ* III, S. 312.

169 So werden beispielsweise die verschiedenen Gastgeber Ḥuǧr b. ʿAdīs von diesem auf seiner Flucht zuhause angetroffen: Siehe oben.

170 Siehe hierzu Puin Dīwān und 5.3.2.

171 Jones *Cities*, insbesondere S. 170. Der Hinweis verdankt sich Kennedy *Polis*, S. 23. Siehe ausführlicher auch Jones *Life*.

172 Zum Lebensstil adliger Kinditen aus der Familie al-Ašʿaṯs siehe die Diskussion von Kinditen, Reichtum und höfischem Leben 3.2.2.

173 Siehe zur Loyalität gegenüber Personen statt Ämtern in klassisch islamischer Zeit insbesondere Mottahedeh *Loyalty* und Paul *Gemeinwesen*.

174 Der Begriff bezeichnet eigentlich eine Sklavin, die ihrem Herrn ein Kind geboren hat. Von einem Kind Ṭawʿas mit al-Ašʿaṯ liest man jedoch nicht.

175 So Abū Miḫnaf *Ḥusayn*, S. 70; Iṣfahānī *Maqātil*, S. 102, und Ṭabarī *Taʾrīḫ* III, S. 312. Bei Ibn Aʿṯam V, S. 88, heißt ihr Mann Asad b. al-Baṭin von Ḥaḍramawt.

176 Siehe 3.2.7.

Unterstützer Ḥuǧr b. ʿAdī zum Anführer Kindas zu machen, erst auf Bitten Ḥuǧrs selbst aufgegeben zu haben[177]. In gleicher Weise setzten die Rebellen Muslim b. ʿUqayl[178] und al-Muḫtār[179] allem Anschein nach kufische Kinditen, die nicht aus der Familie al-Ašʿaṯs kommen, als Anführer Kindas oder Kindas und Rabīʿas ein. In allen drei Fällen setzte sich jedoch letztlich die Familie al-Ašʿaṯs im Streit um die Anführerschaft Kindas in Kufa durch.

Insgesamt bildet der Siedlungsbereich Kindas in Kufa eine in gewissem Ausmaß autonome Region, in der sich flüchtige Rebellen vor der Staatsgewalt verbergen konnten. Die greifbaren Personennetzwerke sind auf eine führende Familie ausgerichtet, meist diejenige des al-Ašʿaṯ b. Qays. Diese Familie ist seit der Gründung Kufas innerhalb der dortigen Kinditen führend und wird nur dann ernsthaft in ihrem Führungsanspruch herausgefordert, wenn umfassende Elitenwechsel durch nicht-umayyadische Herrscher in Kufa angestrebt werden. Auch diese neuen Eliten streben jedoch keine grundlegende Änderung der Systematik der tribalen Netzwerke an, sondern begnügen sich mit einem Austausch der jeweils führenden Person. Diese auf persönlicher Loyalität aufgebauten Netzwerke, die in tribaler Terminologie formuliert werden, bilden damit aus Sicht der Kinditen in Kufa den prägenden Mechanismus sozialer Mobilisierung in Kufa während der ersten drei Generationen frühislamischer Geschichte.

5.4.2 Exkurs: Herrschaftlich-endzeitliche Symbolik in der Familie al-Ašʿaṯ b. Qays'

In diesem Abschnitt wird das Ausmaß der Herausforderung der Dominanz des Stammes Qurayš durch den Kinditen Ibn al-Ašʿaṯ während seines Aufstands am Ende des Untersuchungszeitraums untersucht. Dabei wird zunächst die Art der qurayšitischen Führungsansprüche im frühislamischen Staat kurz skizziert, bevor die Formensprache global-islamischer Machtansprüche insbesondere für Ibn al-Ašʿaṯ rekonstruiert werden soll. Dabei werden neben den in dieser Arbeit ausgewerteten arabischen Historikern auch die Münzprägung im Machtbereich Ibn al-Ašʿaṯs während seines Aufstands in die Untersuchung einbezogen. Im Fazit soll diese Herausforderung qurayšitischer Herrschaft zusammengefasst und in ihrer weiteren Bedeutung abgeschätzt werden.

---

177 Dīnawarī *Aḫbār*, S. 238. Allerdings wird die Geschichte als Anekdote beim Tod Ḥuǧrs von Mālik b. Hubayra erzählt und ist damit im Erzählkontext nicht handlungsrelevant.

178 Dīnawarī *Aḫbār*, S. 252, wo er als ʿAbdarraḥmān b. Karīz bezeichnet wird. Dagegen ʿAbdarraḥmān b. ʿAzīz bei Iṣfahānī *Maqātil*, S. 100, und ʿUbaydallāh b. ʿAmr b. ʿAzīz al-Kindī bei Ṭabarī *Taʾrīḫ* III, S. 311.

179 Abū Miḫnaf *al-Muḫtār*, S. 11; Balāḏurī *Ansāb* IV, S. 333, und Ṭabarī *Taʾrīḫ* III, S. 520. Der Eingesetzte wird als al-Aswad b. Ǧarrād al-Kindī benannt.

Dass im ersten islamischen Jahrhundert weltliche und religiöse Autorität verquickt waren, ist von Crone und Cook herausgestellt worden[180]. In dieser Arbeit wurde bei der Besprechung der zentralen Lenkung der Eroberungen mit einem Zusammenfallen von religiöser und zentral-staatlicher Autorität bei den untersuchten kinditischen Truppenführern argumentiert[181]. In gleicher Weise soll in diesem Abschnitt untersucht werden, ob auch die Herausforderung des qurayšitischen Führungsanspruchs durch die Familie al-Ašʿaṯs gleichermaßen die „religiöse“ wie die „staatliche“ Ebene umfasst.

Ein genereller Führungsanspruch Qurayšs wird exemplarisch in der Rede Abū Bakrs vor den widerspenstigen Medinensern nach dem Tod Muḥammads formuliert:

> [Nach dem Tod Muḥammads wollen sich die medinensischen Anṣār von den qurayšitischen Gefolgsleuten Muḥammads abspalten. Abū Bakr geht zu ihnen und spricht:] Die Araber werden nur die Herrschaft von diesem Stamm, Qurayš, anerkennen, denn sie stehen nach Wohnung und Abstammung in der Mitte der Araber (*wa-hum awsaṭu l-ʿarabi dāran wa-nasaban*). [Daraufhin wird ihm als Kalifen gehuldigt.][182]

Dieser exklusive Machtanspruch Qurayšs wird in der späteren islamischen Geschichte schon allein dadurch umgesetzt, dass die Rechtgeleiteten Kalifen und die großen Dynastien der Umayyaden, ʿAbbāsiden und Fāṭimiden sich sämtlich zu diesem Stamm rechnen. Nicht-qurayšitische Machtansprüche eventuell global-islamischen Ausmaßes werden dagegen außer von ḫāriǧitischen Rebellen in frühislamischer Zeit besonders vom Kalbiten Ḥassān b. Mālik b. Baḥdal angemeldet:

> Ḥassān b. Mālik b. Baḥdal wurde 40 Nächte lang das Kalifenamt überlassen, dann gab er es an Marwān ab.[183]

Ein global-islamischer Machtanspruch Ḥassān b. Mālik b. Baḥdals ergibt sich hierbei durch seinen Anspruch auf den global-islamischen Kalifentitel. Eine andere Form der Formulierung eines global-islamischen Machtanspruchs ist der Rückgriff auf endzeitliche Motivik. Diese begegnet möglicher Weise in verdeckter Form bereits beim Vater Ibn al-Ašʿaṯs, Muḥammad b. al-Ašʿaṯ. Dieser soll die *kunya* Abū l-Qāsim getragen haben, die als *kunya* Muḥammads bekannt war[184]. Das Zusammentreffen von *ism* und *kunya* des Propheten Muḥammad beinhaltet einen eschatologischen Machtanspruch und wird

---

180 Siehe Crone, Hinds *God's Caliph*.
181 Siehe 4.4.
182 Ṭabarī *Taʾrīḫ* II, S. 279.
183 Balāḏurī *Ansāb* IV, S. 237. Siehe hierzu Piotrovskij *Halif*, bestritten wird das Kalifat Ḥassān b. Mālik b. Baḥdals bei Rotter *Zweiter Bürgerkrieg*, S. 142.
184 Ibn Saʿd V, S. 48.

daher meist vermieden[185]. Dass der mit dem Namen „Abū l-Qāsim Muḥammad" verbundene Machtanspruch als erklärungsbedürftig wahrgenommen wurde, lässt sich aus der Anekdote ableiten, nach der Muḥammad b. al-Ašʿaṯ seine *kunya* von seiner Tante, der Prophetenwitwe ʿĀʾiša, persönlich verliehen bekommen habe[186].

Dies ist nicht der einzige Fall von Personen, die im ersten Jahrhundert nach der *hiǧra Abū l-Qāsim Muḥammad* hießen, allerdings werden neben Muḥammad b. al-Ašʿaṯ meines Wissens nur Qurayšiten so benannt[187]. Damit deutet die Benennung des Kinditen Muḥammad b. al-Ašʿaṯs als *Abū l-Qāsim Muḥammad* auf eine Durchlässigkeit der Abstammungskriterien hin, die zur Herrschaft befähigen. Er selbst war über seine Mutter, die eine Schwester Abū Bakrs gewesen sein soll, mit der qurayšitischen Elite verbunden. Diese Verbindung schlug sich auch in der Geschichte seiner Benennung als *Abū l-Qāsim Muḥammad* durch seine Tante ʿĀʾiša nieder. Allerdings wird der mit seinem Namen eventuell implizierte Machtanspruch in seiner Biographie nicht greifbar. Die Frage, ob auch Angehörige anderer Stämme als des Stammes Qurayš im Islam herrschen konnten, wird damit in expliziter Form erst durch den Aufstand seines Sohnes ʿAbdarraḥmān b. Muḥammad b. al-Ašʿaṯ, oder kurz Ibn al-Ašʿaṯ, gestellt.

Vor der Entscheidungsschlacht bei Dayr al-Ǧamāǧim gegen die umayyadischen Truppen wird Ibn al-Ašʿaṯ selbst diese Frage in den Mund gelegt:

> [Die Truppen Ibn al-Ašʿaṯs stehen den Syrern vor der entscheidenden Schlacht bei Dayr al-Ǧamāǧim gegenüber.] Da stieg Ibn al-Ašʿaṯ auf seine Kanzel (*minbar*) im Heerlager, [...] lobte Gott und sprach: Der Krieg ist ein Wettstreit, in dem die Seelen der Männer vergehen[188]. Auch der Prophet Gottes siegte nur, wenn ihm und seinen Gefährten der Sieg geschenkt wurde. Wenn diese Herrschaft (*al-amr*[189]) Qurayš gehört, dann ist wohl nichts zu machen[190]. Wenn aber auch andere von Euch Arabern herrschen können, dann bin ich ʿAbdarraḥmān b. Muḥammad b. al-Ašʿaṯ b. Qays b. Maʿdikarib. [...] Daraufhin begannen die Leute zu kämpfen, Ibn al-Ašʿaṯ aber blieb auf der Kanzel stehen, während die Pfeile um ihn flogen. Er schützte sich in keiner Weise vor den Geschossen, sondern schaute, wie seine Gefährten kämpften.[191]

185 Schimmel *Names*, S. 7

186 Ibn Saʿd V, S. 48.

187 So der im Eselkadaver verbrannte Muḥammad b. Abī Bakr, siehe 3.1.2, oder ein gleichnamiger Bruder bei Balāḏurī *Ansāb* I, S. 448, wo nach einer der zitierten Ansichten wiederum ʿĀʾiša die Namenskombination vergibt. Ebenso soll der berühmte Sohn ʿAlīs, Muḥammad b. al-Ḥanafiyya, Abū l-Qāsim Muḥammad geheißen haben: Balāḏurī *Ansāb* I, S. 448. Siehe auch die Liste bei Ibn Rusta, S. 202-203.

188 Der Anfang der Rede bis hier ist in Reimprosa, *saǧʿ*, abgefasst.

189 *Al-amr*, wörtlich *die Sache*, ist als Bezeichnung für die kalifale Herrschaft gebräuchlich: Siehe beispielsweise Ṭabarī *Taʾrīḫ* II, S. 281.

190 Die Stelle ist nicht ganz klar, die Übersetzung ist *ad sensum.*

191 Ibn Aʿṯam VII, S. 139-140, eine kürzere Fassung steht auch bei Ṭabarī *Taʾrīḫ* III, S. 688.

Kann ein nicht dem Stamm Qurayš angehörender Araber im Islam herrschen? Dass Ibn al-Ašʿaṯ charakterlich zur Herrschaft befähigt war, wird in der folgenden Anekdote deutlich herausgestellt, nach der er sich in drei verschiedenen Dimensionen von islamisch-arabischem Herrschaftswissen bildete:

> ʿAbdarraḥmān b. Muḥammad b. al-Ašʿaṯ [Ibn al-Ašʿaṯ] sagte: [...] Als [der Kalif] ʿAbdalmalik auftrat, der Gedichte liebte, ließ ich Erzähler kommen und eh ein Jahr vergangen war, rezitierte ich flüssig Verse und Sprichworte. Als Muṣʿab [b. az-Zubayr, der Gouverneur des Irak von Seiten ʿAbdallāh b. az-Zubayrs] auftrat, der die Genealogie liebte, ließ ich mir Genealogen kommen und lernte die Genealogie in einem Jahr. Daraufhin trat al-Ḥaǧǧāǧ auf, dem der Koran viel bedeutete: Da lernte ich den Koran in einem Jahr auswendig.[192]

Mit diesen verschiedenen Formen von Herrschaftswissen ausgestattet führte Ibn al-Ašʿaṯ seinen großen Aufstand gegen die Umayyaden und ihren Statthalter im Irak, der summarisch wie folgt beschrieben wird:

> Die Geschichte (*ḫabar*) von ʿAbdarraḥmān b. al-Ašʿaṯ: Er sammelte die Massen und rief die Koranleser (*qurrāʾ*) zum Kampf gegen den Bösewicht al-Ḥaǧǧāǧ b. Yūsuf und seinen Herrn ʿAbdalmalik b. Marwān. Da antwortete ihm das Volk und er rückte mit einem Heer, zahlreich wie die Ameisen (*an-naml*) in den Irak vor. [...] Er wurde *al-qaḥṭānī* genannt und schrieb wie folgt an die Provinzen: Von ʿAbdarraḥmān, dem Beistand des Herrschers der Gläubigen (*nāṣir amīr al-muʾminīn*).[193]

Insbesondere die hier genannten Titel *nāṣir amīr al-muʾminīn* und *al-qaḥṭānī* implizieren einen global-islamischen Herrschaftsanspruch, der im Folgenden herausgearbeitet werden soll. Dabei kann der eigenartige Titel eines *nāṣir amīr al-muʾminīn* in den Kontext eines globalen Anspruchs auf das Kalifat im Islam gestellt werden, während sich *al-qaḥṭānī* als Bestandteil apokalyptischer Motivik fassen lässt. In welcher Weise „institutioneller" und „eschatologischer" Machtanspruch miteinander verknüpft sind, wird im Anschluss skizziert.

Der Titel eines *nāṣir amīr al-muʾminīn*, der vielleicht als *Beistand des Herrschers der Gläubigen* übersetzt werden kann, wird in frühislamischer Zeit meines Wissens sonst nicht verwendet. Er taucht später gelegentlich auf Bauinschriften Nūr ad-Dīn Zankīs[194] und des Salġuriden Saʿd b. Zangīs[195] auf. *Amīr al-muʾminīn* bedeutet als kalifaler Titel, dass Ibn al-Ašʿaṯ im Namen eines anderen agierte. Wer das gewesen sein könnte, wird allerdings nicht ge-

192 Ǧāḥiẓ *al-Ḥayawān* V, S. 194-195. Der Hinweis verdankt sich Sayed *Revolte*, S. 251, in einer Fußnote zu S. 178, wo er allerdings nicht die von ihm zitierte Version übersetzt.

193 Maqdisī *K. al-Badʾ* VI, S. 35.

194 Siehe Elisséeff *Titulature*, S. 158 und 160-166. In seiner Besprechung der Titel, Elisséeff *Titulature*, S. 193, geht der Autor nicht auf mögliche apokalpytische Konnotationen ein.

195 Melikian-Chirvani *Royaume*, p. 4 und 7-8.

sagt. In einer Parallelstelle wird der Titel als *nāṣir al-mu'minīn*, Helfer der Gläubigen wiedergegeben[196]. Diese Form ist eine Abwandlung des als Kalifentitel seit ʿUmar üblichen *amīr al-mu'minīn*, wobei für den funktionalen Befehlshaber *amīr* der eschatologisch aufgeladene *nāṣir* eingesetzt wurde, der im Folgenden besprochen werden wird.

Zu Ibn al-Ašʿaṯs Anspruch auf das Kalifat und die darin institutionalisierte Herrschaft im Islam ist insbesondere die Diskussion bei al-Balāḏurī heranzuziehen, ob Ibn al-Ašʿaṯ selbst denn nun Kalif, *ḫalīfa*, gewesen sei:

> [Al-Ḥaǧǧāǧ] fragte [den gefangenen Gefolgsmann Ibn al-Ašʿaṯs] al-Halqām: Was hattest Du Dir von Deiner Unterstützung Ibn al-Ašʿaṯs erhofft? Meintest Du, er sei ein Kalif? Da antwortete [al-Halqām]: Ja, ich hoffte, er werde Kalif und erhebe mich zu dem Rang, den Du bei [dem umayyadischen Kalifen] ʿAbdalmalik einnimmst! Da grollte [al-Ḥaǧǧāǧ] und befahl: Schlagt ihm den Kopf ab![197]

In dieser Anekdote wird eine Unschärfe um Ibn al-Ašʿaṯs Anspruch auf das Kalifat deutlich, die auch im übrigen Material nicht aufgelöst wird. Nachdem ihm zunächst Gefolgschaft, *bayʿa*, bei der Absetzung des umayyadischen Statthalters al-Ḥaǧǧāǧ gelobt wurde[198], wird im Folgenden gelegentlich bemerkt, dass seine Gefolgsleute oder er selbst ihr Programm auf die Absetzung von ʿAbdalmalik selbst ausweiteten[199]. Dieses ausgeweitete politische Programm beinhaltet einen Anspruch auf global-islamische Herrschaft, der offenbar wenigstens für einige seiner Gefolgsleute einen Anspruch auf den kalifalen Titel umfasste.

Die während seines Aufstands im Machtbereich Ibn al-Ašʿaṯs geprägten Münzen tragen zur Klärung der Frage nach dem institutionalisierten Kalifatsanspruch des kinditischen Prätendenten überraschend wenig bei. Ibn al-Ašʿaṯ firmiert durchweg auf arabisch als *ʿAbdarraḥmān b. Muḥammad*, kalifale Titel sind auf seinen Münzen nicht belegt[200]. Dagegen begegnen insbesondere auf den Randlegenden der unter Ibn al-Ašʿaṯ geprägten Münzen eschatologisch aufgeladene Titel, die im Folgenden vorgestellt und in ihrer ikonographischen Bedeutung diskutiert werden sollen. Dabei sind diese Münzen als nicht im Überlieferungsprozess überformte Originalquellen besonders interessant.

> *bismillāhi rabbī r-raḥmān*: Im Namen Gottes, mein Herr ist der Barmherzige.

Diese Randlegende wurde von Ibn al-Ašʿaṯ im Jahr 70 in Dārābǧird verwendet[201]. Interessant ist hierbei der zweite Teil *rabbī r-raḥmān*. Die Wahl des Gottesnamen *ar-raḥmān* könnte sich vielleicht aus dem Namen Ibn al-Ašʿaṯs,

---

196 Masʿūdī *Tanbīh*, S. 272.
197 Balāḏurī *Ansāb* V, S. 106.
198 Beispielsweise Masʿūdī *Tanbīh*, S. 271, und Ṭabarī *Ta'rīḫ* III, S. 679.
199 Beispielsweise Masʿūdī *Tanbīh*, S. 272, und Ṭabarī *Ta'rīḫ* III, S. 681.
200 Gaube *Numismatik*, S. 32.
201 Gaube *Numismatik*, S. 26.

ʿAbdarraḥmān, erklären. Während Gaube beim parallelen Typus mit der Aufschrift *rabbī l-ḥakam*, den Ḥakam b. Abī l-ʿĀṣ 56 und 57 prägen ließ, als *Herr des Ḥakam* übersetzt[202], scheint eine solche Übersetzung für die Münzen Ibn al-Ašʿaṯs nur schwer möglich. Diese Randlegende ist innerhalb der von Gaube besprochenen arabosassanidischen Münzprägung nur für Ibn al-Ašʿaṯ belegt, zur weiteren Konnotation des Namens ist vielleicht außerdem auf die südarabische Herkunft dieses Gottesnamens zu verweisen[203].

bismillāhi rabbi ḥarasihī: Im Namen Gottes, des Herrn, seines Wächters.

Auch diese Randlegende wurde von Ibn al-Ašʿaṯ im Jahr 70 in Dārābǧird verwendet. Gaube übersetzt als *Im Namen Gottes, seines Wächters*[204]. Die grammatischen und symbolischen Bezüge sind dabei nicht ganz eindeutig.

bismillāhi (p) M.N.S.W.R.: Im Namen Gottes, M.N.S.W.R.

In dieser Randlegende folgt auf das arabische *bismillāhi* eine Buchstabenkombination in *pahlawī*, die Gaube als Transkription des arabischen *manṣūr*, Sieger, erklärt. Die Belegstücke stammen aus Bišāpūr und Iṣṭaḫr, jeweils aus dem Jahr 82[205]. M.N.S.W.R auf *pahlawī* begegnet auch auf der folgenden Randlegende:

al-ḥamdu li-llāhi (p) M.N.S.W.R.: Lob sei Gott, M.N.S.W.R.

Diese Randlegende wurde im Jahr 82 und vielleicht auch 83 von Ibn al-Ašʿaṯ in Bišāpūr verwendet[206]. Schließlich taucht die in *pahlawī* als M.N.S.W.R. wiedergegebene Buchstabenkombination in arabischer Schrift als *manṣūr* in der Randlegende des Revers von Münzen aus Bišāpūr des Jahres 81 auf[207].

Dieses *manṣūr* beschreibt Madelung als Titel einer südarabischen Endzeitgestalt wie folgt:

> ... al-Manṣūr, a name often linked in common usage with the South Arabian Deliverer. One account of the expulsion of the Yemenites from Syria describes their hearing a voice on three successive nights calling out *yā Manṣūr yā Manṣūr* by which they are aroused to resistance and to choose their own leader.[208]

Als Schlachtruf und Devise ist *al-manṣūr* auch sonst öfters belegt, wobei jedoch meist Qurayšiten mit diesem Schlachtruf daherziehen[209]. In der „Apoca-

[202] Gaube *Numismatik*, S. 26.
[203] Hebbo *Fremdwörter*, S. 135-139.
[204] Gaube *Numismatik*, S. 28.
[205] Gaube *Numismatik*, S. 32.
[206] Gaube *Numismatik*, S. 36.
[207] Gaube *Numismatik*, S. 52.
[208] Madelung *Prophecies*, S. 157.
[209] Möhring *Weltkaiser*, S. 390-392.

lypse of Weeks“ sind *manṣūr* und der erlösende Südaraber, der meist als *al-qaḥṭānī* bezeichnet wird, dieselbe Person:

> The land of Yemen will be ruled by a man from the descendants of Qaḥṭān called Manṣūr.[210]

Aufschlussreich ist daher die oben übersetzte Bemerkung al-Maqdisīs, Ibn al-Ašʿaṯ selbst sei zugleich als *al-qaḥṭānī* bezeichnet worden. In einer Parallelstelle wird der hiermit verbundene Machtanspruch wie folgt beschrieben:

> Man sagte von ihm, er sei *al-qaḥṭānī*, den die Südaraber erwarten, und dass er die Herrschaft (*al-mulk*) zu ihnen zurückbringen werde.[211]

Der Beiname wird im Kontext der eschatologischen Zeichen wie folgt beschrieben:

> Die Stunde [des jüngsten Gerichts] wird nicht kommen, ehe nicht ein Mann von Qaḥṭān unter dem Volk auftritt. Man ist sich bei ihm nicht ganz einig, nach Ibn Sīrīn erzählt man, dass *al-qaḥṭānī* ein rechtschaffener (*ṣāliḥ*) Mann sei. Jesus werde ihn als Vorbeter anerkennen, denn er sei der *mahdī* [!]. Nach Kaʿb berichtet man aber, dass man nach dem Tod des *mahdī* dem *qaḥṭānī* huldigen werde. Nach ʿAbdallāh b. ʿUmar erzählt man dagegen, dass [*al-qaḥṭānī*] nach den Nachkommen al-ʿAbbās ausziehen werde (*yaḫruǧu*). Als ʿAbdarraḥmān b. al-Ašʿaṯ gegen al-Ḥaǧǧāǧ auszog, nannte er sich *al-qaḥṭānī* und schrieb an seine Gouverneure: Von ʿAbdarraḥmān, dem Beistand des Herrschers der Gläubigen (*nāṣir amīr al-muʾminīn*). Als man ihm aber zutrug, der Vorname *al-qaḥṭānīs* habe nur drei Buchstaben, erklärte er, sein Name sei *ʿabd* (Sklave), *ar-raḥmān* sei nicht Teil seines Namens. So war damals bekannt, dass dieser Mann *al-qaḥṭānī* sei, obwohl Kaʿb berichtete, dass [*al-qaḥṭānī*] erst nach dem *mahdī* rechtmäßig auftreten könne.[212]

Der *qaḥṭānī / manṣūr* ist also eine global-islamische Erlösergestalt, die teilweise sogar mit dem teilweise bis heute erwarteten Endzeiterlöser des *mahdī* gleichgesetzt wurde. Die Genese der Berichte vom *qaḥṭānī* ist von Madelung ausführlich untersucht worden[213]. Er argumentiert dafür, den heute meist als qurayšitisch interpretierten *mahdī* als eine spätere Abwandlung des ursprünglichen *qaḥṭānī* zu interpretieren.

> The place of the Yemenite Qaḥṭānī, who would extirpate the Qurayshite oppressors, was taken by the Mahdī descended from the Prophet, a Messianic figure [...].[214]

Cook setzt die Entstehung der Geschichten vom *qaḥṭānī* zeitlich sogar vor das Aufkommen des Islam an:

210 Übersetzt in Cook *Studies*, S. 348.
211 Masʿūdī *Tanbīh*, S. 272.
212 Maqdisī *K. al-Badʾ* II, S. 183-184.
213 Madelung *Prophecies*, insbesondere S. 149-158 und 181-185.
214 Madelung *Prophecies*, S. 185.

> The most prominent of all of these [apocalyptic figures] is the Qaḥṭānī, who in all likelihood is a figure older than Islam and represents the messianic hopes of the South Arabian tribes of Ḥimyar and Kinda, who were extremely powerful during the pre-Islamic time and may have hoped for a restoration.[215]

Während *al-qaḥṭānī* jedoch in Madelungs und Cooks Untersuchung von Traditionen aus Ḥimṣ als relativ unkonkrete Endzeithoffnung mit Ḥimyar verbunden wird, ist er im Kontext der Revolte Ibn al-Ašʿaṯs zentraler Teil eines konkreten propagandistischen Gegenprogramm des kinditischen Südarabers gegen das qurayšitisch-nordarabische Kalifat. Diese eschatologische Propaganda Ibn al-Ašʿaṯs, die einen global-islamischen Machtanspruch formuliert, wird nicht nur in den schriftlichen Quellen greifbar, sondern außerdem durch die im Machtbereich Ibn al-Ašʿaṯs geprägten Münzen bestätigt.

Dabei ist innerhalb der greifbaren Titulatur von Ibn al-Ašʿaṯ ein „staatlich-institutioneller" Machtanspruch, der mit den Titeln eines *nāṣir amīr al-muʾminīn*, beziehungsweise *nāṣir al-muʾminīn*, verbunden werden kann, mit seiner „religiös-eschatologischen" Propaganda verknüpft, die insbesondere in den Titeln *al-manṣūr* und *al-qaḥṭānī* greifbar wird. Besonders deutlich wird diese Verknüpfung schon auf sprachlicher Ebene an der lexikographischen Verbindung zwischen *nāṣir* und *manṣūr*. Beide gehören zum Wortstamm von *naṣr*, Sieg, wobei *manṣūr* als Partizip passiv denjenigen, dem zum Sieg verholfen wird, bezeichnet. *Nāṣir* ist dagegen als Partizip aktiv derjenige, der zum Sieg verhilft, übertragen also der Helfer oder Beistand. Beide Begriffe sind koranisch belegt[216], außerdem kommen sie auch in den großen Ḥadīṯ-sammlungen vor[217]. Hier ist die Form *manṣūr* im eschatologischen Kontext im *kitāb al-fitan* at-Tirmiḏīs belegt[218]. Damit ist Ibn al-Ašʿaṯs verhüllter Anspruch auf das Kalifat durch den Titel *Beistand* des Kalifen, der regulär den Titel *amīr al-muʾminīn* führte, gewissermaßen die Kehrseite der Selbstbezeichnung als *manṣūr*, Endzeiterlöser. In einer Engführung werden beide Facetten der Legitimation des kinditischen Herrschaftsprätendenten in der Bezeichnung als *nāṣir al-muʾminīn* verschmolzen.

Dass die Revolte des Ibn al-Ašʿaṯ als eine global-islamische Gegenbewegung zu den Umayyaden verstanden wurde, geht auch aus ihrer Bezeichnung als *fitna*, Bürgerkrieg im Rahmen der islamischen Heilsgeschichte, hervor[219]. Ein weiterer Beleg für die Schärfe der gegen Ibn al-Ašʿaṯ gerichteten Propaganda ist der Beginn des Briefs, mit dem der siegreiche umayyadische

---

215 Cook *Studies*, S. 179.

216 ʿAbdalbāqī *Muʿǧam*, S. 889 und 910.

217 Wensinck *Concordance* V-VI, S. 459-462.

218 Wensinck *Concordance* V-VI, S. 462.

219 Masʿūdī *Murūǧ* III, S. 109. Siehe auch die Zählung des Aufstands von Ibn al-Ašʿaṯ als eine der fünf großen Heimsuchungen (*fitan*) der islamischen Heilsgeschichte bei Nuʿaym b. Ḥammād, übersetzt Cook *Studies*, S. 22.

Statthalter al-Ḥaǧǧāǧ vom König Rutbīl im heutigen Afghanistan die Auslieferung des geflohenenen Aufrührers verlangt.

> Betreffs des Erzlügners (*al-kaḏḏāb*) und Landstreichers (*aš-šurūd*) ʿ*adūrraḥmān* b. Muḥammad b. al-Ašʿaṯ b. Qays b. Maʿdīkarib. [Es folgt die bereits verschiedentlich erwähnte Liste von Schandtaten von Ibn al-Ašʿaṯ und seinen Vorfahren.][220]

Die Verballhornung des Namens ʿ*abdarraḥmān*, Diener des Barmherzigen, zu ʿ*adūrraḥmān*, *Feind* des Barmherzigen, macht die Schärfe der Propaganda und damit das Ausmaß der Herausforderung deutlich. Auch die folgende Interpretation des Aufstands von Ibn al-Ašʿaṯ zeugt von einem globalen Verständnis der Herausforderung:

> Als der Brief al-Ḥaǧǧāǧs [in dem er von Ibn al-Ašʿaṯs Revolte berichtet] zu ʿAbdalmalik kam, erschrak er, stieg von seinem Thron und ließ [den zeichenkundigen] Ḫālid b. Yazīd b. Muʿāwiya kommen. Als er ihm den Brief vorlas und [Ḫālid] sah, wie beunruhigt [ʿAbdalmalik] war, sprach er: Oh Befehlshaber der Gläubigen, das hier kommt aus Siǧistān, darum habe keine Angst. Wenn sich dagegen in Ḫurāsān etwas ereignen sollte, dann solltest Du Dir Sorgen machen! Da ging [ʿAbdalmalik] zum Volk [in die Moschee] hinaus, stellte sich [auf die Kanzel], lobte Gott und sprach: Den Irakern währt mein Leben zu lang, sie sehnen das Ende meiner Herrschaft herbei. Oh Gott, bringe die Schwerter der Syrer über sie, bis sie sich Dir unterwerfen und aufhören, Deinen Zorn zu erregen! Daraufhin stieg er herab.[221]

Der Alchemist, Astrologe und Übermittler esoterisch-antiken Wissens schlechthin, Ḫālid b. Yazīd[222], nimmt mit der Angst vor dem *Ereignis aus Ḫurāsān* die ʿabbāsidische Revolution vorweg, die die umayyadische Herrschaft außerhalb Spaniens beendete. Allein die Tatsache, dass die ʿabbāsidische Revolution die naheliegendste Vergleichsfolie für die Bewertung der Revolte Ibn al-Ašʿaṯs abgibt, ist bemerkenswert.

Mit weiteren Details der Ikonographie ʿabbāsidischer Revolutionspropaganda wird die Episode bei Ibn Aʿṯam geschildert:

> [ʿAbdalmalik lässt das Heer zum Zug in den Irak rüsten.] Danach ließ er Ḫālid b. Yazīd b. Muʿāwiya kommen, der in Eschatologie (*ayyām an-nās*) und Astrologie (*kutub al-funūn*) hochgelehrt war, und fragte: Weh Dir, Abū l-Hāšim! Müssen wir diese Schwarzen Fahnen heute fürchten? Denn wir haben in den Büchern gelesen, dass das Ende unserer Herrschaft durch solche Schwarze Fahnen kommen wird! Ḫālid antwortete: Aus welchem Land zieht dieser Mann denn gegen Dich, oh Befehlshaber der Gläubigen (*amīr al-muʾminīn*)? – Aus Siǧistān! – Da sprach Ḫālid: Gott ist groß, fürchte nichts, oh Befehlshaber der Gläubigen, das nicht aus der Gegend von Marw [in Ḫurāsān] kommt![223]

---

220 Balāḏurī *Ansāb* V, S. 107. Siehe für die Schandtatenliste 3.2.7.

221 Ṭabarī *Taʾrīḫ* III, S. 681.

222 Siehe zu Ḫālid b. Yazīd die detaillierte Diskussion bei Ullmann *Ḫālid.*

223 Ibn Aʿṯam VII, S. 127-128.

Die in den hier ausgewerteten Berichten aufscheinende apokalyptische Konnotation der Ikonographie Ibn al-Ašʿaṯs wird durch die Verwendung des endzeitlich konnotierten Titels *manṣūr* in seiner Münzprägung bestätigt. Der global-islamische Herrschaftsanspruch, der sich hieraus ergab, wird in der Ansprache Ibn al-Ašʿaṯs vor der Entscheidungsschlacht bei Dayr al-Ǧamāǧim thematisiert. Wenn auch ein Araber, der nicht vom Stamm Qurayš ist, im Islam herrschen kann, ist der stolze Kindit Ibn al-Ašʿaṯ nach Abstammung und Bildung ein geeigneter Prätendent.

Allerdings wurde die Frage nach der Möglichkeit einer nicht-qurayšitischen globalen Herrschaft im Islam, die während des Aufstands von Ibn al-Ašʿaṯ so vehement aufgeworfen wurde, durch die militärische Niederlage in der Schlacht bei Dayr al-Ǧamāǧim schlagend beantwortet. So wurde der Aufstand des Kinditen Ibn al-Ašʿaṯs als ernsthafte Herausforderung der qurayšitischen Dominanz islamischen Staatswesen erzählt, die jedoch schließlich am göttlichen Herrschaftsauftrag an den Stamm Qurayš zerschellte.

5.5 Fazit: Tribalität in der Prosopographie Kindas

Die Untersuchung der Rolle von Tribalität lässt sich wie folgt zusammenfassen: Stammeszugehörigkeit ist als weitgehend fixes Ordnungskriterium greifbar, wobei sich Grauzonen besonders zwischen motivisch ähnlich geschilderten Gruppen ergeben. Innerhalb der Prosopographie Kindas waren es vor allem andere südarabische Stämme, denen Kinditen alternativ zugeordnet wurden. In gleicher Weise wurden auch Unterstämme je nach situativem Kontext Kinda oder anderen südarabischen Großgruppen zugeordnet. Dagegen blieben Kinditen auch in übertribalen Heereseinheiten als Kinditen greifbar. Stammesfeindschaften, die meist mit dem Begriff der *ʿaṣabiyya* beschrieben werden[224], sind innerhalb der Prosopographie Kindas während der ersten drei Generationen frühislamischer Geschichte nicht als handlungsrelevant fassbar.

Die Funktionen der gemeinsamen Stammeszugehörigkeit beschränkten sich innerhalb der Prosopographie Kindas auf Fürbitten, Hilfeleistungen an ortsfremde Stammesgenossen und das Kämpfen von Kinditen unter einander. Rache wurde auf Stammesebene nicht genommen, die einzigen innerhalb der Prosopographie Kindas greifbaren Fälle beziehen sich auf die Rache für engere Familienmitglieder[225]. Die Stammeszugehörigkeit bildet weiterhin das maßgebliche Mobilisierungskriterium für Truppenteile in frühislamischer

224 Siehe zu diesem Begriff besonders in etwas späterer Zeit *Orthmann Stamm und Macht*, S. 292-302.

225 Beispielsweise die Rache, die al-Qāsim b. Muḥammad b. al-Ašʿaṯ nach der Rückeroberung Kufas an den Mördern seines Vaters nahm: Ibn Ḥabīb *Muḥabbar*, S. 481.

Zeit, wobei die Truppen von einem Anführer ihres Stammes geführt werden. Dieser Truppenführer vermittelt zwischen Staatsgewalt und seinem Stamm, unklar bleibt der für ihn greifbare Grad an institutionalisierter Anbindung an und damit Abhängigkeit von der Zentrale.

Solche auf persönlicher Loyalität beruhenden Mobilisierungsnetzwerke wurden auch auf der Detailebene des Siedlungsmusters Kindas in Kufa deutlich. Durch ein detailliertes Nachzeichnen des *en passant* von Fluchtberichten in Kufa geschilderten Umfeldes war es außerdem möglich, verschiedene Grade von Öffentlichkeit auf „Straßen", „Gassen" und in den Häusern im Viertel Kindas sichtbar zu machen.

Schließlich ließ sich zeigen, dass in der Ikonographie des Aufstands von Ibn al-Ašʿaṯs eine globale Herausforderung des qurayšitischen Führungsanspruchs innerhalb des frühislamischen Staatswesens geschildert wird. Die schließliche Niederschlagung der Revolte könnte dabei als göttliche Antwort auf die Frage, ob tatsächlich alle Stämme der Araber zur Herrschaft in gleicher Weise geeignet sind, verstanden werden. Nachdem Ibn al-Ašʿaṯ als in jeglich anderer Hinsicht zur Herrschaft geeigneter Prätendent vor der entscheidenden Schlacht von Dayr al-Ǧamāǧim einen göttlichen Schiedsspruch über diese Frage angerufen hatte, verlor er Schlacht, Macht und schließlich auch sein Leben. Als er sich seiner Auslieferung an al-Ḥaǧǧāǧ dadurch entzog, dass er sich samt dem an ihn geketteten Häscher in einen Abgrund stürzte[226], bildete sein Ende eine drastische Durchführung der Nutzlosigkeit einer Auflehnung gegen Qurayš. Unvermeidbar wie die Schwerkraft erscheint auch der göttliche Herrschaftsauftrag an den Stamm Muḥammads.

226 Balāḏurī *Ansāb* V, S. 109.

6 Fazit: Die frühislamische Geschichte aus Sicht Kindas

Das zentrale Anliegen dieser Studie ist methodologisch. Es wurde davon ausgegangen, dass man die arabischen Quellen als gemeinsam durchdachten Gesamtkosmos nachvollziehbar und systematisch auswerten muss, um den Dynamiken frühislamischer Heils- und Realgeschichte näherzukommen. Als ein solches objektivierbar-binäres Auslesekriterium diente der Stamm Kinda.

Im Kapitel zur *Narrativität* wurde gezeigt, dass narrative Muster die Prosopographie Kindas prägen. Die genauere Untersuchung der Muster deutete darauf hin, dass vor allem die *heilsgeschichtliche Einordnung* von Ereignissen, Personen und Gruppen kontrovers diskutiert wurde. Im Ergebnis unterschieden sich nicht nur die Wertungen, sondern auch das geschilderte Geschehen selbst wurde verschieden dargestellt. Damit ist eine Ereignisgeschichte frühislamischer Zeit nur schwer zu rekonstruieren, da die einzelnen Ereignisse durch die heilsgeschichtliche Diskussion überformt wurden. Diese Muster lassen sich unter Umständen durch die vorgeschlagene Modellierung des Überlieferungsprozesses als Auserzählen von *unfestem* Material unter den Bedingungen von *horizontaler Kontamination* und *kontroverser Diskussion* erklären. Eventuell lässt sich hieraus eine ergänzende Perspektive auf die bislang meist unter den Vorzeichen der traditionellen Überlieferungsmodellierung der klassischen Textkritik gelesenen Werke der frühislamischen Historiographie gewinnen. Inwieweit die für die Prosopographie Kindas vorgeschlagenen Ansätze auch für andere Datenmengen anwendbar sind, wird in weiteren Untersuchungen zu zeigen sein.

Das Kapitel zur *Zentralität* unternahm einen Versuch, aus den Einzelberichten der Prosopographie Kindas strukturelle Züge frühislamischer Zentralität herauszuarbeiten. Für die Zeit der Eroberungen konnte gezeigt werden, dass die Frage nach zentraler Koordination und Legitimation der Anführer für jeden Anführer einzeln gestellt werden muss. Hieraus ergab sich eine klare Typologie von primär zentral und primär nicht-zentral legitimierten Anführern innerhalb der Prosopographie Kindas. In den beiden Exkursen wurde gezeigt, wie schwer zu fassende Ausnahmen von dieser Typologie innerhalb der Prosopographie Kindas durch narrative Dynamiken während des Überlieferungsprozesses erklärt werden können. Schließlich versuchten die beiden Abschnitte zur narrativen Zentralität die Relevanz eines globalislamischen Handlungshorizonts während der frühislamischen Geschichte aufgrund der Prosopographie Kindas zu hinterfragen. Spannungsverhältnisse zwischen der Großnarratio insbesondere der ersten *fitna* und den Details zu den beteiligten Kinditen könnten dabei eventuell darauf hindeuten, dass ursprünglich regional-partikuläre Ereignisse im Überlieferungsprozess vor einem global-islamischen Horizont auserzählt wurden. Im Ergebnis wären somit lokale Auseinandersetzungen heilsgeschichtlich als Kämpfe um den Islam aufgeladen worden. Die Frage, in wieweit diese aus Sicht der Prosopographie Kindas zunächst plausible These auch allgemeiner als Erklärungsansatz brauchbar ist, ist durch weitere Studien auf anderer Materialbasis zu überprüfen.

Im Kapitel zur *Tribalität* konnte gezeigt werden, dass die tribale Zuordnung zu Kinda ein relativ stabiles Zuordnungskriterium darstellt und Kinditen auch in stammesübergreifenden Verbänden als Kinditen fassbar blieben. Die Funktionalisierung der gemeinsamen Stammeszugehörigkeit war oberhalb der Familienebene eher begrenzt, vor allem als Mobilisierungskriterium wird Kindizität in der Prosopographie Kindas fassbar. Die Untersuchung der Siedlungsmuster Kindas in Kufa zeigte, wie dieses tribal formulierte Netzwerk auf Basis persönlicher Loyalitäten, die teils über mehrere Generationen weitergegeben wurden, im Viertel Kindas in frühislamischer Zeit besonders aus Anlass von inneren Unruhen in den Quellen greifbar wird. Schließlich deutete die herrschaftlich-endzeitliche Formensprache des Aufstands von Ibn al-Ašʿaṯ darauf hin, dass seine Revolte als global-islamische Herausforderung der qurayšitischen Vorherrschaft im frühislamischen Staat wahrgenommen wurde. Dabei bildet besonders die Funktionalisierung von eschatologischer Symbolik zur Legitimierung seiner Revolte ein im weiteren Verlauf der islamischen Geschichte wiederkehrendes Merkmal.

In diesem Fazit soll nun aufgrund der Prosopographie Kindas unter Berücksichtigung der Ergebnisse der Kapitel zu Narrativität, Zentralität und Tribalität aus Sicht Kindas versuchsweise eine Strukturgeschichte der internen Dynamiken des islamischen Machtbereichs während der ersten drei Generationen islamischer Geschichte skizziert werden. Dabei wird von den Trajektorien der kinditischen Anführerfamilien in den verschiedenen Provinzen ausgegangen.

Am Beispiel der Familien von Muʿāwiya b. Ḥudayǧ und Šuraḥbil b. Ḥasana in Ägypten lässt sich zunächst zeigen dass die zu Beginn des Untersuchungszeitraums entgegengesetzte Legitimation der Stammväter – Muʿāwiya als vorwiegend tribal legitimierter Anführer von Kinditen, Šuraḥbīl als tribal nicht zu erklärender Anführer von Truppen anderer Stämme – gegen Ende des Untersuchungszeitraums in ein und dieselbe Form von Provinznotabeltum mündete. Als lokal legitimierter Vermittler zwischen dem zentral entsandten Gouverneur und der Provinz Ägypten löste der Enkel Šuraḥbīl b. Ḥasanas den Sohn Muʿāwiya b. Ḥudayǧs auf der Position des *qāḍī*, Richter, und *ṣāḥib aš-šurṭa*, Polizeichef, ab, bevor wiederum ein Enkel Muʿāwiya b.

Ḥudayǧs die Position übernahm[1]. Die homogenen Verwaltungseliten des islamisch-arabischen Staates unter dem Kalifen ʿAbdalmalik rekrutierten sich offenbar aus den Familien der so verschiedenartig legitimierten Anführer der Eroberungen. Die Eignung dieser imperiale Politik lokal vermittelnden Funktionseliten lag dabei offenbar in der regionalen Verwurzelung ihrer Familien. Ob die Anführerschaft der Familie während der Eroberungen in der Nähe des Stammvaters zur islamischen Zentrale oder im Ansehen begründet lag, das er in seinem eigenen Stamm genoss, war für seine Nachkommen gegen Ende des ersten Jahrhunderts islamischer Zeitrechnung offenbar nicht mehr von Belang.

Während der Eroberungen treten sowohl Muʿāwiya b. Ḥudayǧ als auch Šuraḥbīl b. Ḥasana als sekundäre Figuren auf, die in begrenzten Regionen die Befehle von Oberbefehlshabern ausführen. Demgegenüber eroberte as-Simṭ b. al-Aswad Ḥimṣ allem Anschein nach auf eigene Faust und al-Ašʿaṯ wird zumindest bei seinen Eroberungszügen in Āḏarbayǧān ebenfalls keinem übergeordneten Kommandanten unterstellt. Auch die nächste Generation dieser beiden Familien wird als den obersten islamisch-zentralen Eliten ebenbürtig dargestellt. Während Muḥammad b. al-Ašʿaṯ als Neffe Abū Bakrs mit Söhnen der Kalifen ʿUṯmān und ʿAlī verschwägert war, ließ sich Šuraḥbīl b. as-Simṭ vom umayyadischen Kalifatsprätendenten Muʿāwiya b. Abī Sufyān anbetteln, Syrien in den Konflikt mit ʿAlī zu führen.

Allerdings befanden sich sowohl Muḥammad b. al-Ašʿaṯ als auch Šuraḥbīl b. as-Simṭ bereits auf dem absteigenden Ast. Die Kinder Muḥammads heirateten nurmehr in lokal bedeutsame Familien ein, während Šuraḥbīl sich vor der Schlacht von Ṣiffīn als alter, närrischer Mann übertölpeln ließ. Der Sohn von Šuraḥbīl b. as-Simṭ tritt in den hier ausgewerteten Quellen nicht mehr handelnd in Erscheinung. Die Revolte ʿAbdarraḥmān b. Muḥammad b. al-Ašʿaṯs lässt sich im Kontext dieser Familiengeschichte als Aufbegehren einer nurmehr lokal bedeutsamen Elite gegen die Marginalisierung im seinen Einfluss auf die Provinzen ausweitenden, von einer zentral legitimierten Herrschaftselite bestimmten Staat werten.

Zur Frage der sozialen Kontinuität über die Eroberungen hinweg lässt sich aus Sicht der Prosopographie Kindas bemerken, dass insbesondere die Familie al-Ašʿaṯs im eroberten Irak mit denselben Insignien von Macht und Reichtum geschildert wird, die auch die Familie Ukaydirs im vorislamischen Dūmat al-Ǧandal schmückten. Beide Familien bilden eine reitende Aristokratie mit Dienern und Schlössern, letztlich vollzieht sich ein allenfalls personeller Umbruch innerhalb gleichbleibender Strukturen. Auch die Klien-

1 Kindī *Wulāt*, S. 324-330, zu ʿAbdarraḥmān b. Muʿāwiya, ʿImrān b. ʿAbdarraḥmān b. Šuraḥbīl und ʿAbdalwāḥid b. ʿAbdarraḥmān b. Muʿāwiya. Letzterer bekleidete nur die Position des *qāḍī*.

telnetze, die das Viertel Kindas in Kufa durchziehen, lassen sich mit den Kategorien der Personenverbände der spätantiken Städte beschreiben. Materiellen Dotationen der Patrone stehen Gefolgschaftsdienste der Klienten gegenüber. Die umverteilten Güter werden hierbei allem Anschein nach lokal erzeugt und verbraucht, im Funktionieren der Patronagenetzwerke wird wenig bis keine zentrale Gewalt fassbar.

Im Zuge der Herausbildung einer zentralen Elite im umayyadischen Staat wurden diese regionalen Netzwerke marginalisiert. In dem Maße, in dem durch ihre Verbindungen mit der Zentrale legitimierte Befehlshaber von zentral entsandten Garnisonstruppen entscheidenden Einfluss auf die Ereignisse in den Provinzen gewannen, verloren die in der Provinz begüterten älteren Erobererfamilien an Bedeutung.

Ein solcher Agent der Zentralgewalt wird innerhalb der Prosopographie Kindas in der Person von Ḥuṣayn b. Numayr näher fassbar. Im Zuge einer von Syrien ausgehenden zentralisierten Institutionalisierung führte er aus Syrien entsandte Heere während des als zweite *fitna* beschriebenen zweiten großen Bürgerkriegs der islamischen Heilsgeschichte. Der Staatsapparat, dem er sein Kommando verdankte, funktionierte dabei unabhängig von der Person des Kalifen an seiner Spitze. So konnte Ḥuṣayn b. Numayr auf die Nachricht vom Tod des Kalifen Yazīd b. Muʿāwiya dem von ihm im mekkanischen Heiligtum belagerten Gegenkalifen ʿAbdallāh b. az-Zubayr die Anerkennung als Kalif anbieten. Bedingung war dabei jedoch, dass dieser danach in das Kerngebiet des zentralisierten Machtapparats nach Syrien umsiedle. Als Ibn az-Zubayr ablehnte, zog Ḥuṣayn als Agent der führerlosen Staatsgewalt mit seinem Heer zurück nach Syrien, wo er schließlich dem meistbietenden Marwān b. al-Ḥakam durch seine Unterstützung zum Kalifat verhalf, das in der Folge bis zum Ende des Untersuchungszeitraums in seiner Familie verblieb.

So weit der doch recht dürre Ertrag einer Strukturgeschichte frühislamischer Zeit auf Basis der systematischen Quellenauswahl anhand der Prosopographie Kindas. Man mag einwenden, Kinda sei nun wirklich ein so peripheres Auswahlkriterium, dass die Dürftigkeit des Ergebnisses für die Rekonstruktion einer allgemeinen Strukturgeschichte frühislamischer Zeit keineswegs überraschend sei. Dagegen ermöglicht das Auswahlkriterium Kinda gerade durch seine Randständigkeit unter den Vorzeichen der frühislamischen Heilsgeschichte die trennscharfe Diskussion der heilsgeschichtlichen Überlieferungsdynamiken. Um wieviel mehr werden zentrale Themen frühislamischer Heilsgeschichte wie die Kalifen, Muḥammad oder der Koran in jeglicher Richtung durchdacht und damit überformt worden sein, wenn schon für die randständigen Kinditen die narrativen Muster das Material in einer Weise prägen, dass selbst die Abschätzung einer groben Strukturgeschichte bestenfalls eine für Kinda plausible Skizze ergeben kann!

Demgegenüber lässt sich durch die Rekonstruktion der Muster im Bild Kindas eine narrative Formensprache erahnen, die der Formensprache frühislamischer materieller Kultur an Nuancenreichtum, interner Kohärenz und späterer Relevanz in keiner Weise nachsteht. Die spätere Argumentation kontroverser islamischer Positionen begründet sich im frühislamischen Heilsgeschehen, das damit den primären Resonanzraum islamischer Geistesgeschichte bildet. Ein solches Wiederhallen der in dieser Arbeit innerhalb der Prosopographie Kindas untersuchten Muster und Debatten ist die Grundschwingung der islamischen Welt als eines durch die gemeinsame Heilsgeschichte verbundenen Kulturraums.

Verzeichnis verwendeter Quellen und Literatur

Im Folgenden sind sämtliche Namen arabischer Editoren ausgeschrieben, europäische Vornamen werden dagegen abgekürzt.

Abān *Maġāzī*: *Al-Mabʿaṯ wa-l-maġāzī wa-l-wafāt wa-s-saqīfa wa-r-ridda*, Abān b. ʿUṯmān al-Aḥmar, ed. Rasūl Ǧaʿfariyān, Qom 1997.

Abbott *Studies I*: *Studies in Arabic Literary Papyri: I Historical Texts*, N. Abbott, Chicago 1957.

ʿAbdalbāqī *Muʿǧam*: *Al-Muʿǧam al-mufahras li-alfāẓ al-qurʾān al-karīm*, Muḥammad Fuʾād ʿAbdalbāqī, Beirut 2005.

Abū l-Fidāʾ: *Taqwīm al-buldān*, Abū l-Fidāʾ, ohne Editor, Kairo 2007.

Abū Miḫnaf *Ḥusayn*: *Maqtal al-imām al-ḥusayn b. ʿalī*, Abū Miḫnaf, ed. Kāmil Salmān al-Ǧabūrī, Beirut 2000.

Abū Miḫnaf *al-Muḫtār*: *Aḫbār al-muḫtār b. abī ʿubayd aṯ-ṯaqafī*, Abū Miḫnaf, ed. Kāmil Salmān al-Ǧabūrī, Beirut 2000.

Abū Yūsuf *K. al-Ḫarāǧ*: *Kitāb al-Ḫarāǧ*, Abū Yūsuf, ed. Muḥammad Ibrāhīm al-Bannāʾ, Kairo 1981.

Adday Šayr *Muʿǧam*: *Muʿǧam al-alfāẓ al-fārisiyya al-muʿarraba*, as-Sayyid Adday Šayr, Beirut 1908 (Repr. Beirut 1990).

Agapius: *Agapius Episcopus Mabbugensis, Historia Universalis*, ed. L. Cheikho, Beirut 1912.

Aḫbār Maǧmūʿa: *Aḫbār maǧmūʿa fī fatḥ al-andalus wa-ḏikr umarāʾihā*, ed. Muḥammad Zaynuhum Muḥammad ʿAzab, Kairo 1994.

Ahmad *Elite*: *Between the Acts: The Ḥijāzī Elite and the Internal Politics of the Umayyad and Early ʿAbbāsid Empires*, A. Q. Ahmad, Princeton 2007.

Akbar *Khaṭṭa*: *Khaṭṭa and the Territorial Structure of Early Muslim Towns*, J. Akbar, S. 22-32 in: *Muqarnas* VI, Leiden 1989.

Allen *Essays*: *Five Essays on Islamic Art*, T. Allen, ohne Ort 1988.

Ansary *Qaryat al-Fau*: *Qaryat al-Fau: A Portrait of Pre-Islamic Civilisation in Saudi Arabia*, A. R. al-Ansary, Riyadh 1981.

Asbaghi *Lehnwörter*: *Persische Lehnwörter im Arabischen*, A. Asbaghi, Wiesbaden 1988.

Assmann *Gedächtnis*: *Das kulturelle Gedächtnis*, J. Assmann, München 1997.

ʿAthamina *Banners*: *The Black Banners and the socio-political significance of flags and slogans in medieval Islam*, Kh. ʿAthamina, S. 307-326 in: Arabica 36, 3, Leiden 1989.

Azdī *Futūḥ*: *Futūḥ aš-šām*, al-Azdī, ed. ʿAbdalmunʿim ʿAbdallāh ʿĀmir, Kairo 1970.

Azraqī *Aḫbār*: *Aḫbār makka*, al-Azraqī, ed. ʿAlī ʿUmar, Kairo 2009.

Balāḏurī *Ansāb*: *Ansāb al-ašrāf*, al-Balāḏurī, ed. Muḥammad Muḥammad Tāmir, Beirut 2011.

Balāḏurī *Futūḥ*: *Futūḥ al-buldān*, al-Balāḏurī, ed. Ayman Muḥammad ᶜArafa, Kairo ohne Jahr.

Al-Barrī *Qabāʾil*: *Al-Qabāʾil al-ᶜarabiyya fī miṣr fī l-qurūn aṯ-ṯalāṯati l-ūlā li-l-hiǧra*, ᶜA. Ḥ. al-Barrī, Kairo 1992.

Bauer *Ambiguität*: *Die Kultur der Ambiguität*, Th. Bauer, Berlin 2011.

Behrens-Abouseif *Cairo*: *Islamic Architecture in Cairo*, D. Behrens-Abouseif, Leiden 1989.

Bernheim *Methode*: *Lehrbuch der historischen Methode und der Geschichtsphilosophie, 3. und 4. Auflage*, E. Bernheim, Leipzig 1903.

Bernheim *Methode, 5. und 6. Auflage*: *Lehrbuch der historischen Methode und der Geschichtsphilosophie, 5. und 6. Auflage*, E. Bernheim, Leipzig 1908.

Blair *Pavilion*: *The Octagonal Pavilion at Natanz*, S. S. Blair, S. 69-94 in: *Muqarnas* I, Yale 1983

Bloom *Origins*: *The Origins of Islamic Art*, J. M. Bloom, S. 20-38 in: *Muqarnas* III, Leiden 1985.

Braudel *Méditerranée*: *La Méditerranée*, F. Braudel, Paris 1987.

Bulliet *Age Structure*: *The Age Structure of Medieval Islamic Education*, R. W. Bulliet, S. 105-117 in: *Studia Islamica* 57, Paris 1983.

Bulliett *Camel*: *The Camel and the Wheel*, R. W. Bulliett, New York 1990.

Bumke *Nibelungenklage*: *Die vier Fassungen der 'Nibelungenklage'*, J. Bumke, Berlin 1996.

Bumke *Text*: *Der unfeste Text. Überlegungen zur Überlieferungsgeschichte und Textkritik der höfischen Epik im 13. Jahrhundert*, J. Bumke, S. 118-129 in: *'Aufführung' und 'Schrift' in Mittelalter und Früher Neuzeit*, ed. J.-D. Müller, Stuttgart 1996.

Caetani *Annali*: *Annali dell' Islam*, L. Caetani, Mailand 1906-1926.

Du Cange *Glossarium*: *Glossarium ad Scriptores Mediae et infi[r!]mae Graecitatis*, C. du Fresne und D. du Cange, Lyon 1688 (Repr. Graz 1958).

Caskel *Ǧamharat an-Nasab*: *Ǧamharat an-Nasab: Das genealogische Werk des Hišām Ibn Muḥammad al-Kalbī*, W. Caskel und G. Strenziok, Leiden 1966.

Cerquiglini *Variante*: *Éloge de la variante*, B. Cerquiglini, Paris 1989

Chronica *Minora*: *Chronica Minora*, ed. und tr. I. Guidi, E. W. Brooks und I.-B. Chabot, Paris (Repr. Löwen 1955-1961).

Cobb *Banners*: *White Banners*, P. M. Cobb, Albany 2001.

Cook *Studies*: *Studies in Muslim Apocalyptic*, D. Cook, Princeton 2002.

Conermann *Mythen*: *Mythen, Geschichte(n), Identitäten – eine Einführung*, S. Conermann, S. 1-32 in: *Mythen, Geschichte(n), Identitäten*, ed. S. Conermann, Hamburg 1999.

Crone, Cook *Hagarism*: *Hagarism: The making of the Islamic World*, P. Crone und M. Cook, Cambridge 1977.

Crone, Hinds *God's Caliph*: *God's Caliph: Religious authority in the first centuries of Islam*, P. Crone und M. Hinds, Cambridge 1986.

Crone *Law*: *Roman, provincial and Islamic law*, P. Crone, Cambridge 1987.

Crone *Slaves*: *Slaves on Horses: The Evolution of the Islamic Polity*, P. Crone, Cambridge 1980.

Crone *Trade*: *Meccan Trade and the rise of Islam*, P. Crone, Princeton 1987 (Repr. Piscataway 2004).

Curtius *Literatur*: *Europäische Literatur und Lateinisches Mittelalter*, E. R. Curtius, Bern 1948.

Ḏahabī *Muštabih*: *Al-Muštabih fī r-riǧāl: Asmāʾihim wa-ansābihim*, aḏ-Ḏahabī, ed. ʿAlī Muḥammad al-Baǧāwī, Kairo 1962.

Dennett *Conversion*: *Conversion and the Poll Tax in Early Islam*, D. C. Dennett, Cambridge 1950, Repr. in *Islamic Taxation, Two Studies*, New York 1973.

Dīnawarī *Aḫbār*: *Kitāb al-Aḫbār aṭ-ṭiwāl*, ad-Dīnawarī, ed. V. Guirgass, Leiden 1888.

Dīnawarī *Fahāris*: *Fahāris Kitāb al-Aḫbār aṭ-ṭiwāl*, I. Kratchkovsky, Leiden 1912.

Djaït *Kūfa*: *Al-Kūfa*, H. Djaït, Paris 1986.

DMG: *Die Transliteration der arabischen Schrift in ihrer Anwendung auf die Hauptliteratursprachen der islamischen Welt*, Transkriptionskommission der Deutschen Morgenländischen Gesellschaft, Leipzig 1935

Donner *Authority*: *Centralized Authority and Military Autonomy in the Early Islamic Conquests*, F. M. Donner, S. 337-360 in: *The Byzantine and Early Islamic Near East, III*, ed. A. Cameron, Princeton 1995.

Donner *Conquests*: *The Early Islamic Conquests*, F. M. Donner, Princeton 1981.

Donner *Expansion*: *The Expansion of the Early Islamic State*, ed. F. M. Donner, Aldershot 2008.

Donner *Narratives*: *Narratives of Islamic origins*, F. M. Donner, Princeton 1998.

Donner *State*: *The Formation of the Islamic State*, F. M. Donner, S. 283-296 in: *Journal of the American Oriental Society* 106, 2, 1986.

Donner *Tribes*: *The Arab Tribes in the Muslim Conquest of Iraq*, F. M. Donner, Ann Arbor 1975.

Dozy *Dictionnaire*: *Dictionnaire détaillé des Noms des Vêtements chez les Arabes*, R. S. A. Dozy, Amsterdam 1845.

Eickelman *Tribus*: *Tribus et mouvements islamiques en Afrique du Nord et au Moyen-Orient*, D. F. Eickelman, S. 17-48 in : *La constante « Tribu »*, ed. H.

Dawod, Paris 2013, Abgerufen von <http://books.openedition.org/demopolis/224>.

Eisenstein *Zoographie*: *Einführung in die arabische Zoographie*, H. Eisenstein, Berlin 1991.

El-Hibri *Historiography*: *Reinterpreting Islamic Historiography*, T. El-Hibri, Cambridge 1999.

El-Hibri *Parable*: *Parable and Politics in Early Islamic History*, T. El-Hibri, New York 2010.

Elad *Milestones*: *The Southern Golan in the Early Muslim Period: The Significance of Two Newly Discovered Milestones of ʿAbd al-Malik*, A. Elad, S. 33-88 in: *Der Islam* 76, Berlin 1999.

Elisséeff *Damas*: *Damas à la lumière des théories de Jean Sauvaget*, N. Elisséeff, S. 157-177 in: *The Islamic City*, edd. A. H. Hourani und S. M. Stern, Oxford 1970.

Elisséeff *Titulature*: *La Titulature de Nūr ad-Dīn d'après ses inscriptions*, N. Elisséeff, S. 155-196 in: *Bulletin d'études orientales* 14, Damaskus 1952-1954.

Van Ess *Fehltritt*: *Der Fehltritt des Gelehrten*, J. van Ess, Heidelberg 2001.

Van Ess TG: *Theologie und Gesellschaft im 2. und 3. Jahrhundert Hidschra*, J. van Ess, Berlin 1991-1997.

Eutychius: *Eutychius Patriarchas Alexandrini: Annales*, ed. L. Cheikho, Beirut 1906-1909.

Fierro *al-Aṣfar*: *Al-Aṣfar*, M. Fierro, S. 169-181 in: *Studia Islamica* 77, Paris 1993.

Fischer *Grammatik*: *Grammatik des Klassischen Arabischen*, W. Fischer, Wiesbaden 2006.

Fraenkel *Fremdwörter*: *Die aramäischen Fremdwörter im Arabischen*, S. Fraenkel, Leiden 1886 (Repr. Hildesheim 1982).

Franz *Beutezug*: *Vom Beutezug zur Territorialherrschaft I*, K. Franz, Wiesbaden 2007.

Franz *Kompilation*: *Kompilation in arabischen Chroniken*, K. Franz, Berlin 2004.

Frye *Bukhara*: *The History of Bukhara*, an-Naršaḫī, tr. R. N. Frye, Cambridge 1954.

Ǧāḥiẓ *al-Ḥayawān*: *Kitāb al-Ḥayawān*, al-Ǧāḥiẓ, ed. ʿAbdassalām Muḥammad Hārūn, Kairo 1966.

Ǧahšiyārī: *Kitāb al-Wuzarāʾ wa-l-kuttāb*, al-Ǧahšiyārī, ed. H. v. Mžik, Facsimile Wien 1926.

Al-Ǧanābī *Kūfa*: *Masǧid al-Kūfa*, Kāẓim al-Ǧanābī, Bagdad 1966.

GAS: *Geschichte des Arabischen Schrifttums*, F. Sezgin, Leiden 1967-1995.

Gaube *Numismatik*: *Arabosasanidische Numismatik*, H. Gaube, Braunschweig 1973.

GCL: *Geschichte der christlichen arabischen Literatur*, G. Graf, 1947-1966.

Gesenius *Handwörterbuch*: *Hebräisches und Aramäisches Handwörterbuch über das Alte Testament*, W. Gesenius, Berlin 1987.

Ghabban, Hoyland *Inscription*: *The inscription of Zuhayr*, ʿAli b. Ibrahim Ghabban und R. Hoyland, pp. 209-236 in: *Arabian archeology and epigraphy* 19, Singapur 2008.

Gilly-Elewy *Sklaverei*: *Soziale Aspekte frühislamischer Sklaverei*, H. Gilli-Elewy, S. 116-168 in: Der Islam 77, Berlin 2000.

Görke, Motzki *Replik*: *Tilman Nagels Kritik an der Isnad-cum-matn-Analyse. Eine Replik*, A. Görke, H. Motzki, S. 497-518 in: ASIA 68, 2, Bern 2014.

Grabar *Ceremonial*: *Ceremonial and Art at the Umayyad Court*, O. Grabar, Princeton 1955.

Grabar *Dome of the Rock*: *The Umayyad Dome of the Rock in Jerusalem*, O. Grabar, S. 33-62 in: *Ars Orientalis* 3, Ann Arbor 1959. Zitiert nach Reprint, S. 223-256, in: *Early Islamic Art and Architecture*, ed. J. Bloom, Aldershot 2002.

Grabar *Essor*: *L'essor des arts inspirés par les cours princières à la fin du premier millénaire*, A. und O. Grabar, S. 845-893 in: *L'Occidente e l'Islam nell' Alto Medioevo*, Spoleto 1965. Zitiert nach Reprint in: *Studies in Medieval Islamic Art*, O. Grabar, London 1976.

Grabar *Formation*: *The Formation of Early Islamic Art*, O. Grabar, New Haven 1987.

Grabar *Palace*: *Umayyad 'Palace' and the ʿAbbasid 'Revolution'*, O. Grabar, S. 5-18 in: *Studia Islamica* 18, Paris 1962. Zitiert nach Reprint in: *Studies in Medieval Islamic Art*, O. Grabar, London 1976.

Grohmann *Arabien*: *Kulturgeschichte des Alten Orients, dritter Abschnitt, vierter Unterabschnitt: Arabien*, A. Grohmann, München 1963.

Grohmann *Ḫirbet*: *Arabic Papyri from Ḫirbet el-Mird*, A. Grohmann, Löwen 1963.

Grohmann *Papyri*: *Arabic Papyri in the Egyptian Library*, A. Grohmann, Kairo 1934-1962

Guidi *Sede*: *Della sede primitiva dei popoli Semitici*, I. Guidi, S. 566-615, in: *Atti della accademia dei Scienzi, Memorie della Classe di Scienze Morali, Storiche e Filologiche, Seria Terza, Volume III*, Rom 1879.

Günther *Quellenuntersuchungen*: *Quellenuntersuchungen zu den "Maqātil aṭ-Ṭālibiyyīn" des Abū ʾl-Farağ al-Iṣfahānī (gest. 356/967)*, S. Günther, Hildesheim 1991

Haarmann *Quellenstudien*: *Quellenstudien zur frühen Mamlukenzeit*, U. Haarmann, Freiburg 1970.

Haarmann *Geschichte der arabischen Welt*: *Geschichte der arabischen Welt*, ed. U. Haarmann, München 1994.

Haase *Nordsyrien*: *Untersuchungen zur Landschaftsgeschichte Nordsyriens in der Umayyadenzeit*, C.-P. Haase, Hamburg 1972.

Haldon *Ajnād*: *Seventh-Century Continuities: The Ajnād and the 'Thematic Myth'*, J. Haldon, S. 379-423 in: *The Byzantine and Early Islamic Near East, III*, ed. A. Cameron, Princeton 1995.

Halevi *Muhammad's Grave*: *Muhammad's Grave*, L. Halevi, New York 2011.

Ḫalīfa *Ṭabaqāt*: *Kitāb aṭ-Ṭabaqāt*, Ḫalīfa b. Ḫayyāṭ, ed. Suhayl Zakkār, Beirut 1993.

Ḫalīfa *Taʾrīḫ*: *Taʾrīḫ*, Ḫalīfa b. Ḫayyāṭ, edd. Ḥikmat Kašlī Fawwāz und Muṣṭafā Naǧīb Fawwāz, Beirut 1995.

Halm *Mahdi*: *Das Reich des Mahdi*, H. Halm, München 1991.

Hamdānī *Iklīl*: *Kitāb al-Iklīl*, al-Hamdānī, ed. Muḥammad b. ʿAlī al-Akwaʿ b. al-Ḥusayn al-Ḥawālī, Beirut 1986 (Band X Ṣanʿāʾ 1990).

Hamdānī *Ṣifat*: *Al-Hamdânî's Geographie der arabischen Halbinsel*, al-Hamdānī, ed. D. H. Müller, Leiden 1884-1891 (Repr. Leiden 1968).

Ḥamza al-Iṣfahānī: *Hamzae Ispahanensis annalium Libri X* bzw. *Taʾrīḫ sinī mulūk al-arḍ wa-l-anbiyāʾ*, ed. J. M. E. Gottwald, Leipzig 1844-1848 (gebundene Kopie der UB Bamberg ohne Jahr).

Ḥamza al-Iṣfahānī II: *Taʾrīḫ sinī mulūk al-arḍ wa-l-anbiyāʾ*, ohne Editor, Kaviani, Berlin 1922 (Das Kapitel zu den Königen Kindas ist in beiden Ausgaben identisch.).

Hebbo *Fremdwörter*: *Die Fremdwörter in der arabischen Prophetenbiographie des Ibn Hischam (gest. 218 / 834)*, A. I. Hebbo, Heidelberg 1970.

Heer *Quellen*: *Die historischen und geographischen Quellen in Jāqūt's Geographischem Wörterbuch*, F. J. Heer, Strassburg 1898.

Herodot: *Herodotus*, ed. und tr. A. D. Godley, Norwich 1981.

Hillenbrand *Dolce Vita*: *La Dolce Vita in Early Islamic Syria*, R. Hillenbrand, S. 1-35 in: *Art Historys (sic!)* 5, Oxford 1982, zitiert nach: Reprint, S. 333-371 in: *Early Islamic Art and Architecture*, ed. J. Bloom, Aldershot 2002.

Hirschler *Historiography*: *Medieval Arabic Historiography: Authors as Actors*, K. Hirschler, London 2006

Horovitz *Maġâzî*: *De Wâqidii libro qui Kitâb al Maġâzî inscribitur*, J. Horovitz, Berlin 1898.

Ibn ʿAbdalḥakam: *Futūḥ miṣr wa-l-maġrib*, Ibn ʿAbdalḥakam, ed. ʿAlī Muḥammad ʿUmar, Kairo 2004.

Ibn Aʿṯam: *Kitāb al-Futūḥ*, Ibn Aʿṯam, ed. Muḥammad ʿAbdalmuʿīd Ḫān, Hyderabad 1968-1975 (teilweise Reprint Beirut?).

Ibn Faḍlān: *Risāla*, Ibn Faḍlān, ed. Sāmī ad-Dahhān, Beirut 1987.

Ibn al-Faqīh: *Kitāb al-Buldān*, Ibn al-Faqīh, ed. M. J. de Goeje, Leiden 1885 (Repr. Leiden 1967).

Ibn Ḥabīb *Muḥabbar*: *Kitāb al-Muḥabbar*, Ibn Ḥabīb, ed. I. Lichtenstädter, Beirut ohne Jahr

Ibn Hišām: *As-Sīrat an-nabawiyya*, Ibn Hišām, edd. Muṣṭafā as-Saqā, Ibrāhīm al-Abyārī und ʿAbdalḥafiẓ Šalabī, Beirut 2001.

Ibn Hišām *K. at-Tīǧān*: *Kitāb at-Tīǧān fī mulūk ḥimyar*, Ibn Hišām, edd. Zayn al-ʿĀbidīn al-Mūsawī und S. Krankū / F. Krenkow, Haydarabad 1928/9.

Ibn Ḫurdāḏbah: *Al-Masālik wa-l-mamālik*, Ibn Ḫurdāḏbah, ed. de Goeje, Leiden 1889 (Repr. Beirut ohne Jahr).

Ibn Isḥāq: *As-Sīrat an-nabawiyya*, Ibn Isḥāq, edd. Badawī Ṭaha Badawī und Ṭaha ʿAbdarraʾūf Saʿd, Kairo 1998.

Ibn an-Nadīm *Fihrist*: *Kitāb al-Fihrist*, an-Nadīm, ed. Riḍā b. ʿAlī b. Zayn al-ʿĀbidīn al-Ḥāʾirī al-Māzandarānī, Teheran 1988.

Ibn Rusta: *Kitāb al-Aʿlāq an-nafīsa*, Ibn Rusta, ed. M. J. de Goeje, Leiden 1892 (Repr. Leiden 1967).

Ibn Saʿd: *Aṭ-Ṭabaqāt al-kubrā*, Ibn Saʿd, ed. Muḥammad ʿAbdalqādir ʿAṭā, Beirut 2012.

Iṣfahānī Maqātil: *Maqātil aṭ-ṭālibiyyīn*, Abū l-Faraǧ al-Iṣfahānī, ed. as-Sayyid Aḥmad Ṣaqar, Kairo (Der Ort ist der Nennung des bekannten Verlags *ʿĪsā l-bābī l-ḥalabī wa-šurakāʾhu*, Kairo, entnommen) ohne Jahr.

Iṣfahānī *Aġānī*: *Kitāb al-Aġānī*, Abū l-Faraǧ al-Iṣfahānī, edd. Samīr Yūsuf Ǧābir, ʿAbdalamīr ʿAlī Muhannā und Yūsuf ʿAlī Ṭawīl (letzterer nur auf dem lateinischen Titelblatt), Beirut 2008.

Iṣṭaḫrī: *Al-Masālik wa-l-mamālik*, al-Iṣṭaḫrī, ed. de Goeje, Leiden 1927 (Repr. Beirut ohne Jahr).

Jandora *March*: *The March from Medina*, J. W. Jandora, Clifton 1990.

Jeffery *Vocabulary*: *The foreign Vocabulary of the Qur'ān*, A. Jeffery, Baroda 1938, (Repr. Leiden 2007).

Johansen *Wahrheit*: *Wahrheit und Geltungsanspruch*, B. Johansen, S. 975-1065 in: *La Giustizia nell'alto medievo*, Spoleto 1997.

Jones *Cities*: *The Cities of the Roman Empire*, A. H. M. Jones, S. 135-176 in: *La Ville, Recueils de la Société Jean Bodin VI*, Brüssel 1954.

Jones *Life*: *The Economic Life of the Towns of the Roman Empire*, A. H. M. Jones, S. 161-194 in: *La Ville, Recueils de la Société Jean Bodin VII*, Brüssel 1955.

Juynboll *Tradition*: *Muslim tradition*, G. H. A. Juynboll, Cambridge 1983.

Kaegi *Byzantium*: *Byzantium and the Early Islamic Conquests*, W. E. Kaegi, Cambridge 1992.

Kann *Ort*: *Der Ort der Argumente*, C. Kann, S. 402-418 in: *Raum und Raumvorstellungen im Mittelalter*, ed. J. A. Aertsen, A. Speer, Berlin 1998.

Kennedy *Conquests*: *The Great Arab Conquests*, H. Kennedy, London 2007

Kennedy *Egypt*: *Egypt as a province in the Islamic caliphate, 641-868*, H. Kennedy, S. 62-85 in: *The Cambridge History of Egypt*, I, ed. C. F. Petry, Cambridge 1998.

Kennedy *Polis*: *From Polis to Madina*, H. Kennedy, S. 3-27 in: *Past & Present* 106, Oxford 1985.

Kindermann *Schiff*: *‚Schiff' im Arabischen*, H. Kindermann, Zwickau 1934.

Kindī *Faḍā'il*: *Faḍā'il miṣr*, al-Kindī (Sohn), edd. Ibrāhīm Aḥmad al-ʿAdawī und ʿAlī Muḥammad ʿUmar, Kairo 1971.

Kindī *Kinda*: *Kinda wa-dūruhā fī l-ǧazīrat al-ʿarabiyya*, ʿAbdallāh b. Murʿī b. Maḥfūẓ al-Kindī, Ǧidda 2000.

Kindī *Wulāt*: *Kitāb al-Wulāt wa-l-quḍāt*, al-Kindī (Vater), ed. R. Guest, Leiden 1912 (Repr. Kairo ohne Jahr).

Koehler, Baumgartner *Lexikon*: *Hebräisches und Aramäisches Lexikon zum Alten Testament*, J. Koehler und W. Baumgartner, Leiden 1967.

Kraus *Jābir*: *Jābir Ibn Ḥayyān. Contribution á l'histoire des idées scientifiques dans l'Islam*, P. Kraus, Kairo 1942-1943.

Kubiak *Fustat*: *Al-Fustat*, W. B. Kubiak, Kairo 1987.

Kunitzsch *Namengebung*: *Zur Namengebung Kairos (al-Qāhir = Mars?)*, P. Kunitzsch, S. 209-225 in: *Der Islam* 52, Berlin 1975, zitiert nach Reprint in: *The Arabs and the Stars*, P. Kunitzsch, Northampton 1989.

Lampe *Lexicon*: *A patristic Greek Lexicon*, G. W. H. Lampe, Oxford 1978.

Lecker *Convert*: *Abū Mālik ʿAbdallāh b. Sām of Kinda, a Jewish Convert to Islam*, M. Lecker, S. 280-282 in: *Der Islam* 71, 1994.

Lecker *Judaism*: *Judaism among Kinda and the Ridda of Kinda*, M. Lecker, S. 635-650 in: *Journal of the American Oriental Society* 115, 1995.

Lecker *Kinda*: *Kinda on the Eve of Islam and during the ‚Ridda'*, M. Lecker, S. 333-356 in: *Journal of the Royal Asiatic Society* 3, 4, 3, 1994.

Lecker *Sulaym*: *The Banū Sulaym*, M. Lecker, Jerusalem 1989.

Leder *Korpus*: *Das Korpus des Haiṯam ibn ʿAdī*, S. Leder, Frankfurt 1991.

Leslau *Lexicon*: *Ethiopic and South Arabic Contributions to the Hebrew Lexicon*, W. Leslau, Los Angeles 1958.

Løkkegaard *Taxation*: *Islamic Taxation in the Classic Period*, F. Løkkegaard, Kopenhagen 1950, zitiert nach Reprint in: *Islamic Taxation, Two Studies*, New York 1973.

Maas *Textkritik*: *Textkritik*, P. Maas, Leipzig 1957.

Madelung *Prophecies*: *Apocalyptic Prophecies in Ḥimṣ in the Umayyad Age*, W. Madelung, S. 141-185 in: *Journal of Semitic Studies* 31/2, Oxford 1986.

Madelung *Succession*: *The succession to Muḥammad*, W. Madelung, Cambridge 1997.

Maqdisī *K. al-Bad'*: *Kitāb al-Bad' wa-t-ta'rīḫ*, al-Maqdisī, ohne Editor, Maktabat aṯ-ṯaqāfa ad-dīniyya, Kairo ohne Jahr.

Maqrīzī *Ḫiṭaṭ*: *Kitāb al-Mawāʿiẓ wa-l-iʿtibār*, al-Maqrīzī, ed. Ḫalīl al-Manṣūr, Beirut 1998.

Massignon *Kufa*: *Explication du Plan de Kufa (Irak)*, L. Massignon, S. 338-360 in: *Mémoires du Institut Français d'Archéologie Orientale du Caire* 68, Kairo 1935, zitiert nach Reprint, S. 35-60 in: *Opera Minora III*, L. Massignon, Beirut 1963.

Massignon *Basra*: *Explication du Plan de Basra (Irak)*, L. Massignon, S. 154-174 in: *Westöstliche Abhandlungen, Rudolf Tschudi zum 70. Geburtstag*, Wiesbaden 1954, zitiert nach Reprint, S. 61-87 in: *Opera Minora III*, L. Massignon, Beirut 1963.

Masʿūdī *Aḫbār*: *Aḫbār az-zamān*, al-Masʿūdī, ed. ʿAbdalḥamīd Aḥmad Ḥanafī, Kairo 1938.

Masʿūdī *Murūǧ*: *Murūǧ aḏ-ḏahab wa-maʿādin al-ǧawhar* [sic auf dem Titel, auf dem Buchrücken dagegen *wa-maʿādin al-ǧawāhir*], al-Masʿūdī, ed. Mufīd Muḥammad Qamīḥa, Beirut 1985.

Masʿūdī *Tanbīh*: *At-Tanbīh wa-l-išrāf*, al-Masʿūdī, kein Editor, Beirut 1968.

Melikian-Chirvani *Royaume*: *Le Royaume de Salomon*, A. S. Melikian-Chirvani, S. 1-41 in: *Le Monde Iranien et l'Islam*, I, ed. J. Aubin, Paris 1971.

Miles *Miḥrāb*: *Miḥrāb and ʿAnazah*, G. C. Miles, S. 156-266 in: *Archeologia Orientalia in Memoriam Ernst Herzfeld*, Locust Valley, NY, 1952. Zitiert nach Reprint, S. 149-165 in: *Early Islamic Art and Architecture*, ed. J. Bloom, Aldershot 2002.

Möhring *Weltkaiser*: *Der Weltkaiser der Endzeit*, H. Möhring, Stuttgart 2000.

Morony *Iraq*: *Iraq after the Muslim Conquest*, M. Morony, Princeton 1984.

Mottahedeh *Loyalty*: *Loyalty and Leadership in an Early Islamic Society*, Princeton 1980.

Müller *Labīd*: *Ich bin Labīd und das ist mein Ziel*, G. Müller, Wiesbaden 1981.

Mūsā b. ʿUqba: *Aḥādīṯ muntaḫaba min maġāzī mūsā b. ʿuqba, ǧamʿ yūsuf b. muḥammad b. ʿumar b. qāḍī šuhba*, ed. Mašhūr Ḥasan Salmān, Beirut 1991.

Nagel *Alexander*: *Alexander der Große in der frühislamischen Volksliteratur*, T. Nagel, Walldorf 1978.

Nagel *„Authentizität"*: *„Authentizität" in der Leben-Mohammed-Forschung*, T. Nagel, S. 516-568 in: Arabica 60, Leiden 2013.

Nagel *Islam*: *Staat und Glaubensgemeinschaft im Islam*, T. Nagel, Zürich 1981.

Naṣr b. Muzāḥim: *Waqʿat ṣiffīn*, Naṣr b. Muzāḥim, ed. ʿAbdassalām Muḥammad Hārūn, Naǧaf 1998.

Nessana: *Excavations at Nessana*, II edd. L. Casson und E. L. Hettich; III ed. C. J. Kraemer, Princeton 1950 und 1958.

New Cambridge History of Islam I: *The Formation of the Islamic World Sixth to Eleventh Century*, ed. C. F. Robinson, Cambridge 2010.

Nevo *Crossroads*: *Crossroads to Islam*, Y. D. Nevo und J. Koren, Amherst 2003.

Nişanyan *Sözlük*: *Sözlerin Soyağacı, Çağdaş Türkçenin Etimolojik Sözlüğü*, S. Nişanyan, Istanbul 2010.

Nöldeke *Ghassaniden*: *Die Ghassânischen Fürsten aus dem Hause Gafna's*, Th. Nöldeke, Berlin 1888.

Noth *Isfāhān*: *Isfāhān – Nihāwand. Eine quellenkritische Studie zur frühislamischen Historiographie*, S. 274-296 in: *Zeitschrift der Deutschen Morgenländischen Gesellschaft* 118, Wiesbaden 1968.

Noth *Ökumene*: *Von der medinensischen ‚Umma' zu einer muslimischen Ökumene*, A. Noth, S. 81-132 in: *Der islamische Orient. Grundzüge seiner Geschichte*, edd. A. Noth und J. Paul, Würzburg 1998.

Noth *Sammlungen*: *Der Charakter der ersten großen Sammlungen von Nachrichten zur frühen Kalifenzeit*, A. Noth, S. 168-199 in: Der Islam 47, Berlin 1971.

Noth *Studien*: *Quellenkritische Studien zu Themen, Formen und Tendenzen frühislamischer Geschichtsüberlieferung*, A. Noth, Bonn 1970.

Noth *Ṣulḥ*: *Zum Verhältnis von Kalifaler Zentralgewalt und Provinzen in Umayyadischer Zeit: Die ‚Ṣulḥ' – ‚Anwa'-Traditionen für Ägypten und den Iraq*, A. Noth, S. 150-162 in: *Die Welt des Islams* 14, Leiden 1973.

Olinder *Kings*: *The Kings of Kinda*, G. Olinder, Lund 1927.

Orthmann *Stamm und Macht*: *Stamm und Macht*, E. Orthmann, Wiesbaden 2002.

Papadogiannakis *Studien*: *Studien zu den Epitaphien des Manuel Philes*, N. Papadogiannakis, Heraklion 1984.

Paret *Maghāzi*: *Die legendäre Maghāzi-Literatur*, R. Paret, Tübingen 1930.

Paul *Gemeinwesen*: *Herrscher, Gemeinwesen, Vermittler*, J. Paul, Stuttgart 1996.

Payne Smith: *A compendious Syriac dictionary*, R. Payne Smith, Oxford 1903 (Repr. Oxford 1957).

Peters *Bedouin*: *The Bedouin of Cyrenaica*, E. L. Peters, edd. J. Goody und E. Marx, Cambridge 1990.

Piotrovskij *Halif*: *Îemenitskiî halif na 40 dneî*, M. B. Piotrovskij, S. 61-64 in: *Pis'mennye pamâtniki i problemy istorii kul'tury narodov vostoka*, Leningrad 1969.

Piotrovskij *Îemenity*: *Îemenity i Îemency v omeîâdskoî sirii*, M. B. Piotrovskij, S. 252-256 in: *Patma-banasirakan handes*, Jerewan 1970.

Piotrovskij *Predanie*: *Predanie o himîaritskom care Asᶜade al-Kamile*, M. B. Piotrovskij, Moskau 1977.

Powers *Muḥammad*: *Muḥammad Is Not the Father of Any of Your men*, D. S. Powers, Philadelphia 2009.

Pratsch *Topos*: *Der hagiographische Topos*, Th. Pratsch, Berlin 2005.

Prince *Narratology*: *The Form and Function of Narrative*, G. Prince, Berlin 1982.

Puin *Dīwān*: *Der Dīwān des ᶜUmar ibn al-Ḫaṭṭāb*, G.-R. Puin, Bonn 1970.

Quast *Text*: *Der feste Text*, B. Quast, S. 34-46 in: Text und Kultur, ed. U. Peters, Stuttgart 2001.

Radtke *Weltgeschichte*: *Weltgeschichte und Weltbeschreibung im mittelalterlichen Islam*, B. Radtke, Stuttgart 1992.

Redhouse *Lexicon*: *Turkish and English Lexicon*, J. W. Redhouse, Repr. Istanbul 2006.

Reinhart *Juynbolliana*: *Juynbolliana, Gradualism, the Big Bang, and Ḥadīth Study in the Twenty-First Century*, A. K. Reinhart, S. 413-444 in: Journal of the American Oriental Society 130, 3, 2010.

Répertoire chronologique I: *Répertoire chronologique d'épigraphie arabe I*, ed. unter der Leitung von E. Combe, J. Sauvaget und G. Wiet, Kairo 1931.

Rice *Paintings*: *Deacon or Drink: Some Paintings from Samarra re-examined*, D. S. Rice, S. 15-33 in: *Arabica* 5, Leiden 1958, zitiert nach Reprint, S. 195-221 in: *Early Islamic Art and Architecture*, ed. J. Bloom, Aldershot 2002.

RLW: *Reallexikon der deutschen Literaturwissenschaft*, ed. H. Fricke, Berlin 2000.

Robin *Kinda*: *Les rois de Kinda*, C. J. Robin, S. 59-129 in: *Arabia, Greece and Byzantium: Cultural Contacts in Ancient and Medieval Times II*, edd. A. al-Helabi, D. Letsios, M. al-Moraekhi und A. Al-Abdaljabbar, Riyāḍ 2012 (Digitale Version des Verfassers, erhalten von Michael Marx, Corpus Coranicum).

Robin, Brunner *Map*: *Map of Ancient Yemen, Carte de Yémen Antique*, C. Robin und U. Brunner, München ohne Jahr.

Robinson *Khūzistān*: *The Conquest of Khūzistān*, C. R. Robinson, S. 14-39 in: *Bulletin of the School of Oriental and African Studies* 67, London 2004, zitiert nach Reprint, S. 287-312 in: *The Expansion of the Early Islamic State*, ed. F. M. Donner, Aldershot 2008.

Rosenthal *Essays*: *Four essays on art and literature in Islam*, F. Rosenthal, Leiden 1971.

Rosenthal *Historiography*: *A history of Muslim historiography*, F. Rosenthal, Leiden 1968.

Rothstein *Laḫmiden*: *Die Dynastie der Laḫmiden in al-Ḥîra*, G. Rothstein, Berlin 1899 (Reprint Hildesheim 1968).

Rotter *Zweiter Bürgerkrieg*: *Die Umayyaden und der Zweite Bürgerkrieg*, G. Rotter, Wiesbaden 1982.

Rushdie *Satanic Verses*: *The Satanic Verses*, S. Rushdie, London 1988.

Sauvaget *Mosquée*: *La Mosquée Omeyyade de Médine*, J. Sauvaget, Paris 1947.

Sayed *Revolte*: *Die Revolte des Ibn al-Ašʿaṯ und die Koranleser*, R. Sayed, Tübingen 1977.

Sayf b. ʿUmar: *Kitāb ar-Ridda wa-l-futūḥ wa-kitāb al-ǧamal wa-masīr ʿāʾiša wa-ʿalī*, Sayf b. ʿUmar, ed. Qāsim as-Sāmarāʾī, Leiden 1995.

Sayf b. ʿUmar *Facsimile*: *Kitāb ar-Ridda wa-l-futūḥ wa-kitāb al-ǧamal wa-masīr ʿā'iša wa-ʿalī*, Sayf b. ʿUmar, Facsimilie edition, ed. Qāsim as-Sāmarā'ī, Leiden 1995.

Sayf b. ʿUmar *rekonstruiert*: *Al-Fitna wa-waqʿat al-ǧamal*, Sayf b. ʿUmar, nach den Zitaten bei aṭ-Ṭabarī und anderswo zusammengestellt von Aḥmad Rātib ʿArmūš, Beirut 1972.

Schacht *Law*: *An introduction to Islamic law*, J. Schacht, Oxford 1979.

Scheiner *al-Azdī*: *Grundlegendes zu al-Azdīs Futūḥ aš-Šām*, J. J. Scheiner, S. 1-16 in: Der Islam 84, Berlin 2007.

Scheiner *Damaskus*: *Die Eroberung von Damaskus*, J. J. Scheiner, Leiden 2010.

Schimmel *Names*: *Islamic Names*, A. Schimmel, Edinburgh 1989.

Schnell *Text*: *Konstanz und Metamorphosen eines Textes*, R. Schnell, S. 319-395 in: *Frühmittelalterliche Studien* 33, Münster 1999.

Schoeler *Antwort*: *Tilman Nagels „ ‚Authentizität' in der Leben-Mohammed-Forschung". Eine Antwort*, G. Schoeler, S. 469-496 in: ASIA 68, 2, Bern 2014.

Schoeler *Early Islam*: *The Oral and the written in Early Islam*, G. Schoeler, New York 2006.

Schoeler *Grundsätzliches*: *Grundsätzliches zu Nagel*, G. Schoeler, S. 193-209 in: Asiatische Studien 65, 1, Bern 2011.

Schoeler *Mohammed*: *Charakter und Authentie der muslimischen Überlieferung über das Leben Mohammeds*, G. Schoeler, Berlin 1996

Schwartz *Ibaditen*: *Die Anfänge der Ibaditen in Nordafrika*, W. Schwartz, Wiesbaden 1983.

Schwarzlose *Waffen*: *Die Waffen der alten Araber*, F. W. Schwarzlose, Leipzig 1886 (Repr. Hildesheim 1982).

Schwenkow *Betrachtung*: *Kritische Betrachtung der lateinisch geschriebenen Quellen zur Geschichte der Eroberung Spaniens durch die Araber*, L. Schwenkow, Celle 1894.

Senturk *Structure*: *Narrative Social Structure*, Recep Senturk [Şentürk?], Stanford 2005.

Severus: *History of the Patriarchs of the Coptic Church of Alexandria*, Severus b. al-Muqaffaʿ, ed., tr. und comm. B. Evetts, Teile II und III Paris 1948 und 1909 (Teil III Repr. Leiden 2003 – ob auch Teil II ein Reprint ist, ist im Text nicht vermerkt.).

Sezgin *Abū Miḫnaf*: *Abū Miḫnaf: Ein Beitrag zur Historiographie der umaiyadischen Zeit*, U. Sezgin, Leiden 1971.

Sezgin *Buhârî*: *Buhârî'nin Kaynakları*, F. Sezgin, Istanbul 1956.

Shahîd BA 6th: *Byzantium and the Arabs in the Sixth Century*, I. Shahîd, Washington 1995-2009.

Shahîd *Byzantium*: *Byzantium and Kinda*, I. Shahîd, S. 57-73 in: Byzantinische Zeitschrift 53, München 1960, zitiert nach Reprint in: *Byzantium and the Semitic Orient before the Rise of Islam*, I. Shahîd, London 1988.

Shahîd *Procopius*: *Procopius and Kinda*, I. Shahîd, S. 74-78 in: Byzantinische Zeitschrift 53, München 1960, zitiert nach Reprint in: *Byzantium and the Semitic Orient before the Rise of Islam*, I. Shahîd, London 1988.

Sharon *Banners*: *Black Banners from the East*, M. Sharon, Jerusalem 1983-1990 (2 Bände).

Sharon *Holy Land*: *The birth of Islam in the Holy Land*, M. Sharon, S. 225-235 in: *The Holy Land in History and Thought*, ed. M. Sharon, Johannesburg 1986.

Shoemaker *Death*: *The Death of a Prophet*, S. J. Shoemaker, Philadelphia 2012.

Shoshan *Poetics*: *Poetics of Islamic Historiography*, B. Shoshan, Leiden 2004.

Stillman *Dress*: *Arab Dress*, Y. K. Stillman, ed. N. A. Stillman, Leiden 2000.

Suyūṭī *Muzhir*: *Al-Muzhir fī ʿulūm al-luġa wa-anwāʿihā*, as-Suyūṭī, edd. Muḥammad Aḥmad Ǧād al-Mawlā, ʿAlī Muḥammad al-Baǧāwī und Muḥammad Abū l-Faḍl Ibrāhīm, Kairo ohne Jahr.

Suyūṭī *Taʾrīḫ al-Ḫulafāʾ*: *Taʾrīḫ al-ḫulafāʾ*, as-Suyūṭī, ed. Muḥammad b. Naṣr Abī Ǧabal, Kairo 2008.

Ṯaʿālibī *Laṭāʾif*: *Laṭāʾif al-maʿārif*, aṯ-Ṯaʿālibī, edd. Ibrāhīm al-Abyārī und Ḥasan Kāmil aṣ-Ṣayrafī, Kairo 1960.

Ṯaʿālibī *Laṭāʾif übersetzt*: *The Book of Curious and Entertaining Information*, aṯ-Ṯaʿālibī, tr. C. E. Bosworth, Edinburgh 1968.

Ṭabarī *Taʾrīḫ*: *Taʾrīḫ aṭ-ṭabarī*, aṭ-Ṭabarī, edd. Muṣṭafā as-Sayyid und Ṭāriq Sālim, Kairo ohne Jahr.

TAVO: *Tübinger Atlas des Vorderen Orients*, Tübingen 1969-1993.

Tillschneider *Überlieferung*: *Typen historisch-exegetischer Überlieferung*, H.-Th. Tillschneider, Würzburg 2011.

Thukydides: *Geschichte des Peloponnesischen Krieges*, Thukydides, ed. und tr. G. S. Landmann, München 1993.

Tillschneider *Besprechung Vogt*: *Rezension von Figures de califes entre histoire et fiction* (Vogt *Califes* im Literaturverzeichnis), H.-Th. Tillschneider, erschienen auf Sehepunkte: http://www.sehepunkte.de/2011/10/19479.html, zuletzt abgerufen am 30. IV. 2014.

Tillschneider *Überlieferung*: *Typen historisch-exegetischer Überlieferung*, H.-Th. Tillschneider, Würzburg 2011.

Tsafrir *School*: *The History of an Islamic School of Law*, N. Tsafrir, Cambridge 2004.

Ullmann *Ḫālid*: *Ḫālid ibn Yazīd und die Alchemie: Eine Legende*, M. Ullmann, S. 181-218 in: Der Islam 55, Berlin 1978.

ʿUmarī *Masālik al-Ḥayawān*: *Masālik al-ibṣār fī mamālik al-amṣār, al-ḥayawān wa-n-nabatāt*, al-ʿUmarī, ed. ʿĀmir an-Naǧǧār, Kairo 2010.

Vergil *Aeneis*: *Vergil Aeneis*, ed. und tr. J. Götte, München 1979

Vogt *Califes*: *Figures de califes entre histoire et fiction*, M. Vogt, Beirut 2006.

Wansbrough *Quranic Studies*: *Quranic Studies*, J. Wansbrough, Oxford 1977.

Wansbrough *Sectarian Milieu*: *The Sectarian Milieu*, J. Wansbrough, Oxford 1978.

Wāqidī *Bahnasā*: *Futūḥ bahnasā al-ġarrā'*, al-Wāqidī, ohne Editor im Verlag Muṣṭafā al-Bābī al-Ḥalabī wa-awlāduhū, Kairo 1934.

Wāqidī *Futūḥ*: *Futūḥ aš-šām*, al-Wāqidī, ed. ʿAbdalḫāliq Muḥammad ʿAbdalḫāliq, Kairo ohne Jahr.

Wāqidī *Maġāzī*: *Kitāb al-Maġāzī*, al-Wāqidī, ed. Muḥammad ʿAbdalqādir Aḥmad ʿAṭā, Beirut 2004.

Wāqidī *Ridda*: *Kitāb ar-Ridda*, al-Wāqidī, ed. Maḥmūd ʿAbdallāh Abū l-Ḫayr, Amman 1991.

Wellhausen *Oppositionsparteien*: *Die religiös-politischen Oppositionsparteien im alten Islam*, J. Wellhausen, Berlin 1901 (Reprint Göttingen 1970).

Wellhausen *Reich*: *Das Arabische Reich und sein Sturz*, J. Wellhausen, Berlin 1902.

Wellhausen *Reste*: *Reste arabischen Heidentums*, J. Wellhausen, Berlin 1897 (Reprint Berlin 1961).

Wellhausen *Skizzen 3*: *Skizzen und Vorarbeiten, drittes Heft*, J. Wellhausen, Berlin 1887.

Wellhausen *Skizzen 4*: *Skizzen und Vorarbeiten, viertes Heft*, J. Wellhausen, Berlin 1889 (Reprint Berlin 1985).

Wellhausen *Skizzen 6*: *Skizzen und Vorarbeiten, sechstes Heft*, J. Wellhausen, Berlin 1899.

Wensinck *Concordance*: *Concordance et Indices de la Tradition Musulmane*, A. J. Wensinck, Leiden 1937-1988.

West-Syrian Chronicles: *The Seventh Century in the West-Syrian Chronicles*, tr. und comm. A. Palmer, S. Brock und R. Hoyland, Liverpool 1993.

Wirth *Stadt*: *Die Orientalische Stadt im islamischen Vorderasien und Nordafrika*, E. Wirth, Mainz 2000.

Wüstenfeld *Tod und Rache*: *Der Tod des Ḥusein ben 'Alí und die Rache*, F. Wellhausen, Göttingen 1883 (Reprint Nendeln / Liechtenstein 1971).

Xenophon *Anabasis*: *Xenophon Anabasis*, ed. und tr. W. Müri und B. Zimmermann, Düsseldorf 2002.

Yaʿqūbī *Ta'rīḫ*: *Ta'rīḫ*, al-Yaʿqūbī, ed. Ḫalīl al-Manṣūr, Beirut 2002.

Yāqūt *Muʿǧam*: *Muʿǧam al-buldān*, Yāqūt, ed. Muḥammad ʿAbdarraḥmān al-Marʿašlī, Beirut 2008.

Index der Personen, Begriffe und Ortsnamen

MISK

MITTEILUNGEN ZUR SOZIAL- UND KULTURGESCHICHTE DER ISLAMISCHEN WELT

ISSN 1436-8080

Herausgegeben von
Rahul Peter Das | Angelika Hartmann | Jens Peter Laut
Ulrich Rebstock | Tilman Seidensticker | Rotraud Wielandt

1 | Noth, Albrecht – Paul, Jürgen (Hrsg.)
Der islamische Orient – Grundzüge seiner Geschichte
1998. 658 S. 24 Kte. Fb. € 59,00
ISBN 978-3-932004-56-8

2 | Kranz, Barbara
Das Antikenbild der modernen Türkei
1998. 317 S. Kt. € 42,00
ISBN 978-3-932004-71-1

3 | Klemm, Verena
Literarisches Engagement im arabischen Nahen Osten. Konzepte und Debatten
(vergriffen) ISBN 978-3-932004-77-3

4 | Kogelmann, Franz
Islamische fromme Stiftungen und Staat. Der Wandel in den Beziehungen zwischen einer religiösen Institution und dem marokkanischen Staat seit dem 19. Jahrhundert bis 1937
1999. 372 S. Kt. € 48,00
ISBN 978-3-933563-25-5

5 | Reuter, Bärbel
Gelebte Religion. Religiöse Praxis junger Islamistinnen in Kairo
1999. 286 S. Kt. € 38,00
ISBN 978-3-933563-31-6

6 | Ripper, Thomas
Die Marwāniden von Diyār Bakr. Eine kurdische Dynastie im islamischen Mittelalter
2016. 3., erw. Aufl. 592 S. 6 farb. Kte. Kt. € 75,00
ISBN 978-3-95650-208-8

7 | Springberg-Hinsen, Monika
Die Ḫilʿa. Studien zur Geschichte des geschenkten Gewandes im islamischen Kulturkreis
2000. 280 S. Kt. € 38,00
ISBN 978-3-933563-47-7

8 | Hartwig, Friedhelm
Hadramaut und das indische Fürstentum von Hyderabad. Hadramitische Sultanatsgründungen und Migration im 19. Jahrhundert
2000. 386 S. Kt. € 48,00
ISBN 978-3-933563-52-1

9 | Loimeier, Roman (Hrsg.)
Die islamische Welt als Netzwerk. Möglichkeiten und Grenzen des Netzwerkansatzes im islamischen Kontext
(vergriffen) ISBN 978-3-933563-80-4

10 | Steinberg, Guido
Religion und Staat in Saudi-Arabien. Die wahhabitischen Gelehrten 1902-1953
2002. 690 S. Kt. € 86,00
ISBN 978-3-89913-266-3

11 | Damir-Geilsdorf, Sabine
Herrschaft und Gesellschaft. Der islamische Wegbereiter Sayyid Quṭb und seine Rezeption
(vergriffen) ISBN 978-3-89913-319-6

12 | Lier, Thomas
Haushalte und Haushaltspolitik in Bagdad 1704-1831
2004. XVI/234 S. Kt. € 36,00
ISBN 978-3-89913-318-9

ERGON-VERLAG · WÜRZBURG

MISK

MITTEILUNGEN ZUR SOZIAL- UND KULTURGESCHICHTE DER ISLAMISCHEN WELT

ISSN 1436-8080

13 | Riexinger, Martin
Sanāʾullāh Amritsari (1868-1948) und die Ahl-i-Ḥadis im Punjab unter britischer Herrschaft
(vergriffen) ISBN 978-3-89913-374-5

14 | Eschment, Beate – Harder, Hans (Eds.)
Looking at the Coloniser. Cross-Cultural Perceptions in Central Asia and the Caucasus, Bengal, and Related Areas
2004. 384 S. mehr. Farbabb. Kt. € 52,00
ISBN 978-3-89913-359-2

15 | Körner, Felix
Revisionist Koran Hermeneutics in Contemporary Turkish Theology. Rethinking Islam
2004. 230 S. Kt. € 32,00
ISBN 978-3-89913-373-8

16 | Stolleis, Friederike
Öffentliches Leben in privaten Räumen. Muslimische Frauen in Damaskus
2004. 199 S. 7 Kte. Kt. € 29,00
ISBN 978-3-89913-375-2

17 | Glaß, Dagmar
Der Muqtaṭaf und seine Öffentlichkeit. Aufklärung, Räsonnement und Meinungsstreit in der frühen arabischen Zeitschriftenkommunikation (1. Band: Analyse medialer und sozialer Strukturen | 2. Band: Streitgesprächsprotokolle)
2004. XVI/749 S. Kt. € 94,00
ISBN 978-3-89913-379-0

18 | Oberauer, Norbert
Religiöse Verpflichtung im Islam. Ein ethischer Grundbegriff und seine theologische, rechtliche und sozialgeschichtliche Dimension
2005. 351 S. Kt. € 44,00
ISBN 978-3-89913-382-0

19 | Haridi, Alexander
Das Paradigma der „islamischen Zivilisation“ – oder die Begründung der deutschen Islamwissenschaft durch Carl Heinrich Becker (1876-1933). Eine wissenschaftsgeschichtliche Untersuchung
2005. 204 S. Kt. € 34,00
ISBN 978-3-89913-445-2

20 | Borrmann, Kai
Das Aqdas
2005. 329 S. Kt. € 42,00
ISBN 978-3-89913-463-6

21 | Weinrich, Ines
Fayrūz und die Brüder Raḥbānī. Musik, Moderne und Nation im Libanon
2006. 495 S. 12 Notenbsp. Kt. € 65,00
ISBN 978-3-89913-538-1

22 | Sing, Manfred
Progressiver Islam in Theorie und Praxis. Die interne Kritik am hegemonialen islamischen Diskurs durch den „roten Scheich“ ʿAbdallāh al-ʿAlāyilī (1914-1996)
2007. 578 S. 7 Abb. Kt. € 68,00
ISBN 978-3-89913-569-5

ERGON-VERLAG · WÜRZBURG

MISK

MITTEILUNGEN ZUR SOZIAL- UND KULTURGESCHICHTE DER ISLAMISCHEN WELT

ISSN 1436-8080

Herausgegeben von
Rahul Peter Das | Angelika Hartmann | Jens Peter Laut
Ulrich Rebstock | Tilman Seidensticker | Rotraud Wielandt

23 | Mraja, Mohamed Suleiman
Islamic Impacts on Marriage and Divorce Among the Digo of Southern Kenya
2007. 333 S. Kt. € 44,00
ISBN 978-3-89913-568-8

24 | Behrens, Marcel
„Ein Garten des Paradieses" – Die Prophetenmoschee von Medina
2007. 421 S. 9. Abb. Kt. € 54,00
ISBN 978-3-89913-572-5

25 | Konrad, Felix
Der Hof der Khediven von Ägypten. Herrscherhaushalt, Hofgesellschaft und Hofhaltung 1840-1880
2008. XX/504 S. 21 Abb. Kt. € 64,00
ISBN 978-3-89913-597-8

26 | Ourghi, Mariella
Schiitischer Messianismus und Mahdī-Glaube in der Neuzeit
2008. 310 S. Kt. € 42,00
ISBN 978-3-89913-659-3

27 | Ourghi, Abdel-Hakim
Die Reformbewegung in der neuzeitlichen Ibāḍiya. Leben, Werk und Wirken von Muḥammad b. Yūsuf Aṭfaiyaš 1236-1332 h.q. (1821-1914)
2008. 399 S. 10 Abb. Kt. € 52,00
ISBN 978-3-89913-660-9

28 | Syamsuddin, Sahiron
Die Koranhermeneutik Muḥammad Šaḥrūrs und ihre Beurteilung aus der Sicht muslimischer Autoren. Eine kritische Untersuchung
2009. X/267 S. Kt. € 37,00
ISBN 978-3-89913-673-9

29 | Kellner, Martin
Islamische Rechtsmeinungen zu medizinischen Eingriffen an den Grenzen des Lebens. Ein Beitrag zur kulturübergreifenden Bioethik
2010. 343 S. Kt. € 44,00
ISBN 978-3-89913-814-6

30 | Tillschneider, Hans-Thomas
Typen historisch-exegetischer Überlieferung. Formen, Funktionen und Genese des *asbāb an-nuzūl*-Materials
2011. 580 S. Kt. € 75,00
ISBN 978-3-89913-861-0

31 | Böttcher, Annabelle
Mit Turban und Handy. Scheich Nāẓim al-Qubrusī und sein transnationales Sufinetzwerk
2011. 214 S. Kt. € 28,00
ISBN 978-3-89913-857-3

32 | Yaşar, Aysun
Die DITIB zwischen der Türkei und Deutschland. Untersuchungen zur Türkisch-Islamischen Union der Anstalt für Religion e.V.
2012. XIV/256 S. Fb. € 39,00
ISBN 978-3-89913-915-0

33 | Devos, Bianca
Presse und Unternehmertum in Iran. Die Tageszeitung Iṭṭilāʿāt in der frühen Pahlavi-Zeit
2012. 372 S. 38 Abb. Kt. € 48,00
ISBN 978-3-89913-917-4

ERGON-VERLAG · WÜRZBURG

MISK

MITTEILUNGEN ZUR SOZIAL- UND KULTURGESCHICHTE DER ISLAMISCHEN WELT

ISSN 1436-8080

Herausgegeben von

Rahul Peter Das | Angelika Hartmann | Jens Peter Laut
Ulrich Rebstock | Tilman Seidensticker | Rotraud Wielandt

34 | Bentzin, Anke
Von der ersten in die zweite Heimat. Usbekische Migranten in Istanbul zwischen türkischer, türkistanischer und usbekischer Identität
2013. 244 S. Kt. € 35,00
ISBN 978-3-89913-967-9

35 | Eith, Kathrin
Koranexegese bei Yaşar Nuri Öztürk. Ein traditionskritischer Entwurf des Islams in der Türkei
2013. 392 S. Kt. € 48,00
ISBN 978-3-89913-966-2

36 | Pökel, Hans-Peter
Der unmännliche Mann. Zur Figuration des Eunuchen im Werk von al-Ǧāḥiẓ (gest. 869)
2014. 390 S. Kt. € 48,00
ISBN 978-3-95650-028-2

37 | Chih, Rachida - Mayeur-Jaouen, Catherine - Seesemann, Rüdiger (Eds.)
Sufism, Literary Production, and Printing in the Nineteenth Century
2015. XVIII/579 S. Kt. € 68,00
ISBN 978-3-95650-043-5

38 | Said, Behnam T.
Hymnen des Jihads. Naschids im Kontext jihadistischer Mobilisierung
2015. 361 S. Kt. € 48,00
ISBN 978-3-95650-125-8

39 | Oßwald, Rainer
Sklavenhandel und Sklavenleben zwischen Senegal und Atlas
2016. 585 S. 1 Kte. Fb. € 68,00
ISBN 978-3-95650-160-9

40 | Oßwald, Rainer
Das islamische Sklavenrecht
2017. 313 S. Fb. € 45,00
ISBN 978-3-95650-238-5

41 | Leube, Georg
Kinda in der frühislamischen Geschichte. Eine prosopographische Studie auf Basis der frühen und klassischen arabisch-islamischen Geschichtsschreibung
2017. 244 S. Kt. € 38, 00
ISBN 978-3-95650-294-1

ERGON-VERLAG · WÜRZBURG